U0057947

資優教育的革新與展望
開發潛能培育人才

中華民國特殊教育學會主編

序

　　中華民國特殊教育學會創立迄今將近三十年。民國七十年，本會與台灣師大特殊教育中心聯合發行「特殊教育季刊」及「資優教育季刊」兩種刊物，成為國內特殊教育夥伴共享的園地，十餘年來發表於兩刊的文章已將近千篇。十年前，本會在前理事長吳武典教授主持下，將第一期至第二十二期中的精華，彙編為特教叢書六冊，委請心理出版社發行，廣受各界歡迎與重視。迄今兩刊已發行至六十四期，本會一秉服務讀者的宗旨，將近年發表的重要文章彙整，並取得作者同意，每刊各編為一冊，仍委請心理出版社發行，作為我國特教十年來的見證。

　　我國特殊教育法於今年五月修訂公布，兩刊作者所倡議的許多重要理念多已見諸法令之中，然則徒法不足以自行，學會秉持推展學術研究與實務工作的宗旨，一則積極參與法規的修訂工作，二則亦盼結合更多力量，尋求各種積極落實法令的途徑。在此重要時刻，兩刊更有繼續編輯與發行的必要性，以進一步溝通家長、教師、專業人員、乃至一般社區人士的特殊教育理念，擴大參與層面，朝向特殊教育普及化的目標邁進。

　　本書的編輯工作，係由本會編譯組張正芬教授、蔡崇建教授、陳昭儀老師、胡致芬老師、胡梅老師等負責，從籌劃到出版，備極辛勞，台灣師大特教系、中心的同仁及

同學協助校對，均一併致謝，而原作者的智慧更是本書最
重要的貢獻，尤應感謝作者同意將其大作刊載。茲值兩册
叢書付印之際，特誌數語以爲序。

　　　　　　　　　　　中華民國特殊教育學會理事長
　　　　　　　　　　　林幸台　民國八十六年十二月

目——錄

壹、理念與研究

貳、智力與創造力

叁、行政與制度

肆、課程與教學

伍、輔導與親職教育

陸、特定族群資優教育

壹

理念與研究

資優概念探析

＊簡茂發、蔡崇建、陳玉珍

壹、前言

「資優」（giftedness & talentedness）受到學者青睞而予以研究，不過只有幾十年的歷史，然而它所代表的意義卻是自古即有類似的概念。像中文所稱的「早慧」、「英才」、「天才」；像英文裡的「genius」、「preconciousness」、「prodigy」、「excellent」、「expert」、「competent」等字詞的意義，都與資優概念有相當程度的交集，大概的意義都是指具有明顯的特殊能力及卓越能力的人（Gagne, 1993）。然而像早慧、英才、天才，或是像 genius、preconciousness、prodigy 等這些名詞的概念卻隨著文化、時代的不同而突顯出不同的社會價值。影響所至，擁有這類名詞頭銜者的發展也有不同的意義。例如中國古代的社會價值偏重在家國的治理，故天才、英才或早慧的事例多指在政治上有優異表現或雄厚潛力的人才；在西方古代，Genius、Prodigy 則可能指的是早年即受矚目的藝術家、哲學家或音樂家。換言之，中西不同的文化背景，使得資優概念有不同的內涵，資優者也有不同的發展面向。除了文化的不同使得資優的概念有所不同，時代的交替也使資優有不同的概念。例如

民國取代滿清帝國政體後，五四運動的「民主與科學」訴求將孔家店 2,000 年來的忠君與儒教思想清倉棄除。此時，資優概念的內涵必是與孔夫子以降所強調的才智之士大相逕庭。

　　不同地區、不同時代的社會所重視的價值必反映在她所賦予的資優概念上，而資優人才正是支持與引領該社會發展與進步的人力資源。邁向廿一世紀的後現代社會裡，知識、倫理、道德和社會價值瀕臨各種形式的顛覆和解構。在這樣的環境中，資優概念究竟應有什麼樣的內涵，方能為社會拔擢符應社會脈動之人才？因此，我們亟於深入探索資優概念的具體內涵以為未來社會尋才、育才奠下周延的基礎。筆者試圖以縱切面來探討資優概念，以歷史發展的視野來看資優字源的意義與概念演變的概況；另一方面將各家學者對鑑定資優表現的範疇加以呈現，期能對於資優教育拔擢人才的角度有更廣泛的認識。內文將分別探討：資優的字源與意義、資優概念的發展、資優概念發展的影響因素、資優概念衍生的鑑定範疇；最後在結論中針對個人及社會發展的觀點說明資優概念之分析的意義。

貳、資優之字源與意義

　　「giftedness」、「talentedness」兩者都是名詞「gift」及「talent」的變化形式，因此探討該字源遂由原形著手。

一、天賦（gift）

　　據韋氏辭典所載，gift 在古挪威文中的意義是「獲得某些東西」或是「天賦」；時至近代，這個字通常仍暗示著受之於神或自然的眷顧而得的稟賦，常與 talent 互用。由此字源引申出另一

層含意似乎意味著無法藉由後天培育而得的能力，純然是一種來自天賦的才能。

二、特殊才能（talent）

據韋氏、柯林氏等辭典所記，talent 有三個字源，第一個字源溯源於古拉丁文 talenta，代表一種重量單位，用來計算錢幣。這個意義與資優教育沒有直接的相關意義。第二個字源是古法文和古式英文 talente，意指心靈（mind）、意志（will）、學習的欲望（learning desire）。從此字源引申而言，talent 是一種心靈活動的、意志表現的能力，具有繼續發展的動力。這個字源帶給資優概念一個重要的啟示，資優概念之內涵包含著動態發展的意義；這個字源所引申出來的意義，可以與 Stern（1916）對資優概念所提出的觀點呼應。雖然 Stern 贊同智力是資優概念的必要條件，但他認為資優者除了智力之外，人格特質、成就動機和適當的環境都是形成其成功的重要因素（引自 Mönks & Mason, 1993）。這裏所指的人格特質、成就動機正是心靈與意志的表現形態，故 Stern 的觀點與 talente 的意涵有異曲同工之妙。

Talent 的第三個字源來自修正過的法文和古義大利文所記載的馬太福音第二十五章第 14 至 30 節。這段經文描述僕人為主人管理財富的故事。內容大要是：主人要去國外，行前將家產交給三個僕人管理。主人按著僕人不同的能力託付不同的金額，其中能力最佳者拿著 5,000、次佳者拿著 2,000、最差的則拿了 1,000。一段時日後，主人回來與僕人收回託管的財富。其中拿了 5,000 的僕人動用該筆款項做買賣而多賺了 5,000，所以還給主人 10,000；拿了 2,000 的僕人，也多賺了 2,000，於是還了 4,000；最後一位僕原封不動地將 1,000 還給主人，卻惹來主人嚴

廣的責罵。原來是主人責怪他懶惰，不知道運用這筆金錢滋生更多的財富。由馬太福音的這則故事衍生 talent 的意義是「一種需要後天繼續發展的天賦能力」。這個字義除了讓我們了解一則聖經故事外，更可引申出極富教育意義的詮釋：talent 是一種需要後天繼續發展方得成功的天賦才能。因此 talented 的概念宜包含後天發展的機會、動機和努力等因素，更可以發揮該字詞本身所擁有的概念。

儘管 talent 的三種字源各有不同的引申，但目前學界以 talent 為特殊才能之意義。因此在界定資優概念時，學者或可由 talent 字源的意義再出發，對資優概念的內涵有更貼切的教育意涵。

叁、資優概念的發展

從西方文字探究資優之字源與意義後，可以讓我們對資優概念有一些初淺的認識。進一步地觀察西方資優概念的發展與相關措施的概況，一方面可以對照其是否與字源有相互呼應之勢，另一方面可以了解資優概念發展之趨向。

一、遺傳天才的資優概念

探討西方資優概念之發展，絕對無法忽略英國人類學家 F. Galton 的研究。Galton 在十九世紀中晚期選擇當時社會上 977 位名人，對其家族系譜進行調查分析，撰成「遺傳的天才」（1869）一書。以其研究成就而言，可以說是西方研究資優概念與資優教育的第一人。Galton 稱之為天才的人士，其概念與今日所謂的資優人才相仿。Galton 認為這些天才的成功來自智力

的遺傳；換言之，資優的概念等於智力的概念。當時資優是一種源於先天、源自血統的能力。這個概念與 gift 字意的概念相仿，是一種來自上帝或自然的恩賜。智力是 Galton 之資優概念的主要因素。這種詮釋顯然忽略了環境的影響因素，以及環境與遺傳互動的影響因素（Day & Borkowski, 1987）。

二、智能表現的資優概念

　　二十世紀起，法國醫生 A. Binet 因研究智障者而發展出智力量表。智力量表的發展與修訂之學風後來漫及美國學界。心理學家 L. M. Terman 及 L. Hollingworth 等轉而以智力測驗來鑑定資優兒童的稟賦（nature）及進行資優兒童的培育之研究工作。Terman 甚至對資優者進行追蹤研究達 60 年之久（中國大百科全書編輯部，1986，註一）。在這個階段，資優概念仍著眼於智力因素的發展，難免有所偏限。但在 Terman 晚期的觀念中，資優概念不再限於遺傳、不再偏重 gift 的意涵，開始重視後天教育提供的發展機會。在他身後出版之書中提及智力與成就沒有絕對的相關，反倒是環境與人格是決定個人卓越能力的顯著因素（Mönks & Mason, 1993）。從此，資優的概念已具有 talent 第二及第三個字源的意涵，表示一種需要後天發展以呈現全貌的優異天賦，並且受到心靈活動有關特質的影響。

三、思考模式與創造力的資優概念

　　其實不僅是晚年的 Terman 覺察資優偏限於智力發展是不夠周延的。自 50 年代起即有心理學家轉向兒童的創造力之研究，並且肯定創造力是資優的重要特質之一。代表人物之一 Guiford 便由兩個向度去探測資優的概念，除了對足以顯示高智商表現的

聚斂性思考繼續研究外，也對能發展出創造力的擴散性思考予以重視。另一方面，近二十年來資優概念仍然以智力為重要因素，但是已脫離單一智力的概念內涵。目前資優已被視為多層面的、多因素的智力之表現。例如 H. Gardner 的多元智力論，或訊息理論和認知心理學 R. J. Sternberg 的三元智力模式等，都是重要的研究成果（Heller, 1993）。

四、多元化的資優概念

70 年代以後，資優概念除了跳脫單一智力因素及增加思考模式之研究外，也出現社會理論模式等其他詮釋的研究（Heller, 1993）。此外，資優概念也有較廣闊的內涵，舉凡非學術性的人文活動、多重的才能潛力及學術上的優異表現等都納入資優概念探討的範圍。

五、全人發展的資優概念

80 年代，曾有一段時間內英美對資優教育較為冷淡。箇中原因很多，單就美國而言，資優教育向來處於教育機會均等及發展高度成就的兩難之中（Cramer, 1990）。雖然就國家資源分配與有效運用的觀點而言，資優者是國家潛在的資源，國家教育工作應該予以重視，但是反對資優教育的學者（Mertens, 1983）出示數據強調資優者未必是國家的資源，反倒花了國家不少錢（引自 Cramer, 1990）。加上資優鑑定工具是否恰當仍然無法完全肯定，因此資優概念之界定與資優教育的發展仍存瓶頸。

暫且不論國家與經濟發展所強調的成就與生產力之觀點，純粹以教育的觀點來探討，據資優教育專家 Barbara Clark 指出，智能並非靜態的，智能是呈動態的成長。她認為教育工作者應該

竭力使學生智能呈動態地發展，以協助學生的學習及成長。尤其是資優者較之一般學生更有高層次智能發展的潛力，故應提供其發展高層次智能的充分機會；並且應從多方面來思考資優概念，因為智力包含著生理、認知、情感及直覺四方面的發展（ Clark，民 80 ）。另外，Sternberg 亦曾將諸資優定義歸納為外顯的和內隱的兩大類因素（ Sternberg ＆ Davidson, 1986 ）。顯示資優並非僅從智力或具體的外顯能力之表現來界定。另外像動機、態度等非智能因素也是形成資優的重要因素。

　　因此，我們可以明白，思考資優概念需要留意的不僅是智能的多方發展，包括生理與心理的、理性與非理性的；另外，環境裡的社會文化、政經發展的因素亦不可忽略。無論是個人身心特質或是環境的政經、文化都是個人健全發展的要素。資優者多是未來社會中堅份子，更應是健全發展的佼佼者，故資優概念的探討應邁向注重全人發展的階段。換言之，資優概念的分析，不宜忽略關懷個人全面發展的內涵。

肆、資優概念發展的影響因素

　　對資優概念的發展概況有一初步了解後，須更進一層地探討影響資優概念發展的因素，以了解資優概念的深層意義，並據以進行有意義的教育活動。筆者試圖由三個層面來探討：

一、不同學門的觀點之影響

　　最先研究資優的是人類學家，接著心理學家、教育學家紛紛投入。每個學門研究的角度不同，其觀點當然落在不同的層面。例如 Gallagher 等以心理學的角度看，認為資優者是個別差異下

的產物（Gallagher & Courtright, 1986），所以資優概念偏重
了解個別差異的情形以為後續的教育活動做前置工作；以教育學
的概念來看，資優是學校的學習評量的不同結果之比較（Gallagher & Courtrighht, 1986），因此資優的概念則反映著學校
及文化環境對個人的影響。

　　即使同一學門裡也會有不同取向之研究的不同觀點。像 J.
Mönks 指出 Piaget 嘗試直接由學業表現過程的要素來評估心智
能力；而 Sternberg 則由學業表現上的領悟力與精巧性來決定資
優概念，將學業上顯著的洞察力、解決問題的技巧，及獲得知識
的過程等三個因素視為資優的指標。上述兩位學者以認知心理學
的角度來研究資優，其定義多聚焦於思考的過程、認憶能力和相
關的技巧（Mönks & Mason, 1993），其主要概念多在強調認
知發展的心理歷程。而 Mönks 則以發展心理學的立場提出資優
的三元互賴模式（triadic interdependence model of gifted
ness）來解釋。此模式包括了個人三元素和環境三元素。其中個
人三元素的部分，乃是將 J. S. Renzulli 的三環理論的三元素
（「高於一般人的能力」、「創造力」和「動機」）的內容略加
修正。修正的地方有兩點：第一是以「動機」取代「工作熱
誠」。「動機」係指工作專注的態度、冒險、遠見、期望和計
畫；第二是 Mönks 認為「高於一般人的智能」應要求更高，智
能表現宜在百分位數的百分之五至十的頂端。至於環境三元素，
則是指「家庭」、「學校」和「同儕」（Mönks & Mason,
1993）。從 Mönks 的觀點而言，資優的顯現和發展倚重著環境
的支援，尤其是所有兒童都需要和同儕互動和互相學習，因此他
所提出的資優概念反映著社會心理之發展的內涵。

　　從以上舉例看出，資優概念的內涵與各學門各學派對資優表
現的觀察層面、鑑定指標有關，由於學術考量的不同自然就產生
了不同的詮釋內涵。

二、政治考量因素之影響

資優或天才教育的歷史，隨政治上不同的權益消長而有階段性的發展。資優教育的鼓吹者聲稱長期以來，影響資優教育發展的重要因素在政策面。官方政策的明確揭示或僅是形式性地處理，對資優教育發展頗有決定性的影響（Passow, 1993）。

政策是實際行動之指南。一個國家或地方政府的政策足以支配資優概念被認知的程度，並左右資優教育發展得以增進或受限的情勢。制定資優教育政策的重要指標落在已展露具社會價值之卓越潛力的兒童身上。政府有必要提供他們適當的、足夠的分化教育（differentiated education），以符合他們潛能發展過程中的特殊需要。至於怎麼樣才算是「適當的、足夠的」的分化教育，則視各國、各地方政府的社會形態及教育系統之不同而有所差異（Passow, 1993）。

Mönks 也曾以政治面來看資優概念。他認為資優者並不一定是少數，資優者的多寡視決策者決定給予資優者什麼樣的課程內容而定。像 1957 年美蘇太空競賽開始，國防教育法案主導教育當局提供學生基礎學科及科技知識的課程內容，資優生的選定與資優概念的發展當然也在該法案的政治考量中。因此就政治的角度而言，似乎暗示著資優概念的發展會受到當時社會所偏重的焦點和法規之便利的影響而定義資優及選擇高能力者（Mönks & Mason, 1993）。

凡有社會必有政治活動，勢必也存在不同主張之政治團體的角力較勁；連帶地，資優鑑定難以避免政治之影響。因此資優概念的發展面對的，不僅是學界不同觀點的考量，更有政治利益的傾軋及社會正義的爭議在其中醞釀。

三、社會文化發展之影響

　　每個時代的社會文化之發展反映出該時代對資優概念的內涵，並可以視為該時代成長的範型和本質。誠如 Spengler（1918）所稱：每個時代都有其創作，並被視為該階段成長的範型與本質（引自 Tannenbaum, 1993）。在 Galton 研究「遺傳的天才」的時代，其社會文化乃存有封建色彩之餘墨。該時代的範型如此，因此他所研究的對象自然以菁英階級為主；時至民主社會的時代，追求個人卓越與人人平等雖是兩難，卻是人人可以自由選擇的信念。時代的範型變了，社會文化的發展變了，在現代民主時代標榜教育民主的理念下，資優概念不再是為處於政經優勢的菁英階級描繪圖像，而是從各學門的不同觀點中尋求統整，並且在不同族群中追求公平。

　　一般而言，人類發展被視為是個人特質與環境機會互動的歷程與成果。因此就資優的概念而言，不宜再固著於先天或後天的辯論，而是思考如何將先天因素與後天因素的相互影響，往最理想的境界發揮（Mönks & Mason, 1993）。換言之，資優概念可以從個人獨有的特質與社會文化的交互作用所得的表現之內涵理出脈絡。正因為資優是個人在社會文化環境中的表現，故在建構資優概念或界定資優鑑定指標時，不能忽略在社會文化中處於弱勢的少數民族、文化不利兒童、殘障者及婦女。他們也擁有資優潛能，但由於他們處於文化弱勢，無法從一般性的鑑定中脫穎而出，因此更需要在定義資優時加以留意，以免有遺珠之憾。

伍、資優概念衍生的鑑定範疇

　　資優概念的理念或影響因素之探討，目的在拔擢和培育資優人才，因此鑑定工作是落實資優教育之重要環節。本文限於篇幅，暫不討論鑑定資優者的程序、工具及標準等問題，先就資優概念所衍生出的鑑定範疇加以說明，以顯明資優概念的具體呈現。由於影響資優概念發展之三種因素的不同影響，中西、古今對資優表現的鑑定範疇各有不同的特色。於此先介紹中國對資優表現的鑑定範疇，次則以西方學者之意見加以說明。

一、中國對資優概念衍生的鑑定範疇

　　在中國歷史上出現過多種資優概念，但古人不同資優一詞而慣用「天才」，並且多是指有政治智慧之人。例如孔子的資優概念（天才觀）指出，資優（天才）應是其與天合德的人格修養，屬於政治上的完美表現；老子也將資優（天才）視為政治上的優異表現，但其推崇的準則是「處無為之事，行不言之教。萬物作而不辭，生而不有，為而不恃」（郭有遹，民 80，p.37）。由於孔老夫子的影響，到了漢代，班固提出更具體的評人標準：「先聖後仁及智愚之次」的標準，將人分為上聖人、上中仁人、上下智人、中上、中中、中下、下上、下中、下下愚人等九等（郭有遹，民 80，p.1）。到這個時代為止，資優表現仍以政治為唯一的舞台。

　　漢末魏晉時代，社會風氣浮靡奢華，士大夫間盛行人物鑑賞的風氣，對於風流雅士之評價頗高。故像劉邵的「人物志」將人品分為九種，側重在性情方面的表現，並將前代人物分為十二

材。由於「人材不同，能各有異」，各種人材，不論成就多大，都只能擅「一味之美」（郭有遹，民 80 ）。此時鑑定資優的範疇，脫離了政治掛帥的傳統，個人性情的表現與特殊才能的表現也納入鑑定的標準，反映出魏晉時代與他朝不同的社會風氣。

到了現代，錢穆以歷史觀點來品鑑資優者（天才）。他認為資優者（天才）就是有偉大性的歷史人物，並以影響力當做品鑑歷史人物偉大性的標準。中國偉大的人物之產生與國家之盛衰興亡有關。其書中說：

> 歷史是人文的紀錄。必是有了人，才有歷史的；但不一定有了人，便會有歷史，定要有少數人能出來創造歷史。並且創造了歷史也不一定能繼續的，定要有人來維持這歷史的繼續。因此歷史雖說是屬於人，但重要的只在少數人身上；歷史雖是關乎人群全體，但能在人群中參加創造與持續歷史者則總是少數（引自郭有遹，民 80，pp.12-13 ）。

以錢穆的觀點而言，資優者雖是少數，但其標準是對歷史的影響力，故可供發揮的範疇還算寬闊。

二、西方對資優概念衍生的鑑定範疇

在陳述西方學者的觀點之前，先對西方傳統文化中對卓越表現的看法做一初步的瀏覽。Phnix（1964）以教育哲學的觀點分析，指出西方傳統文化對卓越表現所重視與強調的特質建立在下列六種表現上（引自 Tannenbaum, 1993 ）：

㈠符號形式的特質

如語文、數學等知識是各個領域卓越表現的能力基礎，因此

必須在語文和數學的學習上建立共同的規則，以達到溝通交流的目的。

㈡經驗取向的特質

經驗可以涵蓋生活的內容，並建立可以驗證的可靠依據，藉之解決問題、追求進步的生活。按此特質而言，卓越表現必須是可以經驗的具體事蹟。

㈢美感的特質

美感的特質乃是針對想像中的客體，表達其產生之獨特的、主觀的意識之行為，像音樂及美術的創作等皆屬之。

㈣洞察人心的特質

這個特質強調對人際互動發展的認知能力。

㈤道德的特質

此特質頗有哲學意味，關心「事情應該是怎麼樣的」，重視的是責任與義務，因而與科學發展有些衝突。科學強調是實際的真相，關心的是「事情實情是怎麼樣」。雖然道德特質的應然面與科學發展的實然面有所衝突，但是道德的特質在西方文化中仍佔有重要的地位，基督教思想的傳承便是顯例。

㈥概括性的特質

泛指具有上述特質的綜合表現，意謂一般性的能力。

Phnix 的分析提供我們了解西方學者研究資優概念的傳統背景。接著舉出學者鑑定資優表現之範疇的實例，更清楚地認識西方學者之資優概念的具體呈現。

1. 以 DeHaan 和 Havighurst（1957）為例，他們從人類性

向結構的觀察分類方式進行分析，認為資優表現的範疇如下：①智能的表現（此為其他才能發展之基礎）；②創造性思考的能力；③特殊能力；④社會性的領導才能；⑤機械技能；⑥藝術才能。（引自 Tannenbaum, 1993）。

　　2. H. Gardner（1983）列出七項人類智能表現的範疇：①語文的；②音樂的；③數學的；④視覺空間的；⑤體能的表現；⑥社會人際互動的；⑦內在世界的互動（引自 Tannenbaum, 1993）。

　　3. Davis & Rimm（1985）則認為資優表現於下列範疇（引自 Mönks & Mason, 1993）：①一般智能；②特殊的學術傾向；③創造力或成熟的思考（productive thinking）；④領導才能；⑤視覺或表演藝術；⑥動作能力。

　　4. Stankowski 以五個分類系統來探討資優概念衍生的表現範疇。分別是：①據事實來界定，例如有顯著成就的事實；②據 IQ 分數達到某個臨界值來界定；③據在藝術或學術上有突出的表現稟賦來界定；④據佔該族群的百分比之前端的比例來界定；⑤據在某個特殊的領域中的原創性和產量的創造力來界定。而這五個分類系統所鑑定的資優表現之範疇包括智力、藝術、音樂、數學、科學及其他美感或學術表現等（引自 Gagne, 1993）。

　　從上述四位學者的看法中，我們看出除了「道德的特質」外，學者們的觀點大致可與 Phnix 分析的幾種特質之精神相符。另外，上述舉例多顯示著具體外顯特質的表現領域，這點與鑑定過程亟需具體的指標有關，對於像「社會人際互動的」、「內在世界互動的表現」等屬於內隱的特質，實不易以客觀的指標評鑑。因此，若能發展出更客觀的方法分析資優行為的表現，或可使資優概念所衍生的鑑定領域有更周延的內容。

陸、結論

　　從本文的探討，了解資優是一種動態發展的概念，其意義會隨著不同時代、不同地區的學術觀點、政治發展、社會文化等因素而有所轉變。因此資優概念的發展必須配合政治、社會、文化的發展步調而做調整。然而無論其內涵如何地調整，資優概念仍是為教育而發展。處於廿世紀末的世代轉替間，我們期待人類更能充分展現自我，超越顛峰，因此資優概念的探討更顯其重要意義。因為資優概念的探討是資優教育的前置工作；而資優教育對個人而言，旨在協助個人朝最大的可能性發展。基於教育機會均等的立場，資優概念的釐清與鑑定範疇的界定，恰可為教育安置工作鋪設適當的架構，讓不同稟賦的學生有合適的管道發展最有利的學習。從社會發展的角度而言，資優概念的釐清與鑑定範疇的界定，可以統整各界對社會脈動的認知，及有效分配社會資源，為社會拔擢與培育各界的領導人才，引領社會朝更美好的境地邁進。由此看出資優教育對個人與社會純然是雙贏的局面，故資優概念之研究，實有其不容忽視的意義。

註釋

　　註一：本文探討資優概念的內涵，不免面臨天才與資優同時出現的情況。學者 Gagne 曾建議將天才與資優的概念加以區別，天才宜界定為「在某一個領域中的特殊資稟」。但是在許多語文中，資優與天才這兩個名詞並沒有太大的不同。以德文為例，兩者所代表的意義幾乎是一樣的（ Heller, 1993 ）。因此本文在探討資優概念之發展時，便將「天才」以「資優」代之。

參考文獻

郭有遹（民 80）：**中國天才盛衰史**。台北：國立編譯館。

中國百科全書編輯部（1986）：**中國百科全書（教育）**。北京：中國百科全書

Barbara Clark 主講、汪金英紀錄（民 80）：九十年代的智慧增長。**資優教育季刊，40**，1-8。

Cramer, R. H. (1990）. *Issues related to the education of gifted children in the United States: A delphi study.* Virginia State Uni. (EDD）

Day, J. D., & Borkowski, J. G. (1987). *Intelligence and exceptionality: New direction for theory, assessment, and instructional practices.* New Jersey: Norwood.

Gagne, F. (1993). Constructs and model pertaining to exceptional human abilities. In K. A. Heller, F. J. Mönks, & A. H. Passow (Eds.), *International handbook of research and development of giftedness and talent* (pp.69-88). Oxford: Headington.

Gallagher, J. J., & Courtright, R. D. (1986). The educational definition of giftedness and its policy implication. In R. J. Sternberg & J. Davidson (Eds.), *Conceptions of giftedness* (pp.93-111). New York: Cambridge.

Halsey, W. D. (Ed.) (1981). *Macmillan dictionary.* New York: Macmillan.

Hanks, P. (Ed.) (1986). *Collins English dictionary (2nd ed.).* London: Collins.

Heller, K. A. (1993). Structional tendencies and issue of research on giftedness and talent. In K. A. Heller, F. J. Mönks, & A. H. Passow (Eds.), *International handbook of research and development of giftedness and talent* (pp.49-68). Oxford: Headington.

Mönks, F. J., & Mason, E. J. (1993). Developmental theories and giftedness. In K. A. Heller, F. J. Mönks, & A. H. Passow (Eds.), *International handbook of research and development of giftedness and talent* (pp.88-102). Oxford: Headington.

Passow, A. H. (1993). National/State policies regarding education of gifted. In K. A. Heller, F. J. Mönks, & A. H. Passow (Eds.), *International handbook of research and development of giftedness and talent* (pp.29-48). Oxford: Headington.

Sternberg, R. J., & Davidson, J. (1986). *Conceptions of giftedness.* New York: Cambridge.

Tannenbaum, A. J. (1993). History of giftedness and gifted education in world perspective. In K. A. Heller, F. J. Mönks, & A. H. Passow (Eds.), *International handbook of research and development of giftedness and talent* (pp.3-28). Oxford: Headington.

2

教育改革與資優教育

＊ 吳武典

壹、台灣教育改革聲浪中被忽視的一環——資優教育

一、對資優教育的「愛恨情結」

　　資優教育是整個教育環節中的一環，然而在中華民國台灣如火如荼的教育改革浪潮中，卻被冷落，甚至奚落，在「教育改革總諮議報告書」（民 85）中，也隻字未被提及。相較於特殊教育的另一範疇——身心障礙教育之受到相當程度的重視，真是不可同日而語。這是怎麼回事呢？也許是教育改革千頭萬緒，無暇顧及已「得天獨厚」的學生。但我覺得，人們對資優教育的「愛恨情結」，也是重要的因素。我們希望學生卓越，又怕他們驕傲；我們希望用加速制，又怕他們失去童年；用集中式對他們的成長有幫助，卻又怕他們在資優生的世界裡人際關係不良（吳武典，民 86）。我們對資優生有太多的愛恨情結，如果走不出這個情結，資優教育要走出一條坦蕩大道來，難矣！

二、「資優壟斷」的迷思

　　近年來，政府相關部門由於對身心障礙學生加強照顧（這是無可厚非的），加上受到「資優教育與升學主義掛勾」的批評之影響，逐漸冷落資優教育。社會上由於弱勢族群爭取權益的聲浪日益增高，常有一種錯覺：「資優教育壟斷了太多特殊教育資源」，遂對資優教育產生排擠心理，以為身心障礙學生不能受到足夠而適當的照顧，乃是因為政府對資優學生照顧太多之故。這當然不符事實，事實正好相反。這種感覺其實乃源於「資源不足」，我們常聽到的一句話是「政府財源有限，只有這麼一塊大餅，怎麼分呢？」於是在慾求不能滿足的情況下，便產生了「你贏我輸，你多我少」，甚至「如果沒有你來分，便都是我的」的窮家子心態。「資源分配」的觀念，常導致傷感情的結果；只有「資源開拓」（加強特教投資），才能化「輸—贏」的迷思為「雙贏」的皆大歡喜。

三、幸好有「特殊教育法」的包容

　　作為特殊教育政策主要依據的「特殊教育法」（民 73），已於民國 86 年 4 月 22 日在立法院三讀通過，完成修訂程序，繼續維持資優教育與障礙教育合併立法的形式。在這之前，有濃厚的氣氛要將特殊教育法改為純粹照顧障礙者的「身心障礙者教育法」。所幸，最後經過溝通協調，仍然兩者並存，但仍以身心障礙教育為優先。雖然在 33 個條文中，專屬資優教育的條文只有三條（通用者有 20 條），但與原來的特殊教育法相比，仍有突破：

㈠擴大資優的範圍

除了「一般智能」、「學術性向」、「藝術才能」（原「特殊才能」之外，另加「創造能力」與「領導能力」（第4條）。

㈡承認縮短修業年限資優學生之「學歷」

其學籍與畢業資格，比照應屆畢業生辦理（第28條）。

㈢擴大教師來源

「得聘任具特殊專才者為特約指導教師」（不必具備教師資格，唯才為用）。

㈣重視弱勢族群之資優

「對於身心障礙及社經文化地位不利之資賦優異學生，應加強鑑定與輔導。」（第29條）

此外，資優學生修業年限及課程教學仍保持彈性，如：「對資賦優異者，得降低入學年齡與修業年限」（第9條）、「資賦優異學生經學力鑑定合格者，得以同等學力參加高一級學校入學考試或保送甄試升學」（第28條）、「特殊教育之課程、教材及教法，應保持彈性，適合學生身心特性及需要」（第5條），均對資優教育之發展，有正向意義。

貳、從美國資優教育白皮書（1993）談起

一、美國教育上的寧靜危機（Quiet Crisis）

　　美國的教育改革運動自 1983 年聯邦政府教育部發布「國家在危機中——教育改革的迫切性」報告以來，方興未艾。在資優教育方面，10 年後（1993），美國聯邦政府教育部教育研究與發展處首度發布資優教育白皮書，名為「國家的優越性：發展美國才能之道」（National Excellence: A Case for Developing America's Talent）（Ross, 1993），談到如何尋求卓越與發展才能。這份政策性宣言有三項重點：第一點談到美國現在教育上有一個寧靜的危機（Quiet Crisis），例如，和其他工業化國家比較，美國頂尖的學生，在參加很多國際性測驗競賽上成績落後；美國學生在學校裡接觸的課程非常鬆散，他們讀的書很少，家庭作業很少；中學畢業生進入工作的世界，準備也不足；在全國教育成就評量（National Assessment of Educational Progress）上，屬於最高層次的學生人數也很少。這表示美國學生的成就偏低，這是美國教育的危機，然而卻是大家未注意到的，故稱為寧靜的危機。事實上，這個「寧靜的危機」早在 1991 年即被著名的資優教育專家 Renzulli 夫婦所指出來（Renzulli & Reis, 1991）。

二、美國人的自省

　　其次，這個報告指出資優生在此危機中是受害者。因為他們

在入小學前已經對所要學的課程掌握了三到五成，入學後，還要學一些已經會的，非常浪費時間；而大多數普通班的老師，都沒有對資優學生提供任何特別輔導，造成資優學生厭煩學習；大多數成績優異的學生每天用於學習的時間不到一個小時，也就是說不用怎麼努力，就可以得到高分，而因為得高分太容易，所以資優生就不會太努力；在教育投資方面，若教育經費有一百元，則資優教育（從幼稚園到高中）只用了兩分錢（共佔 0.02％），可見政府對於資優教育投資非常少。這說明在美國的教育體制下，資優生並沒有受到很充分的照顧，似乎跟我們想像的不一樣。

三、美國人的自勵

我們總覺得美國資優教育辦得很好，執世界之牛耳。美國人自己檢討，覺得他們自己很差，覺得他們還要努力改進，這點倒是很難得。至於努力的方向，該報告書提到下列幾點：

㈠把課程標準提高，發展出更具有挑戰性的課程標準（這點正好和我們相反，我們是要設法降低標準，減輕學生課業負擔，讓學生快樂一些）。

㈡要提供更具挑戰性的學習經驗給資優生，因為目前的學習經驗太無聊了。

㈢加強早期教育。要早一點來發掘資優生，早一點讓他們接受資優教育。

㈣增進對社經文化地位不利及少數族群資優學生學習的機會。很多的美國教育方案，也都顯示出類似的人道精神和普遍化原則。

㈤擴展資優的定義。不是智力高就是資優，廣義的說，還有人事智力（Personal Intelligence）、情緒智力（EQ）等，擴展資優的含意，乃是因為有更多的人需要發掘，有更多的人需要更

好的學習。

　　㈥在師資方面，應提昇教師的素質，包括提供教師進修的管道。

　　㈦向國外取經，也就是學習外國提昇學生程度的方法。

叁、中華民國資優教育之發展與檢討

　　中華民國台灣之資優教育自民國五十一年召開第四次全國教育會議，提案發展資優兒童教育計畫，翌年由台北市陽明、福星二所國小試辦兩年的資優兒童教育研究。而正式訂定資優教育目標、組織、師資等具體項目，予以有計畫的實施，則始自六十二年起連續三階段的國民中小學資賦優異教育實驗，以及七二年起推動之高中數理科學習成就優異學生輔導實驗計畫。茲就我國資優教育理念、目標、方案、鑑定、課程、師資及其他相關措施等之演變，及是否符合世界潮流與趨勢，分析檢討如下（參見吳武典，民 83；鄭美珍，民 84 ）：

一、理念方面

　　世界各國對於資優教育所持看法有二：①反對資優教育者，認為資優教育破壞「平等」原則；②支持資優教育者，認為資優教育是「人盡其才」、「適性教育」，應予重視。我國自歷代迄民國以來，對於「資優」均持肯定與重視之態度，在理念上誠如國父孫中山先生所言採「立足點平等」觀點，讓每個人隨著個人之聰明才智，充分發揮其潛能，而非對於資優者給予壓抑，以呈現「平頭式的假平等」（鄭美珍，民 84 ）。同時我國的資優理念，亦本乎國父之服務人生觀：「聰明才力愈大者，當盡其能

力，以服千萬人之務，造千萬人之福。」因此，人才的培育，旨在人盡其才，適性發展，以達到造福國家、社會與人群之目的。此與歐美民主國家的資優教育理念，頗為相符。

二、目標方面

中華民國資優教育的目標，以第三階段的資優教育實驗而言，有四項：①發掘資賦優異學生以培養優秀人才；②發展資賦優異學生之鑑別方法及工具；③設計適合國民中小學資賦優異學生之課程、教材及教法；④建立國民中小學資賦優異學生之教育模式。

至於數理資優班之實施目標，則為「加強中學數學及自然科資賦優異學生之輔導，提供良好的學習環境，使其充分發揮潛能，能進一步之科學學習研究，奠定深厚根基，俾造就優秀之基礎科學人才。」另外，各類特殊才能（音樂、美術、舞蹈、體育等）實驗班之實施目標，主要在於及早發掘具藝術潛能之學生，施以有系統之教育，以發展其藝術創作之能力，培養優秀之藝術或表演人才。

綜合以上中華民國資優教育之實施目標，包括認知、技能、情意等三方面，亦可歸納為以下七點：①接受正規教育並準備繼續教育；②應用智能促進批判性與推理性思考；③發展創造力並鑑賞創造力；④促進社會性發展及成熟；⑤促進自我了解和心理健康；⑥發展道德和精神價值；⑦試探並建立一生的職志（吳武典，民83）。美國資優教育之目標，依據馬蘭報告及「資優兒童教育法」（1978）是：資優兒童需要不同的教育方案和服務，以實現其自我並貢獻於社會（Gallagher, 1993）。可見美國資優教育的目標包括兩方面，①為個人潛能的發揮，以實現自我；②為將個人才華與能力，貢獻於社會，服務於人群。因此，我國

資優教育目標與之頗為吻合。相反的，在若干社會中，藝術和運動人才之培育，並非以個人之自我實現為目標，而是以藝術或運動員之傑出表現，為國爭光，獲得國際宣傳之利益為目的（Urban & Sekowski, 1993），與我國有很大的不同。

三、方案方面

　　國外重要之資優教育政策與方案，可概分為三大類：充實（enrichment）、加速（acceleration）和能力分組（ability grouping）。充實的方式有加深（推理思考與問題解決）、加廣（水平思考與想像創造）；其重點在充實課外經驗，鼓勵自發學習；包括獨立研究、夏冬令營（或週末營）、外語學習、生涯課程、參觀訪問等。加速的方式有提早入學、提早畢業、跳級、濃縮、免修、學科分級、不分年級、進階預修等。能力分組的方式有自足式的特殊班（集中式）、資源教室教學（分散式）、抽離式、榮譽班等（吳武典，1994）。

　　中華民國資優教育之發展，依據相關法令，亦採取以上三大類辦理，在「充實制」中，除課程、教材的加深、加廣外，大家所熟知的「朝陽夏令營」即集合了資優學生利用暑假所辦理的研習活動。另外「加速制」採取提早入學、縮短休業年限及保送甄試升學等，尚具成效。至於「能力分組」方面，集中式與分散式均曾採行。因此，中華民國資優教育方案，與世界資優教育趨勢相當吻合，具有相當高的多元性。

四、學生鑑定

　　一般能力優異資優學生的甄選程序大致分為初選與複選。初選由實驗學校負責，參加團體智力測驗，並根據學生平時學習表

現及教師的觀察提出候選的名單；複選由輔導單位協助實驗學校實施個別智力測驗、創造能力測驗及其他學業成就測驗等，最後召開資優學生鑑定會議決定。至於特殊才能優異資優生之甄試，由主管教育行政機關、實驗學校及專家成立鑑定小組，甄試項目包括：性向測驗、智力測驗及術科測驗三項。從以上鑑定的方式，可以看出台灣對於資優生之鑑別，較注重測驗。而這些測驗工具本身，由於使用多年，或保密不周，或部分家長「望子成龍」之心理，而安排子女加強補習，導致測驗結果效度降低，偶有所謂「假性資優生」之出現，反造成學生學習上之困擾。因此，如何推陳出新，研製更多可用之測驗工具，以及仿照國外辦法利用其他多元方式去鑑別，均有待努力。

五、安置與課程方面

資優教育課程以教育部頒訂之課程標準為主，並根據學生之程度與需要，增加教材之廣度與深度。第一階段的實驗，其教育方式係採取能力分班的型態，將資優學生組成特殊班，施以充實的課程及創造思考教學，稱為「集中式」。第二階段的實驗，則在集中式的特殊班之外，另以「資源教室」的模式輔導資優學生，稱之為「分散式」，並研究國小階段資優生縮短修業年限之可行性。至於「集中式」與「分散式」之優劣，依據 1982 年第二階段實驗告一段落後，經評鑑小組實地訪視及問卷調查結果，發現集中式資優班學生之「創造發展」與「學業成就」優於分散式資優班學生；而分散式由於缺乏行政與教師之支持，實驗效果不彰（吳武典，民 72）。但是在國外，對於一般能力資優之學生，很少採「集中式」資優班，大多利用課外活動或採資源教室或在課程上加深、加廣。至於國外的資優特殊學校，則大多以科學、藝術、體育、外語……等特殊學術性向或特殊才能為主，如

韓國即為一例。而台灣之資優特殊學校，目前僅有復興劇校、體育高中與體育學院及臺北市籌辦中之麗山（科學）高中等有點類似，尚有待未來根據「藝術教育法」，推展各類藝術才能（音樂、美術……）之一貫制學校。

六、師資方面

　　早期擔任資優教育實驗之教師，均由各實驗學校遴選校內優良教師擔任，並接受為期兩週的職前訓練。民國六十四年起，教育部訂定了「特殊學校（班）教師登記辦法」，民國七十六年依據特殊教育法（民73）訂頒「特殊教育教師登記及專業人員進用辦法」。目前資優教育教師的主要來源有二：①職前培育：師範院校特殊教育系（組）畢業生；②在職研習：遴選普通班教師接受特殊教育專業學分研習；而以後者為主。目前資優班教師的員額編制，國小每班二人，國中每班三人。

　　國外先進國家在推展資優教育計畫中，有關師資之培訓，均相當重視，同時培訓亦包括職前與在職之持續訓練二部分，此與台灣情形相同。

七、其他相關措施

　　包括辦理各種研習營、舉辦成果發展會、辦理週末研習輔導活動、參加國際數理奧林匹亞競賽、辦理提早升學學生學力鑑定、辦理甄試保送入學等（吳清基，民83）。

八、綜合檢討

㈠中華民國資優教育政策的形成

　　根源於我國傳統教育對拔擢人才（但非培育人才）的重視，萌芽於民國五十一年的第四次全國教育會議，蘊釀於資優教育實驗計畫及有關法案（尤其是「國民教育法」與「特殊教育推行辦法」），正式形成於民國七十三年的「特殊教育法」（民國86年4月修訂）。故中華民國資優教育政策的主要依據應是法律，尤其是特殊教育法。

㈡台灣當前資優教育政策之特色是

　　①基於「適性教育」的原則，與身心障礙教育並行，且合併立法；②由政府主導，並編列預算支應；③資優教育的目標兼顧個人發展與社會服務；④採用多元才能的概念；⑤提供資優學生較為彈性的修業年限與升學管道；⑥強調課程與教材、教法的彈性；⑦資優教育依學制分級，分類實施；⑧學生鑑定以客觀化之評量為準；⑨在策略方面以充實方案為主，輔以能力分組和加速措施，不鼓勵成立資優學校；⑩強調專業師資；⑪強調社區資源之運用。

㈢促進台灣資優教育發展的主要因素有

　　①我國文化教育哲學（強調因材施教）；②我國傳統社會背景（重智與重才）；③國家建設的需要（中興以人才為本）；④經濟發展的結果（行有餘力，則以興學；普通教育發展到相當程度，則關注到少數族群）；⑤社會需求（家長尋求子女更多更好的教育）；⑥人力規劃的考慮（高品質人力來自高品質教育）。

㈣台灣資優教育政策面臨下列問題或困境

　　①缺乏資優教育政策性宣言或報告書，以致許多政策性問題人言人殊，常有爭議；②缺乏執行資優教育政策的專責單位，在策略與措施上缺乏完整性與長期性之規劃；③受到升學主義的影響，缺乏主動性、自主性與開創性；④對教育生態缺乏明確政策；⑤對社會參與（尤其是民間興學）缺少鼓勵，甚至有所抑制；⑥與身心障礙教育共享特殊教育資源，常遭非議。

肆、教育改革五大重點在資優教育上的意義

　　民國八十五年十二月二日正式發布的「教育改革總諮議報告書」揭櫫了五大改革重點：①教育鬆綁（解除對教育的不當管制）；②帶好每位學生（發展適性適才的教育）；③暢通升學管道（打開新的「試」窗）；④提升教育品質（好還要更好）；⑤建立終身學習社會（活到老學到老）。如前所述，該報告書對資優學生與資優教育隻字未提。但我們總覺得這五大重點對資優教育的發展均有重大意義，也極有助益，乃搭教改便車，試加申論如下。

一、教育鬆綁與資優教育

　　人類潛能發展最需要的是自由、開放的最少限制的環境。資優學生在「大鍋飯」（課程）、「齊步走」（教學）的環境下，其個性難以發展，其鉅大的潛能極易失落。「鬆綁」正是「釋放潛能」的妙方。在這方面，有幾項具體的建議：

㈠提供開放的課程，讓資優學生享受開放的教育

開放教育對普通學生是否適宜，見仁見智；對於資優學生倒是頂適合的。

㈡資優學生得申請「在家自行教育」

「自我教育」是教育的最終目標，資優學生的主動性與自主性，使他們不易滿足於制式的學校環境。提供多元化的教育措施，包括適應個別特殊狀況，同意「在家自行教育」（仍予以必要的輔助、輔導），應是可行的，至少是部分時間的「在家自行教育」。

㈢尊重教師的專業自主

教師的自主性與創造性必須獲得尊重與鼓勵，才能提供良好的示範、促進師生良好的互動。彈性課程與彈性教學，法有明文規定，應在實務上，予以落實。

㈣尊重學校與學區的自主與創造

教育改革應從學校做起，沈悶、守舊的學校，必不能教出有才華的學生。過去由上而下的資優教育方案設計，應改為各校提出計劃，主管行政機關予以支援的「由下而上」的模式。各校、各學區可以根據社區特性與需要，在守住「學生第一」、「回歸教育」的原則下，獲得充分的授權，制定合宜的資優教育方案，自求多福，「自產自銷」，而不是一味仰賴行政當局的鼻息和照顧，做一個無法斷乳、長不大的小 baby。

㈤開放民間辦理資優教育

民間已有多種變形的資優教育（如各類才藝班，乃至森林小

學、種籽學園等），亟需納入體制正軌，而非不聞不問或一味抑制。對民間辦理資優教育，應予明確之規範、督導與獎勵。

二、「帶好每位學生」與資優教育

「有教無類」、「因材施教」、「因勢利導」與「發展潛能」是教改口號「帶好每位學生」的真諦（行政院教改會，民85）。資優教育不只是培育英才（為少數人），更是發展潛能（為所有學生）。在這方面，有幾項具體建議：

㈠讓資優學生成為「愛心小老師」

透過同儕輔導、合作學習等方式，使資優學生成為學校裡的心靈義工，因其存在，而使弱勢者獲益；資優教育應強調培育具有「聰明的腦、溫暖的心」（IQ＋EQ）的真正人才。

㈡以創造性教學帶動學校改革氣氛

「革新」應是經常性工作，且發諸於內而非受制於外。把創造性教學帶入平常教學活動中，可以增進學校的活力，提昇學生學習興趣。這也是資優教育對普通教育的貢獻。

㈢重視過程性評量與技巧

資優教育強調「求知的胃口」與「釣魚的技巧」，它與當前升學主義與聯考壓力下，偏重知識記憶與總結性評量的景象，迥然不同。過程技巧應加以提倡，過程性評量應加以推廣。

㈣發掘「弱勢族」與「頑皮族」的才華，因勢利導

身心障礙與文化不利學生的才華往往被忽視，經常違規犯過學生之才華，卻往往偏向發展。資優教育應不忽視每個有特殊潛

能的學生，儘量予以「正視」，並給予表演的舞台，使由零值變成價值，負值變成正值。

三、「暢通升學管道」與資優教育

升學主義是資優教育的「天敵」兼「大敵」，教改的多元升學管道建議，實在對極了資優教育的胃口。具體建議如下：

㈠擴大甄試保送與推薦甄選的管道

今日的升學管道仍以聯考為主，甄試保送與推薦甄選為輔，今後應順應民意（吳武典，民 85），兼顧合理與公平，設法扭轉。最近期內，改為以甄試保送與推薦甄選為主，聯考為輔；最後的目標是資優學生皆透過甄試保送或推薦甄選升學。

㈡彈性分流與分化

對普通學生而言，也許不宜太早分流與分化，但對資優學生而言，心智較為早熟，分流與分化之需求早於一般學生，應提供提早分流分化的教育機會，並在課程設計上予以配合，以適應其提早專精的需求（偏才者尤其如此），但應以不損其人格發展為前提。

四、「提昇教育品質」與資優教育

資優教育的主要目標在「追尋卓越」，強調教育品質的提昇，與教改重點不謀而合。資優教育的提倡對教育品質的全面提昇應有催化作用。具體建議如下：

㈠資優教育教師的專業化

資優教育教師應屬教師中的佼佼者，不但有能力，且有氣度和「伯樂」的本事。因此，專業資優教育教師應接受專業訓練。

㈡資優教育教師要廣義化

「學有先後，術有專攻」，資優生的「師路」應予擴展。修訂特殊教育法（民 86）已把資優教育的教師廣義化了，包括「得聘任具特殊專才者為特約指導教師」（第 29 條）。這是對特殊專才者的尊重，也是對多元文化的尊重和對學生的尊重。特約指導教師或師傅制（mentorship）的建立，應大大有利於學生尋求名師。此種制度與專業資優教育教師制度，可相輔相成。

㈢鼓勵資優教育中師生的研究與創作

教育品質的提昇有賴於不斷的研究，有研究才有發展。資優學生應及早準備做學問，而不是提早準備「應考」。師生共同研究創作，應予鼓勵，包括提供資金、設備、發表園地等，其優良者並予以公開表揚，或資助出國參加比賽、研習、研究。

㈣資優教育資源共享

若干資優教育的設施設備經費特別龐大（如音樂班），而且獨享，遂有不平之鳴，影響資優教育與普通教育的感情，亟待澄清與改善。澄清之道在於「因材施教」，改善之道在於「資源分享」（透過適當的安排）。

五、「建立終身學習社會」與資優教育

資優教育強調資優學生應如千里馬或大鵬鳥，能奔騰千里、

飛翔萬里。如果人生如賽跑,要跑的是萬米,不是百米。換言之,要成為永遠的讀書人,活到老,學到老。這與教改的「建立終身學習社會」的訴求,完全一致。具體建議如下:

㈠重視資優生的生涯教育

資優生應常被「現代孔夫子」問到:「盍各言爾志?」檢查自己的生涯規劃與人生目標,使具有遠大的眼光,恢宏的胸襟。

㈡開放社教機構

資優生的學習場所應不限於教室,各種社會資源(科學館、博物館、圖書館、美術館、民俗館、大學實驗室、學術講座等)應開放給資優學生使用,甚至為他們舉辦各類充實活動。今日,他們盡情享受文明,明日他們將努力創造文明,供大家享受。

㈢加強資優生的追蹤輔導

今日的資優生是否能成為明日社會的模範生?值得觀察與檢討。資優生甄試與保送後,也需追蹤和輔導,而不是放牛吃草,純任自然。

伍、結語

總之,教育改革的五大訴求,其實很「資優」;「資優教育」的本身本來就充滿了革新性和挑戰性。雖然「教育改革總諮議報告書」並不涉及資優教育,五大重點若能貫徹實施,對資優教育的正常而有效的發展,卻會有莫大的助益。資優教育除了本身的目的外,也有帶動教育革新、提昇普通教育品質的功能。但願資優教育本身要不斷檢討改進,成為教育改革的急先鋒和原動

力，千萬不要成為被改革的對象或教育革新的絆腳石！

　　（本文為民國 86 年 5 月 23 日教育部主辦，台灣師範大學科學教育中心承辦「科學資優教育新趨勢研討會」上專題演講講詞）

參考文獻

中華民國特殊教育法。民國 73 年 2 月 17 日，華總㈠義字第 6692 號公布。

行政院教育改革審議委員會（民 85）：教育改革總諮議報告書。

吳武典（民 72）：我國國中資優教育之評鑑。**資優教育季刊，10**，1-9。

吳武典（民 83）：資優教育的研究與課題。載於台灣師大特教系與中華民國特殊教育學會編印：**開創資優教育的新世紀，** 1-17 頁。

吳武典（民 85）：我國資優教育政策分析與調查研究。**特殊教育研究學刊，14,** 179-206。

吳武典（民 86）：資優教育向誰看齊？**資優教育季刊，62,** 1-10。

吳清基（民 84）：資優教育的行政與制度。載於台灣師大特教系與中華民國特殊教育學會編印：**開創資優教育的新世紀，** 35-50 頁。

鄭美珍（民 84）：中華民國資賦優異教育發展之研究。**香港新亞研究所博士論文。**（未發表）

Gallagher, J. J.(1993). Current status of gifted education in the United States. In K.A. Heller, F. J. Monks and A. H. Passow (Eds.), *International handbook of research and development of giftedness and talent* (pp.755-767). Oxford: Pergamon.

Renzulli, J. S., & Reis, S. M. (1991). The reform movement

and the quiet crisis in gifted education. *Gifted Child Quarterly, 2,* 26-35.

Urban, K., & Sekowski, A. (1993). Programs and practices for identifying and nurturing giftedness and talent in Europe. In K. A. Heller, F.J. Monks and A. H. Passow (Eds.), *International handbook of research and development of giftedness and talent* (pp.779-791).Oxford: Pergamon.

U.S. Department of Education, National commission on Excellence in Education (1983). *A nation at risk: an imperative for educational reform.* Washington, D. C.: The Commission.

U.S. Department of Education, Office of Educational Researchand Improvement (1993). *National excellence: a case for developing America's talent.* Washington, D. C.: The Office.

3

資優教育向誰看齊

＊ 吳武典

　　郭部長、黃校長、卓司長、毛館長、各位參與資優教育的伙伴及各位關心資優教育的朋友，大家好。今天向各位做這個報告，心情可以用兩句話來說明：一是「期待已久、無比興奮」。全國性的資優教育會議，這可以說是第一遭，實在難得。過去有很多次的資優教育學術研討會，也有很多次的資優教育行政協調會，但是這一次不一樣。這一次是高層次的、比較政策取向的，是個人期待已久的，我想在座的各位，也一樣有著期待的心情吧！二是「鴨子上架，誠惶誠恐」。來這裡向各位報告是我事先未想到的，要講的內容恐怕許多在座的各位已經知道，實在沒有什麼好貢獻的。不過既然不能推辭，只好勉力而為了。

　　這一次的會議由高雄師大特教中心承辦，非常盡心盡力，規劃非常完善。難得的是在最少的經費、最短的時間內完成，充分發揮資優教育的精神，實在非常難得，這也是我個人不好推辭做這個報告的原因。聽到郭部長的一席話之後，我覺得我要講的其實是郭部長講話的延續。我想到的，有些郭部長已經提到，我只不過再加以引申。蔡主任跟我約演講的時候，建議我以現在的身份——世界資優教育協會主席，從一個比較宏觀的角色來談。自從三年前我接了這個工作，增多了與世界各地資優教育人士接觸的機會，我僅就這一點接觸的心得，來跟各位分享與報告，希望能儘量跳出固有的框框，從一個比較宏觀、通觀、世界性的觀點

來談。但是我們也不能忘本，最後還是要回到自己。於是我靈機一動，就以「資優教育向誰看齊」為題，這是一個沒有肯定答案的題目，請大家共同來思考。

郭部長提到的好多點，我印象非常深刻。資優教育的工作者，應該是一個普通教育的改革者，應該是一個前哨，普通教育如果辦得非常非常好，我們資優教育也不同那麼辛苦去設計了；另外，普通教育和資優教育可以合作得非常好，而資優教育教師的人格非常重要，他須具有民主化的人格；再來就是智慧比知識更重要，我們應該強調大智慧，而不是小聰明；對資優生我們應該作長期的培養，而且應該長期的追蹤，看看他們生涯的發展，對他們作生涯的輔導，使他們能夠快樂、充實而且有意義的瀟灑走一回，感受其中的好處，留下深刻的印象；資優教育裏，充實課程的另外一個含意，應該是快樂的學習。快樂的學習也不一定在校內，像是在網路上，也可以作很多的學習，擴大我們溝通的對象和知識的範圍，這些可以說都深具啟發性。資優教育是整個教育環節中的一環，面對教育改革，我們有教改會，這個教改會也是我們郭部長主動建議設立的。現在教育改革的聲浪響徹雲霄，改革的活動也如火如荼地在進行，而且可以說鉅細靡遺，然而到目前為止教育改革的箭頭卻沒有指向資優；至於障礙類教育則已經獲得很大的關注，很多座談都討論到身心障礙者的教育問題，甚至於身心障礙教育白皮書、法案的草案也都出來了。也許教改會要關心的事太多了，此時還沒有想到資優教育，但是我們能不能忽視它呢？能不能不談它呢？恐怕不行！

壹、從美國 1993 年的資優教育報告書談起

今日美國同樣面臨教育改革問題，檢討美國教育問題、教育

危機的一些報告也出來了。最近到美國去參加美國教育研究學會
（American Educational Research Association, AERA）的年
會，這是一個大規模、高水準的學術會議，可聽到很多教育改革
的呼聲，看到很多教育改革的書，了解到在美國教育改革也是大
家關注的焦點，可以說是方興未艾。有沒有談到資優教育呢？
有！在 1993 年 10 月美國聯邦政府教育部正式發布資優教育白皮
書，名為「國民的卓越性：發展美國才能之道」（National Ex-
cellence: A Case for Developing American Talent）（Ross,
1993），談到如何尋求卓越及發展才能。這份政策性宣言有三項
重點：第一點談到美國現在教育上有一個寧靜的危機（Quiet
Crisis），它提到了美國和其他工業化國家比較，美國頂尖的學
生，在參加很多國際性測驗競賽的成績落後，而且可以看出來他
們接觸的課程是一個鬆垮垮的課程，他們讀的書很少，家庭作業
很少，中學畢業之後要進入工作的世界，準備也不足；在全國教
育成就評量（National Assessment & Educational Prog-
ress），屬於最高層次的學生人數也很少。這表示美國學生的成
就偏低，這是美國教育的危機，然而卻是大家未注意到的，故稱
為寧靜的危機。其次，這個報告指出，資優生在此危機中是受害
者。因為他們在入小學前已經對所要學的課程掌握了三成到五
成，也就是說入學後，還要學一些已經會的，非常浪費時間；而
大多數普通班的老師，都沒有提供資優生任何特別輔導，結果造
成資優學生很厭煩學習，大多數成績優異的學生說，他們每天用
於學習的時間不到一個小時，也就是說不用怎麼努力，就可以得
到高分，而因為得高分太容易，所以資優生就不會太努力；在教
育投資方面，若教育經費有 100 元，則資優教育（包括幼稚園到
高中）只用了兩分錢，可見政府對於資優教育投資，實在非常的
少。這說明在美國的教育體制下資優生並沒有受到很充分的照
顧，似乎跟我們想像的不一樣。我們總覺得美國資優教育辦得很

好，執世界之牛耳。美國人自己檢討，覺得他們自己很差，覺得他們還要努力改進，這點倒是很難得。第三個重點便提到努力的方向有下列幾點：①把課程標準提高，發展出更具有挑戰性的課程標準（這點在好和我們相反，我們是要設法降低標準，減輕學生課業負擔）；②應該要提供更具挑戰性的學習經驗給資優生，因為目前的學習經驗太無聊了；③加強早期教育，要早一點來發掘資優生，早一點給他們教育；④增進對社經文化不利及少數族群資優生學習的機會。很多的美國教育方案，都顯示出類似的人道精神和普遍化原則。每一個學生都是寶，但是有些常被忽視。早在 1960 年代美國教育啟蒙計劃（Head Start Program）——照顧弱勢族群與貧窮的孩子，給予他們早期免費學習的機會。資優教育也提到這一點。在殊異背景下成長的孩子，往往在學習方面輸在起跑點上，政府應該提供學習的機會給他們；⑤擴展資優的定義。不是智力高就是資優，廣義的說，還有人事智力（Personal Intelligence）、情緒智力（EQ）等，擴展資優的含意，乃是因為有更多的人需要發掘，有更多的人需要更好的學習；⑥在師資方面，應提升教師的素質，包括提供教師進修的管道；⑦向國外取經，也就是學習外國提昇學生程度的方法。

貳、資優教育的世界觀

接下來我來報告各國資優教育的狀況，看看有沒有什麼特別的地方。事實上美國仍是被公認的資優教育最發達的國家，而且很早就已經開始辦理資優教育，法制最完備，且具多面性，可說各種各樣的規劃都有，而且環境很不錯，政府有投資及輔導，民間也有在做；大家都以美國為樣本來學習，雖然他們自己覺得有很多問題需要檢討，但還是有很多地方值得我們借鏡。早在

1958 年，美國受到蘇聯發射人造衛星的刺激，通過了國防教育法案，這個法案可以說是人才培育法案，開始對資優，尤其是高中的資優生加以重視，也促進了輔導的發展。1965 年的小學和中學的法案（89-10 公法），其中第三和第五主題，即為發展資優教育方案。1968 年白宮成立資優教育特別委員會。1971 年美國教育史上一位很有名的教育部長馬蘭，提出了一個非常著名的馬蘭報告（Marland Report），其中提到資優教育的重要性及資優的定義和類別。1973 年，果然此報告發生影響，在美國教育署下設立了資優教育處；1978 年 11 月美國國會通過了正式的資優教育法案，叫做資優兒童教育法（95-561 公法），強調學校必須對資優兒童或青少年，提供教育的機會，否則他們為國效勞的潛能，即將失落。一開始就講資優教育的定義、類別、規劃，這個法案可以說是撥款法案，規定五年內聯邦要撥出多少經費來補助各州；1988 年又通過「資優學生教育法」，此法案是 1978 年的延續，並沒有很大的改變，仍是同樣的定義和類別，只不過把視覺及表演藝術，改成藝術才能，當然包括音樂、美術、舞蹈、戲劇等。此法案還有很大的特點，就是明定要成立一個全國性的資優教育研究發展中心，所以一年後，即 1989 年，在美國的康州大學成立了全國資優教育研究中心（National Research Center on the Gifted and Talented），由四個著名的公立大學來支援，今年（民 86）又加入了兩所大學來支援它，由頂頂大名的資優教育專家，充實模式的代表 Dr. Renzulli，也就是蔡典謨主任的指導教授，來擔任此中心的主任。此項法案還提到了各種資優教育必須兼顧到不是以英語為母語的孩子，這些孩子也要把他們發掘出來。雖然早在 1978 年就提出要特別注意社經文化不利者，甚至於規定聯邦補助地方的經費，10％要用於此。1988 年又再加上對不同語系的人，也要加以注意，可以說是特別重視文化殊異的現象。另外對於雙語系統出來的孩子也特別重

視，應該提供給這些學生平等的資優教育機會（Karnes & Ma-
quardt, 1991）。由此看來，美國的資優教育可以說是非常的多
元，而且非常多姿多采；政府和民間，中央政府和地方政府都在
做；各種各樣的方式，從充實模式到資優學校，從溫和加速到激
進加速都有。

　　歐洲國家文明的發展先於美國，但在資優的發展上卻比美國
弱很多。英國是有一些資優教育的傳統，如公學的學生都是經過
精挑細選，而現在的資優教育，主要是靠他們的開放教育，而開
放的教育對資優生的發展相當有幫助，因為它有彈性、限制少、
機會多，對一般學生適不適合我不敢確定，但倒挺適合資優學
生。在充實模式方面，他們強調創造性問題解決和高層次的思考
技巧。他們有兩個資優教育的組織，一個是專業人員的組織，一
個是家長的組織。而家長組織，比專業人員的組織更強，設有總
部，有專人來做，出版刊物，並有自己的預算，透過這樣的協會
來推動資優教育的發展，態度相當積極。

　　德國在戰前培育過很多人才，戰後他們對資優教育非常謹
慎，非常擔心希特勒時代的噩夢又出現，所以 1985 年在漢堡舉
行世界資優教育會議時，就有反對人士在會場外示威。他們指
出：德國有很多人才，但有什麼用？許多人才帶著我們走向戰
爭，變成戰爭的工具。所以在資優教育發展上，他們非常謹慎，
也因此有很多限制。不過最近幾年已有改變，現在聯邦政府設了
資優教育署，有專人主導，而且也有經費提供辦理音樂、美術、
戲劇等的競賽，並且提供基金。另外他們也舉辦國際資優教育研
討會，設置很多的充實中心，提供學生課外的經驗，當然也包括
訓練一些參與國際數學、物理、化學、生物、資訊的奧林匹亞競
賽選手，因此資優教育在西德已經有了新的氣象。

　　法國是中央集權的國家，義務教育是十年，也就是六歲到十
六歲；但是在學制上，保持相當大的彈性，以學制的彈性來推廣

資優教育，容許五足歲就可以入小學，進入小學之後，還可以跳級。根據資料顯示，有2％至2.5％的學生在小學時就有跳級的記錄。在1979年的教育改革方案中，取消了中學資優班就學年限的限制，給予比較大的修業年限彈性，而且可以提早參加更高層次的入學考試，例如初中入高中、高中入大學。所以法國在資優教育上的主要特色是透過學制的彈性，提供資優學生挑戰的經驗。

荷蘭是歐洲資優教育的重鎮，主要是以充實模式來進行，他們沒有資優學校、也沒有資優班，但有很多充實活動在社會上進行。值得注意的一點是升學，他們的升學方式不是看考試成績，而是來自校長的推薦，這一點使得資優教育有很大的彈性，特別在升學部分。

再來看看俄羅斯。早在蘇聯時代，在資優教育就非常特別，照理說資優教育和共產主義的平等原則是相違背的；但是基於人才培養的需要，他們採取了很極端的方式，從小就發掘，集中來栽培，全部都是公費，在一個集中的地方辦理。雖然現在共產主義已經解體，不過資優教育的傳統仍繼續存在，他們強調一些高層次的教學，對特殊才能（包括體育才能）特別重視。他們主要透過少年先鋒營的組織，辦理充實活動，讓少年來參加，學生個個都很優秀，並從這些充實活動中得到許多好處；不能忽視的是，他們對競賽非常重視，所以他們很熱烈參與國際性的比賽，特別在參加數學、物理、化學、生物、資訊等奧林匹亞的競賽，而且成績都是名列前茅。東歐的其他國家普遍對特殊才能的學生非常重視，尤其是藝術才能方面。除了有類似先鋒營的組織之外，也有一些特殊學校，而這些學校大都是住宿學校。

澳洲是一個地方分權的國家，各州有相當的獨立性，可以自行規定自己的教育措施。澳洲主要做的還是充實的模式，有全國性資優教育的組織，每年都舉辦全國資優教育的會議，例如最近

舉辦全國資優教育會議，順便就辦亞太地區資優教育聯盟的代表大會。他們實施很多種的充實模式，有一些學校幾乎成為一個特殊學校，可以說是重點學校（Selective High Schools），資優學生都經由精挑細選，而其教學模式相當活潑、相當不一樣，我曾參觀過這樣的學校，印象非常深刻。根據最近資料（McCann. 1996），澳洲資優教育近年發展神速，已經普及各省，且方法也更多元，包括也採納了加速制度。

　　亞洲地區的首富國家——日本，是一個特殊的國家，戰後整個教育哲學發生了改變，憲法明訂平等主義，堅決反對菁英主義，反對任何形式的能力分班，更不要說有特殊學校。就官方而言，他們是沒有資優教育的；政府對資優教育一毛不拔，跳級的也非常少。然而各位知道日本的普通教育做得非常踏實，所以資優生在普通教育裏面，其實已得到不少的幫助。然而他們最近也在檢討，文部省特別成立了一個委員會來檢討推展資優教育的可行性。事實上官方並不是不做資優教育，只是國民教育階段（從小學到初中）沒有，對高中則是採用階梯式，學校間的差異非常大，有的學校素質非常高，相對的升學競爭壓力非常大，於是就考慮到是不是可以在高中階段加強一些資優教育。此外，他們也感覺到世界的潮流，覺得自己的緊縮政策似乎不盡適當，最近漸漸有鬆綁的跡象，考慮到在課程上增加彈性，增加選科，減少必修科；也考慮到在高中實施能力分班（Hirano, 1996）；不過整個來說，官方的做法還是非常的薄弱，和德國對能力分班的態度相當類似，兩國都是二次大戰戰敗國，深受恐戰的影響，他們對資優人才的出頭非常戒慎恐懼。但是德國已經跨出了一步，走出了戰敗的陰影，日本官方尚未走出，民間卻早已起步。所以日本的資優教育是屬於民間的，但那算不算資優教育？要看你的定義是嚴格的還是寬鬆的？早在 1965 年，日本就引進吉爾福（J. P. Guilford）的智能結構模式（SOI），成立智能發展研究會，還

請吉爾福擔任首屆會長，後來成為榮譽會長。吉爾福的傳人蜜克爾（ M. Meeker ），也就是美國 SOI 機構的董事長，也擔任過會長。他們很崇洋，努力學美國，後來自己研發，頗有青出於藍的架式。這樣的組織仍然繼續存在，各地都有分會，每年都舉辦年會，而且稱為國際性的大會，外面很少人知道，因為他們採會員制，相當封閉。十餘年前我曾經遇到他們的負責人，之後在國際場合上就沒再見過了。他們確實在做，但很少參加國際性的活動，而且很少提出報告。在日本，類似這樣的系統，還有「公文式教育」（在台灣稱為「功文」式教育）。公文教育從數學開始，現在不只數學，也有各國語文了。此外還有鈴木教學法，對於音樂（小提琴演奏）從小開始訓練。「從零歲開始」成了日本教育上的口頭禪，SONY 公司的董事長便講過：幼稚園的教育太晚了，應該更早就接受教育，譬如從零歲開始。各位知道，「零歲教育」在日本是有名的，但這純粹是民間的。日本的教育很特別，學校的教育和補習教育是雙軌並行的，一天中的前半段是政府在管，後半段則是民間在做，很少學生不參加補習的。民間有各式各樣的補習，其中有屬於才藝的，對資優生倒是提供了很多的挑戰性經驗。有一點我覺得可取的，是日本學校教育和補習教育是井水不犯河水，而且產生了互補的作用；補習教育系統也是相當專業的，但補習業絕對不跟學校老師掛勾，清清楚楚，因此日本的補習教育很少聽說遭到取締的。尊重人民受教育的權利，講求市場經濟，適者生存、不適者淘汰，這是他們目前的實施方式。至於未來是否有重大的變化，尚不得知。在我看來只可能有小小的變化，不容易有很大的變化。

韓國，是具有相當活力的國家，其資優教育起步甚慢，1983年才設立第一個科學高中，不過發展得很快。現在有 15 所科學高中，在漢城就有兩個；有 14 所外語學校，嚴格加強外語能力訓練，培養語文人才；有 13 所體育高中，17 所藝術高中（包括

一所傳統韓國音樂的資優中學），總共招收學生達 38,083 人。
所以他們的資優特殊學校相當強；此外，他們也有一些特殊班、
充實活動、競賽活動等。另外在國家教育開發院（KEDI）也有
一個資優教育組。他們最近組成一個考察團來台灣，我特別安排
他們去看一些充實的活動，他們卻對我們的跳級非常有興趣，因
為這是他們沒有做的。據最新消息（Cho, 1996），1996 年起韓
國已開始實施跳級制度，第一年共有自小學到高中的學生 45 人
跳級成功。

　　菲律賓非常特殊，其資優教育在我們亞洲可說是起步最早
的。菲律賓學美國學得很快，而且也學得很早；早在 1963 年就
成立了馬尼拉科學高中和菲律賓科學高中，他們的發展比我們早
了十年，可惜發育不良。在二十、三十年前，菲律賓是亞洲的櫥
窗，僅次於日本，現在卻是落後國家之一，靠輸出外勞賺取外
匯，因為政經不上軌道，有好的基礎卻無法繼續發展，令人感到
非常惋惜。其實菲律賓科學高中人才素質相當好，而且其教育普
及性也相當高，一般人民教育程度也不低，但是為什麼無法充分
利用這些好人才呢？應該要檢討制度、環境、政治。但就資優教
育來講，他們做的不少，而且經常辦理很多的充實活動。菲律賓
大學是資優教育的重鎮，有專門培養資優教育的師資，有兩個全
國性的團體，一個以菲律賓大學為主體，一個是以民間的訓練中
心、才藝中心為主體，但這兩個團體並立而不合作、互相排斥，
這或許說明了菲律賓有很多人才，卻沒有辦法促進國家發展的原
因。

　　印尼的資優教育可以說是處在萌芽的階段，但是有一個特
點，他們在教育法裏面明文規定對資優學生提供特殊服務的機
會，政府也提供經費辦理資優教育的活動；不過整個講起來還是
非常有限，處於雛型階段。目前他們強調教學方法的改善，引進
自我教導的模式，希望藉此來提升學生的成就。隨著經濟的發

展，民間加強資優教育的呼聲漸強，未來的發展很可觀。

　　在泰國，資優教育的發展相當快，但都是民間的組織在進行，有提供經費的基金會，財力非常的雄厚，而大學也有特教系來培育師資，同時也排定師資檢定的工作；政府也提供經費幫助普通學校進行資優教育的計劃；對於偏遠地區的學生也特別加以照顧。可以說泰國的資優教育在最近幾年發展相當的快，重視的程度有增無減。

　　印度是這世界上人口第二多的國家，他們有一項科學才能研究的計劃，因為他們的語言很多，所以有不同的鑑定資優計劃，他們當然也有很多充實的活動，強調思考技巧的訓練和知識的應用。

　　以色列，小國寡民，但是沒人敢輕視他，他們非常重視人才培養。他們在教育文化部裏，設有資優兒童局，局長是世界資優會議的常客，我們相當熟，她常把資料寄給我。他們有很多資優教育的計劃，據他們說有 70％ 的資優生都接受他們的計劃，幾乎一網打盡、相當徹底，可見對資優教育重視的程度。他們有很多充實的活動，有特殊班，也有課外的充實中心，最近還成立了資優學校、科學高中。

　　他們中國大陸資優教育政策的發展慢我們五年，我們是民國六十二年（1973 年）開始第一階段的實施計劃，而他們在 1978 年開始，一開始在安徽科技大學成立少年班，同年在北京的中科院心理研究所成立了一個超常兒童研究協作小組。他們稱資優為「超常」。雙管齊下，一方面作研究、一方面把資優的人才找出來，學美國的約翰霍布金大學的 SMPY 模式，試著找出栽培少年的模式，讓未滿十五歲的頂尖少年就進入科技大學讀少年班，特別加以培育。現在不只安徽科技大學，其他很多科技大學都有少年班，少年班成為大陸資優教育最重要的模式。此外，普通學校（重點學校）中也有超常班。最近北京有很多高中的校長來台

訪問，其中很多學校都有超常班。這種超常班就相當於我們的資優班，是集中式的。另外他們也有「少年宮」，好像蘇聯的先鋒營一樣，利用寒暑假及課餘提供充實的經驗，學生參與的程度相當的高，值得一提的是大陸學制的彈性是比我們要大得多，很多高中資優生，不必聯考就可保送進入大學；學校在選擇學生方面，也有較大的自主權。最初我們以為他們的少年班是專門搞跳級的、是速成制的，後來發現其活動種類也相當多樣。那麼中共政府是不是給予很大的支持呢？其實不是。政府的支持不大，政府只是不大去干涉；基於國家四個現代化的需要，對於人才培育，政府也樂觀其成，特別對科技大學的少年班，愛護有加，李振道、楊振寧等諾貝爾獎得主都去上過課。由於父母望子成龍心切，很多學校爭取設置超常班，甚至到達走火入魔的地步；很多父母為了讓自己的小孩能進入超常班，千方百計去補習，以致超常班有點變質，引致不少批評，連帶使鑑定工作遭遇到了很大的瓶頸。不過，有一點值得一提，大陸的少年班與超常班對體育教學非常重視，在北京的幾個重點學校校長告訴我，資優班的體育課時數是普通班的一倍，多加的時數是校外體育；體能不合格，不能進來，進來再加以體能的訓練，這是一個相當大的特色。

　　中國大陸對競賽活動也非常重視，注意到為國爭光，因此出去參加國際性的競賽，非常在意得不得獎；選拔人才後再加以集訓，集訓比我們徹底。所以在國際性的比賽，成績都很不錯，名次都超過台灣。不過也有人覺得太過份，檢討超常教育的目的是這樣的嗎？只是訓練去得獎牌嗎？許多有識之士已經開始省思。去年（民 85）在香港舉行的第十一屆世界資優會議上，筆者參加楊振寧教授主持的一個總結討論會。作為引言人之一，他就提到，他本來是中國大陸資優教育的倡導者、協助者、參與者，但現在有點失望，因為已經有一點走火入魔，太強調競爭、太強調比賽了！最近有一個訊息，北京中央政府教育委員會決定關掉一

些超常班，除非特別核准，否則不能成立。在中國大陸出好書不一定有人要買，但是如果出「如何提昇兒童智力」之類的書，一定暢銷。未來中國大陸資優教育的進展，也有一些困境。

叁、政策性的反省──我國資優教育政策研究

　　以上說明已開發國家，一般而言，在資優教育的發展上，比未開發國家發展得好、發展得健全，而且較多樣化。在方式方面，歐洲國家大部分採用充實制，盡量採取回歸主流方式，資優學校絕無僅有；美國的資優教育方式則是應有盡有；日本則是另外一種情況，政府完全不加干涉，不加主導，由民間來進行。到底是哪些因素主導這些國家資優教育的發展呢？我們應選擇那一個模式來學習比較好呢？我發現資優教育的發展，受到經濟的影響很大，也受到國家教育水準的影響。有足夠的經濟能力，才能投資教育；有高水準的師資，才能發展教育。但我覺得這些都還不是最重要的因素，最重要的因素是文化傳統，它比教育水準本身的因素影響更大。日本就是最好的例子，日本國民教育程度高、經濟力強大，但對資優教育卻一毛不拔，顯然受到文化哲學的影響。因此，我們要檢討我們自己、反思我們自己，到底哪些因素影響我們的資優教育政策？在資優教育裏，有很多需要討論的政策性問題。我就以我最近完成的一個研究來作整合性的說明。國科會有一個整合研究計劃，叫做「我國資優教育全方位發展策略的研究」，我和林幸台教授是召集人，有十幾位教授共同參與，每個人都認領了一些主題，我剛完成的一個主題是「我國資優教育政策的分析」（吳武典，民85）。我現在願意就其中重要的發現，和各位分享，同時試圖說明資優教育重大的爭論，以及我們應該何去何從。

　　從政策來源來講，主要是兩個：一是法律；即透過立法，像憲法、特殊教育法、國民教育法等，這是我們政策的主要來源；二是透過共識，以民意為依歸，像透過會議（如全國身心障礙會議，全國資優教育會議），建立共識，此共識也是政策的主要來源之一；當然也可能有其他的來源，如文化傳統。

　　資優教育政策位階在那裏？我做了一個粗淺的分析，國家教育政策是最高階的。我國的資優教育政策，以法律來說，載於資優教育法第二章資賦優異教育章；政策之下是策略，策略之下是措施，有層次上的不同。我們常常聽到一些是措施或策略的，卻當作是政策，實在不妥。「政策」應該界定嚴謹一些，稱為政策，就不能動不動就改；政策應可久可大，僅一、兩年適用者不能說是政策，至少要五年以上到十年算中程，十年以上才算長程，才是政策；適用廣度大者，才算是政策。許多教育改革的措施，例如「自學方案」，算是一種策略，不是政策，因為它沒有法律依據，也沒有共識，只能說是一個改革教育的措施罷了，了不起是一個策略而已。影響政策的因素很多，包括歷史傳統、政治制度、經濟發展、社會需求、人力規劃等，其中影響最大的則是社會的需求或壓力。例如最近身心障礙教育受到很大的重視，有加速發展的趨勢，就是因為社會需求特別強烈，與間接的社會壓力有關係。而資優教育的聲音在哪裏？最近才有一點點聲音出來，例如台北市最近成立了資優教育發展協會，可以說是第一個家長的組織，最近他們發出了一點點的聲音，跟殘障團體溝通、跟立法院的教育小組委員溝通，對修定特殊教育法，提出了一些看法。剛才郭部長也提到教育部主導的行政院版特殊教育法是整合的，包括資優與障礙，但其實資優的單獨條文只有三條，很多條是共用的。但民間殘障團體的聲音非常大，他們要突顯身心障礙教育的重要，確保身心障礙教育的資源不被瓜分，因此主張要分別立法，甚至於對資優教育有些排斥，認為資優教育壟斷了太

多特殊教育的資源，所以把修訂的草案名稱都改了，改為「身心障礙教育法」，完全排除了資優教育。但經過了溝通之後，大家已漸漸了解，不再排斥，互相樂觀其成。不論合也好、分也好，都要密切的注意現在社會的需要，社會的壓力在政策形成上扮演著重要的角色。

　　我的研究樣本有四大類或者八小類。第一類：學者專家──一是特殊教育學者專家；二是一般學者專家。第二類：行政人員──一是教育行政人員（教育部、廳、局）；二是學校的行政人員（校長、主任）。第三類：教師──一是資優班的教師；二是普通班的教師。第四類：家長──一是普通班的家長；二是資優生的家長。發出問卷 1500 份，回收問卷 1162 份，有效回收率 77.47％。現在把主要結果跟大家報告一下：

一、我國目前有沒有明確的資優教育政策

　　將近五成說沒有，只有兩成說有，另外有三成不敢確定。這說明了絕大部分的人，不認為我國有明確的資優教育政策，也說明召開今天此一會議的重要性，剛才郭部長也提到，此一會議應該定位在政策性的研討。

二、我國有沒有推展資優教育的法律依據

　　認為有的和認為沒有的人數差不多，沒有的還多一點。但到底有沒有？當然有！在國民教育法裏有提到，在高級中學法裏也有提到，在特殊教育法裏更有資優教育章，但是有一半多的填空者不知道我們有資優教育的法律依據。可見在此法治的社會裏，許多人對法的了解還不夠。在這裏我特別把其中四類人員的資料提出來給各位參考：①特教專家學者大部分說有，佔82％，17

％說沒有；②普通教育學者說有的佔 62％，說沒有的達到 38
％；③教育行政人員說有的佔 70％，但有三成說沒有；④資優
班老師有一半說沒有。可見我們的特殊教育法律的確需要加強宣
導。

三、對教育改革與資優教育的態度

　　資優教育不應自教育改規劃中排除，可是目前教改並沒有出
現這一部分，也許是因為教改會太忙了。為了解我的調查對象是
比較保守派的，還是比較開放的，於是有一題問到對教改的態
度，有一題問到對資優教育的態度。結果顯示有 99％的人對於
教改持著肯定的態度（包括積極改革與穩健改革），對資優教育
的態度表強烈支持和溫和支持的合起來也有 93％之多。因此可
以看出大家對於教育改革大多持著正向的態度，而支持教育改革
者絕大部分都支持資優教育。如果教改會知道了這個數字，也許
會願意再辛苦一點，來聽聽資優教育工作者、老師和家長的聲
音，這是令人鼓舞的資料。

四、現階段是不是重視資優教育呢

　　有六成認為是重視，四成認為不重視，整個說來，還算是重
視。但應該再加強嗎？有 80％的人贊成再加強；15％希望維持
現狀，希望抑制者佔 2％；主張停止辦理者佔 3％。可見絕大部
分的人都認為資優教育已受重視，但還可再加強；這就證明了對
資優教育的肯定，也就是認為它有必要而且很重要，絕對不是隨
興重視；它也不是錦上添花，資優生也需要因材施教，絕不是表
面的平等，應該尋求更大的公正。真正的平等不只是照顧到多數
人，少數人也不該被忽視；積極的幫助個人自我實現及為國育

才，對個人、對社會都有好處。在消極面，就避免浪費、避免災難來看，如果不能盡其學，盡其用，人才可能變成角頭老大，變成社會的公害。

五、對資優教育的批評

雖然大多數人肯定資優的價值，但是不是有負向的評價呢？有！在這個複選題裡，最大的批評不說大家也都知道，56％批評資優班是一個超級升學班；28％認為助長菁英主義；25％認為不太公平；24％認為不利成長；另外有22％認為沒有成效。可見現在對資優教育最大的批評是跟升學主義掛勾，在升學主義的影響之下，為聯考而教，受考試所左右，而扭曲了資優教育的本質，這是目前最大的批評，而此批評也告訴我們努力的方向是什麼了。

六、資優教育由誰主導

到底我們應該統籌辦理或各自發展？主張統籌辦理者共佔六成，各自發展的佔四成。可見多數人認為應該由政府統籌辦理為主，但要留一些空間給各校、各地方及民間來發揮。由於現況是全面由政府統籌辦理，沒有各自發展，所以這個作法的含意，應該是「鬆綁」，要鬆一些，但不是放著不管，而是要以政府為主體和民間共同來合作，讓民間多一些自主權，讓各學校多一些自主性。

七、應不應該設資優教育專責單位呢

答案是肯定的，有82％認為應該。多數的意見認為應在部

設科，在省設股，認為不必設的很少。這代表了大家的期望。

八、資優教育與普通教育及身心障礙教育的關係

　　早上郭部長提到資優教育和普通教育不能分離，我們來看模式上有二種的狀況，一種是合併的，一種是各自獨立的。資優和普教是大圈圈和小圈圈的同心圓關係？還是各自獨立的？在順序上是一先一後，先辦資優後辦普教？還是先辦普教再辦資優？障礙中有資優嗎？就差別來說兩者是本質的差別，一個是缺點補償，一個是資優的發展？還是一種程度的差別，在補償中有充實，充實中有補償，補償和充實只是或多或少罷了；資優類也許充實多補償少，障礙類也許補償多充實少，究竟是哪一種？在行政處理上到底是應先考慮資優還是障礙？還是雙管齊下，同時並進？在原理上是最少限制環境，還是最大發展機會？障礙類通常較強調最少限制環境，而資優類強調最大發展機會，這中間是不是可以畫上一個等號？

　　實際調查的結果顯示：主張資優教育和普通教育同時並進的有81%，主張資優教育和障礙教育同時並進的有88%。這種政策性的意見很明顯是兩者都要辦，不能一先一後，或哪一個有，哪一個沒有。其實，資優教育的目標和普通教育的目標有密切關係。資優教育的目標：一是培養人才，二是潛能的發展。這也應是普通教育的目標。然而因為普通教育很難培養人才，因為它是針對中才來設計，所以我們在普通教育中應加進一些不同的東西，才能夠作人才培養。資優教育的另一個目標是潛能的發展，例如創造思考教學，提供充實的環境等。那麼潛能發展是不是只有資優學生才需要？普通學生就不要嗎？當然不是。普通教育中的每一個學生也都需要；像創造思考教學模式，也可以用來刺激普通教育，改進普通教育的品質，正如剛才郭部長提到以普通教

育改革的前哨來看待資優教育；兩者是可以互相激勵的。

九、哪種名詞指稱才能卓越者較為恰當

　　我們台灣用「資賦優異」，香港用「天才」，大陸用「超常」，新加坡叫「高材」，日本叫「英才」，英文叫 Giftedness 或 Talent，歐洲用 High Ability。調查結果顯示：約七成人士還是覺得用「資優」最好，不必改名換姓。那資優教育的定義是什麼？在美國 95-561 公法即 1978 年的資優兒童教育法中就有明確定義：「資優是在學齡前或中小學階段，經過鑑定，在以下領域有卓越表現或高度潛力者，包括一般智能、特殊學業性向、創造能力、領導才能、視覺與表演藝術等。」1988 年的資優學生教育法案也沒有變，只不過把最後一項視覺與表演藝術改成藝術才能。這是我們所知道的，並為大家所接受的定義。它強調要儘早發掘、經過一定的鑑定程度、注意到潛在的資優，而且要是多元（廣義）的資優。資優學生的鑑定涉及很多困難的問題，現在我們還是習慣用客觀的標準化的測驗和智力測驗、成就測驗、性向測驗等。事實上也有很多其他的方法，包括觀察的記錄、提名、推薦、作業、競賽等。很多國家都不重視智力測驗，但我們的國情能不依賴客觀的測驗嗎？這是我們面臨的一大挑戰。

十、資優教育的目標

　　到底是個性發展為重，還是環境調適為重？若是個性發展為重，那就要儘量特殊化，給予個別化的指導與尊重；若是環境為重，那就要儘量一般化，學習社會適應，給予平等的待遇。調查的結果顯示 51％認為資優教育應該強調個性發展；49％強調環境的調適，兩者比率沒什麼差別，如果必須二者選一就很為難

了。如何並進，如何同時發展群性與個性，應該是教育設計的問題。

十一、安置的模式

　　資優教育的模式非常多，有充實（加深、加廣）、加速、能力分組（班）等；能力分組又有很多的方法。到底我們是以什麼為主？理想上無論是那一種方式，應該符合一個基本原則：Form Follows Functiion，就是形式跟著功能走，或者說以功能來決定形式。這就要考慮到適應學校的特性、適應個別的差異，要彈性調整，注重協同教學，強調合作的學習，避免過分隔離，獲得家長的合作，這些都是實質的要素，比集中還是分散之類的形式更重要。目前的形式是以特殊班為主，資料顯示：迄84學年度，台灣地區接受資優教育的學生有 30,689 人，班級數達 1,217 班，而最多的兩類別是美術班 7,898 人，其次是一般能力資優班 7,364 人；整個來說，女生還比男生多；分別而言，音樂班女生比男生多，一般能力資優班男比女多。事實上我們的資優方案還是有很多種方式，除了能力分班（組）、還有充實加速制等，其中分班方式是爭議的焦點。調查結果顯示：大部分人（55%）不贊成設置資優學校，只有二成六贊成。重點學校則大部分（53%）贊成，只有二成八反對，集中式贊成的（49%）多於反對的（34%）；分散式也是贊成的（43%）多於反對的（36%）。現在困惑了，看來集中、分散都好，如何決定？於是作兩者比較，綜合意見是：集中式（47%）以百分之十領先分散式（37%），但各類人士意見差異很大：特教學者贊成分散式者（53%）較多，普通教育學者兩者接近，教育行政主管偏好分散（45%），學校主管偏好集中（49%），資優班的老師偏好集中（52%），普通班教師兩者接近，普通班學校偏好集中（47

％），資優班學生家長偏好集中（65％）。到底是要聽誰的？也許需從現有方案之外去找到一些原則，來決定某些型式。我們也可以看到資優教育有很多的困境、很多的矛盾、很多的內在衝突。集中也不錯，分散也不錯，但當我們要選擇哪一個時，就很為難了。

十二、課程、教學與學制

事實上比較重要的是課程的彈性。課程的內容、教學進度、教學方法、評量標準，應該要有彈性、教學要有彈性，包括多樣化教學與課程的加速；加速的目的不是在縮短學習時間，而是增加智能的刺激，獲得真正的競爭；而多樣化的學習是充實，其最主要的目的是要獲得課外經驗，促進自發、獨立智慧。到底應該以加速制，或充實制為重？理論上來說，應該考慮到學生能力的高低，及學生的動機與學習方式（偏好）。對於資優教育課程與教學彈性之看法，調查結果顯示大部分的人（72％）都說應保持最大的彈性。

十三、修業年限與升學管道

在學制方面包括入學的年限、修業的年限、升學的方式、升學的標準等，大多數人（59％）也認為學制要有最大彈性，其中特教專家學者對最大彈性的主張最為強烈（76％）。升學管道影響到資優教育的教學品質至鉅，我列出了幾種可能的管道：①完全保送甄試；②保送甄試為主，聯考為輔；③聯考為主，保送甄試為輔（這是目前實施的）；④與普通學生完全相同。結果顯示：59％贊成以保送甄試為主，聯考為輔，這是一個極重要的政策性意見。現在資優生絕大部分要透過聯考升學，如果能夠大部

分的資優學生以甄試保送升學，那麼超級升學班，就會愈來愈少，當然批評資優教育的人也會減少，然後再加以追蹤輔導。資優生的追蹤輔導是否應列為資優教育的重點？調查結果是極度肯定的（88％）。資優生成長之後如果不能對社會作出貢獻，其效果就值得懷疑。

十四、教師資格

　　資優教育教師是否應該具備專業的訓練？絕大部分的人（91％）認為是必須的。也許我們可以郭部長的話來做詮釋：資優教育教師所應具備的不只是一種專業技能，更重要是一種人格、熱忱。資優教育教師的培育非常重要，主要有兩個模式，兩者應可以並行。一是普通教師受訓成為特教老師；另一種則是事先培訓，即在大學設置特教系或特教四十學分班這一種模式。但不管是哪一種，「加工」的概念性是很重要的，主要分成兩類，一是認知的加工，加的是教育和特殊教育的基本認知和技能；另一則是經驗及熱忱，特別是熱忱。

十五、支持性環境

　　支持性的環境是否該列為重點？如果人和環境都不支持，那資優教育的發展就非常有限，美國在這一方面堪稱頗為成功。調查結果顯示：很顯然的大家都認為要有支持的環境，支持率達83％。但什麼是支持的環境呢？以生態的觀點來看，似乎應該由以教師為重心，走向以學生為重心；應該從升學取向走向學習取向；由封閉的思考走向開放的思考；由因循苟且走向積極創造；由資源的獨佔走向資源的共享；由菁英的教育變成潛能的教育；由自上而下趨向由下而上。郭部長提到：知識不可貴、智慧才重

要！那麼要怎樣使知識變成智慧呢？我個人覺得要加工，有四大要領：①要融會貫通、活用知識；②要高層次思考，包括邏輯性思考、創造性思考、批判性思考、後設思考等；③要通情達理，就是要有知人和知己的能力。我很信服林語堂的一句話：「世事洞明皆學問、人情練達即文章。」所謂學問及文章只是「通情達理」罷了，通情達理常被認為是人格，其實也是一種能力——人事智力（Personal Intelligence）；④要全面觀看，有未來感、有世界觀、不偏執、不張狂。具有智慧的資優生才是我們國家社會的福祉保證！

肆、結語

　　總之，一個資優的世界，不是少數人的世界，是大家的世界，而且是讓大家都受益的世界，它是一個關懷的世界。資優生成長以後有聰明的腦，有溫暖的心，這是我們最大的期望。我發覺人們對資優生常有愛恨交加的情結，我們希望他們卓越，又怕他們驕傲；我們希望用加速制，又怕他們失去童年；用集中式對他的學習成長有幫助，卻又怕他在資優生的世界裏人際關係不良。我有太多的愛恨情結，要怎樣走出這個情結，為資優生及資優教育教育開闢一條坦途來，值得我們大家來深思！

參考文獻

吳武典（民85）：我國資優教育政策分析與調查研究。**資優教育研究學刊，13,** 179-206

Cho, S. (1996). *Gifted education in Korea.* Paper presented at the 4th Asia-Pacific Conference on Giftedness. Jakarta, Indonesia, August 4-8, 1996.

Hirano, T. (1996). *Gifted education in Japan.* Paper presented at the 4th Asia-Pacific Conference on Giftedness, Jakarta, Indonesia, August 4-8, 1996.

Karnes, F. A., & Marquardt, R. G. (1991). *Gifted education and the law: mediation, due process, and court cases.* Dayton, Ohio: Ohio Psychology Press.

McCann, M. (1996). *Gifted education in Australia.* Paper presented at the 4th Asia-Pacific Conference on Giftedness, Jakarta, Indonesia, August 4-8, 1996.

Ross P. O. (Ed.), (1993). *National excellence: a Case for developing American talent.* Washington, D. C.: U. S. Department of Education.

4

資優學生需要特殊教育服務

＊林幸台

　　在多元開放的社會中，人道主義的關懷逐漸在國內興起。對原住民、婦女、殘障同胞等弱勢團體的福祉日益受到重視，特殊教育也因此益形顯得重要。家長團體的奔走、傳播媒體的報導、以及特殊班（學校）的增設，乃至於今年（民 84）六月第一次舉辦的全國身心障礙教育會議，在在顯示政府與民間對身心障礙學生就學問題的重視。相對於此，已有二十餘年歷史的資優教育似已由炫爛歸於沉寂。資優教育的效果受到質疑，甚而將走上被排除在特殊教育之外的命運。面對種種質疑，似乎已到資優教育工作者切實自我檢討的時候了。

　　特殊教育是因應特殊需要的學生而設的一種教育措施。基於此一觀點，資優教育屬於特殊教育的一環應無庸置疑。資優學生之所以需要特殊教育，就是因為他們有特殊的需要，必須在普通教育之中（或之外，視課程設計而異）給予適當的教育協助。資優學生具有異於一般學生的特性。例如記憶力強、理解力高、反應迅速、且善於分析、推理與思考、學習速度快、吸收能力強；而少數智力特別高的學生，其思考方式與行為應更超乎一般學生。這些特性使得他們在普通教育為適應一般學生而強調統一課程、單一教材、齊一進度的學習環境下，無法獲得完全的滿足。

　　或許有人認為既然他們如此優異，雖然普通教育無法完全滿足需要，但也應該自己會成功，何必錦上添花？然而事實上他們

仍然是成長中的個體，即使擁有這些超常之處，並不代表他們不需要眾人的關懷與適當的環境。「沒有園丁，幼苗那能茁壯？沒有伯樂，那有千里馬？」（吳武典，民76）因此資優教育乃特別強調彈性的課程設計、活潑的教學方式、創造的學習活動，以及獨立的思考空間等等特殊安排；而資優教育的成敗也與能否切實提供這些服務有密切關係。

　　資優教育遭受的批評，最大的問題出於對資優的意義認識不清。許多人認為資優教育或特殊教育主要的目的只是為了將學生加以分類：家長可能為其本身的自尊或期望而以子女能獲得此標籤為榮，多方設法擠入資優行列；教師或行政人員亦可能將之視為增強學生良好表現的一種方式，「好」學生才能進資優班。在這種態度因勢利導之下，許多學校爭相申請設置資優班，甚且以之為號召學生的宣傳工具。此種情況愈演愈烈，造成似是而非的錯誤認知，相對的也使許多人誤以為資優教育只是為少數人做分類。其結果是在製造一群秀異份子（elite），違反教育公平的原則，而提出廢除資優教育回歸普通教育的主張。

　　因此在實務上，首先要探討的就是我們的資優學生是不是具有諸如上述必須提供特殊教育服務的特性？這個問題與鑑定有關。目前各級學校已不再單以智力測驗畫分資優與否，而多能依照法令的規定，經推薦、遴選、鑑定的步驟，層層關卡，相當嚴謹。但在整個鑑定過程中，仍然問題重重（王木榮，民78；郭靜姿，民83）由於各縣市所設的資優班數量有限，在僧多粥少、眾目環視的競爭下，鑑定工作不願、或不敢憑非數據的資料判定學生能否入班，以免招致不信任的指責。但過度仰賴測驗、數據的結果仍非常普遍。在家長「望子成龍、望女成鳳」心理作用下，於是補習智力測驗的名目紛紛出現（蔡典謨，民84），而其他測驗（考試）資料亦同樣受到污染，造成測驗結果無效、不可信的批評。

　　測驗工具老舊、不足，是國內資優學生鑑定的一大問題，也造成補習智力的流弊。但這個老生常談的問題能以每年編一套個別智力測驗、一套團體成就測驗解決嗎？換用不同的題型、建立題庫，可能也只是治標不是治本的辦法。況且即使有了標準化的測驗工具，使用方式或時機不當，反而造成傷害；而對於少數族群或文化不利的學生，也仍然無法達到公平的原則，也不一定能發掘偏才的資優者。換言之，測驗本身不是造成問題的根源，關鍵在於我們如何善用這些工具。

　　國外已有相當豐富的文獻確定多元評量、多元標準模式的有效性。也就是評量時採用多種工具與方法，蒐集更多學生資料。而在做決定時，採用多種標準。以標準分數加權、多元截點、或迴歸模式，由專家進行綜合的分析與判斷，對弱勢學生的特殊情況亦能做最有利的考量。國內亦有若干論述闡揚此一觀念（郭為藩，民 81；郭靜姿，民 83），而如何能落實此一良法美意，與鑑定委員會諸位委員能否秉持資優鑑定與資優教育的基本目的，發揮專業的精神，有密切關連。但如能建立更健全的鑑定制度，亦不失為斧底抽薪的辦法。

　　如果在美國普遍受到重視的 Renzulli（王文科，民 78）之旋轉門模式無法在國內施行，其基本精神仍可略加採用。譬如不在新生入學時即進行鑑定，而讓全體學生有一個學期（甚或更長）的時間，參與學校所安排的各種學藝活動。從教師的觀察、學生發表的作品或其他資料中，挑選若干比例（如 20%）的學生進入第一階段的甄選。對於弱勢學生則更應特別照顧，給予更多參與及表現的機會。在甄選階段，除採用有效的標準化評量工具以及其他相關資料外，可加入現場實作的活動。從學生發現問題、處理問題、解決問題的過程中，記錄其反應與表現，藉以蒐集客觀的評定資料，供鑑定委員參考。

　　事實上，Remzulli 三合模式的優點，除讓學生有機會參與

活動，展現其才華或潛能外，更重要的應是將學習活動融入鑑定過程中。因此他所提出的資優定義，特別強調「工作專注」（task commitment）。學生是否具有這種孜孜不息、努力以赴的特性，必須在活動中加以觀察。上述甄選前、後所安排的活動，其用意即在此。

　　資優教育的教學型態究竟如何安排，尚未獲得定論。從民國六十二年設置實驗班開始，就有集中式或分散式編班方式的爭議，兩者各有利弊亦為眾人所知。然而在此之外，尚有許多可以選擇的空間。諸如資源教室方案、多樣化異質分組活動設計、綜合充實教育方案、課外充實方案、統整教學模式（毛連塭，民77；郭為藩，民81；曾淑容，民83；盧台華等，民84）等等，均有其實質上的價值。可惜國內資優教育卻仍環繞在陳舊的課題上打轉。在大人的爭議中，無形中使資優學生自覺有別於一般同學，在學校中成為優越的一群。但背負這個標籤也常常帶來痛苦的心理負擔，許多意外事件事實上是有跡可尋的。因此在爭論編班方式之餘，如何在動態的學習環境中，提供無障礙的學習環境，以支持、肯定的態度，培養資優學生的人文素養，是另一個需要特別考量的問題。

　　事實上，集中式、分散式只是行政上的措施，根本的不是形式上的分野。真正導致資優教育成敗的關鍵在於師資、課程、教法。雖然創造思考教學已在國內推行十數年，資優教育師資訓練時，任課教授不斷呼籲思考教育的重要，資優教育季刊上也經常登載實務工作者十分符合資優教育精神的教學方案，但影響力似乎微乎其微。在八十二學年高中資優教育評鑑報告中，仍然點出我國資優教育普遍存在的問題：教學內容升學導向太強；教師所採用的教學方法仍止於學科知識的傳授，獨立思考的訓練、批判思考教學或問題解決能力的教學頗為欠缺；對於教材只重加速不重加廣加深，即使在加廣的教材方面亦少有系統的設計（郭靜

姿，民 83 ）。

　　資優教師常苦於無適當的教材（ 李永昌，民 78 ）。事實
上，歷年來在研習會上、期刊雜誌中，都可發現不少可供參考的
資料。若能加以編纂，並將之複製為微縮片或光碟，即可廣為流
傳。但即使如此，卻不能使教師誤認為只要將現成的材料照本宣
科即可。資優教育教師必須了解：他不需要扮演百科全書的角
色，不必為學生準備好一切，不一定要自己解答學生的問題。教
師的任務要鼓勵學生自己發現問題、自己解決問題。從探究中學
習做學問的方法，將書本知識變成己有、甚至發現新的知識（ 黃
啟淵，民 83；鍾聖校，民 78 ）。因此「獨立研究」是資優教
育之異於普通教育最明顯的特色。但教師也不能放牛吃草，在學
生進行獨立研究時，教師仍應給予啟發式的引導，使其逐步登堂
入室，終而發現學問之妙，不致因世俗壓力摧殘或扭曲其卓越的
才華（ 吳武典，民 83；郭靜姿，民 82 ）。

　　我國各級教育之實施受到升學主義的影響之大，是眾所皆知
的事實，但是資優教育也是受害者之一。何以如此？許多人認為
既然資優教育已變質，何必要資優教育？與其讓資優班變成超級
補習班，何不乾脆取消資優班？事實上，資優教育是特殊教育的
一環，資優學生的存在是絕對的事實。資優學生有特殊的需要，
就要給予特殊教育的服務。但是面對現實的挑戰，就必須「讓上
帝的歸上帝，撒旦的歸撒旦」。真正要實施資優教育，就必須回
歸資優教育的本質，不再以其名行其非。從歷次資優教育評鑑的
經驗中發現，各級教育單位必須負起這個責任：一方面參考資優
教育的發展趨勢，修訂合乎時宜的法令，使學校有更大的空間發
揮服務資優學生的功能；另一方面在執行時，確實發揮督導的功
能，要求各級學校根據資優教育的理念實施資優教育，否則不應
賦予資優教育的稱謂。至於相關的配合措施，諸如鑑定制度之改
進、評量工具之編製、教材媒體之編纂、教師研習之舉辦、乃至

各項人力與物力的支援與鼓勵，也應加強進行。在教育行政單位正確的導引下，加上所有關心資優教育的人士一起努力，應能讓資優教育回到正軌上。讓資優學生真正獲得特殊教育的服務，也讓資優教育的特色與功效真正展現出來。

參考文獻

王文科（民78）：**有效的資優課程規畫方案**。台北：心理。

王木榮（民78）：辦理資賦優異學生鑑定工作感言。**測驗與輔導**，96，1894-1897。

毛連塭（民77）：**綜合充實制資優教育**。台北：心理。

吳武典（民76）：**特殊教育的理念與做法**。台北：心理。

吳武典（民83）：資優教育的研究與課題。載於國立臺灣師範大學特殊教育學系、中華民國特殊教育學會（編）：**開創資優教育的新世紀**，1-19。

李永昌（民78）：資賦優異教育之我見。**資優教育季刊**，31，13-17。

曾淑容（民83）：課外充實、快樂成長。載於國立臺灣師範大學特殊教育學系、中華民國特殊教育學會（編）：**開創資優教育的新世紀**，123-141-。

郭為藩（民81）：從人文主義觀點談資優教育。**資優教育季刊**，48，1-6。

郭靜姿（民82）：如何指導資優生進行獨立研究。**資優教育季刊**，48，5-15。

郭靜姿（民83）：八十二學年度全國高中數理資優教育評鑑報告。**資優教育季刊**，51，1-8。

黃啟淵（民83）：從探究技能、專題研習到獨立研究。**資優教育季刊**，52，16-23。

蔡典謨（民84）：天下父母心，可憐稚子情——智力測驗補習惡風不可長。**特教新知通訊**，2(8)，1-2。

鍾聖校（民78）：資優學生自然科學充實活動的原始林。**資優**

　　教育季刊，**33**，26-29。

盧台華、陳主毓、江素媛、張秀雯、黃小鈴（民 84）：統整教
　　育教學模式之介紹與應用實例。**資優教育季刊**，**54**，1-3。

5

資優教育研究的點線面

＊蔡崇建

　　資優教育方案的施行實驗，或是課程教材的試行試用，基本上是一連串做決定的過程（decision making process）。也就是說，我們透過周延縝密的評估篩選程序，找出一群可謂有特殊需要的資優學生來，然後給予特殊設計的個別化適性教育，以達到可能是預先設定的教育目標。在這個過程當中，也許我們會提出一系列的問題來，譬如資優的本質是什麼？我們是根據什麼規準而確認某些學生是資優，另外一些學生則否？甚至，這些規準是如何確立的？其次，我們也許接著要問，假若經過甄選鑑定的程序而確認某些學生是資優，那麼，什麼是合乎其特殊需要的適性教育？這種教育和一般的普通教育有或該有什麼不同？而資優學生若接受這些特殊設計的課程或是教學活動，是否必然有助於其能力的發展？最後，我們更要考量資優教育的目標如何定位？這些目標是不是可以預設？而教育目標除了認知層面的考量之外，又如何兼及情意及社會性行為的發展？等等。

　　這一籮筐的問題，有些是不待驗證而自明，或屬先驗的，純粹是教育哲學的規準，或教育理念的實踐；有些則有待事實的分析，或實驗的檢證，才得以釐清。前者通常是取決於教育行政決策的主觀果斷（雖然決策的過程亦需要經過研究分析，但較屬於價值判斷的層次），例如資優教育是不是反教育公平的爭議即是。後者通常是可以（或是必須）客觀加予檢視的實證問題，其

合理性、適切性的研判，需要藉助於事實且十分具體的資料佐證，否則不易取得支持與共識，例如創造性思考的內涵若係屬潛在的能力，那麼是不是只要有開放的學習空間，學生在這方面的表現自然就能夠撥雲見日，如水銀洩地般地到處顯跡；或是它係一種心智功能，因此需要藉助如體能訓練般給予功能強化，有似官能心理學說的翻版，結果將如大力水手的菠菜般，充滿神奇的力量；這兩方面的論據各有所本，論者仍是見解紛紜。由於創造力的本質或是創造性思考教學是資優教育的重要內涵，因此，十分需要藉助實證研究來釐清迷思，並根據科學的程序做決定。否則的話，也許我們認為是有助於學生智慧啟迪的，反成為限制其思維的無形箍框。

　　基於教育研究在理論建構、行政決策及實務問題解決的重要性，本文首先就：①實務問題的應用研究；②理論構設的基礎研究；及③教育政策或社會價值的趨向研究等三方面，說明資優教育研究的必要性，次論研究分析技術，最後討論國內外資優教育研究的取向並提出可行的架構。

壹、資優教育研究的必要性

　　誠如前述，資優教育研究需從理論建構、行政決策及實務應用三方面齊頭並進，就像企業經營須兼及上、中、下游關聯事業的綜合開發及整體運作，才得以健全體制的道理一樣。在國內資優教育的推展已達一定規模及環境條件尚稱理想之下，如何在過去既有的研究成果之上進一步落實研究發展的工作，可說是未來資優教育體質強化必定要走的一條路，以下從三方面闡述資優教育研究的必要性。

一、解決資優教育的實務問題（應用研究）

對每一位從事資優教育工作的尖兵——資優教育教師而言，最直接需要研究的事應是如何解決資優教育的實務問題，因為研究的成果即可直接獲益並解決發生在身邊的問題。其次，就金字塔式的專業人力結構來看，這一方面潛在的研究人才（指從事資優教學的中小學教師）不僅人數多而且潛力也大。事實上，許多理論的建構也多源自於實務問題的探索所獲致的結晶。因此，解決資優教育實務問題的應用研究，應是研究工作的基石。就以下所舉例子來說明其重要性。

㈠在考慮資優教育的對象時，我們急於要了解的是資優學生甄選過程的公平性、適切性如何的問題。

探討此一問題，值得我們去思考的是甄選時以多項評量工具（包括標準化測驗及觀察表等）的測量結果，依加權總分作為切截點（cut-point），其加權比重是否合理？其信度、效度如何？其變項或評量工具的選擇合理嗎？甚至評量的標的是「表現資優」或「潛在資優」？等，當我們對這個問題能夠更客觀、更謹慎的加以研究，才能避免有遺珠之憾或是出現假性資優。

㈡關於資優學生的學習問題，其學習特性是否異質性大於同質性？也就是說資優學生認知行為的個別差異如何，這與教學方式的設計有直接的關係。

針對這個問題，也許我們該要了解資優學生學習行為的表徵是什麼？其學習策略的運用如何？這或許有助於澄清「教與學」的適配性問題，而有助於實現適性教育的積極目的。

除了上述兩個例子之外，關於實務問題解決的應用研究方

面，值得或是需要進行研究的問題，不可謂不多，下面單單試從評量、教學及評鑑等流程分析其可能的待答問題，這些或皆係實務研究上值得探討的潛在問題。

表一　資優教育實務潛在問題分析

一、篩選與鑑定方面

1. 資優學生在標準化測驗上的表現和一般學生比較是否有顯著差異？其差異之處是否有特定組型存在？
2. 資優學生在標準化測驗的表現與其在班上的學習行為表現有那些差異？

二、適性評估及能力診斷分析方面

3. 資優學生在那些方面表現特別優異？其興趣及性向如何？
4. 那些行為特質、經驗或環境因素會限制或抑制資優學生優異能力的表現？
5. 資優學生目前能力表現的長處及弱點是什麼？其能力組型如何？
6. 那一類資優學生符合接受那一種方式資優教育課程的標準？或者是那些資優教育方案最適合學生的需要？
7. 資優學生在普通班的學習情形如何？適應如何？
8. 資優學生是否需要接受課外充實課程以發展其長處或補救其弱點？
9. 學生那些方面的能力或特殊才能的發展需藉助於校外專家或資源？

三、個別化教育計畫方面

10. 就發展學生能力或特殊才能的觀點，那些方面的教學目標最重要？

11. 基於補救學生學習弱點的考慮，那些方面的教學目標或策略最重要？

12. 需要增加那些方面的教學目標或教學內容，才能滿足資優學生潛能發展的個別需要？

13. 上述教學目標的達成，以那一種方式最符合學生的需要？（如在普通班施以個別指導、在家自學、部分時間的資源教室方案、或加速學習等）

四、教學設計方面

14. 老師需要教資優學生那些特殊技巧？

15. 教學設計如何滿足資優學生的興趣與性向的特質？

16. 資優學生所偏好的學習方式是那一方面？其認知方式又是如何？應如何在教學活動設計上考慮這些獨特的偏好？

五、評鑑方面

17. 學生那一方面的教學目標已達精熟程度？目前學習表現的進步程度是否達成預期的學習目標？

18. 學生的教育安置方式是否需要改變？如何改變？

19. 資優教育教師的必要特質或條件是什麼？其適任性如何？

20. 那一種資優教育方案是最佳方式？成效如何？問題如何？

二、驗證教育理論構設（基礎研究）

應用研究通常較重視實際問題的解決，因此研究結果所獲致的結論，往往受限於特定情境、特定對象等，而缺乏外延推論的

妥當性。不過，當累積了許多實務問題的研究發現，其結果若有相當一致的共同性，就容易形成普遍的原理原則，進而形成某種理論。但是有時候為了釐清現象界的紛紜、迷思，若能先從理論構設著手，再逐步繽繹驗證，亦是教育研究的可行方向。這兩方面都是相當重要的基礎研究，例如：

㈠創造力若是一種潛在實存的能力，那該如何啟迪？若是一種思考的過程，其影響因素是什麼？

關於這一問題，值得我們去思考的是創造力的內涵是什麼？能否有效評量？與資優教育的關係如何定位？若是思考的過程，其過程是什麼？其影響因素是個人特質？或是環境變因？由於人類的心智活動無法直接檢視，因此就有賴理論的構設分析。

關於創造力研究，過去涉及的研究有：（Treffiger, 1986）

1. 智力結構的研究（如 Guilford）；

2. 創造思考能力的本質、評量及其發展（如 Torrance）；

3. 多元才能模式的研究與發展（Tayler）；

4. 創造性問題解決模式的研究（Osborn, Parnes, Isaksan, & Treffiger）；

5. 分合模式（synectics model）的發展（如 Gorden）。

上述諸項研究的傾向，足見創造力本身即具有多樣性的指標，亦顯示目前尚無單一理論被廣泛接受。而未來研究的可行方向應該著重在以下幾方面，以便建立普遍性的理論架構：

1. 根據過去的實驗及評量技術進行整合研究，如測驗組合及評分方式等；

2. 神經生化上的認知歷程的基礎研究；

3. 創造思考關連變項的常模研究；

4. 著重個別性評量及診斷之分析與解釋；

5. 多向度的創造性作品（creative products）評估研究；

6. 編製有關問題解決能力、批判性思考能力等的評量工具；

7. 採取多變項分析法對創造力表現作長期預測分析；

8. 從不同層面及心理特質來驗證創造力的本質。

(二)關於資優學生的認知方式如何？其學習策略是什麼？他們的認知方式與學習策略和其他非資優學生有何不同？

這方面最主要的是後設認知（metacognition）、認知發展及知識結構分析等的認知心理學研究的課題，也是目前的研究主流之一。

認知心理學家認為傳統智力測驗、成就測驗或是各種能力測驗，係設計目的主要在提供客觀實效的評量資料，以作為篩選、安置或是學生間（或是校際間）的比較，而不在評量學生在教學活動相關的知識概念、學習策略、後設認知及情意思考歷程。雖然，傳統測驗在學生的篩選、安置及比較上有其價值與必要性；但是，從教學實際的觀點來看，透過評量以了解學生的認知思考歷程，比探究教學對學生學習成就的影響，更具實質效益。

從認知心理學的觀點，在教學過程上，學生的思考歷程（thought processes）在教師的教學與學生的學習表現間被認為扮演著十分重要的中介角色。在思考運作中，學生運用其既有知識系統、智性與情性的思惟活動創造了有意義的學習，從而增進學習的成效及知識的增長。若以學生的自我架構為核心，其認知活動可以如下頁之模式說明（採自 McCombs, B.L., 1989）。

從上述的描述，測驗評量扮演著十分重要的角色。就以認知模式而言，測驗就可以提供多種診斷的資料，如前備概念（preconceptions）、背景知識（background knowledge）、理解策略（comprehension strategies）、歸因（attributions），以及計畫或統合認知的過程（planning or metacognitive

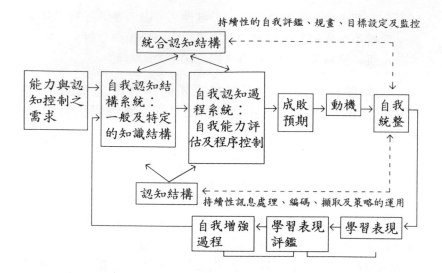

processesons ）等。這些評量資料的提供，在激勵學生的學習興趣及符合學生的知識背景下，對教師的教學設計相當有幫助。

近代的認知心理學研究，對教學如何影響學生的學習成效開拓了另一視界。依教學的認知模式來看，教學對學習的影響係經由學生的思考、組織及資訊處理方式的改變所導致，其中包括與原有經驗與知識的關聯及如何在日常生活加予應用。這可從幾方面來討論：

首先是學生的前置概念。近代的教學認知模式認為教學即是一導引學生修正或精進其概念與信念的過程，因此教學應以評量、了解學生的知識及思考歷程為基礎作為教學的參照。換言之，學生的知識背景是教師架構學習活動、誘發學習興趣及促使學生了解學習內容的基礎，而前置概念的存在對學生是否了解所欲學習的內容起了決定作用。因此，測驗應提供這方面的有效資訊。

其次是關於學生學習歷程的資訊，包括學習策略及知識獲取

的方法等，這是影響教學活動與學習成效的中介變項。學習策略的影響包括如何對應教師提供的知識或資訊並且重予建構、如何與既有的概念結合，以及如何適當運用策略等。

　　第三是後設認知，係指學生對自身思考歷程的覺知與控制。後設認知活動包括閱讀理解的監控方式、學習的規劃、如何將學習內容與先前所具知識形成關聯、規劃應用所學，以及評估學習策略的應用，亦即含涵學生所有的自我控制的學習（self-control of learning）。

　　第四是情意思考歷程，如動機、焦慮及歸因等。其影響包括是自我期許、學習興趣，以及學習的持恆等。

　　上述這四種類型的思考歷程都是需要加予測量及了解，因為這些都關係到學生的學習成效。

　　大多數的智力測驗、成就測驗及能力測驗其設計編製各有其使用上的目的，而非設計來評量、診斷認知與情意思考歷程。標準化測驗通常是用來選擇、安置學生，或是用來和其他學生作比較，而不是用來評量與教學有關的學生概念、學習策略，或後設認知，或情意思考歷程。一般而言，傳統的教育評量大多著重在學生的學習結果及學業具體成就。換言之，智力、成就及性向測驗所測的多屬學生的已知或能做的，而較少與學生如何學習、思考、作決定，以及如何從教學中所獲取知識、記憶和知識應用等有直接的關係。後者，則是近代教育心理學家所強調、重視，其探討的方向是在學習策略、統合認知、歸因及理解等，而為提供完整的評量資料就需要發展新型的測驗工具或測量方法，通常統合認知的評量其主要方法是：第一類型方法（資料蒐集）——①有聲思考法（think alouds）②原案分析法（protocol analyses）；③刺激回憶法（stimulated recall）。第二類型方法（資料表徵分析）——①語意網路法（semantic networks）；②語意圖表法（semantic maps）；③層序樹法（ordered trees）；④圖示

組織法（graphic organizers）；⑤概念圖示法（concept maps）；
⑥摘述綜合法（summaries）；⑦架構圖表法（frame struc-
tures）。

　　上述這些研究不僅有助於理論建構的完整性、周延性，也有
助於了解資優學生的思考特性並充實資優教育的內涵。

三、教育政策或社會價值的趨向分析

　　此項研究其方式多採意見或是態度調查，例如資優教育是不
是合乎教育機會均等的理念等，通常這一方面的研究所著重的是
探討教育政策的決策形成過程及決策品質的評估。其次，在「依
法行政」的觀念之下，有時候也有必要運用法理分析方法，來探
討資優教育的政策方針、制度架構及行政規準等的法源及法理基
礎，例如研析目前有關資優教育的法規對資優學生權益保障的程
度及其特性如何等。

　　探討這方面的問題，一般是需要以大樣本抽樣來取得分析性
資料，但有時也採取專家評估方式以便就某一教育政策進行深入
的觀察。因此，此一研究方法雖亦力求客觀，但較之其他研究方
法則主觀成分（特別是涉及價值判斷時）稍顯；淺言之，此有似
民主社會選民的投票行為一樣，投票的結果雖客觀，但選民投誰
的票卻是個人主觀的抉擇。

　　值得觀察的是意見或態度調查，通常容易出現趨中反應及從
眾行為。這種「中庸」之道，在教育政策的研究上也許有其意
義，因為教育政策往往是在教育理論與教育實際之間尋到一個平
衡點，但是在「適中」政策之下，亦可能有其時代性、開創性的
作為，就像經濟理論上的社會利益或資源重分配的生態理念般，
但這種分配還是依個人所得及擁有資源而有其差異。以上的說
明，最主要的目的是在釐清教育政策趨向分析的普遍性及特殊

性，教育政策是一種公共政策，所謂公共政策即是以大眾的利益為依歸，而任何政策從制訂到實施，不僅受時空因素的影響，也受到社會價值觀左右，在保守的政治生態中，所謂公共政策往往易受主政者個人或少數人的價值觀所決定，越是自由開放的民主社會或政治生態中，公共政策通常係多數民意匯集的體現，而多數民意的內涵即是普遍性價值認同的行為，但是並不能保證其結果的合理性，甚至有時候是反價值的。因此，教育政策的研究不能偏限於民意的調查而已，也應採用專家評估方式，以免發生「劣幣逐良幣」反汰作用的研究結論。

　　資優教育既是總體教育制度內的一環，因此必然深受教育政策走向的影響。因此，在探討資優教育問題時，不可避免的，也應關心教育政策的決策品質、分析其趨向，這是從事資優教育研究不能偏廢的一部分。

貳、資優教育研究的方法與分析技術

　　關於資優教育研究的方法與分析技術方面，本文係就研究的基本步驟及研究的過程兩方面來說明。前者由於一般研究法的教科書即有深入的論述，本文僅摘要其要；後者則是本文擬較深入說明的部分，內容包括系統分析在研究上的應用、資料蒐集的方法、研究方法的選擇、電腦在資料分析上的應用等項。

一、研究的基本步驟

　　通常進行一項研究其步驟宜包括下列八項：①選定研究題目；②閱覽有關文獻；③界定研究問題；④建立假設（選擇性）；⑤擬定研究設計；⑥從事資料蒐集；⑦進行資料分析；⑧

撰寫研究報告。

二、研究問題的分析

　　經常從事研究工作的人都會有這樣的經驗，那就是任何研究若先有好的計畫，也就算是成功一半了。一般而言，好的研究計畫通常是指其研究架構的縝密完整，研究構思的獨特創見；基本上要做到這兩方面的要求，除了須有涉及研究領域的深厚涵養及歷練之外，尤須具有研究問題的系統分析能力。關於後者，本文僅就系統分析觀念的應用提出說明。

　　教育研究的系統分析大致有四種方式，在研究流程的建構上各司其職（楊國賜，民76）。①是任務分析（mission analysis），主要在釐清研究主題的整體要件；②是功能分析（function analysis），主要在確認研究主題各相關部分的內涵及其作用；③是工作分析（task analysis），將研究主題分化為明確具體的最小單位（或基本要素）；④是方法—工具分析（method-means analysis），根據前三項分析確認可能的方法及工具（或最佳的策略）。以上四種方式的分析是決定教育研究架構及其可行性評估的重要歷程，試舉例說明如下：

　　例如：教師工作倦怠影響因素的系統分析架構。

　　一般而言，影響教師工作倦怠（職業行為的一種）的因素，若以教育生態觀而言可能涉及個人因素、學校組織因素及經濟——勞動市場因素等三個層面。其系統分析架構如下頁：

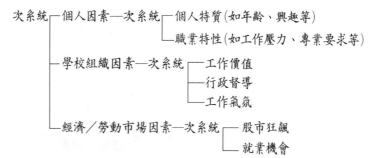

職業行為—主系統
　　　　次系統—個人因素—次系統—個人特質(如年齡、興趣等)
　　　　　　　　　　　　　　　　　└職業特性(如工作壓力、專業要求等)
　　　　　　　—學校組織因素—次系統—工作價值
　　　　　　　　　　　　　　　　　—行政督導
　　　　　　　　　　　　　　　　　└工作氣氛
　　　　　　　—經濟／勞動市場因素—次系統—股市狂飆
　　　　　　　　　　　　　　　　　　└就業機會

　　經過上列的分析步驟，從整體來看，研究者就很清楚其研究的主要架構。當然任何研究不宜過於龐雜，最好講究精緻小巧，因此研究者須就其研究主題來設定主要研究變項及控制變項，排除無關變項。整個研究架構形成之後，而繼之的研究方法及工具亦能配合研究的需要設定，最後尚須針對研究計畫進行校正評估。其評估的策略，通常是採取問題解決過程模式，該模式流程如下表：

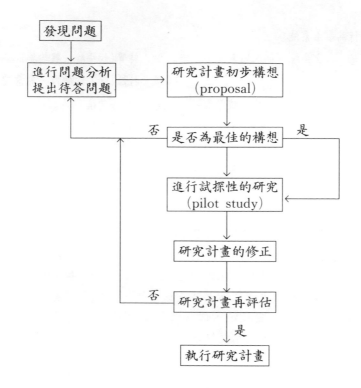

三、研究資料（或文獻）的蒐集方法

　　隨著資訊科技的進步，事實上，今天每個人都是資訊世界村的一員，有線無線的資訊可以說天羅地網般佈滿我們居住的空間，天涯若比鄰不再是神話。譬如說，如果你有一具電腦另配加撥號數據機（Dial-up Modem），再接通國際學術網路（BIT-NET），也許遠在世界另一端就有一位（或許更多）你研究領域的伙伴（通常素未謀面），隨時可以交談，提供意見，互換心得。尤其最近網際網路（internet）的風行，更助長資訊的快速流通。

　　資料的蒐集與分析可以說是從事研究事業的扎根工作。有些
問題（對自己而言）也許別人已有深入的研究，那麼就不必大費
周章的再去探索問題的答案，只要引用就可以。或者別人的研究
並不能或是不適於解答你的問題，但過去的研究經驗或方式，卻
能提供思考的方向，或是誘發進一步探討的動機。因此，從事研
究工作首要之務，是要了解資料蒐集的方法及取得資料的資源。
以下僅就教育研究方面來說明其方法及路徑。

㈠資料庫檢索

1.光碟資料庫檢索

　　ERIC——教育資料庫。資料來源為：Resources in Educa-
tion（RIE），及 Current Index to Journals in Education
（CIJE），收錄 1966 年迄今有關教育之圖書、期刊、會議紀
錄、研究報告及法令等資料，內容每季更新。

　　PsycLIT——心理及行為科學資料庫。收錄 1974 年以來有
關心理學及行為科學方面之期刊目錄及摘要，內容每季更新。

　　DAO——博碩士論文資料庫。收錄 1861 年迄今北美地區主
要大學之博士論文目錄及摘要，及碩士論文目錄。此資料庫涵括
四種書本式出版品，即：

　　　　a. Dissertation Abstracts International (DAI)；

　　　　b. American Doctoral Dissertation；

　　　　c. Comprehensive Dissertation Index；

　　　　d. Masters Abstracts International。

2.國際百科資料庫 ORBIT 檢索

　　ORBIT 即是 On-Line Retrieval of Bibliographic Infor-
mation, Timeshared. 該系統係美國加州 System Development
Corporation（SDC）所建立的線上書目性資料檢索系統。其服
務功能包括：a. 線上檢索；b. 線上複印；c. 線外複印；d. 專題選

訂；e. 原文訂購等。

　　3. 國內教育論文摘要及檢索系統（台師大）。

㈡查閱論文摘要或索引

　　主要包括下列七種，其中又以特殊教育圖書論文摘要（目前已出版至民 77 年）及 Exceptional Child Eductaion Resources 兩種工具書在特殊教育研究上最為重要。

　　1. 特殊教育圖書論文摘要（國立台灣師範大學特殊教育中心出版）；

　　2. 教育論文摘要（國立台灣師範大學圖書館出版）；

　　3. 中央圖書館期刊索引：

　　4. 博碩士論文摘要（國科會、教育部出版）；

　　5. Exceptional Child Education Resources（CEC 出版）；

　　6. Dissertation Abstracts International（博碩士論文）；

　　7. Psychological Abstracts（心理學摘要）。

㈢其它資源

　　1. 社會科學資料中心。該中心設於國立政治大學，內藏有全國最完整的博碩士論文。

　　2. 各大學圖書館的微縮片資料庫。

　　3. 國科會「專題研究報告及學術研究獎助代表作」微縮片資料庫。

四、研究方法的選擇

　　研究方法的選擇須視研究目的及問題性質來決定。以下重點說明各種研究方法的特性：

㈠質的研究

此一方法在社會學及人類學研究上應用廣泛，近年來在教育研究上也漸受重視。由於人類行為及心理現象的複雜多變，因此大樣本的調查有它的限制，故質的研究重視個案研究、深度訪視、參與式觀察、實地調查（田野調查）、文獻內容分析、及複雜活動的過程分析等方法的應用。

其中個案研究法係針對個別學生做較有系統而持久的問題研究，在特殊教育上運用較為廣泛。

㈡行動研究（active research）

行動研究係由教師從實際工作或教學中發現問題，並即時採取某種行動，以解決其所遭遇的困難之研究（盧欽銘，未發表）。

1.特色：

(1)樣本是以工作或教學情境的對象為主，而非隨機取樣的對象，故未必具有代表性；

(2)研究方法和實驗處理具有彈性，在研究過程中可隨時修改或改變；

(3)研究變項的控制不夠嚴密，故內外在效度較差，只能將研究結果用以改進工作或教學情境中的問題，而無法做廣泛的推論或建立教育理論。

2.研究方法：

(1)問題：某一位物理老師對物理教學的效果感到不滿。

(2)重點：如何才能引起學生對物理科教學產生更大的興趣？

(3)問題分析：分析結果如下表

學生對物理缺乏興趣的原因	這原因是？		能否改進？		能夠改進的原因或理由
	事實	揣測	能	不能	
1.缺乏物理實驗	√		√		已有設備
2.學生缺乏討論		√	√		可設計論題
3.缺乏視聽及演示設備	√			√	
4.缺乏有趣的物理雜誌書刊	√			√	
5.學生的基本知識不足		√		√	

　　(4)行動假設：安排每週兩節課做物理實驗，每兩週一節課分組討論及報告。擬訂工作執行進度及評鑑表。

(三)專家評估技術（Delphi technique）

　　Delphi Method 的研究方法係一結構性團體意見溝通策略，在溝通過程之中，針對特定主題採多層次問卷反映或面對面討論方式，由不同專業領域的專家提供意見，再經個別專家意見的回饋、修正及團體判斷的評估等程序，各個別意見反覆聚歛最終架構成整個專家團體趨於一致的意見，以解決複雜問題（Linstone & Turoff, 1975）。

　　Delphi Method 的優點是：

　　1. 個人依其自身專業所提意見，透過團體溝通程序可獲得適當回饋，經由意見修正程序，形成團體意見的一致性與共識；

　　2. 根據意見異同比較，可作團體判斷或觀點的評估；

　　3. 參酌團體成員意見，提供團體成員修正其個人意見的機會；

　　4. 避免團體或核心成員意見的壓力，使個人意見獲得尊重，同時個人意見的堅持或異意的出現，亦被視為重要資訊。

　　Delphi Method 特別適合於問題解決策略及未來學方面的

研究。資優學生可視為未來的專家，故可運用此一方法進行專題研究。

　　一般而言，Delphi Method 調查程序的進行擬分成三個階段，以下就以「資優概念」研究所擬定的程序加以說明：

　　(1)Pre-Delphi 調查：

　　此一階段係廣泛蒐集有關專家對資優概念的界定，邀請若干學者專家針對「資賦優異」一詞所涵涉的概念，以描述說明方式逐一條例。

　　再以上述資料為參考，請參與成員就其概念所涵涉範圍及其說明，填寫未被列入的概念及其附加說明。

　　Pre-Delphi 調查之後，即可彙整出一份較為廣泛的概念表。

　　(2)第一次 Delphi 調查：

　　第一次 Delphi 調查係根據前項「資賦優異」概念表，以 Likert scale 五點量表型式編製問卷，請學者專家就問卷上所列各項概念陳述進行重要等級的評定，另外亦接受附加意見的提出。

　　此一階段實施完成之後，進行初步統計分析，即可得各項概念之評定等級的中數及四分差值大小。

　　(3)第二次 Delphi 調查：

　　第二次 Delphi 調查之實施，係在原有問卷上列出前項統計資料，再寄送參與本研究的學者專家，請其參考前次調查資料並進一步考慮是否改變或堅持原有對各項概念的重要性的評定。

　　第二次調查之後，即完成本項調查進行比較分析工作。

　　前述 Delphi method 的程序結束之後，彙整之後即可形成總體的「資賦優異」概念分析表，並召關學者專家座談討論會，以確定資優概念的整體架構及各個概念的界定說明。

Delphi Method 調查實施程序

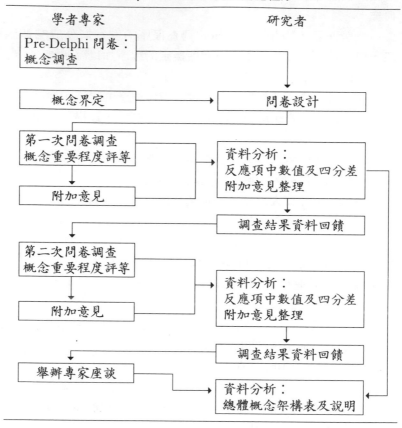

㈣單一受試的實驗設計

　　單一受試實驗設計，又稱小樣本設計，或稱受試者內的實驗設計。此種研究方法的特色是採用單一受試即可進行實驗研究，這在個別差異大且人數不多的特殊兒童上是最適合的研究設計。此一實驗設計的主要模式：一是倒返實驗設計——其步驟分量基

準線階段、實驗處理階段、倒返階段等三部分；二是多基準線實驗設計——有跨越不同受試、行為、條件的多基準線設計。詳細內容請參考①陳榮華（民75）：行為改變技術。台北市，五南圖書出版公司；②郭生玉（民75）：單一受試（或小N）的實驗設計。測驗年刊，33輯，143-162頁；及③杜正治譯（民83）：單一受試研究法。台北市，心理出版社。

　　除以上所述之研究方法外，其他如敘述研究法、歷史研究法及實驗研究法可參考有關研究法的專書。如：①楊國樞等（民67）：社會及行為科學研究法。台北，東華書局。②郭生玉（民70）：心理與教育研究法。台北，大世紀出版公司。

五、電腦在資料分析上的應用

　　電腦具有快速、正確、經濟等特性，而且操作效率高、儲存量大、高度可靠性及運作合乎邏輯。因此，藉助電腦來協助研究工作及資料分析，已必然的趨勢，不過也不是說所有研究都必須運用電腦來做。在統計資料分析上，首先要考慮的是有無必要利用進行統計分析？然後再考慮利用電腦進行統計分析的可能性，其考慮條件是變項多少、樣本大小、統計的複雜性及程式的取得等（簡茂發，民70）。

　　以下就以各種適合個人操作或個人電腦上運算之統計分析工具扼要介紹其功能：

㈠CASIO-FX3600P（科學工程用小型計算機）

　　在大學或研究所修習心理與教育統計學的人，通常是人手一機一掌上型科學工程用小型計算機。此種計算機雖小，但在一般性的資料統計上卻十分有用。

　　以下就以CASIO-FX3600P機型來介紹其主要功能：

1. 一般性計算功能，包括：
　①基本四則運算；
　②可以設定六個常數記憶；
　③分數計算；
　④百分比計算。

2. 功能性計算，包括：
　①度分秒化為十進位；
　②正反三角函數計算；
　③正反曲線函數計算；
　④對數／指數計算；
　⑤開平方根、平方、倒數、階乘計算。

3. 統計計算，包括：
　①平均數、標準差；
　②積差相關；
　③迴歸分析。

4. 程式計算：
可容受若干步驟的程式設計，且最多能記憶兩組程式集。

㈡SPSS 微電腦統計分析套裝程式集

　　SPSS 即 Statistical Package for the Social Sciences 的縮寫，此一軟體在心理及教育研究上使用最為廣泛，幾乎做社會科學研究且自備個人電腦者皆人各一套。其內涵分基本統計（based statistics）、高等統計（advanced statistics）及表格（tables）等三部分，統計功能包括（1985 年版為例）：

表二　SPSS 統計分析指令及功能

統計方法	統計功能說明
AGGREGATE	資料整合
ANOVA	共變數變異數因素分析
CLUSTER	階層聚群分析
CORRELATIONS	積差相關
CROSSTABS	多項列聯表
DESCRIPTIVES	單變數加總統計（包括平均數、標準差、最大值及最小值）
DSC	區別分析
FACTOR	因素分析
FREQUENCIES	次數分配、百分比、加總統計及繪直方圖
HILOG	階層對數線性分析
MANOVA	多變項變異數分析
MEANS	組平均數、標準差、加總分數及單因子變異數分析
NPAR TESTS	無母數檢定
ONEWAY	單因子變異數分析及多重比較
PLOT	雙方度繪圖
QUICK CLUSTER	K-means clustering
REGRESSION	複迴歸分析及殘差分析
REPORT	報表編製
TABLES	使用者自定表格形式
T-TEST	獨立或相依樣本組平均數差異檢定
WRITE	開啟 ASCⅡ檔

(三)SAS 微電腦統計分析套裝程式集

SAS 即 Statistical Analysis System 的縮寫。

(四)統計分析的選擇

　　一般而言，資料的分配是常態或是接近常態分配，資料之變異具有同質性，以及資料在數量量尺的層次上是等距或比率量尺等三種性質，以使用母數統計考驗（如 t 考驗、F 考驗、因素分析、趨向分析等）為宜；若資料的性質不能滿足上述三項性質，則以使用無母數統計考驗（如卡方考驗、中數考驗、U 考驗、符號考驗等）較為恰當（盧欽銘、何榮桂，民 71）。關於適用統計方法的選擇，請參閱：盧欽銘、何榮桂（民 71）：電腦備用程式在教育與心理統計分析的運用。

叁、資優教育研究的取向

一、過去國內資優教育研究題目及篇數摘析

　　根據吳武典主編的「特殊教育圖書論文摘要」之內容，分析近年來（指民國七十一年以來）有關資優教育方面所完成的實證研究題目及篇數（見表三），顯示除 74、75 兩年篇數稍增外，餘各年篇數大致未超出十篇；至於研究題目的性質，多年來累積的資料顯示主要著力在創造力、認知及自我觀念等三項主題上。從整體來看，研究的主題領域可分為六大項，計 26 個主題，比較之下，其中又以心理層面的問題為研究取材的主要探究方向。

表三　資優教育研究題目及篇數摘析

主　題	71年	72年	73年	74年	75年	76年	77年	78年	合計
生理方面									
1.體格體能	1								1
人格方面									
2.自我觀念	1	1		2	4	1	1		10
3.內外控			1						1
4.成就動機				1	1				2
5.道德判斷	1		1						2
6.角色取替	1	1							2
心理方面									
7.智力				1	3				4
8.認知	2	1	3	1	3				10
9.創造力	3	2	2	6	6		1		20
10.問題解決	1						1		2
11.批判思考					1				1
12.性向		1		1	1				3
13.興趣					1				1
14.焦慮		1		1	1				3
15.情緒	1				1	1	1		4
16.壓力					1				1
17.標記					1				1
學習方面									
18.學業成就				3	1	1			5
19.學習環境		1		2					3

20.學習行為		1	2		4		7
21.學習方式		1	3	1			5
22.班級氣氛	1						1
行政方面							
23.鑑定			2	1	1		4
24.教育方式			4	1	1		6
25.追蹤調查			1	1			2
親職方面							
26.教養方式	2	1	1		1		5

　　民國八十三年國內在吳武典、林幸台教授等的主持下，向國科會提出「我國資優教育全方位發展策略之研究——五年期整合型計畫」，獲得支持。目前所進行或預定進行的子研究計畫共有23個，堪稱是歷年來最完整的綜合型研究。該子計畫如後：

一、政策與理念

　1.我國資優教育政策之現況及其影響因素之探討
　2.資優與資優教育概念之比較分析研究

二、鑑定與教育安置

　3.我國資優學生鑑定制度之研究
　4.國中資優學生鑑定工具與方法之有效性分析
　5.資優學生教育安置模式之研究

三、生態環境

　6.資優學生班級生態之研究

7. 資優學生家庭動力之研究

四、課程與教學

8. 資優教育課程與教學實施現況之調查研究
9. 充實模式之設計與實驗研究
10. 統整教學模式之設計與實驗研究
11. 學前資優兒童早期鑑定與介入模式之研究

五、思考與情意訓練

12. 領導才能訓練模式之設計與實驗研究
13. 資優兒童認知思考技巧特質及其訓練之研究
14. 創造性問題解決教學模式之設計與實驗研究
15. 人事智慧之衡鑑及其訓練之研究

六、輔導與追蹤

16. 跳級資優生之追蹤研究
17. 國際數理競賽優勝學生之追蹤研究
18. 低成就資優學生的特徵及輔導策略之研究
19. 資優學生之生涯抉擇與生涯定位之研究

七、評鑑

20. 國小資優教育評鑑模式發展之研究
21. 中學資優教育評鑑模式發展之研究

八、特殊族群資優生

22. 殘障資優學生身心特質之研究
23. 最大潛能發展區間評估方式對於文化殊異資優生鑑定效果之研究

二、國外資優教育研究領域及主題的調查

　　根據世界資優及特殊才能兒童委員會所屬研究委員會
（ Research Committee of the World Council for Gifted and
Talented Children ）一項關於資優教育過去、現在和未來重要
研究領域及主題的調查（ Urban, 1989 ），受調查者包括 19 個國
家 50 位學者專家（ 但僅回收 21 位 ）。該調查結果所提列的重要
研究取向分發展、認知、教育及社會文化等四方面，茲摘述各領
域主要研究取向如下：

㈠在發展方面（ Developmental aspects ）

　　1. 長期追蹤研究。如兒童早期鑑定為資優的成人其表現如
何？資優教育方案的長期效益如何？
　　2. 資優學生最理想的發展條件（ 如人格特質與學習環境等 ）
是什麼？
　　3. 如何發展各類型資優的早期鑑定方式與程式？

㈡在認知方面（ Cognitive aspects ）

　　1. 資優兒童的思考及學習特性有何顯著差異？
　　2. 特殊領域（ 如領導才能、問題解決等 ）的研究。
　　3. 基本知識與專精學科孰重的課程規劃問題。
　　4. 訊息處理與問題解決策略的研究。
　　5. 後設認知的心理計量研究。
　　6. 智能的生理性測量研究。
　　7. 資優及特殊才能學生的動機因素研究。

(三)在教育方面（Educational aspects）

1. 教師行為特質分析研究。

2. 針對特殊才能領域所提供的特殊教育機會（如數學等）之成效研究。

3. 心理計量及教學法的研究。

4. 學習系統（包括教育制度、教學方法、課程教材及教學資源等）的效益評估。

5. 基於兒童教育需求的政策發展之趨勢分析。

(四)在社會文化方面（Socio-cultural aspects）

1. 資優與社會階層的關係研究。

2. 性別差異與資優行為的關係研究。

3. 文化不利的地區因素對資優教育的影響。

4. 第三世界的兒童與資優教育的關係。

5. 泛文化或不同文化比較其資優概念及對資優教育的影響。

6. 智力的文化公平性評量研究。

至於較具體及統合性的研究主題是：

1. 資優學生的行為表徵是什麼？如何確切評量？

2. 資優學生的依附行為、自我強度與資優特質的關係。

3. 生理與社會情緒歸因與資優特質的關係。

4. 低成就資優學生的成因。

5. 高智力與高創造力者間的差異比較。

6. 遺傳與資優的關係。

7. 資優小老師在班級中的角色與功能。

8. 針對資優或低成就資優學生的個案研究（探討影響其潛能發展的原因）。

9. 資優與社會文化背景的關係研究。

10.資優與少數（或弱勢）民族的關係（如何鑑定？其對資優的認知？）

11.自我觀念的角色認同與資優行為之關係研究。

12.任汝理理論在學校系統的運用。

13.資優學生的家庭因素研究；及父母或家中成員、老師及友伴之中，誰是資優兒童的重要他人？

14.資優學生問題解決能力與智能條件的關係研究。

15.資優學生社會情緒的問題及阻礙其發展的影響因素調查。

16.以理論為基礎的資優教育方案之深度研究。

17.關於智能、創造力、藝能、心理動作與音樂資優的鑑定策略，及有關能力發展的教育方案評估。

18.資優教育改進方案的發展研究。

19.改變社會對資優的負向公共意見與理念的策略研究。

三、資優教育研究領域的基本架構

從上述過去實證研究的取向，及前述實務與理論既存問題的內容分析，或可據以討論未來資優教育研究取向的參考。

據此，本文最後就以資優教育研究的點、線、面三向度為基，嘗試提出此一研究領域的基本架構及其內涵。以下扼要分述之：

在「點」方面，基本上係以資優學生個人或與個人有直接關連的影響因素為研究重點。這一方面的研究應重視個案研究，目的是針對資優學生的行為特質（包括個別間與個別內在差異兩方面）及環境條件（包括家庭、學校與社會資源三方面）交互作用下，所導致的成長、適應及發展上的問題，做持續且深入的探究。此方面的研究初始目的應是提供個別化適性教育的指引，而最終應是在個別生涯規劃的建立。

關於資優學生個案研究的內涵，其研究變項的設定應從三方面考慮：

一是身體或生理因素，如性別、年齡、健康狀況、生理能力等；

二是心理因素，如智能水準、語文發展、動作技能、認知與學習方式、學業成就、知覺能力、創造力、興趣與特殊才能等；

三是社會及人格因素，如自我觀念、情緒發展、適應行為、人際關係、道德意識、領導能力、父母社經地位及管教態度等。

在「線」方面，係以組群（大樣本分析）特質之探討為主，其研究取向則採學術領域的分類為依據。這一方面的研究，從橫斷來看，可分別從教育學、心理學及社會學三方面的影響因素，進行相關程度、差異比較及預測分析研究；從縱貫來看，可進行「資優族群」長期追蹤研究，及成長與發展曲線的大樣本分析研究等。茲分述如後：

關於橫斷方面，其研究取向就教育學領域所涉及的研究論題可包括如下：

1. 從教育行政觀點來看，宜探討資優教育行政組織結構與效能、學生鑑定與篩選程序、教學評鑑等；

2. 從教學設計來看，宜探討課程設計、教材編選、教學方法、特殊輔導方案、教學媒體及環境規劃等；

就心理學上所涉及的研究論題，宜探討的內涵包括：

3. 智力特質與結構分析，著重在創造力、問題解決能力及批判思考能力等高層次智能的研究；

4. 評量工具的編製與發展，特別是標準化的智力、性向、成就及特殊能力（如問題解決）等評量工具的研究發展；

5. 認知心理與學習策略的研究；

6. 資優行為與心理輔導的研究，如自我觀念、角色認定、人際關係、標記、低成就、壓力調適、道德發展等；

在社會學上所涉及的研究論題，宜探討的內涵包括：

7. 社會階層與資優特質的關係研究；

8. 社區或城鄉文化差異與資優教育的關係；

9. 文化公平評量與資優教育的關係；

10.社會態度與價值取向對資優教育發展的影響。

關於縱貫方面，其主要研究論題是：

1. 建立資優學生生涯發展追蹤資料，探討資優成人生涯決定的影響因素（包括個人及環境因素），並定期提出研究報告；

2. 其次，進行各種資優教育方案的長期效益及早期鑑定的效度與信度之評估。

在「面」方面，係以整體性、普遍性、時空性的觀點，來探討涉及理念、制度、法規等方面的問題。這一方面研究的主要論題，應包括：

1. 有關資優教育政策的發展趨勢及決策品質的調查分析；

2. 重視資優母群的常模研究，如資優學生的次級文化、性別差異與資優行為比較等；

3. 教育制度與方案評估，如加速與充實、集中與分散、或是依某一理論施行的教育制度或方案之評估；

4. 師資專業與人員培育之規畫與評估，如能力本位、教師行為特質、工作倦怠及人員異動影響因素等的調查分析；

5. 法規建制的文件分析；

6. 教育生態的調查，如文化環境、社會變遷或是產業結構的轉變等因素對資優教育及資優人才發展的影響等研究。

總之，整合性、綜合性的研究發展架構，應可使樂於從事資優教育研究工作的老師了解資優教育研究取向的大貌，從而再依自己的興趣擇取重點進行研究，最後，將可經由群策群力的參與，預期資優教育研究的成果必有一番新貌。

參考文獻

杜正治譯（民 83）：**單一受試研究法**。台北市，心理出版社。

吳武典主編（民 72、74、76、78）：**民國 69-77 年特殊教育圖書論文摘要**。台北市，國立台灣師範大學特殊教育中心印行。

吳武典（民 76）：研究計畫與研究報告的撰寫。收錄在著者編：**特殊教育的理念與做法**。台北市，心理出版社，281-295頁。

林邦傑（民 75）：**統計方法的選擇與統計電腦套裝程式的使用**。台北市，正昇教育科學社。

國立台灣師範大學圖書館編（民 71）：**國際百科資料庫 ORBIT 檢索使用手冊**。台北市，編者印行。

郭生玉（民 70）：**心理與教育研究法**。台北，大世紀出版公司。

郭生玉（民 75）：單一受試（或小 N）的實驗設計。**測驗年刊，33 輯**，143-162 頁。

胡夢鯨・張世平（民 77）：行動研究。載於賈馥茗、楊深坑主編：**教育研究法的探討與應用**。台北市，師大書苑，103-139頁。

張景媛（民 79）：後設認知能力與資優教育。**資優教育季刊，34 期**，6-9 頁。

陳伯璋（民 77）：行動研究的理論及其應用。載於台北市立師範學院主編：**創造思考教學研究專輯㈠**。台北，台北市政府教育局印行，11-40 頁。

陳榮華（民 75）：**行為改變技術**。台北市，五南圖書出版公司。

陳榮華（民 77）：論我國特殊教育的研究重點及方法。**國敎研究，3 期**，12-19 頁。

程又強・陳明終・吳清山（民 77）：**敎育與心理論文索引彙編**。台北市，心理出版社。

楊國樞（民 67）：**社會及行為科學研究法**。台北，東華書局。

楊國賜（民 76）：**現代化與敎育革新**。台北，師大書苑。

盧欽銘・何榮桂（民 71）：電腦備用程式在教育與心理統計分析的運用。載於中國測驗學會主編：**我國測驗的發展**。台北市，中國測驗學會。

盧欽銘：**教育研究法——實驗設計**。未發表。

簡茂發（民 70）：電腦與統計方法在教育研究上之配合運用。**國敎輔導，20**(4)，1-3 頁。

Casio Computer Co. *Scientific calculator-CASIO FX-3600p operation manual.*

Treffinger, D.J. (1986). Research on creativity. *Gifted child quarterly, 30*(1), 15-19.

Urban, K.K. (1989). Research: Evaluation and needs. *Gifted education international, 6*(2), 122-124.

6

我國近十年來資優教育重要研究成果剖析

＊ 盧台華

壹、前言

　　自民國六十二年教育部開始在臺灣各地區辦理國小資賦優異兒童的教育，迄今已屆二十年。在此期中，資優教育的方案由國小、國中、延伸至高中；實施的型態也由集中式特殊班，擴大至分散式資源班；服務的對象更由一般能力優異，推展到學術性向資優（數理、語文等類）及特殊才能優異（美術、音樂、舞蹈）的學生。發展可謂相當蓬勃，且有連貫、普及性。而從事資優教育的專家、學者及教師們，也不斷地在探討理論與實務間的各種問題與發展趨勢，並將成果及心得陸續發表在各類期刊及叢書中，以為發展或參考的依據。其中，尤以實徵性的研究，能提供具體的數據及研究發現，極具參考價值。唯因這些文獻相當分散，要由其中觀察資優教育整體的發展趨勢及未來應努力的方向，似有困難。因此，研究者仍欲統整剖析過去十年間資優教育重要的實徵性研究，以為學術交流以及方案發展之參考。

　　國立臺灣師範大學特殊教育中心每二年出版的「特殊教育圖書論文摘要」是本研究之主要參考資料，研究者先由其中略覽有關實徵性研究之圖書、論文，如有內容不詳處，再查閱原出處，

做深入之了解。此摘要收集了各類特殊教育叢書及十八項期刊之內容，包括：資優教育、特教園丁、特殊教育、國小特殊教育四項季刊；特殊教育、教育心理、教育學院三項學報及國立政治大學與新竹師院學報；特殊教育研究學刊、測驗年刊、特教學會年刊；以及測驗與輔導、臺灣教育、國教月刊、國教天地、師友與教育資料文摘等刊物。涵蓋面相當廣，作為資料分析之參考，應頗適當。

貳、討論與剖析

一、發展趨勢

表一列出了民國71至81年間資優教育研究篇數統計，研究者依185篇研究內容的性質，大致將之歸類為鑑定與安置、身心特質與自我概念、人際關係與社會適應、認知發展與學習方式、創造力與問題解決、課程與教學、學習行為與學業成就、生涯發展、方案評鑑、教師心理與態度和親職態度與輔導等十一個領域來分析。

由表一縱面年代的發展來看，除75年間實徵性研究較少外，其他各年均有13至30篇的研究發表，且近三年（79-81年）有增加的趨勢。由研究人員的背景分析，早期（71-76年）專家學者發表的較多，近年由於特教研究系、所的相繼成立，以及鼓勵教師進修與研究的風氣大開，實際教學者的研究與碩士論文，亦有發表，此由「課程與教學」領域研究逐年增多的趨勢中，可窺一二。此外，民71年間的研究，多以「身心特質與自我概念」以及「人際關係與社會適應」為主，且研究人員多為諮

商、輔導方面的學者、專家；顯示此期的發展，尚未以資優本身的教學為主，而多在探討其相關的特質，對資優方案本身的實施與成效的研究較缺乏；而近三年的研究則分配較平均，而「課程與教學」有增加的趨勢。

　　整體而言，「創造力與問題解決」、「身心特質與自我概念」、「人際關係與社會適應」、「認知發展與學習方式」以及「方案評鑑」是近十年來較受到重視的領域；而「課程與教學」、「學習行為與學業成就」以及「生涯發展」有逐漸受到注意的趨勢，此除從表一中可了解外，也由研究者閱覽近十年間有關資優教育的專論中得到印證。

表一　臺灣地區近十年來資優教育重要研究統計表

年代＼論題	民71	民72	民73	民74	民75	民76	民77	民78	民79	民80	民81	合計
鑑定與安置	0	0	1	1	2	4	0	0	1	3	2	14
身心特質與自我概念	6	1	0	2	2	1	2	0	2	2	2	20
人際關係與社會適應	5	2	2	0	2	1	1	1	2	3	4	23
認知發展與學習成就	1	2	2	3	1	2	1	1	0	3	2	18
創造力與問題解決	3	2	6	5	0	2	0	2	6	2	1	29
課程與教學	0	0	0	0	0	0	2	6	5	5	2	20
學習行為與學業成就	2	1	1	0	0	0	0	0	2	5	2	13
生涯發展	0	0	0	0	0	1	1	2	2	1	2	9
方案評鑑	0	3	0	2	0	4	4	1	3	2	3	22

教師心理與態度	0	1	0	1	0	0	1	0	1	2	1	7
親職態度與輔導	0	1	1	2	0	1	1	0	1	2	1	10
合　　計	17	13	13	16	7	16	13	13	25	30	22	185

* 資料來源：特殊教育圖書論文摘要（民 71-72，民 73-74，民 75-77，民 78-79，民 80-81 共五輯），國立臺灣師範大學特殊教育中心出版。

二、研究論題

　　由表一橫面的研究領域來看，「創造力與問題解決」是最受歡迎的研究論題，共有 29 篇實徵性研究發表。「人際關係與社會適應」、「課程與教學」、「認知發展與學習方式」以及「方案評鑑」均各有 20 篇左右的研究在探討此些領域。而「教師心理與態度」、「生涯發展」與「親職態度與輔導」的研究較少，約在 7 至 10 篇內，是尚須加強的部分。

　　由研究內容分析，每類研究論題的發現可歸納如下：

㈠鑑定與安置

　　部分此方面的研究在探討魏氏智力測驗用在資優生鑑定上的成效及組型分析（王振德，民 79；陳美芳，民 76：民 77）。林寶山（民 80，民 81）亦針對高中資優甄試保送方案及提早升學學歷鑑定方案的工作提出報告，建議應提早建立題本，改變甄試制度，並加強追蹤輔導。何秋蘭等（民 80）追蹤調查民生國小第一屆資優生畢業生國中的安置情形，發現國小資優生升學管道仍不甚暢通，造成國中小資優教育無法銜接，建議資優班安置應採大學區或週末營方式來實施。何華國（民 75）調查國中小資

優生對自足式特殊班安置的態度與性別、智商、家長教育程度、年級、及學業成就變項的相關研究中，發現年級、學業成就與國中生的安置態度有顯著相關，而國中小安置態度上有顯著差異。亦有研究指出男女生合班的安置型態對資優生的困擾比男女分班少，而普通班的困擾也比資優班多（朱翔，民 75）。

㈡身心特質與自我概念

許多研究證實資優生的自我概念比普通學生積極、正向（吳武典等，民 74；廖新春，民 76；鄭彥棻等，民 77；蘇新奇，民 75）；唯亦有部分研究發現資優生的自我概念與普通學生無顯著差異（郭靜姿，民 75；鄧壽山等，民 71）；更有研究發現普通學生的自我概念反而比資優學生低（盧欽銘，民 71）。在研究男女資優自我概念差異上，許多研究均證實女生比男生高（呂勝瑛，民 71；林幸台等，民 72；盧欽銘，民 71）。此外，賴耀裕（民 71）發現資優生中自學能力高者，自我概念亦較佳；林瑞欽等（民 79）發現自我概念與學科成績間有顯著正相關；朱慧平（民 79）發現國小六年級資優生的自我概念比國小五年級佳。由以上研究歸納可知，自我概念與資優生之間並無絕對的正相關。

在其他特質方面，許多研究發現資優生的焦慮比普通生低（吳武典等，民 74；林翠珊，民 71；陳李綢，民 72；郭靜姿，民 75），蘇建文（民 71）指資優生與普通生在情緒穩定上無顯著差異，情緒反應類型亦相似；也有研究比較資優生與普通生的生理發展，發現資優生的體格發展比普通生佳（邱維城，民 71）；在興趣特質上，路君約（民 71）發現兒童的興趣與智力間有顯著相關，資優生興趣較廣泛。

㈢人際關係與社會適應

　　國、高中資優生的人際關係表現良好（李乙明，民 80；朱
迺武等，民 73）且國中資優班內的人際互動比普通生強烈（吳
武典等，民 74），在學校適應、師生關係與同儕關係三方面，
資優班學生亦均優於普通班學生（黃玉枝，民 80）。在社會適
應方面，高中資優生的社會適應能力優於普通學生（朱迺武，民
73）；美術特殊才能資優生的社會適應比普通生佳（詹馨，民
72）。郭靜姿（民 72）亦發現普通班學生的學習壓力顯著高於
資優班學生。唯也有研究發現，資優生與普通生間的社會適應無
顯著差異（陳順明，民 71；廖新春等，民 76）。

㈣認知發展與學習方式

　　許多研究均證實國中、小資優生的認知能力顯著優於普通學
生（吳武典，民 74；周台傑，民 74；林幸台，民 72；陳李綢，
民 71；陳明終，民 72），有隨年級升高而漸佳的趨勢（林幸
台、陳聰文等，民 72；林幸台、張玉成，民 72），且男性資優
生的認知能力有高於女生的現象（林幸台、陳聰文等，民 72；
陳明終，民 72）。林清山（民 74）發現資優生的思考方式與普
通生有顯著差異，蔡淑桂（民 80）發現國小資優生的高層次認
知能力與道德行為及道德判斷間有顯著相關；資優生的道德判斷
能力顯著優於普通學生（朱迺武等，民 73；陳李綢，民 71）。

　　在學習方式探討上，吳武典等（民 75）發現資優生左右腦
功能均優於普通生，資優生較偏好協同研究、討論、獨立研究及
講述式的學習方式，而普通生較作好編序式教學。黃玉枝（民
80）發現資優生的學習風格與學校適應間有顯著的相關，唯廖新
春等（民 76）指出資優生與普通生的學習方式無差異。

㈤創造力與問題解決

　　部分研究是有關創造力測驗的信效度修訂報告（王木榮等，民 75；陳龍安，民 80）。另有部份研究發現一般資優生的智力與創造力有顯著相關（呂勝瑛，民 71；林建平，民 73；賴美容，民 80；簡茂發，民 74），且國中小資優生的創造力比普通生佳（陳榮華，民 74；郭靜姿，民 76；張世彗，民 77；簡茂發，民 71；簡真真，民 74）。唯也有研究發現美術特殊才能班學生（曾國安，民 75）與舞蹈特殊才能班學生（蔡金庸等，民 75）的智力與創造力相關不高。在創造思考策略的使用上，有研究發現創造性寫作與繪畫等活動對幼稚園（王精文，民 73）及國小（林建平，民 73；陳英豪等，民 80；賴美容，民 80）國中（王素貞，民 77）學生的創造傾向與創造思考能力的增進有效，但也有研究發現創造力訓練對資優生的創造力並無顯著影響（林幸台等，民 74）。張玉成（民 73）證實教師發問的品質會影響國小學生創造思考能力的發展，而創造思考能力會影響學生的學業成就。詹秀美（民 78）發現智力與創造力及問題解決能力有關，資優生的問題解決能力比普通生佳（趙淑美，民 79），而實施心像法教學策略，有助於資優生的問題解決及創造思考能力的增進（吳淑敏，民 81）。

㈥課程與教學

　　此方面的研究較廣泛，有用國小詩歌探討對資優學生日後學習態度的影響者（蔡碧霞，民 81），有探究數學應用問題策略的應用者（鄭昭明等，民 78）；有採電腦 logo 語言在國中資優夏令營方案使用上，發現成效良好者（王振德，民 79）；有發現結構性的科學教學對資優生的學習成效有顯著提昇者（鍾聖校，民 78）；有證實批判思考教學活動設計，能增進批判思考

能力與問題解決能力，但對創造性思考無影響者（潘裕豐，民81）；亦有採用閱讀理解訓練方案，以增進低閱讀理解能力學生運用策略與後設認知能力，而發現確能使閱讀能力提昇，策略運用增多，唯在後設認知能力的進步上不明顯者（郭靜姿，民81）。此外，亦有研究記憶力策略之運用，發現資優生比普通生佳（何東墀，民80），而視覺空間組織與關鍵的學習策略對資優生長短期記憶有顯著成效（翁素燕，民78）。

㈦學習行爲與學業成就

在學習行為上，有研究結果發現資優生在學習方法、學習習慣上與普通生並無差異（李春枝，民71），然其學習環境顯然比普通生佳（李春枝，民71；呂勝瑛，民71），而學習環境會影響其智力與學業成就。吳武典等（民74）發現資優生的科學能力與科學態度均顯著優於普通生。林寶山等（民76），亦有類似發現，且指出一般能力資優班學生的科學態度比數理資優班學生佳。此結果相當有趣，值得深入探討。賴耀裕（民71）發現學習態度佳者，自學能力亦高，而自學能力與資優生的數學成就有顯著相關，但與智力相關不高。林瑞欽等（民79）調查發現國小資優生最不喜歡數學科教學，最喜歡體育科教學。

在學業成就方面，吳炳然（民72）發現大部分資優班學生的數學科成就均高於普通班；廖新春等（民76）證實數理資優保送生的學業成就顯著優於非保送生；林仁傑（民80）發現美術資優班在美術科學習成效上顯著優於普通班。至於影響學業成就的因素探討上，主要為動機、情緒、習慣等個人因素，其次為學校及家庭因素（陳淑娟，民73）；最佳預測國小學業成就的變項是語文智商（盧雪梅，民78），且資優生較普通生更把數學失敗歸因於教師教法不佳與同學間缺乏討論（曾淑容，民80）。

㈧生涯發展

生涯研究採傑出人物的人格特質，以質的分析為主的方式較多，如陳昭儀（民 79）對 20 位傑出發明家的人格特質、創造歷程與生涯發展，用訪談、問卷、檢核表方式進行質的研究；李翠玲（民 79）對 20 位傑出肢障人士之生涯也做了深入訪談；林家宇（民 81）針對資深優良教師的生涯歷程與人格特質做了深入的探討；歐陽萌君（民 81）探究第一屆資優畢業生迄今的生涯歷程；蔡麗芬（民 78）以個案研究方式深入訪談，了解一位高中數理資優生的生涯歷程。上述研究均提供了寶貴的發現與建議。

由上述研究發現採個案研究法進行，未來研究似可採組群方式，以探討各種生涯組群或類別的特質及其異同，提供今後發展的參考。

㈨方案評鑑

許多研究探討集中式或分散式資優班教學的成效，發現在創造力發展上，集中式優於分散式（汪榮才，民 74；吳武典，民 72），但在學業成就上有無差異者（汪榮才，民 74），有分散式優於集中式者（吳武典，民 72；孫沛德，民 72）。在人格發展與人際關係上則有不同的發現，汪榮才認為無論集中式或分散式資優生的人格發展，均不如在普通班受教的資優生；吳武典則持相反的論調；孫沛德認為在分散式資優班受教之資優生的人際關係比集中式佳。

其他的研究則多是以高中、國中、國小對該校資優教育實施成效的報告，包括國立師大附中（民 71），建國高中（民 76），台北市民生國小（民 80，民 81），屏東市東隆國小（民 78），金門縣中正國小（民 76）等校，尤以民生國小針對畢業

生所做的追蹤調查報告，頗值得其他學校仿效。階段性的方案評鑑所延續的追蹤評鑑應是未來需努力的方向。

㈩教師心理與態度

　　此方面研究較欠缺，韋森等（民72）調查資優班中小學教師的意見，提出需要學校行政人員支持、設立長期計劃、及進修的意願與需求；謝廣全（民74）發現教師受過專業訓練與否會影響其對資優教育的看法，且資優班教師認為資優教育仍有待加強；陳英豪等（民80）亦有類似發現，且認為資優班教師對資優教育的態度有差異；朱慧平（民79）指出：資優教師對資優的了解有助於資優生學業成就的提昇。以上研究均證實師資訓練的必要與有效性。

㈩一親職態度與輔導

　　父母管教方式與態度是較多研究探討的論題。陳淑美（民73），對資優生所做的調查中發現，資優生所覺知的父母教養態度與其子女的自我概念，情緒穩定等人格特質有顯著相關；盧美貴（民74）實際探討資優生父母教養方式對資優生學習的影響，發現教養態度的一致，並給與適度的支持，對資優生的學習態度有顯著影響；吳敏而（民76）亦發現資優生父母給子女的壓力較普通生父母大，提供的學習環境及支持亦較多。郭素蘭（民74）指出父母管教態度對創造力的發展有影響；簡茂發等（民81）發現資優生父母的教養方式，以「高關懷、低權威」最多，其次為「低關懷、高權威」，且父母的關愛較要求對生活適應、學習行為與成就動機更具影響力。

　　亦有部分研究探討資優生的家庭背景，發現資優生的家庭環境與背景顯著優於普通學生（呂勝英，民71；郭素蘭，民74），而家庭社經地位對學業及創造力均有影響（郭素蘭，民

74），且資優生家庭社經地位較智障生佳，看電視時間較少，玩具較多，父母較關心其課業（吳昆壽，民77）。

叁、結論與建議

由上述研究可歸納以下幾點發現及建議：

一、大多以國中小學生為主要研究對象，對學前、高中及成人的研究較少，且多半研究取樣範圍均不夠廣，或以一校學生為研究對象，或以鄰近區域的學生為調查對象，推論性可能不夠大，參考或使用上需謹慎。未來研究可從高中、國中、國小的追蹤或銜接問題上探討，並需擴大取樣對象，如取樣範圍較少者可用實驗研究設計或質的研究法做深入探討，較有價值。

二、研究方法上，多採用調查研究法，以問卷、量表、測驗方式收集資料，而較欠缺實驗性研究，且資料處理均以量的分析方法為主，缺乏深入的質的分析。未來採質的研究法，以觀察、晤談、及書面文件等方式收集資料並深入分析的方法，值得國中小教師間推廣，以免因對量的研究法及統計分析等知識的不足，而無法進行實徵性的研究或有研究結果的有效性及推論性過度或不足的現象產生。且就整體發展而言，質量並重的研究趨勢已是國際間的共識，其結果亦更具意義。

三、研究內容上，以探討現況的研究較多，而有關理論之建立、發展及未來之實際可行性等驗證性的研究較少。且探討內在特質的研究較多，實際課程與教學方面的研究較少。在瀏覽現有文獻中，發現教學方面的專論極多，唯皆為教學經驗談，缺乏可佐證的數據或資料以驗證其成效，誠為可惜。未來之研究可結合學者與實際教學者之力量，針對已出版的教材或有效的教學模式等，進行嚴謹的實驗教學研究設計，以探討其成效；或提供資優

班教師研究設計及資料分析處理方面的短期進修課程，俾利其進行有關之研究，以提昇學術研究風氣。

　　四、研究論題間相當分散，較缺乏系統性與連貫性。今後在縱的長期追蹤研究及橫的相關系列性研究方面均應加強。至於研究論題，似宜從上述研究成果中探討，如需做進一步探究的，宜再深入研究或驗證，而對較欠缺的或相關性的研究論題，亦宜著手進行，俾增加實證性研究成果的可用性，以提供教育行政或教學人員以為整體規劃之參考。

參考文獻

國立台灣師範大學特殊教育中心編印（民73）：**民國 71-72 年特殊教育圖書論文摘要。**

國立台灣師範大學特殊教育中心編印（民75）：**民國 73-74 年特殊教育圖書論文摘要。**

國立台灣師範大學特殊教育中心編印（民78）：**民國 75-77 年特殊教育圖書論文摘要。**

國立台灣師範大學特殊教育中心編印（民80）：**民國 78-79 年特殊教育圖書論文摘要。**

國立台灣師範大學特殊教育中心編印（民82）：**民國 80-81 年特殊教育圖書論文摘要。**

貳

智力與創造力

7

智力理論的發展及研究趨勢

＊陳李綢

　　智力的本質是什麼？至今仍有許多爭論，依各派理論不同而有不同的定義，本文主要將介紹一些有關的智力理論及研究新趨勢。

壹、傳統智力發展的理論及研究

　　早期探討智力本質及發展時，學者對智力的定義及界說不一致，因此智力本質是什麼？一直是研究者想探討的主題。

　　智力發展的研究，始自高爾登（Galton, S. F., 1822-1911）創出相關統計法，研究人類智力有個別差異，才開始對智力本質加以界定和測量。當時，智力本質是假定和個人的感覺辨別力（Sensory discrimination）有關。後來 Binet 在 1896 年批評高爾登的智力本質界定的太窄化，智力不足是簡單的感覺和認知歷程，高爾登的智力界定忽略了人類的高層次心理能力。（Brody and Brody, 1976）因此比奈和西蒙（Simon）在 1905 年以「判斷」和「知識」結構為核心建立了一套至今聞名的智力量表。早期比西量表，以心理年齡（MA）來表示人類智力發展狀況。之後 1912 年 Willian Stern 創出 IQ（Intelligence quotient）解決當時以 MA 來說明人類智力成長的困難。但 IQ 的計量方式，仍有其

無法比較團體間的智力成長差異量的困難，因此 1916 年後，早期 IQ 測量方式是比率智商，也改為離差智商（DIQ）。

　　智力測驗的發展，是因為智力本質的研究趨勢，形成不同的統計方式，使得智力發展研究受到心理計量學（psychosometric）影響非常大。在本節中，將從發展觀點探討傳統智力發展理論的研究方向。

一、智力發展是因素量不同而成長的理論

　　傳統智力理論受心理計量學影響，因此皆以心理計量智力理論稱之，有些學者稱為分化論（differential theories）。由於心理計量學的智力理論為研究人類個別差異，因素（factor）是一個假設性架構，用以表示個別差異的一組靜態的智力本質。分化論認為智力的本質包括各種不同的因素，有關智力因素論的範圍可包括一個因素到 180 個因素。

　　Spearman（1927）主張智力包括二種因子，即為普通因子（G factor）和特殊因子（S factor）。其中普通因子是許多心理學者所重視的。Spearman（1923）認為普通因子可以說明人們在智力作業表現中心理能量的多寡，而且可以藉以了解人們三種認知的質化原則：即經驗理解，教育關聯性和教育相關的原則。因此，智力的本質與個人的普通能力有關。

　　塞斯通（Thurstone, 1938）主張智力包括七種基本心理能力（primary mental ability），即語文理解、語文流暢、數字、視覺空間、記憶、知覺速度、推理等七種因子。

　　戈爾福（Guilford, 1967）主張智力包括許多因子，包括有 120 個因子。1982 年其研究中指出智力因子包括 150 種因子。將原來三個向度的因子中，運作、內容及產品中，內容向度改為「視覺」、「聽覺」、「語意」、「符號」和「行為」（原為圖

形、語意、符號、行為四個因子）。運作仍為「認知」、「記憶」、「聚斂思考」、「拓散思考」、「評量」五個因子。產品為「單位」、「類別」、「關係」、「系統」、「轉換」和「應用」等六個因子。因此，他認為智力本質包括 150 個因子（5×6×5），各因子間是獨立的。

　　1988 年戈爾福的研究中又改變原有的因素量，改為 180 個因子。他認為智力本質包括五種內容×六種產品×六種運作（即認知、短期、記憶、長期記憶、聚斂思考、拓散思考、評量等六種）。

　　從上述研究中，可以發現分化論認知智力發展包括各種不同的因素，隨著各派理論，智力本質包含的因素也有不同。

二、智力成長是因素結構改變的理論

　　心理計量學對智力發展的觀點，不僅強調其因素改變，而且也表示智力的成長是因智力因素結構改變之故。下列將介紹四種結構理論：

　　㈠塞斯通的七種基本心理能力，各種能力之間無所謂次序前後，因此這派稱為非次序的因素結構論（Unordered Structure）。

　　㈡戈爾福的立方塊理論。Guilford（1988）以一百八十個小方塊代表所有智力的結構。任何一個小方塊都牽涉到三個向度（即運作、內容及產品），每一小方塊都是智力的本質。

　　㈢智力階層論（Hierarchical Structure）。以 Spearman 的二因子論為基礎，Spearman 認為 G 因子較重要，而 S 因子次為重要。（Holzinger, 1938）Burt（1940）主張智力包括五種層次，即①人類心理；②關係；③聯結；④知覺；⑤感覺。Vernon（1971）認為普通因子的智力包括二大群能力，即語文—教育能力及實際—理論能力，而群能力之下又分成許多小能力。因

此這派理論認為智力所涵蓋的因素之間有層次之分。

　　㈣智力循環論（radex structure）以 Guttman（1965）為主，認為智力本質是各因素圍繞著一個中心，愈接近中心的本質愈重要，愈是邊緣的本質則愈不重要。

　　由以上四種智力結構理論中，可以了解分化論認為智力的成長與智力結構的改變有關。

三、智力成長是認知結構改變的理論

　　認知論認為智力本質的了解，可透過認知作業的運作歷程而獲得。Piaget 認知發展理論中，認為兒童的心智發展與認知發展息息相關，因此智力本質包括認知歷程，即認知結構。皮亞傑認為兒童的心智發展與其對自己、對他人、對周遭世界的了解有關。他以同化—調適的認知模式說明人類心智成長的過程。他認為人類認知歷程是一種複雜的機制，在複雜環境中會適應，以增進其心智成長。

貳、近代智力發展的理論及研究

　　由於心理計量學利用統計方式說明人類心智能力的發展，描述了人類智力成長的量，並且確定每個人智力上的個別差異；但都以靜態的因素說明人類智力的本質，似乎又不能全然解釋人類的智力發展。因此，近代的智力理論對心理計量學或分化論的智力理論有許多的爭論。他們認為智力本質及發展並非全然是靜態的因子，而且它還可以說明智力成長的動態及過程。這派觀點主要受訊息處理理論之影響，對智力的本質及發展有許多突破性觀點。

一、（Cattle）卡泰爾的流體及晶體智力論

卡泰爾（Cattle, 1971）和霍恩（Horn, 1968）以智力階層論觀點，提出晶體、流體智力之說。他們認為人類智力本質包括晶體及流體二類智力，所謂晶體智力（Crystallized ability）：包括字彙、閱讀理解，及一般資訊處理等能力。流體智力包括抽象類推、分類、系列填空等能力。Snow（1900）將 Cattle 的晶體、流體智力之分，又分為晶體、流體及視覺空間三種智力。這派智力理論雖然承繼著分化論階層理論的基礎，但是對智力發展的觀點卻不同於分化論的靜態因素及評量的觀點。Snow 認為人類的智力發展是可以透過教學或策略而加以改變，並促進其發展及成長的。

二、Vygotsky 的最大發展軸智力說

蘇俄心理學家 Vygotsky（1978），提倡最大發展軸的智力觀點，他認為兒童智力的發展，不僅是內在能力的成長，而且是靠外在世界中與人交互作用中不斷的成長。發展軸是一個理論架構，它是用來表示個人目前所具有的發展水準和潛在水準之間的差異。個人智力的發展靠學習和發展，因此，他認為智力發展離不開社會環境因素，在兒童時期，兒童智力發展可能需要更多他人的支持及鷹架維持，才能使其智力成長更快；但年齡愈大後，愈有智力的人愈能獨立於社會的支持。這種觀點，也有人稱為鷹架理論。

Vygotsky 認為心理能力可從實際的發展中內化而反映，而潛在能力則必須從社會的支持或輔助下而反映出來。因此，他認為智力的成長與環境中學習有密切關係。他大部分的研究都偏重

在高層次心理能力，如知覺，注意及有意的記憶力等研究。他認為智力本質有高低層次之分，高層次智力功能在與人交互作用中及質化歷程中都不同於低層次的智力功能。由此可見，Vygotsky 的智力論重視社會文化的影響。他亦認為人類的智力發展是動態的，可以透過學習和診斷而加以改變的。

三、Sternberg 的三鼎智力理論

Sternberg（1985）強調人的智力是一體三面的功能，包括環境型、經驗型及組合型三種智力。環境型的智力是指與外界環境接觸的能力，個人在現實環境下適應的能力，包括①個人對目前環境的適應力；②選擇與自己習慣最接近的環境，最能發展適應的影響；③改造目前環境，以便配合自己技能、興趣和價值觀。這種智力主要代表個人與生存的社會之間的相對關係，說明個人在外在現實環境中表現出什麼行為，在那裡表現適當行為的能力。

經驗型智力是指個人面對新情境或陌生環境下，如何應用舊經驗或知識與新經驗結合，而且能習慣化或自動化表現適當行為。這種智力主要是代表個人內在經驗與外界環境的交互作用關係。說明個人在何時表現出才智行為。

組合型智力是指個人智力行為的結構部分，相當於傳統的智力內容，但是組合型智力尚包括後設成分、作業成分及習得知識成分。傳統智力測驗大都測量作業成分及習得知識成分，至於後設成分則少有涉及。所謂後設成分是指個人在思考、推理時，對自己思考分析歷程的監控及自我規律。作業成分是指個人在歸納推理或演繹推理中，所表現的能力。習得知識成分是指個人經由學習語文或數學等獲得經驗的能力。組合型智力主要是測量個人內在知識結構，探討個人是如何產生分析及思考能力。

　　Sternberg 認為智力理論是多重理論的重疊，而非單一理論，因此，他的理論架構中含攝著各種分理論，分理論下又涉及更細微的小理論。同時 Sternberg 智力理論最大特色是強調智力是可以訓練的。他強調智力測量應同時包含能測量個人內在知識，外在適應力及能促使知識與外在經驗結合的能力。因此智力本質應含攝各種能力，形成一個統整而獨立的三鼎智力。

四、Perry 的智力基模發展理論

　　Perry（1970）從認知發展觀點，說明人類的智力發展是認知結構的改變，也是各種經驗的改變歷程。他認為人類了解外在世界的發展，經由九種不同性質階段；每個階段都有其階層性及順序性。每一階段進入下一階段時，智能發展已融入更多的經驗。這九種階段分成四大類，即兩難式判斷、多重性判斷、相對性判斷及相對性執行經驗等，用以說明個人智能發展質的改變狀況。

　　Perry 的認知思考模式，強調個人認知思考歷程，對於智力本質探討重視質的分析，而不重視量化。這個觀點與 Sternberg 重視歷程及後設認知成分的分析上，有類似的看法，只是 Perry 的智力發展基模比較傾向於測量個人內在能力及外在經驗的比較，而忽視了內外在經驗的交互作用關係。

五、訊息處理論的智力理論

　　訊息處理論與前述的認知發展論，同樣都是以認知作彙表現來說明人類智力本質及智力的發展歷程。只不過是訊息處理論強調如何去說明智力本質及中介歷程，如個人處理訊息的速度等，而認知發展是描述心智是怎樣發展的。訊息處理論研究智力本質大都從幾方面來探討：

㈠訊息處理的速度研究

有些學者（Berger, 1982; Eysenck, 1982）認為智力的個別差異與個人在處理訊息的速度有關。這種觀點是源自 Galton（1983）的智力測量。然而從近期研究中 Lunneborg（1977），Jensen（1980, 1982）等人研究皆發現訊息處理速度與傳統智商之間相關不高。

㈡選擇反應的時間

Berger（1982）研究指出選擇反應時間速度和傳統 IQ 測驗之間的相關高於單純訊息處理速度。

另外 Tensen（1979, 1982）及 Lally and Nettdbeck（1977）也發現選擇反應的刺激變項愈多，與傳統智力測驗結果相關愈高。由此說明人類智力本質與選擇反應速度有關聯。

㈢字彙觸接的速度

Hunt（1978,1980）研究發現要了解人類語文智力可從個人如何從長期記憶中將字彙資訊檢索及觸接的速度來了解。一個心智能力高者，字彙觸接的速度愈快，則愈能利用剩餘時間處理及解決問題。

㈣推理歷程的速度

有些學者（Pellegrino & Glaser, 1980, 1982, Sternberg 1977, Sternberg and Gardner, 1983 等人）認為了解人類智力應從高層次訊息處理歷程來探討。大致分成二方面：即作業表現歷程及執行作業歷程。就作業表現歷程的研究偏重於個人在解決問題中的速度，或解決問題中所用的策略，其速度如何。就執行歷程的研究而言，則探討個人在解決問題時如何發現方法，如何

形成策略，如何將知識表徵，如何保持快速又正確的反應等；Sternberg 在這方面的研究很多，甚至以 Metacomponents（後設成分）觀念來表示人類訊息執行的歷程。

訊息處理的智力研究，至今仍在探討中，許多研究雖然有傑出的結果，但研究結果都只是停留在驗證階段。這些研究變項是否代表智力本質至今仍是未知數。

叁、綜合傳統及近代智力理論的特色

本文將以 Sternberg 觀點綜合智力理論發展趨勢，並介紹 Eysenck（1988）綜合智力理論發展趨勢，探討傳統智力理論及近代智力理論的特色，並且說明近代智力研究新的轉變趨勢。

一、內隱—外顯性智力理論

Sternberg（1985）綜合了所有智力發展理論，將智力理論分為二大類：一類為內隱理論，一類為外顯理論。內隱理論對智力的界定是以一般人所認定的想法而定，它是一種眾人約定成俗的觀念。最明顯的觀念是 Neisser（1979）觀點：他認為只有具有與某些有智力才能者類似的原型者，智力方出現。換言之，智力本質是內涵的，並非由外在行為能推估的。這類理論研究人的智力本質，常以某些心理專家認為「智力是什麼？」而認定，如 Terman 認為智力是一個人能抽象思考的能力等。或是以某些人認為有智力者的行為特質是什麼來界定。Stenberg, Conway, Kerton and Bernstem（1981）曾將一些心理專家所認定的智力本質加以因素分析，分析出三個因素來，即為語文智力、問題解決能力和實際智力等三種。

　　外顯理論則包括傳統心理計量學所主張的理論及認知論的智力理論。這些理論是基於利用測驗或資料收集可以測量個人智力功能為主。因此將智力分析成某種因素、成分、基模或心理結構等加以測量人的智力。

　　由此可見，Sternberg 將智力理論分成二大類，是因為各種智力理論對智力本質界定有不同觀點，內隱理論重視智力與實際能力符合，而外顯理論重視實徵研究取向。Sternberg（1981）對智力理論發展趨勢提出一個基模式表徵如下：

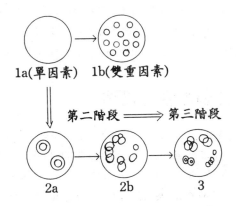

　　智力理論第一階段（1a）是以 Spearman 的 G 因子理論為主，將智力認定為一種單獨能力。1b 則是以 Thomson 觀念為主，認為普通能力包括一群獨立的結構結，如反射、習慣、連結學習等能力。第二階段的發展，2a 代表階層性智力理論，每個大的智力內容含攝著其他更細小智力本質。它是以 Burt, 1940 Cattle, 1971, Horn 1968, Jensen 1970, Vernon 1971 理論為主。2b 代表各種不同智力組型，如 Thurstone 的基本心理能力

理論，Guilford 的智力結構說，Hunt 的訊息處理理論將人訊息處理歷程分為執行與不執行等皆為第二階段的代表研究。第三階段發展趨勢說明智力發展包括階段二階層含攝觀，甚至有許多不同之智力含攝在各階層智力之內。如 Guttman's 的循環理論及 Vygotsky 的智力理論等。但第三階段的智力研究至今仍未有明確證據及資料支持。

二、Eysenck 的智力理論發展趨勢

Eysenck（1988）在「智力」季刊中，提出一個智力理論發展的模式如下：

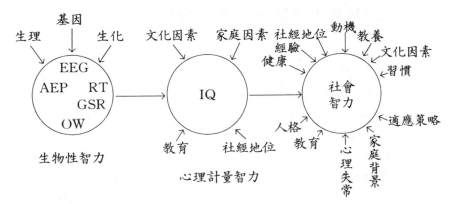

由此圖中可了解 Eysenck 將智力概念的定義及發展趨勢分成三個階段，第一階段智力發展理論，是以探討生物性智力為主，這派是以 Golden 的個別差異測量方式為基礎，認為智力本質與生理因素、遺傳因素及生化因素有關，因此智力測量可以腦波、膚電反應及反應時間、動作反應等得知。第二階段智力發展理論，稱為心理計量智力，主要受心理計量學，以統計及因素分析方式探討人的智力本質，假設人的智力可以藉由一些外在行為

表現作業，而間接推估人的智力發展。這些智力發展受文化因素、家庭因素、教育及社經地位之影響。因此此階段智力成長的研究都偏重於各種文化、教育及家庭因素之探討。第三階段智力發展，艾氏稱為社會智力，也是 Sternberg 所謂的實際智力。這種社會智力是將生物性智力及心理計量智力的觀念與實際生活結合。因此社會智力除了一部分是屬於心理計量智力外，尚有一部分屬於非認知因素，如健康、經驗、社交地位、動機、教養、文化因素、習慣、適應策略、家庭背景、心理失常、教育及人格等。換言之，社會智力重視個人認知成分及非認知成分的智力。有關這方面研究是近年來，許多學者所爭論的問題。

三、傳統智力理論及研究的特色

以心理計量學或分化論為主的智力理論，由於實徵研究資料的支持，使得許多學者熱衷於使用此種計量方式，測量人類智力，再據以說明人類智力的本質，因此，此種取向的智力理論能明確的指出人類智力的本質或智力測量的數據，藉以鑑定人類智力高低。這些智力理論有其理論為依據，而且藉以了解人類能力的差異性。它是屬於一種描述性智力理論。它和認知發展論同時都在探討人類智力或能力的個別差異，重視量化實徵證據，藉由外在認知或心理操作表現過程，推測人類智力成長，將人類智力視為因素，是靜態的，不可改變的，受遺傳及發展因素影響的。

當然，近代有些屬於計量學的智力理論也重視文化及教育對智力影響，不過這與智力測體內容重視學習結果有關，因此有些研究支持智力與學業成就有密切相關。但基本上，他們仍然認為智力因素是不可能改變的，它是潛在的特質因素。

四、近代智力理論及研究特色

　　近代智力理論大都受認知心理學影響，受訊息處理論影響甚大。近代智力理論都強調智力是多元化的，動態的特質，現代研究智力的趨勢有四種派典：

㈠重視認知相關變項研究

　　主要是研究簡單的實作表現，基本的認知歷程，如字母配對問題、字彙觸接等的速度。

㈡重視認知成分的研究

　　主要是研究類比、推論、應用、執行及監控歷程等高層次的認知成分問題。

㈢訓練認知歷程的研究

　　主要是根據認知理論編製相關課程加以訓練認知歷程，並重視後設認知的教學等研究。

㈣重視課程內容法的研究

　　主要研究個人知識庫的儲存結構，先前概念及其差異性，所導致個人資訊輸出量不同等問題。

　　由以上的研究趨勢，可了解近代智力理論及有關智力發展研究，已不再只重視量化問題，並且重視「知」的歷程及質化的問題，並且認為智力發展與實際生活結合，可以透過教學或訓練而加以改變，它是動力性，具有診斷性及可改變性。

肆、智力發展的改變性研究

　　新近的智力理論，大都接受訊息處理的觀點，認為人類智力本身是動力性，多元化的，因此智力發展是可以透過教學而加以改變的。Gagn'e & Dick（1983）指出智力功能與教學方法互動，才能促使學生學習結果。Balke Aurell（1982）認為人類具有晶體、流體及視覺空間三種智力受教育經驗的影響甚大。Snow & Lohman（1984）也認為造成學生晶體、流體智力差異是因為 ATI 不同所導致的，它是學生智力與教學交互作用形成的。Gardner（1983）認為智力是多相的，可以隨著不同領域內容或符號表徵系統，如音樂、語文、數學和生理的協調而有不同成長。他認為應根據教學目標來檢驗學生智力的側面圖是否和教材和教法調適。此種觀點顯然與 Vygotsky 觀點重視重力性評估觀點類似。這種說法使得學者從不同領域如學科內容、數學、科學或一般問題解決方式訓練來促進人類的智力發展。

　　從教學立場言，智力測量的動態性及多相性、可改變性，有助於診斷學生學習障礙，可提供適當學習策略，增進學生的智能或認知發展，使教育發揮最大功能。不過從發展立場言，改變人類智力發展的意義是什麼？透過策略或教學去改變學生的智力發展將帶來何種意義？改變智力發展能有助於社會適應或遷移到現實環境生活中嗎？這是發展心理學家都重視的問題。近年來，有些研究如 Campione（1982）利用認知理論編製課程訓練兒童解決問題能力，以增進兒童的智力成長。Wimmer, H, Hogrefe, G. J. & Perner, J.（1988）研究教導兒童視知覺及語意溝通技巧有助於兒童知識訊息的理解。Siegler, R. S.（1988）研究指出對國小兒童提供加減法及閱讀策略的訓練，有助於增進兒童訊

息處理能力。這些研究逐漸從某些特定領域的訓練，以增進智力成長的觀點，說明有些領域的智力發展是可以訓練的，但也可能有些智力本質是無法長期經由訓練而加以改變的。換言之，今日加速兒童某方面智力的發展或成長，他日能有助於兒童適應生活，或使後期的心智發展的更好嗎？這是近年來，許多研究從遷移觀點在探討策略訓練對智力成長效果的主要目的。目前許多研究都只能提出部分證據證明某方面智力發展是可以透過教學而改變，但是否產生長期遷移效果呢？這個問題有待學者更進一步之探討。

伍、結論

　　智力本質及智力發展的探討研究歷久彌新，從早期從生物學觀點了解人類感覺動作的表現說明人類智力成長，到心理計量學發明因素分析方式，分析人類智力本身包含許多不同因素的智力，乃至近期受認知論及訊息處理論影響強調多元化、動態化，可改變的智力的觀念；由此顯示智力本質及智力發展的研究趨勢也隨著智力理論上有許多的轉變。

　　智力發展是否隨著年齡的成長而更趨於成熟？這是發展上常爭論的問題。從計量學觀點言，年齡增加使得智力差異量愈大，這是顯而易見的，但是各階段的智力發展或改變是否保持一致的趨向呢？這也是因智力本質界定而有不同見解。事實上研究智力發展是否連續性的問題，可能因各階段研究對象所使用材料不同，無法互相比較外，研究方法是縱貫或橫貫方式也是一個可能導致不同結果的因素。

　　智力發展是否可以加以訓練，如同認知發展是否可以加以訓練一樣，訓練的意義如何？是增進學習能力？或增進適應環境生

活能力？或是促進下階段能力能提前出現呢？它是否能長期遷移？或短期遷移？遷移的結果是量化或是質化？這是教學者所重視的，但是發展心理學家所重視的是智力發展或認知發展有那些限制？有那些部分是受先天影響較大？有那些智力是可以受後天學習而加速的？

　　從上述的敘述，可以讓我們了解智力發展研究的一般趨勢和方向。

8

實際生活智力本質之探討

＊魏美惠

壹、前言

　　近代智力研究專家史坦伯格（ Sternberg, 1985 ）在他的智力理論架構裡，將智力分為學業智力及非學業智力，且又將非學業智力分為社會智力與實際生活智力。學業智力包括了數學、物理、語文等學科的學習能力。社會智力則指與人建立良好的社會關係，自我反省、察顏觀色等能力；實際生活智力則包括了日常生活解題、決策及工作等相關的能力。

　　本文所要探討的主題即是現代人不可或缺的一種實際生活智力。我們要了解什麼是實際生活智力？它包括那些能力？又豐富的生活經驗與實際生活智力有何相關性？最後我們也將探究，到底我們的社會給予實際生活智力怎樣的評價？

貳、什麼是實際生活智力

　　實際生活智力（ Practical Intelligence ）顧名思義可以知道，它是一種切合實際生活需要的各種能力表現。它又可稱之為

日常生活智力（ Daily Intelligence ）。它的涵蓋範圍相當廣，包括一個人在工作上的表現，日常生活中的決策、判斷、解題能力，或者是家庭收支的平衡、生活的調適及生涯的規劃……等等，都屬於實際生活智力。

　　以目前國內外教育環境而言，一個人要有好的學業表現需視自己是否有高學業智力；而在日常生活中想要出人頭地，日子過得輕鬆愉快，則需視自己是否具有實際生活智力。

　　我們可以假想如果有一天世界瀕臨毀滅，我們被放置於一片原始林中，此時擁有實際生活智力的人，其生存條件會遠比擁有學業智力的人強得多。原因在於學校主要的功能是在培養專業知識，而學業智力增長的主要場所不外是學校及其它一些教育機構。相對的，實際生活智力的養成則在於日常生活中的任何場所。如何在原始林中尋求生存之道，即是一實際生活智力的表徵。

　　綜合近代智力學者專家的研究，我們可以將智力分成兩個主要的面向，即學業智力（ Academic Intelligence ）及非學業智力（ Non-academic Intelligence ）。而學業智力較強調「抽象概念」的能力，非學業智力則較重視社會認知的學習能力（ Social Competence ）。尼舍（ Neisser, 1979 ）曾對學業與非學業智力的特質加以比較，他認為學業智力與非學業智力具有下列幾種不同的特質：

一、學業智力

- 比較容易經由考試（筆試）評估出高低。
- 考試題目較有組織，一般說來只有一個較好或正確的答案。
- 是種推理、認知學習、抽象及邏輯數字的概念。

- 可以從書本或經由老師傳授而獲得的知識。
- 較強調科學客觀的思考方式，不牽扯個人的價值判斷。
- 這種智力的表現通常是在一般的學術機構，例如：學校。
- 較講究解題的技巧及速度。

二、非學業智力

- 這種智力不易經由筆試評估出高低，通常以觀察的方法加以判斷。
- 面對問題時，解題的方法不只一種。
- 是種適應社會、結交朋友及面對日常生活的能力。
- 不是經由老師直接傳授得來，而是經由團體生活中磨練學習而來。
- 思考方式較富創意，有較多的思考空間，有彈性可以容許有個人主觀的價值判斷。
- 非學業智力的表現，常常可以在日常實際生活情境中觀察出來。
- 這種智力的增長需要時間及經驗累積。

　　實際生活智力也可說是屬於課業之外的學習認知能力，它是處理日常生活中大小瑣碎之事的一種能力。這些日常面對的問題，有一個明顯的特色，那就是這些問題一般來說是零散、沒有組織的。當你要解決這些問題時，必須自己利用現有的資源去尋求解決之道。往往在做判斷或決策時較易加入自己主觀的價值觀，同時解題的方法常常不只一種。它和學業智力不一樣，並沒有一個統一的標準答案（Sternberg & Wagner, 1986）。

　　實際生活智力是否重視「推理」呢？我們常說這是一個「講理」的社會，姑且不論這個「理」是指道理，還是邏輯推理？我們卻知道在日常生活中，理性的思維是現代人的營養劑，是實際

生活智力不可或缺的一種能力。然而在實際生活中的推理卻和學校所強調的邏輯不盡相同。

　　學業智力重視垂直思考的組織、聚斂能力，它所強調的推理是一種循序漸進、歸納推演的邏輯概念。而實際生活的推理則需仰賴豐富的生活經驗，及不同的客觀條件。

叁、經驗與實際生活智力

　　中國人常有一些俚語，其含意不外是強調人生經驗的重要性，例如：「不經一事，不長一智」。我們也常常把家中的長者視為經驗傳承的薪火，所以有「家有一老，如有一寶」的說法，主要在強調老人家們畢生所累積的經驗足以為我們所借鏡，因此我們會聽到這樣的一句話：「不聽老人言，吃虧在眼前」。

　　雖然年紀大的人不見得就一定擁有較多的知識，但事實上絕大部分的長者，他們的人生經驗會比年輕的小伙子來得豐富許多，他們累積了許多實際的生活智力。

　　實際生活智力的獲得主要來自於外在的環境，它受遺傳因素的影響較少，這是和學業智力較不同的地方。基本上，學業智力所強調的抽象概念、邏輯推理、語文能力和先天遺傳的相關性較高。實際生活智力則必須仰賴豐富的人生經驗及所處的生活環境。

　　實際生活智力會隨著時代的改變或不同的文化而有不同的發展。如果我們比較台灣兩代之間在實際生活智力的表現上，即可知物質環境愈豐富及高度工業自動化的結果，讓我們太過於依賴科技。且我們過於相信專業，凡事要別人代勞，自然而然很多的生活技能就會退化。上一代的人會認為求人不如求己，凡事自己動手，也因此累積了不少生活經驗。而這一代的年輕人則常會認

為有別人可以代勞何必自己動手？例如，摩托車的火星塞壞了，有多少的年輕人會們己動手換火星塞，或有這些基本常識呢？

　　當然不可諱言的，這一代年輕人外在的生活環境迥異於60年代以前的人，他們需要擁有不同實際生活智力。例如，以前的人生活較為貧苦，在交通及資訊都不發達的情況下，他們需要有許多實際的生活能力，例如觀天象以便知道何時適合播種或出外捕魚。而現代的人則只需打開電視即可知未來一週的氣候。同樣的，現代人必須具備有資訊查詢或電腦操縱的實際生活能力，卻也非60年代以前的人所需必備的能力。常言道：「讀萬卷書，不如行萬里路」。一個受過高等教育的學子，如果在自己的專業領域上不能配合實際的生活環境加以靈活應用，也會落得「書呆子」的譏諷。實際生活智力並不是從學校的教授或書本上得來，而必須從實務的經驗中去增長。一位甫出校門的醫學院學生，如果未曾當過實習醫生就替人看病開藥方，這將會是一椿極危險的事。同樣的師範學院畢業的學生，想要扮演好老師的角色，並不是空有熱忱及專業知識即可；還必須從實際的教學過程中累積一些經驗去掌握教學的要訣，以便增長自己的實際生活智力才行。

　　美國學者魏格納和史坦伯格主張實際生活智力和一個人是否擁有「靜默的知識」（Tacit Knowledge）有極大的相關。他們所強調的「靜默的知識」是一種不能言傳只能意會；不是從學校鑽研得來，而是從實際生活中獲得；不是結構性的，而是零散的知識（Wagner & Sternberg, 1985）從這些定義看來，他們所謂「靜默的智識」，就是我們從經驗中領悟出的一種「生活智慧」。

　　魏格納和史坦伯格認為我們要在各行各業表現傑出，或多或少必須仰賴自己的「靜默的知識」。他們將這種靜默的知識分為三種：第一種是懂得經營自己，知道如何安排自己的生活，在面對日常生活大小瑣事時能有建設性表現，能以最經濟的時間或最

少的力氣做最多的事，也就是知道如何處事，解決問題。第二種是處理自己與別人的社會關係，懂得應用自己的優缺點及長短處去配合別人，做之得以相容，而不至於相斥。這種知識在工作上也可以將之擴充為懂得用人，從不同工作的安排上使得每個人各盡其才，發揮最大的工作效益。第三種則是指處理自己事業的能力，包括生涯的規劃、事業的建立及良好名聲的追求，也就是增加己工作效率的一種知識（ Wagner ＆ Sternberg, 1985 ）。

「靜默的知識」是從日常生活中潛移黙化而來，擁有這種知識的人基本上可以說已經掌握了自己生活的命脈，他懂得如何靈活應變，化危機為契機，也能將自己所學的融合貫通應用於日常生活中。總之，豐富的生活經驗才能擁有「靜默的知識」，進而增長實際生活智力。

肆、實際生活智力的社會評價

我們社會到底給予實際的生活智力怎樣的評價呢？它是不是判斷一個人智力高低的優良指標呢？一般來說，國人並未給予實際生活智力賦予太高的評價，這除了受傳統智力的影響，認為只有課業學習能力與智力有關之外，同時對什麼是實際生活智力也缺乏較透徹的了解。許多人認為實際生活智力是日常生活能力，只能算是一種「技能」（ Skill ）而已。他們認為每一個人都可以經由短期的訓練而擁有類似煮菜、手工藝、換輪胎、修理水電……等等技能。當然，這些日常生活能力表面上看起來好像不是那麼的難，但即使日常生活中的簡易工作要做得好、做得快也是需要懂得學習的「竅門」，這就是一種實際生活智力的表現。更何況實際生活智力還包括工作表現、處事、判斷、決策……等等較為複雜的心智功能，我們豈能說實際生活智力只是雕蟲小技而

已！

　　曾經有一位讀幼稚園的小朋友跑來向我說：「阿姨，老師告訴我聰明的人腦子裡都是書，不聰明的人腦子沒有辦法裝書下去哦！」這句話雖不是來自這位小朋友，但卻可看出一般台灣人對「聰明」的看法。必須加以說明的是，這些父母口中所說的「不聰明」或「腦筋不靈光」的孩子，事實上並不見得是智力較低。許多父母對智力的見解過於偏窄，認為只有課業上的學習能力與智力相關。有些孩子具有極高的實際生活智力，雖然在課業上成績表現欠佳，一旦離開學校後，他們卻能很快融入社會的生活情境中，而且如魚得水般的發揮潛能，所以我們不能說不會念書的孩子就是不聰明。

　　每一個人都有個別差異性，具有各種不同的學習潛能，許多孩子在音樂、繪畫、特質領域上有相當傑出的表現。有些孩子具有相當的實際生活智力，他們思路敏捷，懂得變通，勇於嘗試。我們能說他們「不聰明」或「智商低」嗎？只不過他們擁有的智力面向較不受社會肯定，被給予較低的評價而已（魏美惠，民85）。

　　目前國內外普遍存有一種「鄙視勞動」的生活態度。這種價值觀已嚴重的影響到下一代的孩子，現代的孩子在父母親過度保護的心態下，喪失許多基本的能力。例如，我們可以發現許多上幼稚園大班或小學階段的孩童仍然由父母親餵飯吃。我們之所以會有鄙視勞動的心態，部分原因可能是來自於一般人對於「成就感」的追求。而成就感的獲得則受制於社會所給予的評價及肯定。不論國內外，許多人都有一種態度，認為愈少人能成就的事情愈具有挑戰性，能達成這種目標的人愈聰明，愈是能受到大眾的肯定，而只要是一般人都能成就或學會的事就不足為奇。就如我們受高等教育的機會較少，大學的窄門較難進的情況下，學業智力受到的評價就會遠遠超過實際生活智力。以筆者在 1919 年

曾做過的一項跨國文化研究發現，不論是海峽兩岸的中國人或美國人，都賦予學習智力較高的評價（Wei, 1991）

　　近幾年來，台灣對於教育改革的呼聲愈來愈高，教育部除了廣納學者專家的意見從事教育改革的工作之外，也放寬設校的標準，鼓勵私人興學以配合時代的需要。此外，學校的教育宗旨也考慮到多元社會發展下的實際需求，而不再一味的以學業智力的啟發為教育唯一的功能。此時，以多面向智力（Multiple Intellgence）為主的完整學習漸漸受到重視（Gardner, 1983）。

　　在即將步入廿一世紀的今天，社會發展高度多元化，加上政府普設大學，一般的學子進入大學的機率從以往的百分之十幾提昇到今年的百分之六十幾，打破了以往「僧多粥少」的情況。因此，可預期的，實際生活智力也將水漲船高的受到社會較高的評價。

伍、結語

　　實際生活智力是一種智力的表現型態，它和其它面向的智力一樣重要。若只是空有學問而不能將自己所學應用於生活或工作中，則這種學問如同虛無。不論你是從事那一行業，想要頭角崢嶸就得仰賴你的實際生活智力。

　　實際生活智力不單指日常生活的應變能力，同時也包括許多複雜的心智功能運作。它不是從學校課本的教授得來，而是在日常生活的潛移默化中獲得。實際生活智力是一種理性周延的思考方式，它所提供的是一種建設性的生活方式及高效率的工作表現。

　　從本文的探討中，幾乎可以肯定沒有任何一位諾貝爾獎得主只有學業智力，而不具備有實際生活智力。因為如果這些諾貝爾

獎得主只是讀死書而無法將自己所學靈活應用，根本無法受到世人的肯定。同樣的，沒有任何一件的發明是不需要應用實際生活智力。因為人類任何的發明，其目的都在謀求人類較大的福祉。提供較好的生活環境。

　　以國內的教育環境而言，如何能落實生活教育，強調杜威（Dewey, J., 1961）所主張的「從做中學」（Learning by doing），也就是讓學校教育不再只是一味的重視學業智力，也需為日後的生活做好準備，讓教育的功能也同時肩負啟迪實際生活智力的多重任務。這些種種應該是未來教育改革的重點之一。

參考文獻

魏美惠（民 85）：**智力新探**。台北：心理。

Dewey, J (1961). ***Democracy and education: An introduction to the philosophy of education.*** New York: The Macmillan Company.

Gardner, H. (1983). ***Erames of Mind: The theory of multiple intelligence.*** New York:Basic Books.

Neisser. U. (1979). The concept of intelligence. ***Intelligence, 3.***

Sternberg R. J. (1985). ***Beyond IQ.*** Cambridge: Cambridge University Press.

Sternberg, R.J., & Wagner, R. K. (1986). ***Practical Intelligence.*** Cambridge: Cambridge Unversity Press.

Wagner, R.K., & Sternberg R.J. (1985). Practical Intelligence in realworld pursuits: The role of tacit knowledge. ***Journal of Personality and Social Psychology, 48,*** 436-458.

Wei, M. H. (1991). ***A cross-cultural study on people's perspective of intelligence.*** Unpubished paper. A dissertation submitted to the University of Virginia.

9

創造學的孕育與發展

＊ 毛連塭

壹、前言

　　對於創造力的研究雖然與歷史同時，但是「創造學」
（Creatology）一詞的出現卻是晚近的事。其目的是要把人類的
創造力與創造行為以科學的方法來研究。由於社會分工越細，學
術的分化也越來越專精，所以學問的分化乃是必然的趨勢。正如
心理學從物理學分化出來一樣，教育學也逐漸融合了多樣的學術
領域而逐漸走出一條自己的道路來。

　　由於「創造學」學者的努力，許多研究創造力的先趨者開始
思考建立「創造學」的可能性；於是當 1990 年他們在水牛城集
會時，便提出了建構「創造學」的主張。該會是由紐約州立大學
水牛城分校的創造力研究中心（Center for Studies in Creativ-
ity, State University College at Buffalo）所召開；世界級的
創造力研究大師都參加並發表論文。之前，他們也做了許多理論
的探討與調查研究的工作，共計三十一篇，分兩冊印行；第一冊
為認識創造力，另一冊為創造力的孕育與發展，其重點都在討論
建立「創造學門」的有關問題。透過這次的討論，「創造學」的
架構已然稍具雛形，對會後的繼續發展提供了有利的條件。

貳、創造學的含意

　　所謂創造學乃是研究創造力的科學。對於創造力的研究一向是屬於心理學門的範圍。實際上，除了心理學外，其他各行各業、各門各派都有創造的行動和成果，都值得吾人加以研究。所以，創造學應該是一門科際整合的科學，包括社會學、心理學、經濟學、教育學、計量學、管理科學、組織理論、電腦科學、藝術、人文及其他科學等。然而，上述各學門都已建立了他們的理論架構，其內涵也各有不同，創造學要想從這些學門中抽取共通的概念架構實非易事。因此，以型態分析法來建立創造學的理論架構和模式，乃是一種較為可行的方式。於是，創造學矩陣由此形成。

叁、創造學模式

　　創造學既然是一種科際整合的科學，恐非單一形式可以表達的。經過研究的結果，以矩陣的方式來表現創造學的模式，可以涵蓋創造學的科際整合本質。該矩陣包括兩個向度，橫軸代表創造的概念系統，縱軸代表與創造有關的社會系統。以創造力的社會系統言，包括個人、團體和組織、文化。以概念系統言，則修正 Rhodes（1987）的 4P 理論（Person, Process, Product, Press）。為避免各向度中個人要素之重複，在橫軸的 4P 中融合 press 和 person 為能力（ability）（如表一）。

表一：創造學矩陣（Magyari-Beck, 1993）

概念 社會	能力	過程	成果
個人	創造者的能力、技巧和人格等	個人創造的過程	個人創造的成果
團體	團體創造的方法和特質 創造的團體之特質	團體創造的過程	團體創造的成果
組織	組織創造的特質 創造的組織的特質	組織創造的過程	組織創造的成果
文化	社會的創新 文化的創新 創新社會與文化	文化和社會創新的過程	文化和社會創新的成果

　　橫軸的能力（A1）、過程（A2）、成果（A3）三要素和縱軸的個人（B1）、團體（B4）、組織（B3）、文化（B2）四要素組成交叉矩陣共 3×4＝12 種。此架構可適用於社會、政治、經濟、教育、心理和科學等方面的創造力研究。

　　若再加以進一步細分，橫軸的能力（A1）、過程（A2）和成果（A3）三要素，各要素均可就事實和規範，以及量（D1）與質（D2）二個向度來說明。就能力言，C1D1（事實 X 量）向度代表創造力的數量。例如：陶倫士（Torrancec）認為創造力包括流暢力、變通力、獨創力和精密力等四項。C2D1 代表創造力幾項創造的準則。C1D2 代表創造力的高低，C2D2 代表創造準則的優劣性。同樣地，對於過程和成果也可以做相同的分析。

肆、創造學的內涵

一、個人創造力

　　從表一創造學矩陣可以看出創造學所討論的主要有個人創造力、團體創造力、組織創造力和文化創造力四方面，茲分別說明於後。

　　構成創造學矩陣縱軸的第一要素為個人。為個人的創造力、創造思考技巧、創造人格或特質、創造過程或行為，以及創造成果，向為創造學者所關心而積極加以研究者，至今仍然受到相當的重視。即使是研究小組創造力、組織創造力或文化創造力仍然無法忽視小組中、組織中或文化中的個人因素，沒有個人創造力的表現，就無法展現小組的創造力，更無法展現組織和文化的創造力，圖一中的創造者可為個人、小組、組織或文化。

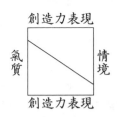

圖一：個人創造力表現與氣質和情境之間的共變關係

　　對於個人創造力的研究，除了探討其與智力的關係外，相當重視歸因的理論。也就是研究個人的創造力究竟來自個人的氣質或是外在的情境？卡梭夫（Kasof, 1995 ）從共變原則、突顯原

則和偏見原則三方面來探討這個問題，他認為有些創造力係以氣質為主，有些則以環境為主，有些則為質質與環境互動的結果。但是，因受前述三原則的影響，吾人很容易把個人的創造力歸因於氣質。茲分述如下：

㈠共變原則

此原則在討論創造者、創造時間和創造情境三者之間的共變關係。有些創造力的表現因人而異，有些卻是多人相同（共識性）；有些在不同時代的相同情境表現相同的創造力，有些在不同時代的不同情境也表現相同的創造力（一致性）；有些個人在相同的情境均表現相同創造力，有些在其他相同也不會有相同的創造表現（歧異性）（Kelly,1973）。凱利（Kelly, 1973）認為低共識性和低歧異性之創造表現，可歸因於氣質，高共識性和高歧異性者則歸因於環境因素，其他則為氣質與環境的互動。

㈡突顯原則

以觀戲為例，觀眾較容易為大刺激所吸引，也較注意演員而非情境。觀察者較注意新奇、突顯之特質，因而會高估特質；例如樂隊合奏中較突出者會被注意。編舞者不若舞者受到重視，作曲者不如歌手受到注意，因舞者和歌者都較突顯。

㈢偏見原則

一般人易把好的、成功的事項歸自己，把不好的、失敗的事項歸因於他人或情境。此種歸因上的偏見也會產生在創造表現的歸因上。創造者常把成功的、良好的創造表現歸因於個人的特質，而把創造的失敗歸因於環境。而成功的創造表現較易受到注意。

總之，個人創造力的表現或為個人之氣質或為環境之影響，

或為氣質與環境互動之結果，端視該創造力表現之性質而定。惟
一般而言，吾人較易歸因於氣質。由於環境影響的因素較為複
雜，故較不容易加以研究。

其次，研究個人創造力的另一重點是「是否可教」（Isak-
sen & Mardock, 1990）。許多研究結果都證明創造力是可以指
導的。

至於如何激發個人創造力，教導其發揮創造力也是許多創造
學者研究的重點（Treffinger, 1993）。許多學校也都提供創造
思考教育課程，實施創造思考教學，以改變教學型態，提昇教學
品質。

二、團體創造力

團體創造力是指二人以上合作或互動所產生的創造力。過
去，對創造力的研究都以個人為本位，舉凡個別創造者的創造
力、人格特質、創造動機、創造行為或過程、創造技能以及創造
成果等都已有很多的研究，且有相當的成效。其實，有史以來，
許多的創造活動都不只一人而已；只是近年來，科際整合的趨勢
日益明顯，合作研發和創造的重要性越來越受到重視，甚至非以
集體方式來進行無法達到創造的目標，所以團體創造力的研究便
成為研究的重要課題之一。

小團體係以個人為成員，但是小團體的創造力和各個成員創
造力之間的關係，其相加或相乘的效果是否具有格式塔（Ges-
talt）的效應值得觀察。又個別成員的創造動機在小團體創造力
中的互動效應為何，其創造行為又為何協調統一，密切配合，經
由領導行為發揮整合的作用都是值得研討的。在科技日益發達的
今天，不論科學、藝術以及其他學術研究都有賴小組創造力的運
作才能產生更大的效果。

三、組織創造力

要了解組織創造力的含意，應先了解創造力的含意。
Welsch（1980）綜合了 22 種創造力的含意而下的定義是：
「轉換現有成品生成獨特成品的結果。此新成品不論是具體或非
具體的，必須對創造者來說是獨特的，同時必須符合創造者所設
定的價值和目的標準。」組織創造力的定義可以參照 Welsch 的
定義，例如 Amabile（1988）強調創造力的新奇性和實用性。所
以主張組織的創意在於創新和效用。

㈠創新

創新是創造力的首要標準，也是組織創造力的首要標準。惟
所謂「創新」的標準，宜就兩方面來看。

1.創新的相對性：所謂創新的相對性是指一件新的成品，對
某人而言可能是新穎的，但對另一個人而言則可能不是新奇的。
組織的創意亦然。有些創意對某組織可能是新穎的，但對另一個
組織可能已熟悉了。同理，有些創意對組織內的某一部門可能是
新穎的，但對另一部門來說，可能不是新奇的。例如某一種管理
的方法對甲部門可能尚未用過，可說是創新的方法，但乙部門已
用過了，所以就不是新的方法了。又如甲工廠用以處理廢棄物的
方法，乙工廠覺得很不錯而加以採用，則此方法對乙工廠來說乃
是新的方法。

2.創新的程度：如果創造是指改變原成品而生成新成品，則
原成品和新成品之間有著不同程度的創新。有些是改正過程，有
些是修正過程，有些更是完全改變成全新的過程。在組織創新過
程中，只要組織或部門或成員有感受到品質上的差異，不論此差
異有多大，都具有創新的本質。

㈡效用

組織創造力的第二個標準是效用。例如某校為提昇學生學業程度而設計出一種新的教學方法。此方法對該校而言是一種新的方法，符合上述創新的標準。但是如果不能真正提昇學生學業程度，則仍不符合組織創造力的原意。對於該新方法的效用程度，可由全校參與者共同評斷之。

總之，有創造力的組織就是創意的組織，它能促使組織產生新主義且能加以應用，組織成員對較新主意的效用也有相當程度的共識。

四、文化創造力

㈠文化的創造力與創造性的文化

文化是人類文明進步所表現創造的生活方式，有其時代性、區域性和類別性，因而顯現出與各種文化的特色。各種文化都在追求進步發展的過程中，充分發揮其創造力以求更高的文明。創造力使文化更多采多姿；不同的思潮日見浮現，使得科學更發達，研究更深入，藝術的境界更提昇，政治更清明、經濟更發展、社會更繁榮、教育更進步。所以說，創造力乃是文化更精緻化的生命力。

文化也是某一群體或組織中的個人和他人共同發展，且享有的一套思想和行為模式，相互期望，共同了解和信念，以及相同的價值取向。有些群體或組織文化一旦形成某種思想或行為模式，往往阻礙組織的創新和發展，此種組織必然逐漸退化落伍甚至瓦解。另一種組織文化可以助長組織的創新與發展，此種文化可以稱之為創造性的文化。

□組織文化與文化的創造力

組織文化乃是組織內成員透過社會學習長期互動所形成的。組織文化一旦形成，員工行為自然受其影響而不自知。

組織文化可以就文化強度和向度二方面來說明其特性（Talbot, 1993）。所謂文化強度係指該文化對組織成員影響的程度；文化強度越強，主張、價值、信念及規範組織成員越有其目標。因此，對組織由各種問題及其解決之道的看法相當一致。當面臨新的情境及危機時，與原組織呈現的價值觀、主張相符的新解決方法比較容易接受。其次，文化強度越強，對採取與組織文化相同的成員越受到限制與保護。故組織本身及其成員的創造力均受影響。

再就向度而言，係指該組織文化（價值、信念、主張、規範）和其他組織文化之差異。Harrison（1987）認為組織文化應可分成權力文化、角色文化、成就文化和支持文化等四種。在權利文化中，長官愛護部屬，部屬遵從長官，以長官之意志為意志。在角色文化中，長官與部屬之關係依制度而定，各扮演適當角色；在成就文化中，長官主在達成目標，部屬都能主動參與；最後，在支持文化中，長官重視部屬的興趣與需求，主動提供部屬成長發展與發揮潛能的機會，部屬也都能主動發揮潛能，互相支持。權力文化組織者的創造力端視其領導人而定。角色文化組織者的創造力在於制度中的創造部門，否則難有創造力。成就文化組織者之創造力較為可能，各成員均能主動發揮，但有時為求達到高成就致生倦怠。惟具有支持性文化的組織，其成員具有內在動機性，相互激盪，更能發揮創造力。

□文化的創造力與文化變遷

沒有創造力的文化是沒有變遷的可能。但文化的變遷不一定

為文化創造力作用的結果。惟了解文化的創造力有助於了解文化變遷，而對於文化變遷的認知有助於吾人對於文化創新的了解。改變一個團體或組織的文化，也就是要改變該團體或組織的信念和價值觀等。因此，組織成員抗拒改變乃是常有的事。Daft（1989）建議下列幾點以期順利帶動改變：①改變必須符合成員的興趣和組織的目的；②加強溝通使成員了解改變的理由；③讓成員儘量參與；④必要時可加以逼進或誘導。Huse 和 Cummings（1985）也提供下列六點建議：①目標明確；②全神投入；③以行動來說明新的文化；④修正組織架構以帶動新行為；⑤選出代表新文化的新領袖；⑥訓練新員工，排除異行者。為帶動改變，增進成員創新力，領導者對文化變遷必須具有「社會知覺敏感度」（social perceptual sensibility）（Tong & Cox, 1984）也就是能評斷：①何者將發生；②為何會發生；③如何計畫變遷；以及④如何行動等。

伍、創造學的發展

創造學能否成為一個獨立的學門，乃是許多研究創造力的學者們於 1990 年在美國水牛城集會所討論的重點之一。所謂學門（disciplinarity）是指認知範圍中某些統一的專門化知識而言。Fetrie（1992）分析其要素包括：①有核心概念；②有理論架構；③有研究方法；④有研究工具和⑤有研究目的。Phenix（1962）則認為學門乃是教與學的知識。其標準為：①分析單純化；②統整協和化；③動力學的狀態。所謂「分析單純化」也就是一個學門必須簡單易懂而無困惑。「創造學」係一種科際整合的科學，其很多的理論、方法、模式的確不易整合，但是在 1990 年國際創造會議中已同意從創造者、過程、成果和環境四

方面來研究。部分符合了「分析單純化」的條件。所謂「統整協和化」係指學門有其展示模式或關係的概念架構，也就是指能區別共同的綜合概念架構。例如：Welsch（1980）曾檢討研究創造力定義的二十位主要作者，結果發現了一些共通性的意義。最早企圖從有關創造力的文獻探討中找出其共通性者為 Rhodes（1962）。最近者如 Sternberg（1988）也在做這方面的努力。此次世界創造力研究大會中，Murdock, Lsaksen, Vosburg 和 Lugo（1992）等分析現有的文獻，發現創造學已具有此屬性。但因其各領域間關係複雜，故仍有待繼續努力整合。

　　所謂「動力學狀態」乃指該學門的知識仍在繼續不斷成長中，有更多的專家學者投入該學門的研究，且相互分享經驗。

　　從以上三個條件來看，創造學已具有了學門的潛力，假以時日將可以逐漸成形。

參考文獻

Daft, R. L. (1989). *Organization Theory & Design.* N.Y.: West Publishing.

Harrison, R. C. (1987). *Organization Culture and Quality of Service: A Strategy for Releasing Love in Workplace.* London: Association for Education Management and Development.

Huse, E. F. & Cummings, T. G. (1985). *Organization Development and Change* (3rd, ed.). N. Y.: West Publishing.

Isaksen, S. G. & Murdock M. C. (1994). The Emergence of a Discipline; Issues Approches to the Study of Creativity. In. S. G. Isaksen (Ed.) etc., *Understanding and Recognizing Creativity: The Emergence of a Discipline.* N. J.: Ablex.

Kasof, J. (1995). Explaining Creativiyt: the attributional perspectives, *Creativity Research Journal, 8* (40), 311-366

Magyari-Reck. (1993). Creatology: A Postpsychological study, *Creativity Research Journal, 7* (2), 183-192.

Petrie, H. G. (1992). *Interdisciplinary ednication: Are we faced with insurmountable opportunities?* In G. Grant (Ed.) Review of Research in Education, 18, 299-303. Washington, D.C.: American Educational Research Association.

Phenix, P. H. (1962). The disciplins as curriculum content.

In A.H. Passow (Ed.) *Curriculum crossroads: A report of a Curriculum Conference, 57-65.* N. Y.: Teachers College Press.

Phodes, M. (1987). An analysis of creativity. In S. G. Isaksen (Ed.): *Frontiers of Creativity Research: Beyond the Basics,* 216-222. Bustdo, NY: Bearly Limited.

Sternberg, R. J. (Ed.) (1988). *The nature of creativity: Contemporary psychological perspectives.* Cambridge, MA: Cambridge University Press.

Talbot, R. (1993). Creativity training and the organizational context. In S. G. Isaksen, etc. *Nurturing and Developing Creativity,* 177~214. Newwood. N. J.: Ablex.

Tong., B. & Cox, C. T. (1984). *A Taxonomy of Educational Subjectives in the Social Domain.* U. K. Mamchester School of Mangement.

Welsch, P. K. (1980). *The Nurturance of Creative Behaviors in Education Environment.* unpublished Doctoral Dissertation. U.M.

10

文化與創造

＊ 江雪齡

壹、天才與社會情境

　　天才為何在歷史上出自某一段時間，或一定的地點？天才是文化的產物？或者文化是天才造成的？探討這些問題，不免要先澄清到底天才是什麼？今日一般人認為天才為個人具有超乎常人的獨特性，或者是個人對一些人或所有人類曾做過的新的或極大的貢獻。

　　許多文物創造證明環境及情境決定創造力，而不是生理功能。四個主要的例子為：①古希臘時期；②義大利文藝復興時期；③美國獨立革命時期；以及④十九世紀中期的一些猶太天才。

　　如果天才是時代的產物，一些人也許要問：如果沒有莎士比亞，是否另有其他英國人能以文字描述依麗莎白女皇時代的文化？這個人的成就能像莎士比亞一樣高嗎？這種辯論並不新，早在 1870 年 Galton（1870）就認為偉人創造文化，其偉大處則在其遺傳特質。Spencer（1873）卻辯解在偉人創造社會前，社會已先創造他。White（1880）則認為天才的產生決定於機運。

　　然而文化對個人的影響並不一致。天才的產生需要有其社會

或文化的動力，以及具有創造潛力的個人。Arieti（1976）辯稱
文化的起源和結束都源由於心理學。文化的起源由於文化需要人
類基礎神經的運作。文化結束於心理學是因為它對個人形成極大
的心理動力。根據 Arieti 的理論，個人內在的心理運作造成了創
造的動力。

貳、創造動機與過程

　創造力可能易於被辨識及下定義，但不容易被了解。如果創
造力是由於環境因素（如資源的取得、人為的鼓勵等），或人類
的天性（如解決問題、抒發感情等）這些文化因素，那麼創造的
確可以反映文化。文化經常在變化，充滿事實與價值的衝突。

　創造力應包含極原始的心智活動，充滿了極高的願望及感
情，也經常在正常與不正常的邊緣。換句話說，在創造者個人的
衝突與失序中，創造力顯示了精力的釋放與問題的解決，以達到
內心的自我體現。

　Dervin（1990）將創造力分為三個階段：

　㈠自己的需要——即創造一個以自己為中心的世界。

　㈡自己與一位至親的情結——當自我和他人的立場產生衝
突，文化價值觀介入，便創造了一個至親（如母親）的轉型的主
體。

　㈢三角關係——經由個人語言的發展，接受並了解各種象
徵，個人超越自我的心理衝突，使個人了解在家庭內由嬰孩與母
親的情結，形成嬰孩、母親與父親的聯繫，創造一個男／女性別
關係的世界。

　內在的動機是促進創造力的主要仲介。這種內在動機常起源
於個人經驗，社會環境則促使個人做自我省思。從自然人到社會

人，由衝突、分化、到整合，可視為省思的過程。Merenheemo
（1991）則將這種過程歸結於文化因素所造成的習慣。

　　然而文化的定義莫衷一是，從創造觀點來看，文化是一群人
具有特殊的個性，在一個相當的情況下，行政相當的過程或動
作，以創造出來的產物，而這產物能滿足這群人的需要。所以文
化這產物不只以較新及有用的尺度衡量文明的進展，更加上可使
人們的生活更美好。

　　因為人類的需要有別，世界資源的分配也不平均，各文化的
生活方式更不盡相同，根據各個不同的社會，提供有利創造力的
發展，可促使個人發揮潛能。

叁、有利創造力的社會因素

　　社會情境影響創造力的發展，Arieti（1976）分析增進創
造力的社會因素如下：

- 充足的物質文化資源。
- 接受文化刺激的開放心胸。
- 強調並重視形成的過程。
- 社會中的每個成員都能享用文化資訊。
- 提供自由的環境。
- 接觸不同甚至相反的文化刺激。
- 容許不同的意見。
- 與學識較高或地位顯赫的人互動。
- 提供獎勵。

　　由以上因素可見創造力的提昇，不只需要個人的內在動機、
人格特質，還要加上資源的配合，以及外在的鼓勵，如果同時代
尚有許多偉大的創造人物，那麼對於個人創造潛力的發展自有極

大的利益。

肆、第三次出生

　　Dervin（1990）將人類的創造力看做是第三次出生。他辯稱人類的第一次出生，乃由父精母血所形成，一旦被出生，則加入生物界，參與生物界器官漸趨成熟的過程。再生期為個人觀察自我的環境，經由家庭，進入較複雜的精神文化領域，成為新生人。第三次出生則把個人由生物性及家庭性，帶入適合個人創造的文化性。

　　換言之，人類創造力的發展具自我形成性。在創造的領域中，或經由我們內省、分析的能力，或直接間接地透過我們從事的工作，我們成為最活躍、最自我負責的自我創造者。

　　文化及社會環境提供我們基本的自我發展，但個人的自我形成，如養成觀察省思的習慣；注意飲食的調攝，因為從飲食中我們創造了自己身上的化學成分等，都能使個人創造第三次出生，不必全賴基因或環境等所謂命定的因素的操縱。

伍、教育對創造力的影響

　　個人誠然可以成為自我創造者，但是 Guilford（1975）及 Torrance（1987）卻強調教育是影響創造力最有權柄的因素。因為教育可以促進創造思考及解決問題的能力。基於此，學校教育應注意教學法、教室管理，並提供有關於創造的課程。

　　基爾福建議提供課程以使人們發揮潛能並不能促使創造奇蹟的發生，但是如果能訓練人們運用類似企業的步驟去學習，其效

果就無可衡量。這些步驟包含：內在的自由感、設定目標、運用
良好的策略、做最好的決定、活躍運用想像思考力、及做得更好
也感覺更好。這些步驟可以發展為一種生活方式，不全是對情況
反應，換言之，可以由個人決定發展的方向反步驟。

陸、結語

　　綜合以上學者的看法，人類由自然人，經由考察省思，成為
社會人，運用承襲的文化觀，加上個人需求的衝突，產生了文
化，因此個人具有自我創造的能力。

　　教育使個人利用社會資源，運用有效步驟以達到自我體現，
誠為極有裨益創造力的因素。教師應能容許學生看似毫無建樹的
行為，以隨時反應創造力的萌生。這些行為包含：孤獨，使個人
有機會與自我交通；做白日夢，讓個人有機會自我發現；呆坐，
讓思緒自由馳騁；記住及咀嚼內心過去所受的創傷和衝突及將衝
突化為創造的動力。

　　走筆至此，也許讀者要追問，究竟天才是文化的產物？或者
文化是天才造成的？筆者的看法是時代考驗天才，天才創造時
代。如果不是個人的自省自發，化衝突為衝力的心智活動，許多
偉大的創造無由發生。社會環境及教育體係應給予個人有足夠的
空間及自由，以讓個人達到自我體現，做自我負責的創造人。

參考文獻

Arieti, S. (1976). *Creativity: The magic synthesis.* New York: Basic.

Dervin, D. (1990). *Creativity and Culture: A Psychoanalytic study of the creative process in the arts, science, and culture.* Cranbury, NJ: Associated University Presses. Galton, F. (1870). *Hereditary Genius.* NY: Appleton.

Guilford, J.P. (1975). A quarter cenury of progress. In I. Taylor and J. Getzets (Eds.), *Perspectives in creativity.* Chicago, IL: Aldine.

Merenheimo, J. (1991). *Visionizing.* NY: D.O.K.

Spencer, H. (1873). *The study of sociology.* NY: Quated by White, 1949.

Torrance, E.P. (1987). Teaching for creativity. In S.G. Isaksen (Ed)., *Erontiers of creativity research: Beyond the basics* (pp. 131-151). Buffalo, NY: Bearly Limited.

White, J. (1880). Great men, great thoughts and the environment. *Athantic Monthly, 46,* 441-459.

11

多元人性的思考──營造創意空間

＊陳正芬

壹、前言

　　「教學環境佈置」在學校中是經常被關心的主題。文明的巨輪不停運轉，未來的大都會日益狹小的生活空間，人口密度愈來愈高，社會呈多元快速的發展，如此環境下每一個作育英才的資源教室應呈現何等的風貌？由於學生的特殊需要，老師的教學型態多元化，教材教具、參考書籍又多，要如何在有限的空間中，佈置一個多功能以滿足需求及個性，造一個理想的教學環境，是資優老師和學生所必須共同面對的一大挑戰。

　　在狹小空間裏的硬體設置，例如課桌椅、櫥櫃……等，若採用多功能、多效能的設計，在使用時不但節省空間，還可彈性組合。舉例來說：市場上有一種「兩用桌」，平常不展開使用時，它是一個三層式櫥架，可陳列書籍、物品，需使用時，只要稍微調整一下，就可以寫字、閱讀或工作了；又有一種「梯形椅」，可隨學生的身高、調整合適的高矮，頗方便資源教室中隨時流動的、不同年段的學生使用。在這講求產品設計的年代，有效掌握空間的產品隨手可得，資優老師只要在這方面用一些心思，通常可在小隔局裏營造多方面的用途來！

　　然而即使有了新型多用途的硬體設置，若是在這教室中活動的老師和學生，不能以多角度的思考運用，則形同裝飾。事實上，要重視的是空間中氣氛的營造，師生間共創出一個非批判性的、開放的、安全的環境，也就是本文想試著探討的——多元人性的思考方式。

貳、多元人性的思考

　　有一個人將他的車子一面漆白色，一面漆黑色，他這麼想：若是車子發生事故，在兩旁的目擊證人將做出全然矛盾的敘述……情況將相當有趣。

　　有一個老師拿一張「紅綠雙面色卡」問學生：這卡片什麼顏色？右邊的學生答「綠」色，左邊的學生答「紅」色，老師給他們的答案是「你們都對」。在資優課堂中，若左右方學生中的其中之一發動攻擊的話，戰況將極不留情。

　　人類思考的複雜性由此可略窺堂奧。腦的運作方式依其智力高低以及經本身自行組織，形成各種模式，因人看事情的角度不同，層次高低不同，導致認知極大的差異！我常常想：資優老師本身應多做思考訓練，它可以使本身的思考運作達到較高的層次，就如同爬上了山頂一樣，得以一種俯瞰的姿勢看山看谷，回首來時迂迴曲折的小徑。更重要的是：只有當你自己爬上一座小山頭，你才能更清楚的知道，那些上山的路是大家經常走的，那些山是沒人上去過的，引領你或你的學生去走，走出一條沒人走過的小徑才有「創意」不是嗎？

　　多元人性的思考若用於課桌椅的使用：教師會依學生的體型調整桌椅的高低；准予學生對自己的桌椅做個別化的設計，只要他能回復原狀；讓學生視課程需要排課桌椅的造型以便討論、工

作或展示。不要讓學生每次只看到老師思考的終點，永遠沒有嘗試的機會。

叁、有「新」有「心」的營造

　　有一幅畫，畫上有許多不同種族的人站在地球上，手牽著手。這樣的畫要傳達什麼理念呢？

　　有一則水餃廣告，畫面上一雙極為奇特的柔軟筷子，跨躍過千山萬水，終於夾住了一個水餃。你知道設計者要告訴你什麼？

　　這二幅畫我非常欣賞！設計者成功的將他的想法轉換成新的型式，賦予了圖形創造性的語言。

　　一個資優的教室裏，若能將班級運作的目標，或是經營的理念，以「主題設計」的方式放到進門一個明顯的位置，顯現一個班級的人文素養，又可讓班級有明確的運作方向，在我看來是值得提倡的作法。

　　所謂的「主題設計」和一般貼在牆面的「中心德目」標語功能一樣，同樣要傳達一個明確的理念，但是實際的作法卻截然不同。我們可以說「主題設計」表達理念的方式是——看「山」不是「山」其實是「山」，而「中心德目」標語表達理念的方式是——看「山」是「山」其實不是「山」。舉例來說一個班級的老師若想以「創意」來主導班級的運作方向，難道他只要在紙上寫大大的兩個藝術字「創意」，貼在國父遺像兩邊，讓學生每天上課時看著它，就自然而然變得有創意了！

　　「我思故我在」或「我思故我行」告訴我們人的思考主導行動，行動的結果顯示思考層次的高低，再回過頭引導下一回的思考及行動。有些班級老師可能會把「如何使班級更有創意」這類的問題拋給學生，讓學生自由想像發揮。這種作法大方向是不

錯，但是沒有一種明確思考的脈絡供學生參考，要想攀上「創意小山」的路途較為迂迴難行！

我比較贊成教室佈置分階段放手給學生的作法：

第一階段（老師示範）——

由老師一手策劃，包下教室內大大小小每一個細節的設計工作，然後要求學生依你的計劃執行，同時教導學生你之所以如此計劃的理念，所運用的造型要素、原則、材料其背後的考慮。

第二階段（引領）——

由老師將教室大略分成數個區域，每一區要做什麼也由老師決定，然後將各區域細節的設計工作交給學生。

第三階段（放手）——

將學生分為苦干組各領一不同的主題，自行計劃版面及細節，然後交給老師，由老師將各部分的計劃加以綜合，修改其中重疊、不相容的部分，並且告訴學生為何做這樣的修改，學生若有意見，應尊重學生讓他們放手去做。

第四階段（學生主導）——

由學生自推數人負責策劃教室內每一個細節的設計、分工、執行。

我很希望看到有一間教室，當你一走進去，看到一個由廢棄物幻化成的雕塑作品：圓圓的地球上站著一群不同種族的人手牽

著手，神情非常愉快！牆面上即使沒有貼上「創意」、「團結」、「愛地球」、「朝向未來」、「天下為公」……等精神標語，你也能清楚這個班級具有開闊的國際視野、強調以創意團結的步伐走向未來；你同樣也清楚這班級的師生若非有堅實的人文、藝術及科學學素養，也無法造出這樣的「主題設計」來！

常然在課堂上我們是不賣水餃的，但是可以是賣「創意」的，我也樂於見到教室某一明顯的位置上，擺著一個由大大小小的石頭組成的山水盆景，上有小花小草，有一雙用紙黏土搓成的筷子繞行千山萬水，終於在山頂上夾到了一個「水餃」，在這樣的作品中，你可以體會其實水餃可以不必是水餃，重要的一種思考進入另一種形式，但卻明確的彰顯了他的理念。

總之，不論「主題設計」以何種形式呈現，它賦予班級運作的精神指標！一個課堂裏的教學型態、學生的學習成效是否多元精緻，從學生的作品及教室環境氣氛和佈置絕對可以感受得到，因此「什麼樣的學生」從「什麼樣的環境」走出？是全然可以理解的。

肆、教室家庭 DIY

從「想」到「知道怎麼去想」到「如何想得傑出」這一段路程的長短因人而異，而由「有了傑出的想法」要走到實際上「做得出來」，在我的體驗是由個人的人格特質來決定了，動機強烈、奮鬥不懈的人就容易成功。

任教資優班級的老師都會知道，要在班級裏做的事，實在太多了，如果事事以一個高層的標準來要求自己或學生實在是很累！我有幾個常用的做事方法，各位若覺得可行不妨參考。

蛇吞大象計劃

　　我是「龍尾蛇頭」出生的人，個性彷彿也是這樣：不去希望做「龍頭」起碼要求做事不「蛇尾」，我做事滿講究計劃的。我經常想隱居山野但事實也不容許。有一天清晨我忽然想通了，與其慢慢的存錢想買下鄉下的一間小屋，倒不如把山野景緻搬到家裏來！可想而知要從進門的玄關，到整個家裏的壁面營造整座山城，是多麼浩大的工程。但是每次到過我家的人，只知道我家又不一樣了，但卻不曾看到我那一片壁畫了一半，沒有做完。

　　大象是很龐大的，一隻小小的蛇怎麼吃得下它呢？有一個方法：你把大象放到一個很遠的地方，在腦子裏盤算你用 100 天的日子來吃它，你要知道如何的分法，才能讓大象每次看起來都是完整的，這其實只是一點「詭計」，但是也有人說詭計其實也是創意的代名詞。

聰明的驢不做驢事

　　有二隻驢被主人用一條繩子栓在一起，他們為了各食東西兩側的草堆，一開始時互不相讓，結果誰也吃不到，後來互相協商，腳步一致先吃一邊的草堆，吃完再吃另一邊的草堆，最後雙方都吃得飽飽的。

　　在資優班被稱為「雙頭馬車」往兩頭跑的情形好像不少，其實透過明確的計劃，排定處理事情的優先順序，懂得抉擇與捨棄，要靠多元人性的思考。想想看：兩位老師要帶著一群聰明活蹦亂跳的孩子走過滿是礁石的海岸，領略壯闊海洋的景緻，你將選擇什麼樣的走法呢？你是要小小心心的計劃好每一步？或者你是要很快的一路跑過去，然後每走一步調整一次不穩的腳步，以

避免摔跤？就要靠兩者的智慧囉。

永不停止尋找桃花源入口

　　傳說中的桃花源入口，陶淵明先生我想他是找到了，我真的相信：在某一次元的空間中一定有一個秘密花園的入口，園裏有許多奇花異草、珍奇寶貝任人取捨，只要你進得去！

　　資優步道走得辛苦，但只要有心有新，沿途所擷採下來的花草就足以讓你把班級和你自己的家庭營造得很好。懂得互相扶持，經驗分享，讓旅途中的淚水與笑有人幫你承擔，願人人皆得以爬上「創意小山」，遙望桃花源的入口。

叁

—————————————————

行政與制度

12

我國資優教育行政與體制的檢討與改進芻議

＊ 吳武典

我國資優教育萌芽於民國 61 年的第四次全國教育會議。那次會議確定了資優學生接受適當教育機會的原則。次年（民62）我國第一階段資優教育實驗計畫於焉展開，其後（民 68 年與 71 年）第二階段與第三階段資優教育實驗計畫，接續進行。民國 73 年，「特殊教育法」頒行，我國資優教育政策與制度乃大體確定。學制與課程的彈性、師資培育的強化、社會資源的運用等，乃有了法定的基礎。四大支援系統——課程設計、師資培育、資源運用及研究發展，也有規可循（Wu, 1992）。然而，在某些方面（如集中式與分散式編班，提早入學等），各縣市做法仍然不一，追蹤制度仍未建立，顯示在政策與行政上仍有待釐清或改進之處（吳武典，民 83）。茲就研修資優教育法規、規劃資優教育方案、寬籌資優教育經費、規畫資優教育學制、加強國際資優教育活動等五方面加以探討。

壹、研修資優教育法規，確立我國資優教育政策與行政體制

一、現況說明

政策（policy）乃是行動的指引，資優教育政策之良窳可以促進或限制資優教育的發展（Passow, 1993），良好的資優教育政策雖然因地而異，卻有一個共同的特點：它對於提供適切的教育以滿足資優兒童的特殊需求，有明確的規範。

以美國而言，資優教育政策之形成始於 1958 年之國防教育法案（National Defense Education Act），具體而微於 1971 年的馬蘭報告（Marland Report），正式確定於 1978 年之「資優兒童教育法」（Education for Gifted and Talented Children Act）及 1989 年之「資優學生教育法」（Gifed and Talented Students Education Act）。迄 1990 年，全美五十個州都有了資優教育政策（Passow, 1993）。

我國資優教育行政的規劃，係先建立共識，繼以方案試行，再以法律建立制度，其要者如下（王振德，民 83；吳武典，民 84；鄭美珍，民 84）：

㈠第四次全國教育會議的提案

民國 61 年召開的全國教育會議中，提案通過，全國人民應重視資優教育，並決定開始進行規劃、實驗與研究等工作，中華民國的資賦優異教育從此開始萌芽。

㈡國民中小學資賦優異兒童教育研究實驗計畫

民國 61 年教育部提出「國民中小學資賦優異兒童教育研究實驗計畫」，並於 62 年開始進行實驗，使得資優教育正式跨出一大步，也為我國資優教育奠定了基礎。

㈢成績優異學生出國進修辦法

在實驗期間，教育部有感於國內對藝術科目的資優生教育的困難，於是在民國 69 年訂定頒布「藝術科目成績優異學生出國進修辦法」。此一措施，是對特殊才能學生的重大鼓舞。

㈣特殊教育法及其施行細則

民國 73 年頒布「特殊教育法」，資優教育的推展，遂正式有了法律的依據。隨後依據特殊教育法訂定了「特殊教育法施行細則」（民 76）及「特殊教育課程、教材及教法實施辦法」（民 75），資優教育乃有較完整的基本法規可資遵循，從而促進其推展。

㈤提早入學及修短修業年限

首先，台灣省根據國民教育法第三條規定，訂定了「國民中小學資賦優異學生縮短修業年限實施要點」（民 72）。接著教育部根據特殊教育法訂頒了「特殊教育學生入學年齡、修業年限及保送甄試升學辦法」（民 77）及「中小學資賦優異學生提早升學學力鑑定實施要點」（民 77）。這些措施確立了資優教育學制的彈性。

㈥甄試保送及提早升大學措施

民國 71 年公布實施的「中學數學及自然科學資賦優異學生

輔導升學要點」，及隨後陸續訂頒的「中等學校音樂資賦優異學生輔導升學要點」（民76）、「中等學校美術資賦優異學生輔導升學要點」（民76）、「中等學校戲劇資賦優異學生輔導升學要點」（民76）、「中等以上學校運動成績優良學生輔導升學要點」（民81）、「中學校學生參加國際數理奧林匹亞競賽保送升學要點」（民83）、「高級中學國文學科資賦優異學生保送甄試升學輔導要點」（民82）、「高級中學英文學科資賦優異學生保送甄試升學輔導要點」（民82）及「高級中學試辦學生提早選修數理基礎課程作業要點」（民83）等，對於資優學生的鼓舞及學制間彈性的加強，均有很大的作用。

㈦其他的相關配合措施

　　包括福利措施、教師任用及遷調、敘薪及待遇、學生輔導與獎學金及實驗研究等。

　　根據吳清基（民83），我國資優教育制度的建立，考慮的層面包括學生選擇、形成班級、教材編輯、師資延聘、研習活動、輔導成果等，可圖示如下圖一所示。

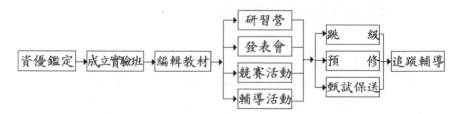

圖一　我國資優教育制度架構流程圖

二、問題分析

㈠定義與目標的問題

1.定義問題

由於我國法律的特性，對「資賦優異」一詞未在法律中像美國資優兒童教育法（1978年）開宗明義，作概念性的定義，而僅在「特殊教育法施行細則」中作操作性武斷的界定。因此「假資優」、「績優而非資優」等問題經常困擾教育工作者。

2.目標問題

我國各階段的資優教育實驗計畫皆訂有甚為明確的教育目標，大體可歸為三方面：①為個人潛能的發揮；②為服務社會人才之培養；③為教育品質的提昇。可惜在升學壓力下，資優教育往往受到嚴重扭曲，不少資優班成了「超級升學班」的代名詞，使資優教育的目標無法達成（吳武典，民79，民84；鄭美珍，民84）。

㈡資優教育政策的問題

我國的資優教育政策，雖有雛形，但不夠完整、明確。根據一項最近我國資優教育政策之研究（吳武典，民84），在1,162名受訪者中，無論行政人員、專家學者、教師或學生家長，多數（約七至八成）不認為我國有明確的資優教育政策。甚至問到「我國有無推展資優教育的法律依據」時，有超過半數的教師（包括資優班教師和普通班教師）、近九成的家長（包括資優生家長和普通生家長）、約三成的行政人員（包括教育行政人員和學校行政人員）和非特教領域學者專家的回答是「無」。至於最有特教知識的特教領域學者專家也有近二成表示不知道。可見我

國資優教育政策確實有待釐清和確定，有關資優教育法令也有待加強宣導。

(三)資優教育的位階問題

「我國現階段是否重視資優教育？」根據最近研究（吳武典，民84），認為重視與不太重視的比例約為六比四；至於「我國應否加強推展資優教育？」，則超過八成持積極、肯定的態度，其主要理由為「因材施教」及「為國育才」；資優教育與普通教育的關係，大多（約八成）認為應「兩者並進」；資優教育與障礙教育的關係，也大多（近九成）認為應「兩者並進」。由此可知，資優教育在整個教育體系或特教體系中，應受到重視，且應加強推展。然而，近年來，政府相關部門由於對身心障礙學生加強照顧，加上受到「資優教育與升學主義掛勾」的批評之影響，逐漸冷落資優教育；社會上由於弱勢族群爭取權益的聲浪日益增高，對資優教育產生排擠心理，民間版之特殊教育法修訂案，更易名為「身心障礙者教育法」，完全排除資優教育，使資優教育的位階受到了民國六十一年以來前所未有的衝擊。

(四)資優教育法規之執行與修訂問題

我國有關資優教育法規散見於國民教育法（民68）、高級中學法（民68）中，而以特殊教育法（民73）集其大成。然而執行十餘年來，迄無執行成效之評估（對殘障福利法，即曾由行政院研考會委託諸學者專家作執行成效之評估）。據了解，雖然我國特殊教育行政規劃，大多依法執行，但亦有「有法不行」情事，有失立法美意：如「提早入學」，多數縣市未能執行或已經喊停；又如學力鑑定合格資優生之保送甄試迄未執行（仍只有參加聯考一途）；「追蹤輔導」，徒具形式；「學前階段資優教育」，仍然空白。在期待加強新的立法之際，是否也應先行檢討

現行資優教育法規之執行情形？此外，目前行政院版特殊教育法修訂案中之資優教育條文，似比原法（民73）更為簡約；民間版之修訂案，則完全排除資優條款，資優教育之法律基礎有被削弱或架空之虞，亟需嚴肅面對與因應。

㈤資優教育的權責問題

目前我國各級教育行政機關，皆無資優教育專責單位，甚至主管特殊教育之專責單位，亦僅有台灣省政府教育廳第一科中之一股而已。特教行政政出多門，爭取預算困難，合作不易，力量減弱，素受人詬病。相形於城市國家新加坡，其教育部中資優教育組即有二十餘名專職行政人員的「強勢」作為，我國實不可與之同日而語。根據最近一項研究（吳武典，民84），有八成五的各類受訪者認為教育部與教育廳（局）都應設置辦理資優教育的專責單位；教育部至少應為「科」級，教育廳至少應為「股」級，顯示資優教育行政組織與人員有待加強。

三、因應策略

㈠確立資優的定義

在法規中（特殊教育法或其施行細則），應明確界定「資賦優異」；可考慮採取「多元才能」、「相對資優」、「動態評量」的觀點，涵括「表現資優」與「潛在資優」，據以作為資優鑑定的基礎。

㈡確立資優教育的目標

在法規中（特殊教育法或其施行細則），明確指出資優教育的目標，可考慮個性發展與環境調適並重；就對象而言，可考慮

雙重雙向：人才教育（少數人受益）與潛能教育（擴及普通學生）。據以作為方案設計與課程計劃的依據。

㈢確立我國資優教育政策

　　成立研議小組，根據法律與資優教育會議結論及政府施政計畫，發表我國資優教育白皮書。其內容可包括：確認資優教育的重要性、資優教育的定義與目標、與普通教育及殘障教育的關係、方案規劃的原則及未來遠景等。

㈣研擬資優教育發展計畫

　　研擬新的「發展與改進特殊教育六年計畫」，包括身心障礙教育與資優教育，不但使資優教育制度化、普及化，且能品質化，帶動教育的革命與進步。

㈤修訂特殊教育法仍應包括資優教育

　　我國特殊教育兼蓄資優與障礙之特色仍應保持，並爭取更多資源以發展特殊教育，雖然兩者不必「並重」（仍可以障礙為重），但應「並進」；我們強烈主張：①所有教育規劃應包括特殊教育；②所有特教規劃應包括資優教育；③所有資優教育規劃，應包括殘障者潛能開發；④目前特教法中資優教育部分仍太薄弱，應予補強，或單獨擬定「資賦優異教育法」，以與「身心障礙教育法」（民間版）並行。

㈥設置資優教育行政專責單位

　　教育部與教育廳（局）應修訂組織規程，設置特殊教育專責單位（部為司，廳局為科），並在其下設次級專責單位，掌理資優教育行政事宜（部為科，廳局為股），並置專職人員主其事。

(七)容許民間參與

民間已有多種變形的資優教育（如各類才藝班），亟需納入正軌，而非不聞不問或一味抑制。「私立特殊學校（班）獎勵辦法」應加修訂，改為「民間特殊教育實施要點」，並對民間辦理資優教育予以明確之規範、督導和獎勵。

(八)容許學校自主規劃資優教育方案

隨著「權力下放」、「教育鬆綁」的教育改革趨勢，資優教育不必完全繼續「統籌辦理」。即容許各校「各自發展」——自行計劃和辦理，經核定後實施；或以「統籌辦理」為主、「各自發展」為輔。最近的一項研究（吳武典，民84），已明顯表現此一民意訊息。各校自主權提高的同時，教育視導也應相對加強，以確保資優教育的精神和原則能夠貫徹。

貳、妥善規劃資優教育方案，擴大推展資優教育

一、現況說明

我國資優教育之最重要法源依據是民國73年公布之「特殊教育法」，該法第二章第十條至第十四條，共五條文均在闡述「資賦優異教育」之基本內涵與政策，明訂資賦優異內容、對資優學生之獎助、對資優學生應有的主動積極輔導作為、對資優學生之保送升學輔導措施和對資優學生縮短修業之彈性年限作法等。另外，民國75年教育部頒訂之「特殊教育課程、教材及教

法實施辦法」第三條及第五條規定，對於資優學生課程採加深、加廣、加速方式，以及小班教學、個別化教育措施資源教室（班）等安置，均有所規定。

　　至於國外重要之資優教育方案，可概分為三大類：充實（enrichment）、加速（acceleration）和能力分組（ability grouping）。充實的方式有加深（推理思考與問題解決）、加廣（水平思考與想像創造）；其重點在充實課外經驗，鼓勵自發學習，包括獨立研究、夏冬令營（或週末營）、外語學習、生涯課程、參觀訪問等。加速的方式有提早入學、提早畢業、跳級、濃縮、免修、學科分級、不分年級、進階預修等。能力分組的方式有自足式特殊班（集中式）、資源教室教學（分散式）、抽離式、榮譽班等（吳武典，民83）。

　　我國資優教育之發展，依據相關法令，亦採取以上三大類辦理，在「充實制」中，除課程、教材的加深、加廣外，大家所熟知的「朝陽夏令營」、「科學研習營」即集合了資優學生，利用暑假或週末所辦理的研習活動。另外「加速制」採取提早入學、縮短休業年限及保送甄試升學等，尚具成效。至於「能力分組」方面，集中式與分散式均有採行。因此，我國資優教育方案，大體與世界資優教育趨勢相當吻合，同時也具有一些特色，包括：①先作有計畫的階段性實驗，再予推廣；②資優教育依學制分級、分類實施（含國小、國中、高中階段之資優教育，以及一般能力優異、學術性向優異、特殊才能優異等類別）；③各級政府編列預算支應；④早期，教育部曾聘請教育行政人員及學者專家組成「指導委員會」，負責資優教育計畫之設計與督導工作。

　　我國資優教育的主要措施可歸納如下（吳清基，民83）：

(一)成立實驗班

　　除了一般能力的「智優班」外，尚包括數理資優實驗班、音

樂資優實驗班、美術資優實驗班、舞蹈資優實驗班及體育資優實驗班等。

(二)辦理研習營

如：美術夏令營、音樂冬令營、數理科學研習營、文藝創作研習營、英語研習營等。

(三)舉辦成果發表會

如：音樂實驗班的音樂演奏發表會、美術實驗班的美術成果發表會（美展）、舞蹈實驗班的巡迴舞蹈發表會等。

(四)辦理學科或操作競賽

如：辦理全省（市）性的各數理學科基本能力競試或操作競賽，選取各地區資優人才；另再辦理全國性的學科操作競賽，以發掘資優學生，可作為推荐資優學生甄試保送的依據。語文類科亦舉辦有全國性的學科競賽，如：國語文競賽、英語作文和演講比賽等。

(五)加強學習輔導活動

教育部與國科會為加強高中資優生之學習輔導，在中央研究院、台灣大學、清華大學、成功大學和中山大學等五個學術研究機構，分別利用週末、日之時間，辦理高中資優學生數學科、物理科、化學科、生物科和地球科學等學科之學習輔導活動。這些學生皆是經過各高中推荐，再由各大學遴選，才編入輔導研習班。

(六)參加國際數理奧林匹亞競賽

我國在民國80年首度參加亞太地區數學奧林匹亞競賽，接

著參加國際數學奧林匹亞比賽觀摩。自民國 81 年起開始正式參加在美國匹茲堡舉行的國際化學奧林匹亞比賽。民國 82 年又分別參加在義大利舉行的國際化學奧林匹亞比賽，和在土耳其舉行的國際數學奧林匹亞比賽。民國 83 年參加國際物理和國際資訊奧林匹亞比賽。經由國際數理奧林匹亞競賽或國際科學展覽競賽之參加，以激勵國內數理資優教育的推廣。

㈦辦理學力鑑定

　　每年主管教育行政機關，定期要求各級學校推荐學生，參加資優生學力鑑定考試，提供資優學生跳級報考高中或大學的機會。

㈧辦理甄試保送入學

　　自民國 72 年起，國中學生因數理資優，甄試及格，可保送高中；高中學生若因數理資優，亦有機會可經甄試保送進入各大學數理科系就讀。自民國 80 及 81 年起，國文和英文資優之高中學生亦開始有了國文和英文資優生保送大學國（中）文系或英文系之機會。自 82 學年度起，大學入學考試中心又推出「推荐甄選入學辦法」，以拓展績優學生入學大學特定科系之管道。

㈨試辦大學預修課程

　　依據「特殊教育學生入學年齡修業年限及保送甄試升學辦法」第六條，中小學一般能力優異學生縮短修業年限，得採取提早選修高一級學校課程的辦法。此一辦法自民國 83 學年度起，已開始在台大、清大、中興、中正、成功、中山等六個國立大學試辦。

㈩進行追蹤輔導研究

　　教育部希望各大學有關科系提出該系對資優生之輔導學習計畫，教育部酌予經費補助，俾有利資優生之繼續輔導。另亦委託學術機構作資優生之追蹤輔導研究，以了解各大學對資優生之實際輔導作法，作為檢討改進之依據。

　　迄 83 學年度，各類資優班人數如下（表一）：

表一　台灣地區中小學附設各類資優班概況

		智優班	數理班	國文班	英語班	美術班	音樂班	舞蹈班	體育班	合計
校數	國小	67	1	—	—	32	23	16	28	167
	國中	21	14	1	4	35	23	15	11	124
	高中	—	19	—	—	20	13	9	1	62
	合計	88	34	1	4	87	59	40	40	353
班級數	國小	198	2	—	—	113	89	62	80	544
	國中	56	28	1	144	111	69	46	25	480
	高中	—	61	—	—	54	49	26	3	193
	合計	254	91	1	144	278	207	134	108	1,217
學生數	國小	5,242	173	—	—	3,320	2,546	1,728	2,015	15,024
	國中	2,192	1,063	32	144	3,194	2,085	1,237	668	10,615
	高中	—	1,817	—	—	1,384	1,306	456	96	5,059
	男	4,597	2,099	15	68	3,499	774	406	1,651	13,109
	女	2,837	954	17	76	4,399	5,163	3,015	1,128	17,689
	合計	7,434	3,053	32	144	7,898	5,937	3,421	2,779	30,698

資料來源：整理自張蓓莉、廖永堃編（民 84）：台灣地區特殊教育暨殘障福利機構簡介，370-376 頁。

如以之與 80 學年度統計（吳武典，民 83）相比，三年間校數增加了 35 所，班級增加了 205 班，人數增加了 2,742 人。雖有成長，但參照過去增長資料，可知自民國 80 年起，資優教育的成長顯著緩和了下來。大概說來，資優教育學生數每年增加率由 20-30％，減為 3-5％。至於資優學校，則尚闕如。

二、問題分析

㈠資優教育方案的週延性問題

我國資優教育因方案的多樣性已與資優教育先進國家（如美國）不遑多讓，其中較缺乏或不足者為「良師引導制」（mentorship）、生涯課程、進階預修、推荐入學、彈性升學、外語學習、榮譽班制、資優學校等。就全方位的資優教育方案而言，我國資優教育，仍有進一步發展的空間和必要。

㈡資優學校的設置問題

我國對資優學校（如科學高中、藝術中學、體育中學等）的設置，向持謹慎態度，如今由於藝術教育法的通過及加強體育方案，藝術中學與體育中學已獲准設置，但科學高中仍「欲語還羞」。以台北市麗山高中之規劃為例，是否朝「科學高中」方向規劃，似乎尚有爭議。然而衝諸韓國已有 11 所公立科學高中，先進如美國，較不先進如菲律賓均早已有科學高中之設立，其他若干國家如英國、以色列、土耳其、中共等亦均有類似資優學校之設置，我國是否仍要如此小心，值得商榷。

㈢資優學生編班問題

我國資優學生編班問題，法無明文規定，本來「集中式」與

「分散式」並行，後因許多資優班變成了「聯考加強班」或「保
證班」，「集中式」編班遂不獲教育行政當局的支持。如何突破
升學主義的影響，編班的方式採取彈性作法，是今日資優教育上
的重大課題。就政策層面與教育原理而言，若規定統一的編班方
式，反而可能妨礙了資優教育的正常發展。

㈣資優教育量的擴充問題

　　我國中小學接受資優教育的學生數是否可再提昇？這可從三
方面來看：①目前接受資優教育學生總數約為三萬人，約佔學生
人口總數（國小至高中共約四百萬）的 75%，遠低於資優生推
估的盛行率（至少 3-5% ）；若以 3% 盛行率推估，則接受資優
教育的資優生比率約為 25%；若以 5% 推估，則僅為 15%，應
有很大的擴展空間；②設有資優教育方案的中小學校僅 353 所，
其中絕大部分只設一種類型的資優教育，僅佔國中小學校數
（3,458）的約 10%，大多數學校的資優學生無法受到資優教育
的照顧；③近四、五年來，資優教育學生數之每年增長率僅為
3-5%，但障礙類之增長率則極高，如智障學生接受特教（啟智
班與啟智學校）之人數在普查時（民 79）為 6,233 人（教育部特
殊兒童普查執行小組，民 82），至民國 83 年，已增為 14,539 人
（張蓓莉、廖永堃編，民 84），平均年增率約為 30%，其中又
以啟智學校學生數之增長最為驚人（由 462 人增為 2,168 人）。
身心障礙學生接受特教人數大量增加是可喜現象，但這似也顯示
資優教育與身心障礙教育發展的過度不平衡現象。如何維持身心
障礙教育的高度成長，同時維持資優教育的適度成長，應是資源
開拓的問題，而不是資源分配的問題。

㈤資優教育的生態環境問題

　　一個開放而豐富的學習與生活環境，對資優兒童的成長與發

展是相當重要的。在這方面，我國整個社會環境似乎仍有未逮。故資優教育工作幾乎全賴學校系統承擔，社會資源能加支援者甚為有限，甚至社會大環境有反智的傾向（如過度重視聯考成績、一窩風鑽熱門科系、過度崇尚物質價值等），均不利資優生的潛能發展與人才培養。如何在學校系統外，也有資優教育方案出現，如何使社會資源充分支援資優教育，亦是今後資優教育方案發展的重要課題。

三、因應策略

㈠資優教育方案的檢討與創新

我國資優教育已有二十餘年歷史，各項實施方案應定期加以檢討，以資修正、補充或放棄。新的方案，應加規劃，尤其「良師引導模式」、「生涯發展課程」、「外語課程」、「資優生回饋社會方案」、「進階預修」、「推荐入學」等，不妨試驗採行。

㈡恢復定期「資優教育研討會」

我國推展資優教育初期十年間，幾乎每年均舉辦全國性資優教育研討會，並編印資優教育研究專輯，後來即逐漸荒廢了，連第三階段資優教育實驗結束時，既未作評鑑，也未開會檢討或研討，使資優教育的經驗傳承，遭遇困難。今後似可每兩年舉辦一次全國性資優教育研討會，每三年舉行一次資優教育評鑑。

㈢規劃成立資優的特殊學校或重點學校

根據研究（吳武典，民84），我國教育界對設置資優教育特殊學校的態度仍頗保留（贊成與不贊成之比例約為一比二），

但對設置資優重點學校則甚為支持（贊成與不贊成之比例約為二比一）。即選擇若干學校強化資優教育方案，使其具有資優教育之特色，類似美國之磁性學校（magnetic school）。雖然資優學校不宜成為我國資優教育方案的主流，但目前幾近空白的政策，似乎應保留一些彈性，審慎規劃辦理，似更合乎今日開放與多元社會的需求。

㈣資優學生編班方式宜彈性化、多元化

資優學生的編班方式宜制定合理規範，因校因地制宜，或採集中式，或採分散式（或抽離式）或採混合式，並強調適當配合措施，以真正使學生獲益（吳武典，民79）。

㈤訂定資優教育受教準則，確實掌握資優教育數據

「誰算是接受資優教育？」應有判定標準，以便了解資優教育量與質的進展情形，藉以作為教育規劃和投資的依據。

㈥提昇資優生與資優方案的比率

藉增班、設校及各種充實活動與加速措施，使更多資優學生接受資優教育的洗禮。目前15-25％的受教比率偏低，希望在六至十年間至少提高到美國十年前的水準（40％）。

㈦規劃校外資優教育方案

資優教育的全方位發展應包括「全面參與」，包括社會的了解與支持、企業界與社教、文化機構的參與，民間資優教育協會的倡導等，藉以使潛能發展運動深入社會各個階層，資優人材被廣泛地發掘，資優學生處處可獲得充實的機會。

㈧強化人文科學人才培育方案

　　目前國中以語文（國文、英語）為重點的資優教育方案很少，與數理資優教育之倍受重視，完全無法比擬；在高中階段，雖有國文、英文資優生之保送甄試，但更重要的培育計畫（成立國文資優班與英文資優班），都才起步，亟待補強，使人文科學人才的培育不致偏廢。

叁、寬籌資優教育經費，提昇資優教育質量

一、現況說明

　　由於我國教育行政機關多無特殊教育專責單位，特教經費（包括資優教育經費）多併在各有關行政單位中編列與支應，加上經費項目定義不甚確定，因此，很難提出正確數據說明每年各級政府用於資優教育者有多少，也無法推估資優教育的單位成本。

　　惟據一般了解：①政府用於資優教育之經費顯著低於身心障礙教育之經費；②各校之資優教育開辦費與經常費，因所屬機關之財源寬窄不一，顯示極大之變異；③各類資優教育成本以音樂類最高，幾乎不遜於視障與重殘者之教育成本（約為普通班之5-10倍），其餘則僅約為普通班之 1.5 至 2 倍；④政府對於資優生之活動（如夏令營）之補助標準遠低於障礙學生之補助標準；⑤甚多合格資優教育教師仍無法登記取得特殊教育教師證書，因此無法取得特教津貼，障礙類之教師則較無此類困難；⑥許多資優班之設備須賴學校多方挹注，包括家長之贊助。

二、問題分析

　　㈠資優教育成本之核算，迄無一定之標準。

　　㈡資優教育經費，缺乏固定來源，且各地標準不一。

　　㈢資優教育經費（開辦費、設備費及經常費）普遍偏低，須另行設法挹注。

　　㈣家長贊助資優班經常費與設備，利弊互見。

　　㈤資優教育投資常被誤會為「瓜分」或「壟斷」特殊教育資源。

　　㈥清寒學生只能徘徊於高成本之資優教育（如音樂班）門外。

　　㈦為資優生所提供之獎助學金機會不多。

　　㈧資優班教師登記為特教教師相當困難，影響其領取特教津貼之權益。

三、因應策略

　　㈠研訂特殊教育（含資優教育）成本之核算標準。

　　㈡研訂資優教育合理補助標準，並列入預算。

　　㈢提高資優教育開辦費及經常費標準。

　　㈣鼓勵各校訂定家長協助辦理資優教育辦法，鼓勵家長無條件貢獻人力與物力。

　　㈤鼓勵企業界贊助人才培育計畫與資優教育活動，甚至成立人才培育基金，或「資優教育研發基金」。

　　㈥研訂資優教育與障礙教育合理之投資比率，並寬籌特教經費，以澄清障礙人士及其家長之疑慮。

　　㈦提供獎助學金保障清寒資優學生之平等教育與升造機會。

(八)檢討並改進資優教育教師登記與津貼辦法。資優教育教師既從事特殊教育，應與障礙類教師在登記及津貼上採取同一制度。

肆、規劃彈性、多元且連貫之資優教育學制，促進資優學生適性發展

一、現況說明

嚴格說來，我國並無所謂資優教育學制，只有資優生在普通教育學制上享有較多的選擇、較大的自由罷了。根據現行有關資優教育法令及行政措施，資優生在學制上的自由度如下：①提早入學（入小學）；②縮短修業年限；③甄試保送升學；④學力鑑定合格者提早報考上一級學校；⑤進階須修大學課程。在彈性及多元方面，可說應有盡有，只是有兩點不足：①只能有限的或溫和的加速，而不能像美國 SMPY 計畫那樣可以「激進加速」（radical accleration）；②以非聯考方式升學的資優生人數極為有限，尚不足以顯著打破升學取向的學習型態。

在學制的連貫上，雖然各個階段皆有資優教育方案，但彼此的銜接並不緊密，例如：①國中小採學區制，同一學區國小與國中未必皆有資優班。雖然特殊教育招生不受學區限制，但越區就讀，總是不便；②在供求的「量」上，不同階段的資優班常不一致，勢必使得一些合格的資優生「回歸主流」，這在特殊才能班，特別嚴重；③在課程與教材甚至教法上，不同階段的資優教育也常不銜接；④資優學生到了不同學校，未能作有效追蹤輔導，尤以到了大學階段為然。

　　根據我國特殊教育法（民 73 ），特殊教育的實施包括學前教育階段，然而我國迄未對學前資優教育作任何規劃。

二、問題分析

　　㈠資優生的升學管道雖然擴大了，但有資格享受者，仍然極其有限，使彈性學制未能充分發揮其功能，大多數資優生仍然要透過聯考升學，影響其學習品質。

　　㈡各學校的資優教育措施，普遍存在供需失調情形，特殊才能班的情形尤其嚴重。

　　㈢資優學生缺乏追蹤輔導計畫，致資優教育績效無法長期評估，資優學生易有「失蹤」或「失落」現象。

　　㈣不同階段資優教育課程缺乏銜接，重複情況嚴重，浪費學生精力和時間。

　　㈤提早入學措施，由於鑑定技術困難，行政上很麻煩，多已停擺。

　　㈥學前資優教育迄未規劃，其重點為何？方式如何？均有待研議。

三、因應策略

㈠擴大非聯考之升學管道

　　對資優生之升學應以「保送甄試為主，聯考為輔」（吳武典，民 84 ）；具體做法有二：①學力鑑定合格者，得依法執行保送甄試措施，而非只准提早參加聯考；②在修正「特殊教育法」或制定「資賦優異教育法」時，規定對學力鑑定合格者得保送甄試升學，去除提早參加聯考一項。

㈡放寬修業年限之限制

根據研究（吳武典，民 84），教育界不同身份人士對資優生修業年限大多主張應保持最大彈性，對於少數資賦特優者，尤應如此。

㈢加強規劃資優學生追蹤輔導措施

資優學生的追蹤輔導是我國資優教育極弱的一環，今後除應規劃長期追蹤研究方案外，並應建立以原畢業學校為主體的追蹤系統，透過同學會、資訊網路等方式，加強連繫，以延伸關懷，並評估績效。

㈣加強規劃資優教育課程之銜接

我國各教育階段資優教育課程，大多各自發展，很少考慮到銜接問題；因此常有重疊或跳躍情形，例如音樂資優班課程之反復情形相當嚴重，亟待改進。閉鎖式課程（如數學、理化、外語等）比開放式課程（如文史、美術）更有連貫銜接之必要，應妥善規劃。

㈤依法貫徹提早入學措施

在技術與行政上設法加以克服，以保障學子權益，增進教育活力。

㈥規劃實施學前資優教育

可配合政府學前教育普及計畫，以漸進方式實施之，包括鑑定、課程、教學、師資等之規畫。對於音樂與數學資優人材之早期發掘與培養，尤應加強。

伍、加強國際資優教育活動參與，促進學術交流與合作

一、現況說明

　　對於世界各國資優教育的探討，一般而言，已開發國家比開發中國家有較廣泛之資優教育計畫；又民主國家與共產國家（或社會主義國家）之間，資優教育的理念與目的略有差異，實施方式亦不盡相同。共產或社會主義國家對於資優學生的培養，較強調在國際競賽上的成績表現，以為國爭光；相對的，民主國家對於資優者的教育較著重讓其潛能適性發展，以貢獻於社會，造福全人類。至於資優教育的實施方式，歐美多數國家強調回歸主流，採分散式教育安置，以混合能力班級進行教學，輔以充實制及加速制，此與我國資優教育兼採集中式與分散式辦理之模式不同；再者，我國各類資優生之選拔，均需參照智商測驗成績，此與歐美國家或不以智商和學業成績來鑑別，而強調教師觀察與推薦之方式有所差別。究其原因，或由於國情及民族性不同；在國內，一般人的看法似乎認為測驗與考試最具公信力與準確度，實值得我們進一步省思（吳武典，民 84；鄭美珍，民 84）。

　　世界資優兒童協會（World Council for Gifted and Talented Children）曾於 1991 年 10 月在維也納邀集百名各國資優教育學術界領導人士舉行資優教育高峰會議（我國有三位學者應邀出席），會後發表以「發展人類潛能，品質與均等並重」（Quality and Equality in the Development of Human Potential）為主題的宣言（Maier, 1993），強調改革的必要性與計畫

性的改變，並針對師資培育、研究、溝通、規範、政經支援、科際整合等六方面釐訂準則。此一宣言似可作資優教育政策研究的理論架構之重要參考（吳武典，民 84）。

　　語云：「他山之石，可以攻錯。」我國資優教育草創時期，每年教育部都編列預算，補助特教人員（含資優教育）出國考察，對於鼓舞士氣與增廣見聞，效益卓著；目前，我國資優教育學者在國際舞台上，甚為活躍，一方面繼續向國外取經或與國外學者進行合作研究；一方面也伺機宣導資優教育的台灣經驗，對於促進國際資優學術交流與提昇我國資優教育學術地位，均很有助益。

二、問題分析

㈠學術交流經費日益緊縮

　　受到政府財政緊縮影響，教育部的補助特教教師出國考察計畫早已喊停，對學術界的國際交流活動經費補助也大幅縮小；國際學術交流的「本錢」，愈來愈單薄了。

㈡閉關自守的心理逐漸抬頭

　　由於外國經濟不景氣及我國教育的發展已有相當成果，不但崇洋心態早已不存，學術界對國外學者專家的新鮮感也日益減弱。加上特教學術界人士普遍患了「活動過多」症，已無多少餘力可以從事這些「不急之務」。

㈢國際合作，我方常覺吃虧

　　由於國際盛傳「台灣錢淹腳目」，而我國在外交上亟需提攜，因此，許多國際交流計畫，在經費的層面，往往「人求於

我」。若我方不夠寬裕，便計畫告吹。

㈣國際資訊網路發達，「面對面」的需求相對減弱

例如透過國際電子郵件（e-mail）或萬達網路（World Wide Web; Wala），可以隨時與國際人士溝通或擷取最新資訊；相對地，向外國學者當面請益或邀請親身講授的需要便沒有以前那麼急切了。

三、因應策略

㈠編列資優教育國際交流預算：確定國際學術交流為我國走向國際化之重大工作，教育部應從寬編列此一預算。

㈡恢復遴派優秀特教教師（含資優教育教師）赴國外考察之計畫。

㈢加強與「世界資優兒童協會」及「亞太資優教育聯盟」之聯繫與合作；鼓勵我國特教工作者積極參與兩會及其相關活動。

㈣鼓勵我國學者專家參與國際資優教育會議、宣讀論文及發表論著於國際性刊物。

㈤在國際電腦網路上建立我國資優教育「首頁」（home page），以加強與各國資優教育之資訊交流。

㈥加強與中國大陸資優教育學術與實務界之聯繫與合作。

參考文獻

中華民國特殊教育法。民國 73 年 2 月 17 日，華總㈠義字第
　6692 號公布。

中華民國特殊教育法施行細則。民國 76 年 3 月 25 日，台（76）
　參字第 12619 號令發布。

王振德（民 84）：我國資優教育的發展與回顧。載於台灣師大
　特教系與中華民國特殊教育學會編印：**開創資優教育的新世
　紀**，21-34 頁。

吳武典（民 79）：**特殊教育的理念與做法**。台北：心理。（第
　23 章，資優學生的教育與安置方式，226-231 頁。）

吳武典（民 83）：資優教育的研究與課題。載於台灣師大特教
　系與中華民國特殊教育學會編印：**開創資優教育的新世紀**，
　1-17 頁。

吳武典（民 84）：我國資優教育政策之現況及其影響因素之探
　討。**國科會專題研究計畫成果報告**（NSC 84-2511-S-003-055）。

吳清基（民 84）：資優教育的行政與制度。載於台灣師大特教
　系與中華民國特殊教育學會編印：**開創資優教育的新世紀**，
　35-50 頁。

教育部（民 84）：**中華民國教育統計**。

教育部特殊兒童普查小組主編（民 82）：**中華民國第二次特殊
　兒童普查報告**。台北市，教育部教育研究委員會。

鄭美珍（民 84）：**中華民國資賦優異教育發展之研究**。香港新
　亞研究所博士論文。（未發表）

Maier, N. (1993). Advocacy as a force in the education of
　the gifted and talented. In K. A. Heller., F. J. Monks and

A. H. Passow (Eds.), *International handbook of research and development of giftedness and talent.* Oxford: Pergamon, 865-879.

Passow, A. H. (1993). National/State policies regarding education of the gifted. In K. A. Heller., F. J. Monks and A. H. Passow (Eds.), *International handbook of research and development of giftedness and talent.* Oxford: Pergamon, 29-46.

Wu, W. T. (1992). Growing up gifted and talented in Taiwan, R.O.C. *In Proceedings of the Second Asia Conference on Giftedness: Growing Up Gifted and Talented, 145-154.*

13

高中數學資優教育的現狀與展望

＊ 林雲壽

壹、前言

　　近十年來，我國數理資優教育蓬勃發展，取得一定的成效。自民國七十三年開始，若干高中奉命成立「數理資優班」，將數學或自然學科特別優異的高中學生集成一班，加以特殊輔導，發揮其資優潛能。本文針對我國數理資優教育中的數學方面單獨提出報告，使大家了解現階段我國高中數學資優教育的情形，學生輔導的狀況，升學的管道，以及未來發展的期望。

貳、高中數學資優的現況

　　北部高中設有「數理資優班」的學校有建國中學、北一女中、宜蘭高中、板橋高中、武陵高中、新竹高中等校。另外師大附中設有類似性質的「數學實驗班」。這些學校對於學科的資優輔導大致相同，分述如下：

一、在教材教學方面大多採加速加深加廣的原則

　　例如建國中學於 73 學年至 76 年間曾做過「資優生縮短數學科修業年限」的實驗計劃，成效良好。

二、專題研究

　　各校均依學生能力及興趣，分科實施「專題研究」。每週一次由指導老師指導學生如何找題目、找資料、實際研究。每學期將所得的結果上講台報告並講解，將研究成果編印成冊，以供參考。師大附中早就將學生的「專題研究」成果每年編印成書。

三、邀請大學教授至高中演講

　　每個學校每學期均會邀請大學數學系教授演講，或專題討論，或介紹高等數學的領域，使學生的視野擴大，激發對數學的興趣。

四、週末數學輔導班

　　這是由台灣大學數學系每年甄選北部各高中數學資優生，週末至台大分組上課。每週一個單元，由教授先統一講解某單元，然後學生分組討論問題。每個學校也派指導老師從旁指導。

五、數學競賽特別集訓班

　　目前全國性的數學競賽有兩種。各校為了爭取好的成績，莫

不將數學特別好的學生加以集訓。首先在校內辦理數學競試,挑選對數學有興趣、有能力的學生定期上課。由一組老師選取課外數學題材輪流上課,或個別輔導,或研究解題,培養數學競賽的好手。

六、鼓勵參加全國科展

現今我國科學展覽辦得十分成功,常常在世界性的科展中取得好成績。因此數學資優教育中也常常有好的成果發表在全國科展上。

七、可至附近大學選修數學學分

最近教育部允許高中數學資優生,可至附近大學選修數學系的學分。如果他在高中數學跳級選修完畢的話,可以申請選讀大一或大二的數學,以後唸大學時,學分可以抵免。

八、甄試保送大學

高中數學資優的學生可經由全國科展或全國數學競賽或學校推薦,參加教育部主辦的數學科研究營,通過後便可保送大學數學系。最近教育部特別放寬管道,如果獲得國際數學奧林匹亞金牌,學生可保送大學任何一個科系,而不限於理學院的科系。

叁、國內外幾個重要的數學競賽

這幾年來高中數學及自然學科競賽如火如荼。在國內及國際

上，以中學生為對象的各種智能競賽相當多，不僅推動各國的數學交流，同時還激發廣大中學生對學習數學的興趣，有助於發現和培養人才。

一、教育部主辦的數學及自然學科實驗競賽

數學科最近才加入，到今年（民 84 ）是第四屆。每年 11 月內，由縣市教育局辦理各地區的預賽，因為時間不同，所以題目也不同。試題分兩階段，第一階段兩小時分 4 大題，以演算證明為主。第二階段一小時，分 7 題填充，題目容易，以普遍性為主。至 12 月底或 1 月初由教育部主辦全國決賽。四小時做 6 個題目，問題較難。決賽是採冬令營的方式，舉行四天，最後一天發表成績並頒獎閉幕。

二、文化復興總會主辦的全國青少年數學才能競賽

本競賽分三個階段進行。第一階段在 10 月中旬，由各高中自行主辦初賽，挑選若干成績較好的參加第二階段決賽。第二階段分北中南三區在 12 月中旬舉行。第三階段擇優（約 18 名）參加 1 月上旬至台大數學系主辦的口試。本競賽優勝的獎金很高，特等可得 5 萬元。

三、亞洲及太平洋各國聯合的數學競賽

簡稱「亞太數學競賽」，舉行過六屆，是我國最先參加的國際數學競賽。我國從第三屆開始參加，每次成績都不錯，在廿幾個參與國或地區中名列前茅，頗獲得各國的重視。

四、國際數學奧林匹亞

　　當今世界各國將各種競賽的名稱一律冠上「奧林匹亞」，這是由前蘇聯首先命名的。國際數學奧林匹亞歷史悠久，至今已舉行過 35 屆。第一屆於 1959 年夏天在羅馬尼亞布拉索夫舉行，只有東歐 6 國與蘇聯參加，至今 35 屆已有六十幾個國家參加。我國只參加最近的三屆。1992 年我國首次參加蘇俄莫斯科舉行的第 33 屆，成績為團體第 12 名，當時震驚各國。1993 年在土耳其的伊斯坦堡舉行，我國奪得團體第 5 名。1994 年在香港舉行，我國得團體第 16 名。

肆、國內高中數學競賽的教學資源分布

　　國內外高中數學競賽正熱烈展開，是青年展示數學智力最好的時機。國內方面也漸漸受各高中師生的重視，紛紛投入高中數學競賽輔導，以爭取學校與個人的榮譽。當今國內數學競賽輔導教材本來很少，自從「九章數學專業出版公司」出版一些國外及中共有關數學競賽叢書之後，國內增加了很多數學競賽讀本，使國內師生研讀有物。另外中央研究院數學研究所內訂有不少國外期刊亦可參考。值得注意的是他們訂有不少大陸各省市出版的中學生數學雜誌，內容刊有中學數學教法、數學競賽觀摩、個人獨到見解，非常有參考價值。

伍、對高中數學資優教育的看法與展望

我國高中數學資優教育實施十多年，在國際數學競賽及國際科展方面，取得很好的成績。然而資訊不足，各校作法不一，大學方面沒有全力輔導，使得高中各學校師生興趣缺缺。由於數學是各學科之母，如果數學沒有蓬勃發展，恐影響各種領域研究。今將看法及期望分述如下：

一、數學資優敎育必須從小學紮根

數學應從小學時期培養興趣，建立信心。政府或民間應舉辦「小學數學奧林匹亞」，帶動廣大小學生研習數學的動機，發掘具有數學天賦的學生。

二、多發行數學資優雜誌掌握資訊

國內現行數學資訊刊物只有二本——「數學傳播季刊」與「科學教育月刊」。我們誠懇建議教育部規定台灣師大、彰化師大、高雄師大各發行一本「中學生數學」的定期雜誌。使得廣大的中學師生將教學或學習心得有地方可以投稿，帶動數學學習風氣。雜誌內容也可以刊載國內外數學競賽題目與解答，使國內可了解世界各國的資訊。

三、寒暑假各大學應開設研習班

大學對中學數學研究應具有領導帶動的義務。大學數學系應

在寒暑假設立小學、國中、高中教師或學生的數學研習班，使師生可隨時充電，吸收最新的內容或方法。

四、突破現有的教育制度

資優生在某一學科特別好，可允許其越級選修高一級的課程。甚至由學校推薦至附近大學選修大學課程，如果研修及格應發給學分證明，以後該科學分可作抵免。

五、鼓勵教師多寫輔導教材

很多教師在輔導高中數學資優生後，一定留有很多教材。教育部應多鼓勵甚至出資出版他們所寫的數學競賽輔導教材，使後來者可做參考，讓我國的研究風氣大大展開。

六、保送管道要暢通

現今我國對高中數學資優生升學的辦法，非常盡力在做。例如獲得國際數學奧林匹亞金牌者，可直接保送大學任何一科系（包含醫學系、資訊系在內），獲得銀牌、銅牌者，可保送大學理工學系。保送條件較以前放寬很多，使得學生沒有後顧之憂。但是我們認為其他方面的保送管道要多元化，使真正資優的學生能順利升學。

七、多辦數學競賽

現在教育部及文復會均辦有數學競賽，但在國中、小學或各縣市尚很缺乏。我們應從小學（五、六年級）、國中起辦理某某

盃數學競賽。或由各縣市辦理，或幾個縣市聯合舉行。在國際方面，也可以聯合幾個辦理區域性的比賽，以競賽帶動師生對數學研究的風氣。

14

資優學生鑑定與安置問題之檢討與改進芻議

＊林幸台

　　資優學生具有異於一般學生的特質，例如記憶力強、理解力高、反應迅速、且善於分析、推理與思考，學習速度快、吸收能力強等，少數智力特別高的學生，其思考方式與行為反應更超乎一般學生。這些特質使其在普通教育為適應一般學生而強調統一課程、單一教材、齊一進度的學習環境下，無法獲得完全的滿足。而資優教育的目的即在提供學習潛能優異但無法在普通課程中受益的學生接受特殊教育的機會，因此探討我國資優教育的實施成效，首先必須檢討的就是鑑定制度的設計與執行能否挑選出具有諸如上述必須接受特殊教育服務特質的學生？換言之，資優學生的鑑定雖只是資優教育的一環，而資優教育所提供之課程方案又各有不同，但鑑定制度卻反應其對資優學生的期待與辦理資優教育的方向。

　　資優學生的鑑定是落實資優教育方案功能最重要的第一步，資優學生鑑定的結果影響具有潛能者能否獲得更妥適的教育措施，因此長久以來即為專家學者所重視的問題。至於資優學生的安置則是落實鑑定結果、具體實現資優教育功效的另一項重要課題，資優學生如何在普通教育之內獲得適當的學習機會，或必須另行設計適當的教育方案，以提供發揮潛能的機會。本文爰就鑑

定制度與鑑定方法以及資優學生之安置問題加以探討，並提出因
應策略，以為落實資優教育的依據。

壹、改進鑑定制度落實資優教育的成效

一、問題背景與現況分析

　　根據現行特殊教育法及其施行細則的規定，資優學生的鑑定
分為三個階段：①初選：由班導師或任課教師根據教師之觀察、
成績考查結果、校內外活動表現等資料，推薦具有資賦優異特質
之學生；②複選：由學校有關主任、輔導教師及教師組成小組，
綜合教師推薦資料、學校記錄之分析資料、各項測驗結果等，遴
選符合資賦優異規定之學生；③遴選：由各級教育行政機關所設
置之特殊教育學生鑑定及就學輔導委員會就各校遴選之學生加以
認定。就此階段之劃分而言，頗能符合學者所建議之程序（吳武
典，民 82；郭為藩，民 82；Clark, 1992; Gallagher & Gal-
lagher, 1994），然而在某些錯誤的理念引導下，在實務上即常
造成執行的偏差。

　　資優教育遭受的批評，最大的問題出在對資優的概念了解不
足、對鑑定的目的認識不清，許多人認為資優教育或特殊教育主
要的目的只是為了將學生加以分類；因此家長可能為其本身的尊
嚴或期望而以子女能獲得此一標籤為榮，多方設法擠入資優行
列，一旦編入資優班，不論孩子適應情況如何也不願輕言退出；
教師或行政人員亦可能將之視為增強學生良好表現的一種方式，
「好」學生才能進資優班；在這種態度因勢利導之下，許多學校
爭相申請設置資優班，以之為號召學生的宣傳工具，甚至演變為

以升學為目的的資優班。

　　近年來此種狀況有愈演愈烈之勢，在社會上造成似是而非的錯誤認知，也因此使許多人誤以為資優教育只是為少數人做分類，結果只是在製造一群秀異份子（elite），違反教育公平的原則，故而提出廢除資優教育回歸普通教育的主張（McDaniel, 1993）。事實上，鑑定資優學生的目的是發掘在普通教育情境中無法充分發展潛能的學生，而所謂潛能，應不止智力一種，舉凡人類所擁有之能力與表現，均屬於可能發展的範圍；換言之，資優鑑定乃是以學生的權益、潛能之發展為目標導向所進行的一項必要措施，這個基本前題若無法釐清，則所有的鑑定工作將事倍功半。

　　在鑑定工作的執行層面尚有若干問題並未獲得適當的處理，譬如鑑定的程序是否應加統一即為許多承辦資優學生鑑定工作人員所關心的問題。程序問題之一是鑑定時間究竟應在學生入學前（暑假、甚或前一階段結束前）？或入學後經過一個學期以上的觀察、評量？依據民國70年教育部函頒的資優教育研究第三階段實施計畫，國民小學資優學生的鑑定係以入學後辦理為主（小學一年級下學期），國民中學則係屬入學前辦理，而該項計畫於72學年度結束後，並未再頒布新法，以致各地區所採行的方式不一，根據林寶山（民81）的調查，台北市國中採入學後鑑定方式，高雄市採入學前鑑定方式，台灣省則有80％屬入學後鑑定方式，但在意見反應上，有三分之二的樣本贊成入學前（國小畢業前或國中入學前）鑑定。

　　入學前鑑定的優點是教師在開學前即可依學生特性與背景，設計適當的課程或教學方案，循序漸進地實施資優教育。然而入學前鑑定的方式主要係依據測驗結果，而一旦鑑定工具有誤差或不客觀，則經鑑定為資優的學生可能並非真正需要接受特殊教育服務者，造成其適應的困難，且使真正需要接受資優教育的學生

失去應有的機會，因此乃有學者建議應藉由更長時間的觀察與評量，並透過各種活動的安排使學生的潛能得以充分展現，做為教師推薦的依據，亦即可將鑑定的時間挪至入學之後。

　　此外，由於各校奉准招收資優班學生有名額限制（一班至多30 人），特殊教育法施行細則亦有資優學生必須在測驗結果平均數正二個標準差以上、或同一年級 1%（學術性向為 2%）以上等規定。若係入學後始辦理鑑定工作，則一個學校每一年級學生必須有 1500 人以上（約 36 班），始能甄選出 30 人，因此除非該校有如此龐大的學生數，否則顯然將無法錄取足額。入學前鑑定的另一項優點即可以不受學區的限制，前述之三階段實驗計畫均允許辦理資優教育的學校接鄰近學區內的學生，不至於為湊足人數成班而採取不適當的措施，但其缺點則是可能因而形成小型聯考的現象，造成激烈的競爭。但亦有學者認為與其讓家長暗地爭相設法搬遷戶口至有資優班的學區，不如將機會開放給所有學生，以示公平。

　　此一問題頗為錯綜複雜，解決之道似應由鑑定的根本目的著眼，無論在入學前或入學後鑑定、甄選的對象為學區內學生或允許跨學區報名，關鍵在於所鑑定出來的學生是否真正符合資優教育所要服務的對象，因此各個辦理資優教育的學校首先必須提出其所擬定的資優教育方案，明確說明此一方案主要為發展何種潛能的學生而設計、該等特質可用何種方法評量或觀察、擬採行之教學策略與目標等等資訊，做為鑑定之依據，同時亦提供家長明確的教育方向。至於在學期間發現學生擁有某些非該方案原先所擬之服務對象，則亦應有提供彈性教學服務的對策，以免造成學生失去發揮潛能的機會。

　　此外，資優班之不足亦為造成激烈競爭的原因之一，但在增設資優班、確實實施資優教育之餘，尚應考慮其他資優教育方案（見下文之叁）。但無論如何，基於上述分析，在現行鑑定制度

三階段規畫中,必須特別注重初選階段的功能,使所有具潛能的學生均有被考慮的機會,不應單純地僅憑測驗資料(特別是僅依智力測驗之結果)即篩選學生進入複選階段。

二、因應策略

㈠確立鑑定資優學生目標並加強宣導

1. 責成教育行政單位頒布明確之資優教育政策,要求各個辦理資優教育的學校提出其所擬定的資優教育方案,明確說明此一方案之對象、擬採行之教學策略與目標等,做為鑑定之依據,同時亦提供學生及家長明確的教育方向,以為其選擇之參考。

2. 開闢多元溝通的管道,透過媒體、座談、研討會等方式,在教育行政機關或各級學校內部及家長之間,經常就資優教育的理念及鑑定制度本身所涉及的問題進行深入的探討,以減少彼此間認知上的差距、化解可能的誤會或不必要的疑慮,並適時宣導正確的理念。

㈡規畫適當的統一鑑定程序加強初選階段之功能

1. 鑑定之程序必須有妥善的規畫,資優學生的鑑定必須依照初選、複選、遴選三階段辦理。初選階段應以一個學期以上的時間進行各項觀察、評量的工作,依所擬之資優教育方案特色,安排適當活動,提供學生探索潛能的機會,並做為教師觀察評量之依據。

2. 擬定明確移轉資料之辦法,加強前後學程學校之間的連繫,將學生資料做適當之移轉,以確實掌握學生各方面的表現,做為教師安排教學活動參考。

㈢採行入學後鑑定方式並接受鄰近學區學生參加甄選

1. 明文規定資優學生之鑑定採入學後鑑定方式，於新生入學時即開始辦理初選工作，以一個學期的觀察與評量資料做為推薦之依據。

2. 鄰近學區之學校應配合辦理相關之活動，藉長期之觀察與評量，了解學生特性，做為轉介學生參加資優鑑定之依據，若無法獲選入資優班，或鄰近學區無資優班之設置，亦應採資源班方式或其他相關措施（見下文之叁）提供學生必要之特殊教育服務。

貳、選擇適切鑑定方法發揮鑑定的功能

一、問題背景與現況分析

鑑定資優學生必然涉及評量工具的使用，然而該等工具是否具有鑑定功能、使用的時機是否適當、所蒐集的各種資料是否可信等問題，均為鑑定工作上必須確實掌握的課題。為避免評量工具的誤導，許多學者乃倡議多元評量的方法，惟依據特殊教育法施行細則之規定，資優學生在智力測驗或成就測驗上必須達到若干某一程度始符合鑑定之標準，此一規定可能導致多元評量的美意落空。此外，根據林幸台（民84）所做之調查，各級辦理資優教育的學校已多能運用多元的鑑定工具，惟因各縣市所設的資優班數量有限，在僧多粥少、眾目環視的競爭下，鑑定人員不願、或不敢憑非量化的資料判定學生能否入班，以免招致不信任的指責，但過度仰賴測驗、數據的結果仍非常普遍，在家長「望

子成龍、望女成鳳」心理作用下，於是補習智力測驗的名目紛紛出現，而其他測驗（考試）資料亦同樣受到污染，造成測驗結果無效、不可信的批評。

　　測驗工具不足，或常模過於陳舊等問題長久以來造成資優鑑定上的困擾，然而測驗為鑑定過程蒐集學生必備的工具，固然其限制頗多，若過度重視測驗實非允當，但卻亦不能因噎廢食加以排斥，如何針對現況所發現的缺失做全盤考量，以整體且具有前瞻性的規劃並做適當的管制，促使測驗的功能更加彰顯實乃必要的因應之道。至於特殊族群資優學生的鑑定更應注意各種評量工具的適用性，若無其他方法可資運用而必須以標準化測驗進行鑑定，亦應將特殊族群單獨考慮，各自選出若干比例的學生以保障其參加資優教育方案的機會。

　　測驗工具的正確使用是保障學生權益、維護工具本身壽命的重要關鍵，目前各縣市鑑輔會均已有心理評量小組之設置，小組成員大部分亦已接受專業訓練，然其人數仍有不足現象，且流動性頗高，亦乏進修機會，若干地區在運作上仍未臻理想，因此有關評量人員的培訓與管理、甚至證照制度之建立等均應有妥善的規畫。

　　在量化數據之外，對質性資料的重視與運用亦應有所考量，學者與實務工作人員均頗贊同採用教師觀察的方法，主要因教師平日與學生接觸機會最多，由課堂上的觀察、作業的表現等，可以有效發掘有潛能的學生，然而提名者對資優教育的認識是否正確、是否偏好功課好品性佳的學生、是否會有月暈效應等，都是對此一方法的質疑，因此如何使教師觀察資料成為鑑定時重要的參考依據，實有必要對教師觀察資料做適當的整理，或以標準化評定量表的方式讓教師執行篩選工作，甚至訓練教師觀察學生的方法，均值得考慮。除此之外，鑑定時亦可採現場實作的活動，從學生發現問題、處理問題、解決問題的過程中，記錄其反應與

表現，藉以蒐集客觀的評定資料，至於學生平時參加活動的表現、作品等，均可納入鑑定的參考範圍。

運用多元的鑑定工具已成為資優教育工作者的共識，然而各種工具均有其優點與限制，且其評量或觀測的內容或範圍亦不盡相同，如何將客觀化數據與主觀性的文字描述資料加以整合做為鑑定的依據，有待審慎探究。Feldhusen 及 Jarwan（1993）曾提出五種統整多元資料的方法，包括矩陣方式、標準分數加權、多元截斷標準、整體個案研究方式、多元迴歸方式等，而認為回歸法優點最多；但事實上，各種方式皆有其優缺點（郭靜姿，民84），因此如何發揮各種資料的互補功能，應為鑑定工作上值得探討的重要課題。

二、因應策略

㈠設置專責單位發展並管制各類鑑定工具

1. 建議教育部門重視評量工具問題，應設專責單位，主管全國各類鑑定工作所需之工具的發展、出版、使用管制等事宜。

2. 評量工具之發展應具有前瞻性的整體規畫，在智力測驗、成就測驗之外，亦應特別考慮創造思考、批判思考、後設認知能力等之評量工具之編製與發展。

3. 專案研究非標準化工具（觀察、實作、口試）之設計與運用方式，提供鑑定人員做為其平時觀察、評量之參考。

㈡修改資優學生之定義落實多元評量的精神

1. 修改現行特殊教育法施行細則中對資優學生的界定，放寬測驗結果必須在平均數正二個標準差（學術性向為正一個半標準差）以上，或同一年級百分之二（學術性向為百分之一）以上之

規定，以更寬廣的空間容納由非標準化工具所篩選出來的學生。

　　2.鼓勵鑑定人員採用非標準化工具，蒐集完整的學生資料，供鑑定參考。

㈢積極培訓專業評量人員充分發揮評量效果

　　1.強化各級學校（或縣市）評量工作人員之專業知能，定期辦理各項研習活動，務使所使用之測驗發揮最大的功能；而在量化資料之外，其他如蒐集與整理學生個案資料的方法等亦應納入研習範圍，以加強鑑定工作的信度與效度。

　　2.輔導各縣市評量小組建立評量人員證書制度，以定期之進修、評鑑做為頒定證書之依據，並做為獎勵之參考。

㈣專案研究統整評量結果之方法

　　比較矩陣法、加權法、截斷法、迴歸法、個案研究法等之優缺點與可行之統整方法，提供鑑定委員會參考。

叁、妥善處理鑑定結果提供適切的安置措施

一、問題背景與現況分析

　　依前述之鑑定程序，在複選及遴選階段主要係就已蒐集之學生進行綜合研判，目前各校均有臨時編組的小組或委員會負責鑑定事宜，惟其組成份子，主要係校內行政主管及教育局相關人士，行政導向的色彩頗濃厚，雖然特殊教育法施行細則第八條定有各校「由有關主任、輔導教師及教師組成小組」之字樣，但輔導教師或一般教師參與的情況並不十分普遍，行政決定的現象相

當明顯,因此可能無法針對所蒐集之學生資料做更深入的了解或分析。

　　鑑定工作具有專業性質,即使在最後階段考慮編班、排課等問題時必須有行政人員的參與,但亦不宜將各項學生資料完全以行政作業方式處理之,最後的決定仍須由教師、專家甚至家長代表組成之委員會,根據資優教育的理念與該校所設之教育方案目標,經過個案討論並考慮所有可能的資料後,決定獲選進入資優教育方案的名單。但為避免「鑑定會上『指導教授』及『長官』未曾接觸孩子,只會看資料,空口說白話」而造成家長或教師的質疑,則須考慮初選階段所提出之學生資料是否完整、能否使與會者充份了解學生。

　　至於資優教育的安置問題,由於現行鑑定制度係先訂定學生名額、在名額之內甄選資優學生,因此造成執行上許多弊病,其根本問題在於目前國內所實施的資優教育型態過於狹隘,僅以集中式或分散式的方法推展學科方面的資優教育,以致僧多粥少,解決之道應積極提供更多樣化的資優教育型態,使學生得以彈性地安置於各類不同的資優教育環境中,則資優學生的鑑定當可不受名額之限制,減少目前鑑定過程中所出現的種種奇特現象。

　　資優教育的教學型態究竟如何安排,尚未獲得定論,從民國62年設置實驗班開始,即有集中式或分散式編班方式的爭議,兩者各有利弊亦為眾人所知,如何發揮其優點而盡量減少其弊病,是資優教育工作必須面對的問題。除此之外,亦尚有許多可以選擇的空間,諸如資源教室方案、多樣化異質分組活動設計、綜合充實教育方案、課外充實方案、統整教學模式(毛連塭,民77;郭為藩,民81;曾淑容,民83;盧台華等,民84)等,均有其實質上的價值,可惜國內資優教育始終環繞在陳舊的課題上爭辯。在大人的爭議中,無形中使資優學生自覺有別於一般同學,在學校中成為優越的一群,但背負這個標籤也常帶來沉重的

心理負擔。因此在爭論編班方式之餘，如何在動態的學習環境中，提供無障礙的學習環境，以支持、肯定的態度，培養資優學生的人文素養，是另一個需要特別考量的問題。

事實上，集中式、分散式只是行政上的措施，根本的問題不在形式上的分野，真正導致資優教育成敗的關鍵在於師資、課程、教法。雖然創造思考教學已在國內推行十數年，資優教育師資訓練時，任課教授不斷呼籲思考教育的重要，資優教育季刊上也經常登載實務工作者十分符合資優教育精神的教學方案，但影響力似乎微乎其微。在 82 學年高中資優教育評鑑報告中，仍然點出我國資優教育普遍存在的問題：教學內容升學導向太強；教師所採用的教學方法仍止於學科知識的傳授，獨立思考的訓練、批判思考教學或問題解決能力的教學頗為欠缺；對於教材只重加速不重加廣加深，即使在加廣的教材方面亦少有系統的設計（郭靜姿，民 83）。

總之，資優學生的安置應在集中式或分散式的編班方法之外，應再設計更多樣的安置方式，諸如研習營（夏〈冬〉令營）、專題探討或獨立研究等，均能切合資優學生之特質、提供其發展潛能的機會。此時檢討資優教育的成效，正是跳出舊窠臼、發展新方向的最好時機。

二、因應策略

㈠明文規定鑑定委員會之設置與組織型態妥善處理鑑定資料

1. 明文規定各級辦理資優教育之學校及縣市鑑輔會應設置資優學生鑑定委員會（或小組），其組織應以專業為主，成員半數以上必須由輔導教師、教師及家長代表、評量專家及學科專家等

組成。

　　2.鑑定結果之處理：委員會必須以專業的態度與方法，在複選或最後遴選階段均應審慎研判各項資料，尤其對偏才學生在知能表現、情緒發展、社會適應等方面，應以個案討論方式，針對每一獲選學生進行綜合研判，提出其突顯的特質與需要接受特殊教育之理由，並做成記錄。

㈡安置措施應有明確計畫並有彈性處理辦法

　　1.各校提出設置資優班計畫中，必須明確說明其採用集中式或分散式之理由，在課程規畫上如何配合學生特質，提供何種資優教育方案。集中式編班不得將非升學考試科目的授課時間移為他用，分散式課程設計更應注意與原班教師取得協議，不應增加學生課業負擔。

　　2.學生安置後應定期評估其學習情況，對未能獲選入班者亦應追蹤其近況，提供必要之特殊教育服務。

㈢鼓勵辦理多樣化資優教育方案

　　1.在集中式或分散式之外，應積極辦理更多樣化的資優教育方案，諸如研習營（夏〈冬〉令營）、專題探討或獨立研究等，並與當地大專校院或社教機構合作，長期辦理學術性導向之營隊，使所有具潛能的學生均能接受適性的資優教育。

　　2.為推廣集中式或分散式資優班之外的其他資優教育方案，各級政府應編列專款率先辦理相關之研討會，並輔導尚未辦理資優教育的學校，參與實驗計畫，進而以完整之實驗結果提供各級學校參考，並藉之與家長溝通，導正資優教育之發展方向。

參考文獻

毛連塭（民77）：**綜合充實制資優教育**。台北：心理。

吳武典（民82）：資賦優異學生甄選升學方案之現況與檢討。**資優教育季刊，48**，1-4。

林幸台（民84）：**我國資優學生鑑定制度之研究**。國科會專案研究報告。

林寶山（民81）：**國中資優班學生入學鑑定方式及實施現況之調查研究**。國立高雄師範大學特殊教育中心。

曾淑容（民83）：課外充實、快樂成長。載於國立臺灣師範大學特殊教育學系、中華民國特殊教育學會（編）：**開創資優教育的新世紀**，123-124。

郭為藩（民81）：從人文主義觀點談資優教育。**資優教育季刊，42**，1-6。

郭為藩（民82）：**特殊兒童心理與教育**。臺北：心理。

郭靜姿（民83）：八十二學年度全國高中數理資優教育評鑑報告。**資優教育季刊，51**，1-8。

郭靜姿（民84）：**國中資優生鑑定工具與方法之有效性分析**。國科會專案研究報告。

盧台華、陳主毓、江素媛、張秀雯、黃小鈴（民84）：統整教育教學模式之介紹與應用實例。**資優教育季刊，54**，1-3。

Clark, B. (1992). *Growing up gifted* (4th ed.). NY: Merrill.

Feldhusen, J. E., & Jarwan, F. A. (1993). *Identification of gifted and talented youth for eductional programs.* In K. A. Heller, F. J. Monks & A. H. Passow, (Eds.), International handbook of research and development of giftedness talent (pp.233-251). Oxford: Pergamon Press.

Gallagher, J. J., & Gallagher, S. A. (1994). *Teaching the gifted child* (4th ed.). Boston: Allyn & Bacon.

McDaniel, T. R. (1993). *Education of the gifted and the excellence-equity debate: Lessons from history.* In C. J. Maker (Ed.), Critical issues in gifted education (pp.6-18). Austin, TX: PRO-ED.

15

資賦優異學生的鑑定問題探討

＊郭靜姿

壹、前言

　　資優教育的目的係在提供學習潛能優秀而無法在普通課程中受益的學生接受特殊教育的機會。因此，資優鑑定時能否鑑別出真正需要接受特殊服務的學生，是資優教育重要的課題。在機會均等與高鑑定品質的前題下，鑑定應探討下述的問題：

　　一、鑑定工具是否能配合資優教育方案的內容？所鑑定出的學生是否即所要提供充實課程的學生？

　　二、鑑定機會是否均等，能否提供學生同樣的機會？鑑定工具及方式對於文化殊異學生、殘障學生及女性資優生是否不利？

　　三、鑑定是否有專業人員的參與？鑑定人員對於資料的解釋及學生的選擇是否合理而正確？

　　四、鑑定的效果是否長期追蹤？對於資優生入學後的表現是否蒐集，用以評估鑑定的效度？

　　筆者以為要回答上述問題，資優的鑑定應從下列幾方面著手：

㈠確定資優的概念

概念是決定鑑定指標的依據。概念正確，便能選擇適合的工具及決定適當的標準，概念有了偏差，鑑定自然有誤。

㈡組成鑑定委員會

鑑定需要一組人的合作。委員會由各領域的人員組成，通常包含專家學者、行政人員、教師及鑑定人員等。委員會的功能在決定鑑定的目的、對象、工具及標準。委員會中應有一位核心協調人物，負責整個鑑定工作的策劃及安排。

㈢慎選鑑定工具

工具的運用關係鑑定的信效度。鑑定工具及資料宜考慮綜合性、多樣性及有效性等問題，以提供正確的診斷。

㈣決定鑑定標準

鑑定資料的組合及標準的決定，直接影響到接受資優教育服務的對象。因此鑑定會中所提出的各種訊息，應有效地加以運用，以作成合理的決定。

㈤追蹤鑑定的效度

鑑定效度可提供訂定標準的客觀依據。長期的效度追蹤研究，可提高資優鑑定專業化的程度，協助鑑定品質的提昇。

在國內，每年各校均花費了大筆的人力與經費在鑑定工作上，鑑定事實上已成為辦理資優教育學校最繁重的工作之一，惟鑑定的成效如何卻始終未能發展出客觀有效的模式。本文試圖由資優概念的發展及鑑定的趨勢著筆，探討目前國內對於資優學生的分類與鑑定現況，經由對於現況優缺點的檢省，提出建議，作

為有效鑑定資優教育對象的參考。

貳、資優概念的發展與鑑定趨勢

　　資優概念的發展直接影響及概念的定義與分類方式，也影響及鑑定工具的運用與學生的選擇。故而鑑定是否有效，是否能甄選出真正資優的學生，尚需探討資優的概念。

一、資優概念的發展

㈠推孟對於資優生的界定

　　最早有系統研究資優生特質的學者是推孟（Terman, 1925）。他在 1921 年開始即組成研究小組，對於 1,428 位資優兒童展開長期追蹤的研究。推孟在當時係以智力測驗的結果挑選該批學生。其研究結果發現，資優生無論是在生理健康、生活適應、學業成就、家庭適應或是社會成就上，均優於一般學生。推孟的研究推翻了一般人對於資優兒童的誤解，例如：「天才早逝」、「才子多病」等觀念。惟推孟以單一智力測驗鑑定資優生存在著若干問題：①無法鑑別具有特殊才能與性向的學生；②智力測驗的內容不利於特殊族群學生；③智力測驗對於人類潛能的評量有限。因此後來的學者趨向於主張多元的鑑定。

㈡基爾福特的智力結構模式

　　資優概念的擴展及多元化，要歸功於幾位學者。第一位是基爾福特（Guilford, 1959）。他所提出的智力結構模式（structure of intellect），強調智力組成的因素包含 120 種能力以

上。其中擴散思考能力是個人發揮生產能力的重要特質，這項能力是傳統的智力測驗所無法測量出來的。基爾福特的理論使得人們對於資優的鑑定超越出智商之外。

㈢泰勒的多元才能發展模式

卡文泰勒（Calven Taylor, 1968）認為資優不只限於學科方面的才能，而應包含個人適應日常生活的能力，如：創造能力、決定能力、預測能力、計劃能力、溝通能力等。泰勒的多元才能模式強調教師應多發現學科資優以外的人才，以提高學生的自我概念，並協助其發展長才。泰勒認為學科資優生出了校門未必是社會上最傑出的人才；社會上許多傑出人才在學校內並不一定是學科表現最好的學生。要成為真正的資優者，除了個人的學科能力外，其他社會生活中所必須的能力亦相當重要。

㈣任汝理的資優三環概念

任汝理（Renzulli, 1978）有鑑於許多低成就資優兒的出現，主張資優係由三種特質的交互影響發展而成：①中等以上的能力；②高度的創造力；③學習的專注性。依據任汝理的觀點，要表現資優，不一定要仰賴高度智商，而要具有高度的恆心與毅力。因此任汝理重視學生行為特質的觀察。他編製「資優生行為特質評定量表」，提供主觀化的評量工具。

㈤蓋聶的資優概念模式

蓋聶（Gagné, 1983）主張資優的類別有五種：①普通能力；②創造力；③社會—情意能力；④感覺動作能力；及⑤其他能力。蓋聶對於資優與特殊才能加以區分，以資優（giftedness）為能力的代表；才能（talents）為成就的表現。蓋聶認為資優的發展需要經由媒介（環境、人格特質、動機）始能表現於

特定領域的才能。

㈥賈德那的多元智力理論

賈德那（Howard Gardner, 1983）在他的著作「心的表象
——多元智力的理論」一書中，假設智力可表現在七種不同的領
域：①語文能力；②數理能力；③空間能力；④音樂能力；⑤作
業能力；⑥人際能力；及⑦自知能力。賈德那十分反對以智商界
定智力，他認為以單一的評量工具絕對無法鑑別人類複雜的心理
能力。

㈦史騰伯格的智力三元論

史騰伯格（Robert Sternberg, 1985）則認為智力包含三個
層面的能力：①個體內部的認知能力；②個體運用經驗解決問題
的能力；③個體適應外在環境的能力。史騰伯格認為個體若僅限
於單面能力優秀，其發展必受限制。史騰伯格的理論亦指出現存
的智力測驗實不足以評量人類整體的智力。

二、資優概念鑑定的趨勢

除了上述多元資優概念的發展外，近十年來有許多認知心理
學家們非常強調資優生適應新情境及解決問題的能力。可見資優
的概念繼續在擴展中。舉凡個體的智力、創造力、專注力、問題
解決能力、適應能力等，均可能為影響資優發展的因素，因此單
以一、二種能力鑑定資優是不足的。是故多數學者反對以智力測
驗作為鑑定資優的惟一工具（H. Gardner, 1983；郭為藩，民
81；郭靜姿等，民 81）。加以運用單一智力測驗鑑定資優學生
有若干實際的問題存在，尤以國內智力測驗練習因素的存在，影
響測驗的結果。國內資優學生的鑑定近十年來均採多元的方式，

以提高鑑定的效果。目前國內各中小學在鑑定資優學生時，均採許多工具，包含：①智力測驗，分為團體智力測驗與個別智力測驗兩種；②特殊性向測驗，例如：數學性向測驗、科學性向測驗、國文性向測驗、理工性向測驗等；③成就測驗，如：標準化成就測驗及教師自編測驗；④創造力測驗；及⑤學習行為特質觀察量表。因此在鑑定會上可以發現每位學生均有多種不同的測驗分數。國內資優的鑑定可說有如下的趨勢：

　　㈠運用多元的鑑定工具：包括各種客觀化的評量工具、問卷、觀察量表及晤談方式等。

　　㈡採用多元的鑑定步驟：包括以推薦、初選、複選、決選及鑑定步驟，選擇學生。

叄、國內資優學生的鑑定現況

　　由於資優概念的多元化，美國 1971 年之馬爾蘭國會報告書（ Marland, 1971 ），將資優教育的對象分為六類：①一般能力優異；②學術性向優異；③創造能力優異；④領導才能優異；⑤視覺及表演藝術能力優異；及⑥心理感覺動作能力。後因心理動作能力定義不明確，美國各州資優教育對象涵蓋心理感覺動作能力一項者未達五州（ Passow, 1993 ）。我國特殊教育法則將資優教育的對象分為三類：①一般能力優異；②學科性向優異；及③特殊才能優異。特殊才能優異係指音樂、美術、舞蹈及體育能力優異。以下分述其鑑定現況。

一、一般能力與學術性向優異學生的鑑定

　　目前國內對於一般能力與學術性向優異學生的鑑定，在評量

工具上兼重客觀化與主觀化測驗的運用。前者包括：智力測驗、
性向測驗、成就測驗及創造力測驗等；後者包括：作品評鑑、教
師觀察推薦及口試等。在鑑定方式上則指採用多元的步驟，逐步
篩選學生，因此鑑定過程分為初選、複選、決選、鑑定等階段。
參加甄選的學生必須通過重重考驗。惟在主、客觀化鑑定工具
中，客觀化測驗的評量與計分方式似較為一般教師及家長所信
賴，因此在鑑定會上，常成為鑑定學生的主要依據，主觀化評量
資料則往往成為參考的工具。其原因部分來自於大量甄選學生
時，觀察與口試的方式不易進行；部分則來自於教師的推薦資料
與學生的作品資料不易完全受到信任。在這樣的現況下，客觀化
測驗在國內資優學生的鑑定中便扮演了主要的角色。

　　目前有關一般能力與學術性向優異學生的鑑定可分為幾類：

　　• 鑑定各級學校資優生，提供資優教育的輔導：由各校主
辦，省市教育廳局及各師院特教中心指導及協助。

　　• 鑑定全國高中數理或語文資優生，提供甄試保送升學的管
道：由教育部主辦，三所師大協辦。

　　• 鑑定全國國中數理資優生，提供甄試保送升學的管道：由
省市教育廳局主辦，三所師大及各學區高中協辦。

　　• 鑑定合於跳級資格的國中及高中資優生，提供提早參加高
一級學校聯招升學的機會：由各校主辦，省市教育廳局及三所師
大協辦。

　　• 鑑定合於縮短修業年限的國小資優生，提供提早升國中就
學的機會：由各校主辦，省市教育廳局及三所師大協辦。

　　• 鑑定高中數理資賦優異的學生，提供到大學接受輔導的機
會：由大學主辦，係國科會及教育部輔助之專案研究。

　　上述幾種鑑定所運用的鑑定工具、鑑定流程與標準請參見表
1。

表 1　各種學術性向優異學生校內鑑定、甄試保送及跳級鑑定之流程與標準比較

鑑定或甄試類別 鑑定標準 鑑定流程	1.小學校內資優鑑定	2.國中校內資優鑑定	3.高中校內資優鑑定	4.國中數理資優甄試保送升學
初（選）　推薦方式	教師及家長觀察	導師及任課教師推薦國小資優生	導師及任課教師推薦國中數理資優生	學校或其他單位推薦
初（選）　鑑定工具	團體智力測驗	1.團體智力 2.教師自編成就測驗	1.團體智力 2.教師自編成就測驗	團體或個別智力測驗
初（選）　成就資料或特殊表現	1.校內成績考查 2.校內外活動及競賽表現	國小學業成績	高中聯考成績	1.專長學科成績居全年級百分等級98以上 2.全國性競賽前三名
複選一　鑑定工具	個別智力測驗	1.學科性向測驗 2.校內成就表現 3.團體智力 4.教師自編成就測驗	1.理工性向測驗 2.校內成就表現 3.創造力測驗	1.數學性向測驗 2.自然性向測驗

複選二	鑑定工具		個別智力測驗	口試	1.國文能力測驗 2.英文能力測驗 3.數學能力測驗 4.實驗能力測驗
鑑定標準		依據智力測驗、及校內考查錄取學生	依據複選測驗表現錄取學生	依據智力、性向及成就表現錄取學生	依複選二中各科成就表現錄取及分發學生就讀高中

續表1　各種學術性向優異學生校內鑑定、甄試保送及跳級鑑定之流程與標準比較

鑑定或甄試類別 鑑定標準 鑑定流程		5.高中數理及語文資優甄試保送升學	6.國高中學力鑑定跳級考	7.國小縮短修業年限	8.國科會高中輔導
初	推薦方式	導師及任課教師推薦	導師及任課教師推薦	導師及任課教師推薦	
	鑑定工具	團體或個別智力測驗	團體或個別智力測驗	團體或個別智力測驗	
	成就資料或特殊表現	1.專長學科成績居全年級百分等級98以上	學科總成績居同年級百分等級99以上	學科總成績居同級百分等級99以上	1.國中數理專長學科成績平均85以上

選		2.全國性競賽前三名			2.高中聯考成績
複選一	鑑定工具	1.智力測驗(供參考，大致在參選學生平均數以上) 2.性向測驗由，參選學生中擇優錄取	參加三年級段考成就在＋1.0SD以上	參加高一年級段考成就在＋1SD以上	單科成就測驗
複選二	鑑定工具	科學或語文研習營觀察評量			1.口試 2.上課反應觀察
鑑定標準		由各大學與學生面談，依據研習營表現及學生志願錄取學生	參加聯考，依據成績錄取就讀高中或大學	依據特教法各項標準審查合格後通知錄取	依據複選各種資料擇優錄取

　　各種鑑定所採用的標準，大致上係依據中華民國特殊教育法施行細則之規定：

㈠智力測驗之標準

　　1.縮短修業年限獲得跳級考資格：平均數以上 2.5 個標準差。

　　2.甄試保送：平均數以上 1.5 個標準差。

　　3.校內鑑定：學術性向優異在平均數以上 1.5 個標準差，一般能力優異在平均數以上 2.0 個標準差。惟校內鑑定因重視學生

接受充實的機會，加以各校學生素質不一，因此當智力測驗成績
未達標準，而在性向及成就測驗上表現優異，或教師特別推薦的
學生，亦給予入班就讀的機會。

(二)性向測驗之標準

依據中華民國特殊教育法施行細則之規定為，平均數以上
1.5個標準差。惟在幾種鑑定中，因學術性向測驗多未能事先建
立全國常模，故常就參加甄選的學生中依錄取名額需要擇優錄
取。

(三)成就測驗之標準

在甄試保送測驗中，依據教育部頒布之「資優生升學甄試保
送辦法」，其規定為專長學科成績五學期總平均在同年級學生成
就百分等級二以內；在縮短修業年限或跳級考試資格中，依據教
育部頒布「特殊教育學生入學年齡修業年限及保送甄試升學辦
法」規定，國小跳級生其各科學業成就之結果，應居畢業年級平
均數正一個標準差以上。

上述幾種甄試，鑑定校內資優生的團體智力測驗多係購自市
面；個別智力測驗及學術性向測驗多係向師院特教中心借用。各
種甄試保送測驗之智力及性向測驗則由主辦單位每年委託學術研
究機構編製，年年更換試題，以求提高試題的保密性及公平性。

二、特殊才能學生的鑑定

依據特殊教育法施行細則之規定，國內特殊才能學生的鑑定
具有三個條件：①團體與個別智力測驗之結果在平均數以上；②
性向測驗之結果在平均數正二個標準差以上；③術科成績特別優
異或參加國際性或全國性競賽表現特別優異。因此目前國內音

樂、美術、舞蹈班學生之鑑定大致依據此項規定。惟由於術科性向測驗之欠缺，亦有僅以智力測驗及術科成績鑑定學生的情形。上述幾種甄試，智力測驗亦購自市面；性向測驗係自輔導區內大學或師院特教中心借用；術科測驗則由學校聘請委員命題及施測。

肆、運用多元鑑定工具甄選學生的問題

一、現存的爭論

近年來在國內資優鑑定會中常存在的爭論是：如何由多元的資料中選擇資優的學生？通常參與鑑定的人員常以個人的角度或特教法的規定決定標準，因此，不同的人參與鑑定，結果不盡相同。究竟標準應如何訂定，始能找出最適合接受資優教育的資優學生呢？將各種測驗分數加權，以加權總分鑑定資優學生較好？亦或對於每一種工具決定一個截斷標準錄取學生較好？或以智力測驗為主挑選學生？有無更好的鑑定模式呢？

二、資料統整的問題

由於鑑定資料一般涵蓋客觀化的資料與主觀化的資料，資料如何整合便成為鑑定會中主要的問題。無論是以加權分數錄取學生，或是以截斷標準錄取學生，主觀化的資料如：教師評語或觀察量表之得分，常成為輔助的鑑定資料。一以觀察資料不易量化，二以觀察結果未能百分之百被採信，故而國內的鑑定會幾乎均側重客觀化測驗的結果。國內目前常採用的方式為：加權的方

式或多元截斷的方式。以加權方式甄選資優生，其方式是先將各
種分數轉換成相同的標準分數，再對於各種工具給予固定的比
重，而後求取加權總分。各校訂定比重的原則係智力測驗佔50
％（其中個別智力測驗佔30％，團體智力測驗佔20％）；性向
測驗佔30％；成就測驗佔20％。若以截斷標準的方式甄選資優
生，其方式是對於各種測驗工具先訂定一個標準，如：平均數以
上2或1.5個標準差，而後挑選在各種測驗中均達標準的學生。
除了這兩種方式之外還有其他的決定方式嗎？

三、決定標準的方式

Feldhusen 及 Jarwan（1993）曾提出下述五種統整多元資
料的方式：

㈠矩陣方式

係將測驗結果化為等第後相加。Baldwin（1978）曾提出巴
德溫鑑定量表，將各種測驗分數化為五等級，求取加權值。在巴
德溫鑑定量表中，各種測驗所佔的比重是相同的。換言之，其假
設每一種工具之預測力是相等的。

㈡標準分數加權

係將各種測驗結果轉換成相同的標準分數後相加。其方法係
將原始分數減掉平均數除以標準差，而得 z 值。再乘以新的標準
差，加上新的平均數後，得到所要的標準分數。標準分數可直接
加權，亦可賦予各種分數不同的比重後加權。加權後的分數亦可
設定截斷標準，以之選擇學生。

㈢多元截斷標準

係對於各種測驗分別訂定標準，學生需同時符合多項標準。

㈣整體的個案研究方式

係採用個案的方式，分析學生在各種測驗或量表上的表現，著重個別內在能力的分析，而不作個別間成績的高低比較。

㈤多元迴歸方式

係求取各種測驗之於實際學習表現的迴歸預測值，以迴歸係數做為訂定各種工具應佔比重的依據，求取加權總分。

四、各種決定方式的比較

上述各種方式孰優孰劣呢？筆者根據以往參與國內鑑定會的經驗及文獻探討的結果作以下的比較。

㈠矩陣方式

優點：①主客觀測驗資料均可化為五等第，因此可納入知、情、意不同領域的成績；②轉換方式簡單，將各工具之分測驗成績化為等第相加即可，計分容易。

缺點：①所有的資料不分重要性如何而相加；②原始分數未經轉換為相同的標準分數。因此 Feldhusen 等人認為巴德溫鑑定量表方式為不合理的決定方式。

㈡標準分數加權

優點：①學生在各種測驗的表現可容許有內在個別差異的存在；②鑑定時標準明確，容易取決學生。

缺點：①加權的方式下，學生在某種領域的表現，可能未合目前法規所要求的標準；②加權的比重多少缺乏理論依據；③將各種不同性質的測驗加權亦乏理論依據。

(三)多元截斷標準

優點：①規定學生在各種測驗的表現應達一定標準，符合法規的要求；②鑑定出的學生各方面能力均優異。

缺點：①不容許有內在個別差異的存在；②鑑定時不易取到同時合乎各種標準的學生；③截斷的標準是否正確，欠缺客觀的依據。

(四)整體的個案研究方式

優點：重視個體全面特質的分析，不以部分的表現或其總和相加而代表整體。

缺點：大量甄選時不易取決學生，缺乏決定的共同標準。

(五)多元迴歸方式

優點：①學生在各種測驗的表現可容許有內在個別差異的存在；②鑑定時標準明確，容易取決學生；③可對於不同預測能力的測驗，訂定不同的比重。

缺點：各能力間相互可補償，學生在某種能力表現上可能未達法規的要求。

五、理想的決定方式

多數學者均認為，標準訂定的正確程度如何，直接影響資優鑑定的有效性。標準訂的恰當，遺珠之憾的情形會較少，因此標準的決定必須要十分慎重（ Swassing, 1985; Murphy & Friedman, 1991）。Hany（1993）指出此種決定的歷程應考慮下述三點：①要有客觀的數據以供決定，始能減少錯誤；②作決定所採用的變項必須慎選；③要不斷地檢驗其正確性。由於以一組分數鑑定資優生優於採用單一標準，Feldhusen，Asher，及Hoover（1984）建議，對於多個測驗變項採用迴歸方式求取加權值鑑定學生；Moore 及 Betts（1987）則認為組成鑑定委員會，由專家依據回歸分析的結果，綜合其它資料，加以研判，更為有效。因此縱有客觀的數據作為決定的參考，主觀化的觀察資料及專業判斷仍是鑑定所需的。

　　筆者認為國內資優教育既已設計二十年，對於以往鑑定的結果，應系統加以追蹤研究，求取各種工具之預測效度，以提供學校運用，據以選擇一個較有效的鑑定模式。

伍、國內資優鑑定的優缺點

　　綜合上述國內的鑑定現況及爭論，筆者歸納出下列優缺點：

一、國內資優學生鑑定的優點

　　㈠以多元的工具及步驟鑑定資優生，排除「一試定終身」的缺點。

　　㈡鑑定標準參考多種測驗的結果，排除運用單一測驗作為鑑定標準的缺點。

　　㈢各種甄試參考特殊教育法規定，標準明確，排除「人情」的因素。

　　㈣鑑定過程慎重，各種校內外的甄試均組成鑑定委員會，由委員共同決定通過人選。

㈤各種甄試均有專家學者及教育行政單位參與及協助，有助於鑑定工作的進行。

二、國內資優學生鑑定的缺點

㈠大量鑑定，同一標準，忽視了個別性與內在差異性的存在

國內資優的鑑定動輒百人、千人。由於詳盡的個案推薦與觀察資料不易獲取，大多數鑑定均以劃一的標準決定入選學生。此種鑑定方式對於偏才或在研究作品上表現優異，而學科或其他測驗成績未達鑑定標準的學生十分不利。後述學生往往因統一標準的問題而未能通過鑑定或升學甄試保送的管道。此種鑑定方式可說忽視了個別性與內在差異性的存在，同時也未能達到協助特殊需要學生的目的。目前，行為特質觀察在多數鑑定中幾全未被重視，而晤談及研習營觀察的方式亦常因參與學生人數太多之故，僅在少數鑑定中被採用。

㈡尚未建立客觀有效的鑑定模式

國內的資優教育已實施二十年，各種鑑定工具及甄選辦法的有效性如何，卻無客觀的評估資料可供參考，因此各校仍在固有的模式中摸索，未能提出一個確認有效的鑑定方式。近年來，尤以運用多元工具鑑定資優生，其標準的訂定及對學生的選擇方式，成為鑑定會上常有的爭論。這些爭論例如：在多種工具中以何種成績作為主要的鑑定標準？那一種工具的預測效度及信度較高？不同工具的標準是否應一致？在不同工具下表現差異懸殊的學生是否錄取？這些爭議的解決，有待實證研究去加以驗證、解答。

㈢「績優」的期望影響對於「偏才」的發現及協助

在資優又要績優的期望下，偏才及低成就資優生的學業成就難能符合多元的鑑定標準，即使通過甄選亦在學校適應上有困難。其原因是一般教師受限於升學壓力，罕能針對學業表現較差的資優生提供適性的教材教法。因此一旦學生成就未符教師期望，即歸因於鑑定誤差，而未能針對學習的因素提供有效的輔導及教學。多數學校在選擇資優生時側重學業成就的表現，有礙於特殊偏才的發現及協助。

㈣測驗不敷使用，常模老舊，影響鑑定的效度

此種現象在智力測驗、性向測驗中皆普遍存在，而標準化成就測驗則完全闕如，故而學校均反應鑑定工具不足。各種甄試保送所使用的性向測驗常係在短時間內應急編製，故未建立完善的常模，試題的鑑別度亦有待提高。

㈤人為因素影響測驗的信度及使用年限

國內家長過度重視學生接受資優教育的機會，故而若干學生對於智力測驗有預先練習的現象，影響鑑定的效度。新測驗出爐後也因練習因素而減少使用的年限。

㈥測驗的內容及方式不利於某些群體的學生

目前各種測驗的編製有利於文化刺激較高的學生，文化不利學生、特殊身心障礙學生均乏鑑定工具。

陸、結論與展望

　　有鑒於目前國內鑑定的種種限制及呈顯的問題，筆者以為教育行政人員及教學者可從下述方向努力，改善目前的缺點。相信經由下述努力，國內資優的工作能更臻完善，更能提供真正需要接受資優教育的學生接受充實的機會。

一、建立施測證照制度，提高測驗人員素質

　　未來國內對於施測人員應設立證照制度，一方面提高施測人員的專業素質，另一方面加強測驗借用及管理的辦理，以提高測驗保密性，杜絕測驗補習及濫用的現象存在。

二、設立測驗發展與研究中心，系統編製與發展各種鑑定工具

　　國內應儘速成立一個測驗發展與研究中心，系統編製與發展各種鑑定工具。這個中心並具有保管及借用測驗、培訓施測人員的功能，以符合國內鑑定的需要。此一中心若能比照美國教育測驗服務中心的功能及編制，對於國內測驗與鑑定工作必有莫大助益。筆者認為各種甄試保送測驗，應透過這樣的中心建立題庫，預先建立常模，以提高試題的鑑別度。

三、對於鑑定效度，進行長期性的追蹤研究

　　各校應對於學生的鑑定資料妥善運用與保管，並長期追蹤學

習表現，比較鑑定會中入選與落選學生實際表現的差異，以了解鑑定的效度如何。筆者認為學術單位並應多研究多元工具之計分方式及決定標準，以協助學校有效鑑定資優生。

四、妥善運用鑑定資料，設計個別化教育計劃

目前國內各校對於資優生的鑑定資料，少能運用於設計教學。似乎鑑定的目的僅為分類及挑選學生而已。鑑定資料是個別化教學中所應充分運用的資料，若其未被善用，顯示資優生的個別化教學仍未落實。筆者呼籲學校應妥善運用鑑定資料設計個別化教育計劃，以發揮測驗及鑑定的積極意義。

五、重視個別差異的存在，避免鑑定劃一化

資優的鑑定應考慮個別內在差異的因素，劃一的標準不能符合鑑定多元資優的概念。資優之所以多元，源自於個體內部各種能力發展的不同。是以，以少數幾項標準即欲涵蓋對於整體潛能的評估是不足的。在鑑定會中，縱有客觀的數據，觀察與推薦的資料仍應加以討論，以避免遺珠之憾的產生。

六、發展對於特殊族群資優生的鑑定工具及方式

國內未來應多發展文化不利學生、殘障學生、以及學習適應困難資優生的鑑定工具。而在鑑定方式上，亦應加以改變，以評估個體之發展空間，促進學生最大潛能的開展。

參考文獻

郭為藩（民80）：**特殊兒童心理與教育**，第四版，臺北：文景。

郭為藩（民81）：從人文主義觀點談資優教育，**資優教育季刊**，42，1-6。

郭靜姿、陳美芳（民81）：資優及特殊才能學生。**載於國立台灣師大特教中心印行；如何發現及協助特殊學生**。

Alexander, P. & Muia, J. (1982). *Gifted education.* Rockville, Maryland: An Aspen.

Baldwin, A. Y. (1978). The Baldwin identification matrix. In Baldwin, A.; Gear, G., & Lucito, L. (Eds.), *Educational Planning for the Gifted,* Reston, Va.: The Council for Exceptional Children.

Feldhusen, J. F., Asher, J. W., & Hoover, S. M. (1993).Problems in the identification of giftedness, talent of ability. In K. A. Heller; F. J. Monks & A. S. Passow(Eds.), *International Handbook of Research and Development of Giftedness and Talent.* 233-251, Oxford:Pergamon.

Gagne, F. (1985). Giftedness and talent: Reexamining a reexamination of the definitions. *Gifted Child Quarterly, 29,* 103-112.

Gardner, H. (1983). *Frames of mind: The theory of multiple intelligence.* New York: Basic Books.

Guilford, J. P. (1959). *Three faces of intellect American Psychologist 14,* 469-479.

Hany, E. A. (1993). Methodological problems and issues concerning identification. In K. A. Heller; F. J. Monks & A. S. Passow (Eds.), *International Handbook of Research and Development of Giftedness and Talent.* 209-232, Oxford: Pergamon.

Marland Jr, S. P. (1971). *Education of the gifted and talented. Volume I: Report to the Congress of the United States by the Commissioner of Education.* Washington: U.S. Government Printing Office.

Martinson, A. (1974). *The identification of gifted and talented.* Ventura, Calif: Office of the Ventura County Superintendent of Schools.

Moore, A. D., & Betts, G. T. (1987). Using judgement analysis in the identification of gifted and talented children. *Gifted Child Quarterly, 31,* 30-33.

Murphy, D. L. & Friedman, R. C. (1991). Using prediction methods: A better magic mirror. In N. K. Buchanan & J. F. Feldhusen (Eds.), *Conducting Research and Evaluation in Gifted Education,* 179-200. N. Y.: Teachers College.

Passow, A. H. (1993). National/State Policies regarding education of the Gifted. In K. A. Heller; *International Handbook of Research and Development of Giftedness and Talent,* 29-46, Oxford: Pergamon.

Renzulli J. S. (1978). What makes giftedness? Re-examining a definition. *Phi Delta Kappan, 60,* 180-184.

Sternberg, R. J. (1985). *Beyond IQ: A triarchic theory of human intelligence.* New York: Cambridge University

Press.

Swassing, R. H. (1985). **Teaching gifted children and adolescents.** Columbus, OH: Charles E. Merrill.

Taylor, C. W. (1968), The multiple talent approach, **The Instructor, 77,** 27.

Terman, L. (1925). Genetic studies of genius. **Mental and Physical Traits of 1000 Gifted Children,** Vol. 1 p.82. Stanford, Calif.:Stanford University Press.

16

資優生鑑定效度研究的省思
——再談測驗在資優鑑定的運用

＊ 郭靜姿

壹、前言

　　雖然國內資優教育已設置二十年，但以往鑑定的結果卻未系統化地加以研究，以求取各種鑑定工具的效度，提供學校參考運用。筆者於民國 83 年申請國科會專案補助，追蹤近幾年來資優學生的鑑定效度。該研究由於研究者經常參與鑑定服務之學校係屬國立臺灣師範大學特殊教育輔導區，初步便以臺灣北區國中設有資優資源班的學校為取樣來源，此專案之後續則以全臺灣地區之資優班（資源班）為取樣對象。該研究因屬回溯性研究，資優生之行為表現及教師觀察紀錄無從取得，因此便以各鑑定工具對於學業成就表現之預測效度為主要研究範圍，此為本研究之限制。未來國內實應成立資優教育研究基金會，長期追蹤資優生入學後及進入社會之表現，以為資優教育教學及行政決策之參考。

貳、資優生鑑定效度研究的內容與發現

一、研究對象與目的

　　該研究旨在探討國中資優生鑑定成績與學生入學後三年學業表現之相關。研究對象取自資優資源班十五所（含六類學術性向優異）。學生人數總計 2637 人，畢業於七十七至八十一學年度。樣本分為資優鑑定入選組及落選組，以比較兩組學生學業成就的差異。研究中亦調查教師對於鑑定效度的看法，取與客觀化的數據做比較。樣本選取曾經參與資優生鑑定工作的教師及行政人員共 82 人。

　　研究分為兩部分，第一部分以學生在國一參加資優鑑定的成績，在校三年的學業成就與高中聯考成績，分析不同鑑定工具結果與學業成就間之相關，並以多元逐步迴歸方式求取各鑑定工具對於學業成就表現之迴歸預測係數；第二部分以問卷調查方式，搜集教師對於資優鑑定工具及甄選方式的看法。研究目的如下：

　　㈠探討在資優決選鑑定會中入選及落選的學生其三年學業表現有無差異。

　　㈡了解各種資優鑑定成績與學生在校學業成就表現及高中聯考成績之相關。

　　㈢求取不同學科類別資優生其鑑定工具中之個別智力測驗、團體智力測驗、性向測驗及成就測驗對於國中三年學業成就及高中聯考之迴歸預測模式。

　　㈣了解各校教師對於各種鑑定工具之有效性的看法及對於運用各種決定方式（採加權方式或截斷方式）的態度。

二、研究工具

㈠鑑定工具與資料

1. 國文資優組——魏氏兒童智力量表、高級瑞文氏圖形補充測驗、國文作文及教師自編成就測驗。

2. 英語資優組——魏氏兒童智力量表、高級瑞文氏圖形補充測驗、英文口試、英文聽力及英文段考。

3. 數學資優組——魏氏兒童智力量表、高級瑞文氏圖形補充測驗、羅桑語文智力測驗、數學性向測驗、小學成就測驗、數學段考。

4. 數理資優組——魏氏兒童智力量表、高級瑞文氏圖形補充測驗、數學及自然性向測驗、數學段考、生物段考。

5. 自然資優組——魏氏兒童智力量表、高級瑞文氏圖形補充測驗、數學及自然性向測驗、數學段考、生物段考。

6. 一般能力組——魏氏兒童智力量表、高級瑞文氏圖形補充測驗、數學及自然性向測驗、國文段考、英文段考、數學段考、生物段考。

㈡學業成就指標

1. 國中三年專長學科平均成績。
2. 國中三年學業總成績。
3. 高中聯考專長學科成績。
4. 高中聯考總分。

㈢成就測驗登記表格

包含學生編號、姓名、入選或落選、畢業級、單科成績、各

科學業總平均、畢業總成績、高中聯考單科成績與聯考總分，並調查就學管道（跳級、甄試或聯考）。

㈣資優生鑑定成績冊

　　為各校 78-81 學年度畢業學生，其入學時參與資優生複選鑑定會議之成績。分為入選組與落選組之成績。

㈤資優生鑑定方式意見調查表，共計 18 題，內容如下：

　　1.根據對於學生之長期觀察，提供對於智力、性向及成就測驗之預測能力的看法。

　　2.對於鑑定會中入選及落選學生三年在校表現差異性的看法。

　　3.對於鑑定會中採用各種決定方式的看法。

　　4.對於加權比重與截斷標準訂定的看法。

　　5.對於未來鑑定會中採用多元迴歸方式之看法。

　　6.對於未來鑑定資優學生的建議。

三、研究結果

　　上述研究經由資料整理分析後，有如下的發現：

　　㈠在北區國中資優決選鑑定會中入選的學生，其三年學業表現及高中聯考成績顯著優於落選組學生，顯示北區國中資優學生之鑑定工作能夠甄別具有學術性向的學生。當然這其中應含有教學之因素，惟本文不特別加以探討。

　　㈡各種鑑定工具結果與學業成就間之相關在不同資優類別、不同學校及不同學年度有不一致的情形，惟共同的現象是：加權總分與學生三年學業成績及聯考成績間有顯著的相關。

㈢各種鑑定工具以學校自編測驗成績（如：小學成就測驗、國中各科段考及國文作文等成績）與學生在校三年學業成就表現間之相關最高，唯自編成就測驗與聯考成績間之相關情形在各學年度變異頗大。

㈣智力測驗以語文量表部分與學業成就之相關較高。在若干組別，智力與聯考成績間有顯著的相關存在，唯與在校學業表現相關較低。高級瑞文氏推理能力測驗與學業成就間之相關多未達顯著水準，甚至有顯著的負相關存在。

㈤性向測驗與學生在校學業表現及聯考成績之相關各學年度變異頗大。雖然部分年度相關達到顯著水準，但多數年度相關不顯著。三種性向測驗以數學及生物性向與學業的相關較高，理化性向相關多不顯著。

㈥各組鑑定工具對於學業成就預測力較高的工具，依據多元逐步迴歸分析的結果依序陳列如下：

1. 國文組——教師自編測驗、國文作文。

2. 英文組——英文段考、魏氏語文、自編成就測驗。

3. 數學組——數學段考、魏氏語文、數學性向。

4. 自然組——數學段考、生物段考、魏氏語文、生物性向、數學性向。

5. 數理組——數學段考、生物段考、魏氏量表、數學性向、生物性向。

6. 一般能力優異組——魏氏量表、國文段考、生物段考、數學性向、生物性向。

㈦資優班教師對於各種鑑定工具之有效性看法與本研究實證結果不太一致。多數教師仍較肯定智力測驗的效度。研究者認為這也許是受長期以來國內在鑑定資優生時較看重智力測驗所影響；在決定資優人選的方法上，較多教師贊成採用多元截斷標準選取資優生，以其可選取各方面能力俱優的學生；對於決定的標

準，教師多傾向於採用現階段所用之比重或截斷標準（郭靜姿，民83）。

叁、資優生鑑定效度研究結果的分析與討論

一、為什麼教師自編測驗與學生入學後學業的表現相關最高？

　　研究者認為成就測驗的內容本就與學校學習內容同質性較高，因而較能預測學業表現。在國外，若干學者（Stanley, Keating, & Fox, 1974）主張中學以上學生應採用與其才能領域相關的測驗鑑別學生，較能選擇出方案本身所欲服務的對象。智力測驗較適合鑑別年幼而未顯現特殊性向的孩子。此種觀點與本研究所呈現出的結果可說一致。國內以往在鑑定資優生時頗看重智力測驗的結果，常用為篩檢資優生的門檻。研究者認為此種作法會造成遺珠之憾，將特殊才能表現優異而智力測驗結果在標準之外的學生排除於資優教育門外；或使部分成就表現優異而智力測驗少得幾分的學生無法通過升學甄試保送或跳級的管道。此外，每年各校自編成就測驗或段考測驗均屬新編，可排除學生事先練習考題的弊端，此點亦可能是成就測驗可預測學生三年學業表現的原因。

二、為什麼智力測驗與學生入學後學業的表現相關較低？

　　除了上述所提的原因可解釋智力測驗對於學業成就表現的預

測力低於成就測驗外，研究者認為國內智力測驗外洩的情況相當
嚴重，而坊間編製的智力測驗更多不勝數，學生在參加資優生鑑
定前練習太多的智力測驗，影響到智力測驗的效度。

　　上述坊間智力測驗有陳怡甫編：小無敵智力性向測驗（翰林
出版社）；王登傳編：頂尖國小數學推理智力測驗（晨光出版
社）；南一書局編：新超群智力性向測驗；陳怡甫編：新無敵國
中智力性向測驗（翰林出版社）等。其內容包羅萬象，語文及非
語文測驗均有。如：語文類比測驗、語文推理測驗、語文歸類測
驗、語文刪異測驗、數學能力測驗、數字關係測驗、圖形辨認測
驗、圖形補充測驗、圖形移轉測驗、圖形比對測驗、圖形刪異測
驗、紙板摺合測驗、積木測驗、閱讀能力測驗等。以高級瑞文氏
推理能力測驗的題型而言，學生都已事先練習，無怪乎其與學生
入學後之學業成就為負相關。

三、為什麼成就測驗與聯考的相關未若與學生在校學業表現之相關高？

　　研究者認為這可能是因為學校考題與聯考命題年年不同，命
題趨向之一致程度每年不同之故。另外也可能是因校內考題及評
量重點尚未符合聯考趨勢所致。聯考較重思考，校內考題較重記
憶與練習，因之智力測驗成績與聯考分數相關反而高於與在校成
績之相關。若干聰明的學生，也許平常對學校課業不夠投入，但
聯考前抱抱佛腳，加緊馬力，便可考上學校，表現優於平常。

四、為什麼多數教師仍較肯定智力測驗的效度？

　　資優班教師對於各種鑑定工具之有效性看法與本研究實證結
果不太一致，還是較看重智力測驗的表現。這也許是受長期以來

國內在鑑定資優生時較重視智力測驗的結果所影響。在決定資優人選的方式上，雖然加權分數在國內使用多年，然而因為其比重之訂定缺乏理論根據，近兩年來之鑑定多用截斷標準方式，教師亦覺可選出樣樣表現俱優的學生。美中不足的是，符合多元標準的學生人數較少，常需一再降低標準，同時還是未能顧及個別內在能力差異的因素，對於偏才十分不利。

肆、再談測驗在資優生鑑定中的運用問題探討

上述研究的發現及探討，引發筆者進一步閱讀國內外文獻，以了解各種測驗在資優鑑定中的運用問題。以下分由智力、性向、成就及教師觀察評量四個向度探討相關的問題。

一、智力測驗的運用問題探討

㈠智力測驗在國內資優鑑定的角色及其有關的爭論

由於多元資優概念的發展以及採用單一智力測驗鑑定資優有若干缺點存在，多元鑑定工具的運用與多元鑑定步驟已然為資優鑑定的主要趨勢。然而國內以往資優學生的鑑定會中，仍可發現智力測驗結果常被用為篩檢學生主要的門檻。鑑定人員常以特教法的標準加上測驗誤差，求取信賴區間，做為決定資優生的主要依據，然後再由其他測驗資料來篩選學生。目前資優生學力鑑定智力測驗的要求一律為平均數以上 2.5 個標準差；甄試保送要求為平均數以上 1.5 個標準差；校內鑑定要求約同甄試保送的要求，不過會因學區內學生素質而略作調整。在這樣的鑑定制度下，在智力測驗上表現不佳的孩子，可說十分不利，常因智力的

設限，喪失許多進入特教服務管道的機會。

　　事實上，智力測驗或各種測驗分數是否那麼重要？決定性是否應那麼高？國內外早有許多學者提出建議，期望資優的鑑定能更審慎，不誤用測驗或完全為測驗分數所引導。雖然 Terman（1925）及 Hollingworth（1929）早先以智力測驗為工具挑選所謂「天才」（genious）加以研究，但自資優概念多元化後，國外學者如：基爾福特、任汝理、蓋聶、賈德納及史騰伯格諸位學者（Gagné, 1985; Gardner, 1983; Guilford, 1959; Renzulli, 1978; Sternberg, 1985），均先後提出對於智力測驗的質疑。基爾福特首先提出擴散性思考的概念，強調智力的組成不只是少數幾個認知因素而已；任汝理倡導資優的三環概念與旋轉門鑑定模式，強調培養學生的資優行為，而非鑑定高智商的學生；蓋聶區分了資優與才能優異，強調先天能力與後天表現之間中介因素的重要性，重視個人與環境的交互運作結果；賈德納強調多元心智能力的存在，反對智力測驗的過度運用；史騰伯格亦提出實用智力的概念，指出個體運用經驗調適環境能力的重要性。

　　在國內，郭為藩（民70）亦極反對智力測驗的濫用，並強調鑑定的目的係在做為教育安置的基礎，以實施適性教學，非僅為分類、分班而將學生標記化。筆者（民84）亦曾撰文探討國內目前鑑定的問題，期望能提高鑑定的專業性與效度。

　　由上述探討可知國內不應將智力測驗結果做為鑑定資優的主要依據，或將特教法中所訂的標準視若「經典」用以為「砍」學生的工具。筆者認為特教法本身便應彈性化，不能固定智力測驗的標準，使行政人員或學校教師均固執於「法」，而未能著重教師觀察、面試、作品表現或者專業研判的能力。研究者強調一組資料的綜合研判仍優於一、二項截斷標準。事實上截斷標準若無實證研究不斷支持與驗證，無論如何訂定，都脫離不了「武斷」的色彩。

㈡非語文智力測驗的鑑定效度與練習效應

　　非語文智力測驗的運用旨在減少文化影響的問題。比西、魏氏、KABC 等個測均加入了非語文測驗的部分。近二十年來，國內亦大量運用高級瑞文氏圖形推理能力測驗鑑定資優生。APM 編製時旨在評量斯皮爾曼（Spearman, 1923）之 G 因素（G factor），並認為可以評量複雜情境與事件思考之高層次認知能力。不過，史騰伯格（Sternberg, 1985）亦批評瑞文氏測驗無法區辨不同的智力，它所測的只是智力的一隅。

　　國外若干學者發現指導圖形推理的作答方式有助於增高測驗分數（Feuerstein, 1979; Haywood, et al., 1982），尤以弗思坦堅信經由訓練能有效提昇推理能力。他教導受試者注意圖形推理測驗中之直線、正方形及三角形，亦教導受試尋找環境中相似及相異之事物，以提高其推理能力。其計畫稱為 FIE（Feu-erstein Instrument Enrichment），訓練結果發現受試得分確能提高。但亦有學者發現此種測驗的訓練效果既不能促進作答速度，亦不能提高對於難度的克服（Guthke, 1986; Andrich, 1991）。上述弗思坦的受試雖然受訓後測驗分數提高，但被發現數年後效果即消失（Spize, 1986）（以上資料轉引自俞筱鈞修訂，民 83）。雖然以往的研究結果紛歧，然此種測驗若在資優生鑑定甄試前「惡補」，相信能提高測驗分數。

　　經由上述探討，筆者認為未來各校在鑑定計分上，若採加權方式，對於智力測驗的比重可考慮降低。尤以高級瑞文氏測驗所佔的比重更應少些，其至尋找其他代替測驗，以提高鑑定效度。同時研究者並呼籲勿再以固定的智力分數做為篩選資優生，或決定學生通過保送、跳級等制度的門檻。應考慮學生整體的表現，以容許個別內在差異的存在。未來新編智力測驗時，編製者應在題型上更新，避免與市面上補習業者所編製販賣的題型相同，以

減少智力測驗的練習效果，提高測驗的信度及效度。

二、學術性向測驗的運用問題探討

　　國內對於學術性向優異學生的鑑定，性向測驗要求訂在平均數以上兩個標準差。這項要求常因常模取樣的限制，而就全體參與施測的學生予以排名擇優錄取；或降低標準為平均數以上一個標準差左右。目前甄試保送所使用之學術性向測驗，在高中甄試保送部分，委由臺灣師大編製，年年更新題目；在國中甄試保送部分，則已由臺灣師大特教中心召集學科教授及高中教師編製完成題庫，未來十年內題目當不缺用。至於校內資優生的鑑定，本研究中之數理性向測驗為國立臺灣師大教育研究所（民68）所編，已使用十多年，大概也有洩題之疑，亟須重新編製，以應各校鑑定之需。此外理化性向因涉及國一新生尚未學習理化的問題，研究資料顯示其預測效度頗低，不如數學或生物性向測驗。筆者認為在國一鑑定時可考慮將理化與生物合為自然性向測驗即可，不必分別命題。

　　國外運用學術性向測驗鑑定資優生，主要採大學學業性向測驗數學部分與語文部分（The College Board Scholastic Aptitude Test, SAT-M & SAT-V）。最著名者為約翰霍布金斯大學發展之特殊才能學生發掘方案（The Talent Search Program）。該方案最早以 SAT-M 鑑定七年級的數學早熟青少年學生，使其提早修習大學課程。目前此方案每年均用暑期夏令營的方式發現及培養數理或語文優異的學生。參與之大學包括愛阿華州立大學、西北大學、杜克大學等，學生來自於世界各地。國內建國高中每年均帶領高一學生參加杜克大學之夏令營，惟效果如何，尚未有任何報告發表。

　　特殊才能學生發掘方案的三個原則是：①採用截斷標準；②

評量特殊性向而非評量智力；③鑑定與課程相互配合，提供專長
領域的加速課程。在此原則下，每一門加速課程，均訂有學生在
SAT 應通過的標準，如化學組，SAT-M 需要在 500 分以上，
SAT-V 建議在 400 分以上。

　　雖然學業性向測驗在美國的運用甚廣，美國許多科學高中均
以其為鑑定資優生之主要工具，然 VanTassell-Baska（ 1986 ）
亦曾加以批判，認為運用 SAT 鑑定年幼的孩子有三個缺點存
在。第一、大部分孩子會在測驗過程中經歷挫折焦慮，因為題目
都是未教導過的，難度相當高。因此測驗前家長或老師應予孩子
心理準備，讓他們知道題目很難，能通過一半，已屬不易。第
二、SAT 不應大量運用，因為有利的只是特別優秀的少數孩
子。故而學校篩選資優生應先運用較基礎的測驗如：智力測驗或
基本能力測驗，再由測驗中選擇高能力而有經驗的孩子受測。第
三、SAT 偏重學科成就及性向，對於文化殊異學生不利。

　　由上述探討，可知學業性向測驗之優點在可直接挑選方案所
欲服務之學科專才，低成就學生會較少。其缺點是為充實大學課
程，所訂的通過標準頗高，只有十分優秀的孩子始可達到 500 分
以上的水準。因此學校內的鑑定若單採此項工具，所能服務的學
生較為有限，其克服的方式應考慮截斷標準訂定的問題，並蒐集
學生其他智力、成就表現的資料等予以綜合研判。

　　國內目前缺乏編序性的學術性向測驗。已編製完成的測驗幾
全為甄試保送之用。各校嚴重欠缺性向測驗。未來編製測驗時應
以線面的方式系統編製各科及不同年齡水準的題目，以提供鑑定
的工具及個別化教學的基礎。唯在運用測驗時仍應輔以其他工具
及觀察資料，否則「惡補」的效應仍會影響其鑑定效度。

三、成就測驗的運用問題探討

　　性向測驗與成就測驗的區分在受試者是否學習過測驗的題材。前者在評量發展的潛能，後者在評量已有的表現。兩者的目的均在評量學業能力。故而成就測驗在資優生的鑑定中，其優點同樣是可鑑定學術性向優異資源方案所欲服務的專長學科資優生。當然，強調性向與成就的表現無疑地會排除智力高而低成就的學生，因此國內在鑑定資優生時，還是頗重視「資優」，而不直接取「績優」的學生。不過，在鑑定會上，常會有在選擇「資優生」或「績優生」中爭論不下的情形出現。「績優生」從任汝理的觀點（Renzulli, 1978）看，是學習動機較高的學生。如果每一位學生既「資優」且「績優」，教學者無疑輕鬆得多，只要盡「引導」之責，而不必操心學生的成就表現，不過低成就學生也會被排除在資優教育門外。

　　國內標準化成就測驗同樣欠缺，甚至於為零。各校目前所用的成就測驗多為中小學教師自編或直接以段考成績做為成就的指標。以往因為這些測驗未經標準化，學校教師對它們都未具信心，專家學者亦不太看重它們。不過，在追蹤研究中卻發現它們還是與學生入學後的成就表現相關最高。未來如能多編製標準化成就驗甚至建立題庫，當更有助於鑑別學術性向優異的學生。然而，筆者亦發現教師自編測驗及學校成就與聯考成績的相關變異頗大，有些年度相關高，而有些年度相關很低，這應與命題的內容及方向有密切的關係。筆者建議未來教師自編測驗及校內評量內容應多配合聯考的趨勢，側重思考能力的評鑑，減少記憶性知識的評量，當更有助於「資優行為」的培養。

四、教師觀察資料的運用問題探討

　　本研究在蒐集資料的過程中，發現各校資料不全的部分頗多，又因各校鑑定工具年度間有所變更，故而要求一道校內或組間可用的迴歸預測公式頗為困難。建議未來各校應妥善保存及追蹤學生資料，以應鑑定及教學之需。未來研究若有教師觀察紀錄或學生特殊表現紀錄做為預測效標，當能使研究項目不受限於學業成績，也許各項鑑定工具的預測效度會有變更。

伍、資優生鑑定篩選的決定策略

　　除了工具影響鑑定的效度外，資優生的選擇策略亦影響鑑定的效度。在一組資料中選出資優的學生是一大挑戰。近幾年來國內在鑑定會上常採用兩種方式，一為加權方式，一為多元截斷方式。以加權方式甄選資優生，方式是先將各種分數轉換成同一標準分數，再對於各種工具給予固定的比重，而後求取加權總分。以截斷標準的方式甄選資優生，方式是對於各種測驗工具先訂定一個初步標準，如採用平均數以上 2 個或 1.5 個標準差，而後挑選在各種測驗中均達標準的學生。若合乎標準的學生人數不足，便再降低標準，直到取足學生。

　　除了國內目前採用的這兩種方式之外，資優鑑定尚有矩陣方式，係將測驗結果化為等第後相加，各種測驗所佔的比重是相同的。標準分數加權，係將各種測驗結果轉換成相同的標準分數後相加，加權後的分數亦可設定截斷標準，以之選擇學生。整體的個案研究方式，係採用個案的方式分析學生在各種測驗或量表上的表現，著重個別內在能力的分析，而不作個別間成績的高低比

較。多元迴歸方式，係求取各種測驗對於成就分數的迴歸值，以迴歸值做為訂定比重的依據，求取加權總分。

　　上述各種方式事實上各有優劣點（郭靜姿，民84），在運用時，專業的研判及教師的觀察資料仍不可忽視，否則將忽略個別差異、文化影響及其他人為因素等問題。同時標準的決定必須要十分慎重（Murphy & Friedman, 1991）。Hany（1993）指出決定的歷程應考慮三點：①要有客觀的數據以供決定，始能減少錯誤；②作決定所採用的變項必須慎選；③要不斷地檢驗其正確性。

　　由於以一組分數鑑定資優生優於採用單一標準，Feldhusen, Asher，及 Hoover（1984）建議對於多個預測變項採用迴歸方式求取加權值鑑定學生；Moore 及 Betts（1987）則認為組成鑑定委員會，由專家依據迴歸分析的結果，綜合其他資料加以研判更為有效。

　　由於各種鑑定方式有其優缺點。國內近兩年來規定學校棄而不用的加權方式，筆者認為仍有其優點，建議未來仍可允許學校繼續採用。惟比重訂定的方式，各校可參考本研究所提供的實證資料加以調整。多元迴歸模式亦可嘗試採用，或可助於資優生鑑定效度的提高。

陸、國內外資優鑑定的比較

　　國內資優學生的鑑定現況，筆者於資優教育季刊第53期中已有介紹，茲舉國外幾個例子，說明其資優學生的鑑定概況。

　　在國外，資優學生的鑑定多採用下述幾種工具：①標準化成就測驗；②性向測驗；③智力測驗；④論文或作品；⑤問題解決或思考能力測驗；⑥面談；及⑦教師推薦或觀察。另外，在亞洲

地區，部分國家特別重視學生的健康狀況及個性表現。茲舉幾個國家說明如下：

一、美國

　　紐約三所科學高中——史代文森高中、布朗高中及布魯克林科技高中係採聯招方式，入學考試科目為「學業性向測驗數學部分」（SAT-M）及「學業性向測驗語文部分」（SAT-V）。阿拉巴馬數學科學高中、路易斯安那數學科學專校、密西西比數學科學高中及北卡羅萊納科學高中除入學測驗考上述「學業性向測驗」，另外要求：①三位中學數理科教師或輔導教師推薦；②論文或作品成績優異；及③數理科成就測驗（各校自行編製）成績優異。北德州大學附設數學科學高中在這些條件外另外加考寫作能力。奧斯丁科學磁校入學測驗考愛阿華基本能力測驗（ITBS），除要求教師推薦、論文或作品成績優異，另外加以面談及筆試（加考問題解決、語文表達及邏輯推理三種能力）（引自：郭靜姿等，民82）。

二、韓國

　　科學高中的鑑定有三個主要的標準：①國中二、三年級的學業總成績在全年級百分等級九十九以上；②在招生鑑定考試中數學及科學成就測驗表現優異；③健康狀況良好（Cho, 1992）。

三、中國大陸

　　其大學少年班或青少年超常班對於超常兒童的鑑別採用下列幾個程序：①教師或家長推薦；②初試：採用數學及語文學科成

就測驗與一般智力或思維測驗；③複試：認知能力測驗；④再查：非智力個性特徵調查及體格檢查；⑤教育實驗（或試讀）。經試讀觀察一個月或一學期確定表現優異後再正式錄取（查子秀，民83）。

四、俄羅斯

　　其人材培育分兩大體系：①費思得克訓練體系（Phystech System）：係經由函授（correspondence）方式發現及選取數學解題能力特別優秀的高中生予以書信指導，並從其中再發現特優者進入高等教育研究所（Institute of Higher Education, IHE）就讀。②西伯利亞訓練體系（Siberian System）：係經由三個階段發現及遴選科學資優生進入特殊學校就讀：先以函授方式初選優秀學生，再進行學科知識及創造性問題解決能力測驗，後再評量學習及自我教育的能力（Pyryt, Masharrov & Feng, 1993）。

　　由國內外的鑑定方式可發現國內的鑑定方式與國外有幾點差異：

　　㈠西方國家在鑑定科學資優生時較重視學生在學科上的表現，較不重視智力測驗的結果。尤以美國的科學高中，或採性向測驗，或採成就測驗，或直接評量問題解決與思考能力。鑑定重點均在評量學生之學科成就，而非評量一般心智能力。其原因應是學科性向或學科成就測驗較一般心智能力測驗能夠預測學生入學後的表現。

　　㈡教師觀察及推薦方式在國外各國所受的重視遠勝於國內。國內的鑑定基於公平性的原則，常重視客觀化測驗的結果而忽視了教師觀察及推薦資料的重要性。另外學生入學後之表現及教師觀察紀錄亦未系統化紀錄，因此進行追蹤研究時資料無從獲取，

僅能做成就表現的追蹤，甚為遺憾。

　　㈢論文或作品成績在國內的鑑定較少採用。國內除了在全國性或國際性競賽中得獎可享有保送升學機會外，學生平日的作品表現幾未被列入鑑定資料。

　　㈣國外的鑑定多半視學生參與鑑定的表現擇優錄取。目前國內資優生的鑑定常有學生因某種測驗未達預定標準而未能通過鑑定或升學保送甄試管道的情形。預訂標準固有其優點，然亦缺乏彈性，常忽視個別內在差異的因素，致使部分學生因一、二種測驗分數稍低而未能通過鑑定，有時會產生遺珠之憾。因此，國內鑑定宜更彈性化，重視鑑定人員的專業判斷，避免以客觀化數據資料做為篩檢學生的主要標準。

柒、結語

　　總之，鑑定是一項複雜的決策歷程，從工具的選擇運用到決定方式與標準的訂定，鑑定人員均須審慎思考。工具之運用係在協助鑑定者蒐集資料，因此鑑定的主角還是在人。人在做判斷時應參考工具所提供的數據資料，但不應被固定的分數及標準所宰制。各種工具有其鑑定目的、優缺點及限制，如何妥善運用當有賴智慧的判斷。筆者認為國內資優的鑑定應避免傳統「智力為主」、「標準第一」、「公平至上」的觀念。未來鑑定時宜走向「質」的評量，少做聯招似的大量鑑定，以免在受試過多的壓力下採取「門檻式」的淘汰策略，無法進行面試、觀察等工作，影響鑑定的品質。

參考文獻

俞筱鈞修訂（民83）：**瑞文氏圖形推理測驗系列指導手冊**。台北：中國行為科學社。

查子秀（民83）：**測驗在超常兒童鑑別和研究中的應用**。載於中國測驗學會主編：**華文社會的心理測驗**。台北：心理。

郭為藩（民70）：應用智力測驗的態度與認識，**資優教育季刊，1,** 2-9。

郭靜姿（民83）：資優學生的鑑定問題採討。載於國立臺灣師大特教系編印：**開創資優教育的新世紀，**67-87。

郭靜姿（民84）：**資優生多元鑑定工具與其計分方式對於學業成就表現之預測效度研究**。國科會83年度專題研究報告。

郭靜姿、丁亞雯、何耀章、楊世慧、楊美慧（民82）：**台北市籌設麗山科學高中專題研究——招生升學規劃第一年研究報告**。

Cho, S. (1992). Education of the gifted and talented in Korea. In W. T. Wu; C. C. Kuo; & J. Steeves (Eds.). *Proceedings of the Second Asian Conference on Giftedness: Growing up gifted and talented.* Taipei: National Taiwan Nomal University.

Feldhusen, J. F., Asher, J. W., & Hoover, S. M. (1984). Problems in the identification of giftedness, talent or ability. *Gifted Child Quarterly, 28* (4), 149-151.

Gagné, F. (1985). Giftedness and talent: Reexamining a reexamination of the definitions. *Gifted Child Quarterly, 29,* 103-112.

Gardner, H. (1983). *Frames of mind: The theory of multiple intelligence.* New York: Basic Books.

Guilford, J. P. (1959). Three faces of intellect. *American Psychologist, 14,* 469-479.

Hany, E. A. (1993). Methodological problems and issues concerning identification. In K. A. Heller, F. J. Monks & A. S. Passow (Eds.), *International handbook of research and development of giftedness and Talent,* 209-232. Oxford: Pergamon.

Hollingworth, L. S. (1929). *Gifted children: Their nature and nurture.* New York: Macmillan.

Moore, A. D., & Betts, G. T. (1987). Using judgement analysis in the identification of gifted and talented children. *Gifted Child Quarterly, 31,* 30-33.

Murphy, D. L. & Friedman, R. C. (1991). Using prediction methods: A better magic mirror. In N. K., Buchanan & J. F. Feldhusen (Eds.), *Conducting research and evaluation in gifted education,* 179-200. N. Y.: Teachers College.

Pyryt, M. C., Mashrow, Y., & Feng, C. (1993). Programs and strategies for nuturing talents/giftedness in science and technology. In K. A. Heller, F. J. Monk, & A. H. Passow (Eds.). *International handbook of research and development of giftedness and talent.* Oxford: Pergamon.

Renzull, J. S. (1978). What makes giftedness? Re-examining a definition. *Phi Delta Kappan, 60,* 180-184.

Stanley, J. C., Keating, D. P., & Fox, L. H. (1974).

Mathematical talent: Discovery, description, and development. Baltimore, MD: The Johns Hopkins University Press.

Sternberg, R. J. (1985). *Beyond IQ: A triarchic theory of human intelligence.* NY: Cambridge University Press.

Terman, L. (1925). *Genetic studies of genius. Mental and Physical Traits of 1000 Gifted Children, Vol. 1,* p.82 Stanford, Calif.: Stanford University Press.

Van Tassell-Baska, J. (1986). The use of aptitude tests for identifying the gifted: The talent search concept. *Roper Review, 8* (3), 185-189.

17

集中式資優生動向之追蹤調查
—兼對集中式教學方式之省思

＊ 劉文琦

壹、前言

　　悠悠歲月，倏忽即過，擔任資優教育將近二十載，其中歷經集中式、分散式、資優績優生混合式、半分散式，林林總總各有利弊。

　　後因專家、學者批評集中式資優教育，對學生人格之形成及情緒上之壓力等諸多弊端，同時資優生偏好的學習方式是遊戲、獨立、討論，因此更適合以分散式來教導他們。但是，教育乃百年大計，有時教育的功能何者為佳，並不能立竿見影，非經年累月的觀察不能見其功。集中式資優教育由開辦至今已近二十個年頭，集中式資優生如今已臻初涉社會就業或更上一層樓，有的正值大學就學；有的繼續進入研究所；有的已踏上就業之途。他們的表現如何？集中式資優教育成效如何？每當與他們碰面，就觸發了我一探原委的好奇！因此在幾經追蹤之下，將七十二年及七十五年畢業生近況加以彙整，從中或可見端倪，一窺究竟。

貳、調查說明

　　甲：調查時間是在民國八十五年，故第四十屆畢業學生均大學已畢業，男生多正在服役中；女生已有多位出國深造或正欲考研究所或出國深造。第四十三屆男女生則正值大四。

　　乙：調查的方法是同學會期間，相互查尋，作為通訊錄，由某些負責長期聯絡同學一一寄出，老師亦在通訊之列。

　　調查結果如下表所示（表一、表二、表三、表四）：

台北市立師院實小畢業班學生概況一覽表
表一：第四十屆畢業班學生概況表

座號	性別	學　　　　　　　　　歷	目　前　狀　況	未來動向
1	男	大　　　　　　　　　學	建 築 工 程	
2	男		在 美 求 學	
3	男	警　官　學　校	警　　　察	
4	男		求　學　中	
5	男	淡 江 化 工（　夜　）	求　學　中	
6	男	東　海　畜　牧	當　　　兵	
7	男	國 防 醫 學 院	實　習　中	
8	男	淡　江　化　工		求學
9	男	東　海　化　工	求　學　中	
10	男	輔　仁　法　律	律　　　師	
11	男	台 大 土 木 工 程	當　　　兵	求學
12	男		不　　　詳	

13	男	世　新　電　影	求　　　學	
14	男	台　大　物　理	當　　　兵	求學
15	男	中　興　企　管	當　　　兵	
16	男		不　　　詳	
17	男		不　　　詳	
18	男	輔　仁　食品營養	當　　　兵	
19	女	台　大　公　衛	柏克萊公衛所	
20	女	輔　仁　法　律		
21	女	不　　　詳	在　　　美	已婚
22	女	輔　仁　食品科學		
23	女	MIT化　工　碩　士	工　　　作	
24	女	淡　江　國　貿	在　美　求　學	
25	女	台　大　資訊工程	台大資工所	求學
26	女	北　醫　保　健	北醫醫研所	求學
27	女	政　大　哲　學	工　　　作	
28	女	中　央　電　機	在　美　求　學	
29	女	政　大　新　聞	工　　　作	求學
30	女	大　　　學	不　　　詳	
31	女	成　大　航　太	成大航太所	
32	女	銘　傳　觀　光	工　　　作	
33	女	北　醫　醫　科	實　　　習	
34	女	北　醫　醫　技		
35	女	專　　　科		
36	女	北　醫　保　健	國防公衛所	
37	女	台　大　經　濟	工　　　作	

表二：第四十三屆資優班畢業班狀況表

座號	性別	學　　　　　　歷	目前動向	備　　註
1	女	中　興　經　濟		
2	女	台　大　土　木		
3	女	赴　南　美　洲	不　　　　明	
4	女	台　大　化　工　系		
5	女	台　大　外　文		
6	女	銘　傳　大　傳		
7	女	赴美德州大學		
8	女	台　大　政　治		
9	女	台　大　藥　學		
10	男	東　吳　數　學		
11	男	專　　　　　科		
12	男	大　華　工　專		
13	男	專　　　　　科		
14	男	陸　軍　官　校		
15	男	宜　蘭　工　農		
16	男	新　埔　工　專		
17	男	銘　傳　大　傳		
18	男	交　大　資　訊		
19	男	政　大　新　聞		
20	男	交　大　資　訊		
21	男	中山大學生物系		
22	男	台　大　資　管　系	已保送研究所	

23	男	長　庚　醫　學		
24	男	中　原　機　械		
25	男	台　大　機　械		
26	男	專科（工業工程）		
27	男	不　　　　詳	赴　　美	
28	男	交　大　土　木		
29	男			歿
30	男	成　大　土　木		
31	男	服　役　中		
32	男	台　大　電　機		
33	男	不　　　　詳	赴　　美	
34	男	麻省理工學院	在　　美	

表三：第四十屆畢業班學生動向調查表

項　　　目	性別	人數	合計	百分比
人　　　數	男 女	18 19	37	48.6% 51.3%
動　向　不　明	男 女	3	4	10.8%
大　學　畢　業	男 女	14 17	31	83.7%
專　科　畢　業	男 女	1 2	3	8.1%
目　前　在　國　外	男 女	1 4	5	15%

目前就讀研究所	男 女	0 5	5	15%
第一類組學生	男 女	2 5	7	5.4% 13.5%
第二類組學生	男 女	6 4	10	16.2% 10.8%
第三類組學生	男 女	2 6	8	5.4% 16.2%
第四類組學生	男 女	1 0	1	2.7%
不　　　　詳	男 女	5 2	7	13.5% 5.4%
其　　　　他	男 女	1 0	1	2.7%

表四：第四十三屆資優班畢業班學生動向調查表

項　　　　目	性別	人數	合計	百分比
人　　　　數	男 女	24 9	33	72.7% 27.2%
動　向　不　明	男 女	1(歿) 1	1	0.3%
大　學　畢　業	男 女	15 8	24	72.7%
專　科　畢　業	男 女	6 0	6	18.7% 0%
目　前　在　國　外	男 女	3 2	5	15.1%

第 一 類 組 學 生	男女	2 4	6	6.0% 12.1%
第 二 類 組 學 生	男女	10 2	12	30.3% 6.0%
第 三 類 組 學 生	男女	2 1	3	6.0% 3.0%
第 四 類 組 學 生	男女	0	0	0%
不　　　　詳	男女	3 2	5	9.0% 6.0%
其　　　　他	男女	1 0	1	3.0%

　　由以上的調查統計數字可歸納為以下幾個問題：

叁、他們是真的資優嗎？

　　根據簡茂發、蔡崇建、陳玉珍（民84）三位教授在資優概念探析一文中指出，西方學者鑑定資優表現之範疇：
　　一、以 DeHaan 和 Havighurst（1957）為例，認為資優表現第一項為：
　　①智能的表現（此為其他才能發展之基礎）；②創造性思考的能力。（其他略）
　　二、H. Gardner（1983）列出七項人類智能表現的範疇：①語文的；②音樂的；③邏輯與數學的；④空間的；⑤身體動作；⑥人際關係；⑦個人。
　　三、Davis 及 Rimm（1985）認為資優表現於下列範疇（引自 Monks 及 Mason）：①一般智能；②特殊的學術性向；③創

造力或成熟的思考；④……。

　　四、Stankowski 以五個分類系統來探討，分別是依據事實來界定，例如有顯著成就的事實，第三項中指出依據在藝術或學術上有突出的表現稟賦來界定。

　　從以上諸位西方學者研究，均認為智能方面的現象例如學業成績、國語、數學等的突出表現即可判定為資優。

　　我國「特殊教育法」第十條則採取廣義的觀點，將它區分為：㈠一般能力優異；㈡學術性向優異；㈢特殊才能優異。

　　本校甄選的資優兒童是經由：①級任老師的觀察推薦；②學業成就測驗；③團體智力測驗；④個別智力測驗等各項篩選。因此本校選出者是以一般智能優異為主要對象。

　　歷經十多年，他們表現優異的不少。以第四十屆為例，醫學院即佔了五位，台大佔了五位。目前仍在美進修或在國內研究所進修者即佔了 30％，同時他們仍不以此為滿，陸陸續續仍有人希望繼續進修，其中一名男生學法律者，以 25 歲的年齡已參加國家高考及格，擔任了三處的法律顧問，另一名男生考中公費留美，目前在美研修物理碩士學位。

　　第四十三屆那一班當中有二位跳級生（由四年級跳升六年級），一位女生鄭雅如考入台大化工系，一位男生何奕達現就讀麻省理工學院，全班八位就讀台大，一位女生保送台大外文系，現已入外文研究所，一位直升台大資訊研究所，另有二位也由台大考入台大研究所。

　　值得一提的是第四十五屆，一位女生蘇怡文由仁愛國中跳級考入北一女後，再考進台大醫學院，後因成績優異與哈佛交換學生進入該校就讀，令人刮目相看。

　　其他方面的表現未來如何，筆者不敢妄下斷語，但就口耳相傳，智育方面的表現不乏表現突出者，同時目前仍陸續有佳績傳出。學習是歷程，是終身的大事，資優者深具潛力，相信在他們

潛能發揮出來時，將會人才輩出，筆者仍在追蹤中。

肆、分散式教學方式果眞優於集中式嗎？

根據從事集中式資優教育六年的經驗，班級中是否會勾心鬥角、壓力沈重，端賴教師及家長的引導及本身的態度。

第一屆資優班成立之時，學生在老師的悉心呵護、家長之喜出望外下，開始恃寵而驕，班上又多屬叛逆型資優生，後來家長對他們的表現失望之餘，均各自尋求發展，從不聯繫；而後來的級任，對班級的經營及輔導有了改變，學生的表現頗令人讚賞，我們保持幾個原則：①家長作建設性的支援，教學工作不作干預，信賴教師的專業性；②學生之間不作學業上的惡性競爭，儘量讓他們展現自己的長處，讓人人有伸展的舞台；③師生及家長常作校外集體旅遊，共同建立良好的情誼，因此直至今日，這兩班的學生家長之間，仍保持良好的交情。學生之間雖然在班上仍難免有相互較勁的現象，但是畢業之後，同學會成為惺惺相惜、相互關懷的一群，這也是當日所始料未及的。他們自動將近況統整寄來與老師分享，他們這一份相知相惜的情懷即可見一斑。

分散式資優生，每星期僅來二節（人文或科學各二節），老師對他們所知有限，而同學之間的人數少，互動的機會也少，下課之後各自回原班，師生均無歸屬感。主題研究或小組研究，對某些孩子來說缺乏持久的興趣，以致於資源班對他來說缺乏很大的吸引力，畢業後也各奔天涯，大多數音訊杳然不知所蹤。

伍、女生的表現有出人意外的佳績

任教多年始終覺得資優班帶來的最大好處就是——給了他們信心。在調查表中可見女生之中尤多佼佼者，以四十屆的為例，十九位當中，其中有一位在柏克萊大學公衛所進修，一位在MIT 成為化工碩士，二位在國內醫學院研究所，二位為科技方面的研究生。

四十三屆中有九位女生，除了二位初中時即赴國外，七位中有二位就讀中興及銘傳外，其餘均為台大，一位是保送台大，而大多數女生均以醫科或理工科為終身職志。其實當年女生中不乏文史非常傑出者，參加校外競賽或徵文屢創佳績，由此可見一般民眾認為女生文史優異，男生數理優異的說法並不足完全採信。

至於女生為何在資優班中的表現如此傑出？我想不僅資優班肯定了她有優異的智慧，給了她們信心，更協助受教者體認自己的目標與夢想，她們了解也勇於突破傳統性別角色對女性的忽視，也敢抗拒自卑心理，坦然地在學業上與男生競爭，知道在事業上作自己正確的抉擇，這是可喜可賀的另一收穫。

陸、優秀人才均投向醫、理、工科是國之福？亦國之憂？

無論男、女生在校成績各科都平均發展，文、理科均佳者，往往最後仍選擇實用的醫、理、工科，理由是將來出路廣，找事情容易。但我們以為治國應網羅天下各類英才，不應偏重拔擢科技人才而已。所以我們希望資優生們應放寬眼界，就自己所長選

擇自己的未來，而不是以未來的求職作為選擇的標準。

　　師大王熙元教授（民80）曾指出：「大凡領袖人物最需要
具備人文心與人文眼。具有人文心靈，他對人與事的思考方面自
然會趨向人文關懷；具有人文眼界，他對未來事業的拓展，定然
能開展人文視野。而人文心靈的陶鑄，人文眼界的涵育，端賴個
人的人文素養。」

　　此言不虛，所以即使大多數的資優生走向科技的路子，我們
仍希望他們不可輕忽人文的涵養。在此呼籲：有智慧、有創見的
資優生，在用你們的頭腦圖謀科技精進之際，也能對人類精神文
明的建立，肩負起一份使命感，使國家在網羅人才之際，不會有
慨嘆某方面人才匱乏之虞。

柒、集中式的上課方式較能寓教於樂，發揮多樣化的學習功能

　　分散式上課方式多採小組討論、獨立研究方式進行，樂趣較
少；而集中式互動機會多，上課可以遊戲、競賽方式進行，容易
吸引他們。兩者各有利弊，以語文科為例，上完一課後，我們可
以進行文章改寫編寫戲劇演出（這是兒童的最愛之一），全班分
為幾個小組演出，一組中由他們自行推選出編劇者、導演、主
角、配角、製作道具者；演出時各組因有競爭，無不互別苗頭，
兒童精心設計的表演，需要有觀賞者的掌聲，那是督促他下次表
現更好的動力。其他如辯論、才藝表演，使教學更能多樣化，也
能從中挖掘許多人才。分散式往往缺乏觀眾的熱烈迴響，使得他
們意興闌珊；分散式兒童五、六個人一組，角色分配都成問題，
如何進行演出或辯論？即使可以演出，試想沒有觀眾的演出你有
興趣嗎？

　　分散式常作的獨立研究，需持久的觀察、調查、討論、研究、實驗，才能完成一篇完整的研究報告，對於某些能堅持、有毅力的孩子，亦不失為一良好有效的學習方法。曾參觀某國小兒童的獨立研究，家長為了研究，帶孩子參觀、採集、觀察，老師再參與指導寫報告、發表，報告完成。孩子自稱原班的課程往往無法正常上課，他們說是利用某些不重要的課去完成研究，然在此多元化的社會中，何謂不重要的課程呢？

　　資優學生集中在一起的另一優點是：增添他們彼此間觀察合作的機會，在觀摩中往往會意想不到的迸出「智慧的火花」。相互的合作、觀摩也較能學到與人相處的良好態度。

　　這一群資優的孩子朝夕相處，作用就如英國劍橋大學的制度類似，讓許多不同類型的人常在一起談天說地，結果是讓好多好多的觀念在輻射你；讓好多好多的奇思在引誘你；讓好多好多的點子在激盪你。你所學的不僅是書本上的，還有老師、同學、家長、社會資源所提供給你的，在這不知不覺中，激盪迸發出靈巧慧思或許就改變了他們的一生，成了他們奇想的引爆點，這也是我教學生涯中，發現學生為什麼總是喜歡「物以類聚」的緣故，原因就是他們彼此較「談得來」。

捌、IQ 與 EQ 何者較為重要

　　最近「情緒智能比智商影響更大」之說甚囂塵上，美國時代週刊發表一篇專文，介紹西方心理學界對情緒智能的研究成果。

　　他們認為即使智商在某程度上受遺傳因素限制，智力平庸的人只要具備了情緒智能（是指能在適當的時候，合理的、恰如其分的向適當的對象抒發個人的感情），將來的成就仍不可低估。評論的人認為情緒智能比智商能更有效地預測個人成就，或責難

現代教育忽略了情緒智能訓練，使社會問題更形嚴重。

　　學者們研究認為可以通過個人信念來預測個人成就，因此父母、教師除了注意學業能力，也要兼顧性格教育。

　　從這些理念中，我想智商固然不能決定一個人未來的成就，但是在集中式資優教育中，將精英集聚一堂讓許多孩子因而更具信心，相互觀摩鼓舞，對未來共築美好的藍圖、理想，也不失是一種收穫。

　　有人認為「性格決定命運」。或許有了高智商，再加上堅毅進取的個性、良好的人際關係，三者相輔相成，追求幸福的人生更容易達成；反之，情緒智能良好而智商較低者，「成功」的路途上走來是否較為艱辛呢？

玖、怎樣讓未來的教育趨勢更人性化

　　根據世界未來學會主席 Edward Cornish 的觀點，在西元 2025 年以前的教育新趨勢可能是教育經驗將由多媒體、電腦模擬、虛擬實境及其他新的教學工具急遽地擴充。同時大量的資訊資源可供學生寫報告之用，在沒有家長陪伴下，資訊科技將使學生在做家庭作業時得到個別的協助。

　　這種教育趨勢固然為受教者帶來了諸多的方便，但是越來越多的時刻，學生面對的是機器而非人類，所以面對冰冷的資訊科技時代的來臨，溫暖柔性的人際交流更是新新人類亟待學習的。在交流中，學習如何與人合作，解決人類和平共存、相依相存的問題可能就成為最迫切的一門學問了。到那時知識的獲得較易取得，個人的 IQ 或許不是支配未來成就的主因，取而代之的，是集體智慧的合作，乃為掌控未來成敗的要件了。

　　因此藉由集中式資優班，讓資優兒童學習如何與人相處，善

用智慧共謀人類福利，才是今後資優班教師與家長最重要的課題。

拾、結語

目前資優教育的型態大多採分散式教學，每星期出來四節或六節不等，各校有別，但均有的困擾是課程的安排常與普通班的課程衝突，如安排在早自習或午休時間，又影響兒童的正常作息，兒童在普通班與資源班的課程安排上常受責難，不知所措。本校（台北市立師院實小）或有些學校將國語、數學課由資源班上，資源班老師兼上部頒課程及資源班教材，卻被不明究理的人疑為「開倒車」，其實是折衷的補救辦法。

毛連塭博士（民 82）在如何發揮資優教育的功能演說中稱：「現今資優教育的目標，應以發展潛能為基礎，以社會效用為取向，二者兼而有之，不論採取何種安置方式，都應同時考慮這些目標。」

資優教育如以集中式呈現容易造成學生的焦慮或惡性競爭，產生挫折感，也不易以小組教學或主題研究方式作獨立研究，但是學生出了社會難道不會面臨來自四方的競爭及遭受挫折嗎？學習如何解決困難、容忍挫折是否也是一種教育呢？如果將來他們是社會中的領導人物，那麼遭逢的壓力、挫折是不是比常人更多呢？所以，一個成功的資優者，其情緒應較平衡，且懂得突破挫折的羈絆而不斷努力精進。

至於集中式人數過多，我以為將人數減至 20 至 25 人為一班，如此既可掌握分散式教學的精神，又可達到集中式的學習效果，是一個可行的方法。

現在既然倡導教育方式多元化、教材彈性化，那麼，資優教

育無論是集中、分散、加速、加廣的型式，只要能發揮資優教育
的功能，又何必在乎以哪一種形式呈現呢？

參考文獻

王熙元（民 80）：人文心眼，**中央日報**。

毛連塭（民 82）：**如何發揮資優教育的功能**（ 在台北市民權國
　　小之演說稿，記錄者：許月娥、謝京娥 ）。

簡茂發、蔡崇建、陳玉珍（民 84）：資優概念探析，**資優教育
　　季刊**，**57**, 1-7。

18

對音樂資優教育的評鑑策略

＊姚世澤

壹、「評鑑」：概論

一、評鑑的目的

在我們一生當中，都曾經接受過不少的「測驗」，這些測試是用來評估我們智力和學習上的性向，或為了衡量我們在教育過程中，所能獲益的程度。大部分的人已經接受過「興趣」上或「人格」方面的測驗，以及其他一些能在職業上，有裨益於我們的測驗。而在這篇文章中所執行的評鑑活動，則是用於測試音樂教育的課程；概略說來，它的目的是為了能將更多的資訊，提供給學生、教師、家長以及專家們，使他們能藉此訂定計畫，以提昇學習者在教育上，能充分發揮他們的潛力，以及針對未來的成就，擬定一套完整的途徑。

但在評鑑學生的過程上，有一些值得我們加以探討的問題，它們分別是：

- 如何分級或分類
- 評鑑計畫的擬定

- 個別評鑑的步驟
- 確定評鑑的程序

以上這些問題的要點將隨同案例，詳細的闡述如下：

案例一　評鑑資料的型式

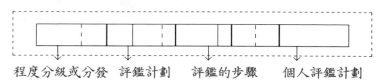

程度分級或分發　評鑑計劃　評鑑的步驟　個人評鑑計劃

在教育學生的整個過程當中，必須要收集多種評鑑資料。案例一說明資料該如何排列；並且當其他的評鑑方式只能訂定一項決定時，案例一有助於訂定多種事項。它能達到以下這些目的：

二、程度的分級

大多數主修音樂的學生，在入學接受正規課程之前，都要先經由一些特定的音樂老師加以測驗，也就是說，那些準音樂系學生，必須先通過入學考試仔細的篩選。一旦「合格」，學生們就得為他們的將來做個決定；合格的學生可依照他們的決定和興趣，選擇音樂上的主修課程。經過分類的學生，再由專家加以進一步的評鑑（通常學生家長也會加入這項工作）。

專家們決定一個學生能否以音樂為主修課程，茲舉下列兩個例子加以說明：

1. 小提琴

選修小提琴為主科的學生，必須具有絕對音感，並且學生必須在聽力訓練上，擁有基本的能力。

2. 作曲

主修作曲的學生，必須在和聲以及音樂理論方面，具有深厚的基礎。

在以上二例中，如果被測試的學生，不能通過最後的評鑑，那麼執行評鑑的專家，將建議他選擇其他的主修項目。

三、評鑑計畫的擬定

評鑑學生的第二個理由，是要為學生「確實的訂出學習課程」。這項目標在適當的情況下，將會採用許多教育性的資料，並且在訂計畫的同時，也需要借助相關人員的參與，譬如：個人人事資料和教師的幫助。當然，那還包括了要選擇一個適當的方法，以及在評鑑計畫中，使每一位教師都覺得適用的學習活動和技巧。

四、個別評鑑的步驟

評鑑的第三個原因，則是要藉著指定課程和等級，來評量與追蹤學生的進度。因為測驗即是把學習的進度，告訴教師、家長以及學生。這就必須有效地利用多種評鑑上的技巧。通常等級的區別，可以反應出學校或個人程度上的指標，教師並不完全以學期測驗的結果，來為學生分等級，還必須在整個學年中，將學生們學習過程的表現，同時涵蓋在內。因此，它說明了教師對於學生的評鑑，應該包含許多東西；例如：像是學生的獨奏會、發表會，以及來自指導教師的指定作業等。

貳、「評鑑」與「行政組織」間的考量

一、評鑑程序的擬定

大部分的評鑑方式，都是一學年的開始與結束之時，舉行課程的測驗，這樣才能評鑑出學生的程度。因此，一份記錄，它綜合了現在與以前的成績，是為了要做評鑑上的比較。

二、評鑑的策略

接下來這些用於解決問題的程序，能在課程的開發上，為教師提供一些方向，以期在學習過程中，吸引學生的注意。教師可以有彈性地運用教材，訂出能引起學生興趣的主題，並據此去選擇更適切的輔助教材。這些步驟同時也能在擬定課程與再評鑑上，做為未來查訊的資料。

【步驟一】決定評估對象

在任何教育計畫的評鑑中，教師必須做到的第一件事，就是：決定評鑑的項目。內容將包括何種主題和技巧範圍；甚至也可能包括學生的人格。

【步驟二】為每一種基本的技巧範圍，選擇並發展一套「技巧分級系統」（見案例二）

一旦教師為每一個學生擬定出評鑑的內容之後，他還必須為評鑑內容的範圍，發展出一套技巧上的分級系統。這套分級系統，必須經過整理，做成書面報告的型式，這樣它不僅能作為評鑑時的引導指南，也能做出一份評估結果的簡略摘要。

在案例二之中，數字越大，所代表的程度越難，數字越小，所代表的程度越簡單。

案例二　音樂技巧的分級系統

學生姓名：＿＿＿＿＿　　　　　　就讀年級：＿＿＿＿

9.組合性
8.分析性
7.作曲
6.轉調
5.移調
4.技巧性
3.表現性
2.試譜
1.唱譜

【步驟三】決定評鑑的起點

當教師已經決定了評鑑的對象，並且也為它們建立了技巧分級系統。接著，他就必須決定，評鑑該從何處著手。但是教師要如何為學生找出一個適當的評鑑形式呢？評鑑的第一個項目，是測驗基本音樂理論或是「欣賞」，或是更難部分而不能輕易的從開始執行艱難測驗，直到學生無法通過測驗為止。教師對評鑑的宗旨，應該是為學生找出一個難度適中的測驗級數，讓學生能在接受測驗之時，尋找出一定數目的標準（以不使學生產生挫敗感為原則），教師據此得以分析等級的型式。

案例三　決定測驗起點的引導指南

```
1.基礎樂理
2.音感訓練：節奏、音程、旋律、和聲
3.技巧：正確性、表情、表現力
4.欣賞：文藝復興時期、浪漫樂派……等
```

【步驟四】

　　教師可藉由觀察以及自製的問卷調查表，收集有關音樂教育上的資訊。學生可以利用鉛筆和紙，回答問卷調查表中所有的有關項目。所謂「觀察」，則是由教師來觀察學生如何回答問卷調查表；在這裏，教師可自行製造觀察的機會。教師也許會給學生一些自由的時間作答，同時觀察學生所做的決定，並加以記錄。

案例四　學生空閒時所喜愛的音樂性活動

```
為了了解你在空閒時，最喜歡從事那些音樂性活動
_____1.樂器的種類：              _____a.小提琴
                                _____b.鋼琴
                                _____c.小喇叭
                                _____d.吉他
```

　　……諸如上述所做相關的問題。

　　【步驟五】　準備測驗

　　在這一個步驟內，教師必須決定，如何使學生接受問卷調查，並務必使他們自己作答，或是一一為學生舉行面試。如果測驗調查能用觀察的形式進行，教師就必須把這些活動，編排到課程的計畫之中，因為教師可因此而得到所需的資料。

【步驟六】簡記學生的表現

如果教師已經用過「紙筆評鑑」的方法，那麼每個學生的檔案，都是一份記錄完整的報告書。教師可以將這些記錄，濃縮成簡單的圖式，將可較為輕易的分析出結果。

【步驟七】完整登載記錄的形式

當教師收集了更多的資訊和資料，可以用來確立評鑑調查的結果時，在登載記錄的形式上，就必須先將評鑑結果加以摘錄，然後再附上日後所收集的新資料。

【步驟八】將評鑑結果納入教學計畫

最後所要做的，就是利用這些資訊，擴充教學計畫。

三、誰要被測試

在執行測試者選擇一個適當的評鑑型式之前，教師必先確知，他們所需要的是何種資料，以及他們將如何使用這些資料。因為對測試的內容而言，一個非常清楚的觀念，可做為具體行動前的準備。這些測試項目，必須在學習課程一開始的時候，就加以準備，同時，測試的內容，也得和欲達成的目標以及所有的課程有關。

案例五即可說明上述的理念。

案例五　選測測試項目的基本要求

評鑑的對象是誰？

　　個人或是團體

　　應考人的特殊限制

評鑑的內容是什麼？

　　內容的範圍

複雜的或是單一技巧的綜合測驗

需要何種解釋性的資料？

常模的測驗

有效率的測驗

㈠評鑑的對象是誰？

經由兩個議題可以得到答案；第一、這個測驗是要評鑑一個學生，還是一個團體？第二、要達到什麼樣的範圍，學生才能證明他們在基礎音樂知識上的程度。

㈡個人與團體的評鑑

存在於團體測驗和個人測驗之間的明顯差異，就是：「團體測驗」的對象，可同時是一群人，或是一個人；但是個人測驗，一次只能選擇一個對象。參考下列資料，你可以了解到二者間的差異性。

1. 個人測驗

(1)測試者通常以口說的型式，舉行個人測驗。

(2)測驗的同時，測試者可直接觀察到個體的作答情形。

(3)測試者可以控制測驗的情況，當學生出現疲倦的狀態時，測試者可中斷測驗。

(4)通常在個人測驗時，可允許測試者激發出受試人的最佳狀況。

(5)考試委員可以使用描述質、量的字眼，來表示優缺點。

2. 團體測驗

(1)測試者可以替年幼的孩童，做口說的解釋，對於四年級以上的學童，則採取文字提示。

(2)測試者不能干擾或是指點學生作答。

(3)即使是「一個」學生接受團體測試的項目，也很難使教師得到有關「質」的評鑑結果。

選擇團體，抑或是個人測驗，多少得端視你所做的決定，以及為達到何種目標的決心。如果目標是：決定一個學生，能否接受音樂特殊資賦教育，就必須執行個人測驗。

㈢應考人的特殊限制

一個特別的學生，可能需要一些特殊的限制，因為此處牽涉到測驗的表達方式，以及它的作答方式，所以比較起來，團體測驗在這裏就不太適合。

四、評鑑的內容是什麼

每個測驗都是評鑑內容的一個單項。在決定測驗必須包括那些項目時，測試者必須考慮三個子題：

- 要衡量什麼範圍（內容）？
- 要引起什麼樣的反應與回答？
- 要測驗那些項目？

㈠衡量的範圍

我們所知道的測驗「種類」，就是評鑑內容的範圍。可以藉著許多測驗的種類以及不同的特色和特徵，來加以衡量性向、興趣、智慧、人格……等項目。而這些特性，大部分都能夠再細分下去，譬如「智慧」，就可再分為表達能力及語言能力。在技巧性及知識性方面，也有許多可加以衡量的項目：試譜、研究、樂曲的表現。其中有些測驗的設計，是專門用來衡量單一的技巧（如，視譜），也有些測驗，可以在各種不同的範圍內，衡量學生的技巧。「你能辨識『　』這個符號嗎？」這個測驗項目只包

括一個範圍。而「Ⅱ是什麼？宮調又是什麼？」像這些特殊領域內的測驗項目，即可藉著學生的作答，同時獲知學生的程度和能力。

(二)刺激與反應

用來衡量個人能力的測驗項目，必須先能「刺激」應試者，接著再使其表達出「反應」的結果。

這些測驗，可經由口說或視覺效果來執行；也就是說，測試者在唸出題目的同時，學生可看到測試者手中的題目。

當然也可依需要，改變想得到的反應，口頭回答「對」或「錯」，也許就是最直接的表示。但亦可將測驗的難度，由是非、真偽的選擇，提高到書寫為文的型式。

適用方法與綜合評鑑

世上沒有絕對完美的測驗。任何評鑑方式，或多或少都會因為最後的評分結果，導致一切可能的批評。然而一項良好的測驗，也許就是因為決議者和測試者沒有考慮到受試人的背景和現實生活環境而可能導致失敗。即使是經過適當設計的測驗，測試者也不必就測驗本身，來解釋它的社會及政治性因素。不適當的測驗，只會浪費金錢與時間，更甚者即造成許多錯誤的分級、分類等制度，同時也波及音樂教育的學習課程。

甄試、分發

在各類問題之中，最嚴重的當屬一個錯誤的評鑑。一個學生因為不適當的分發，而被「標訂」以音樂為主修課程，這些超出學生能力範圍的不良影響，往往要等到再次評鑑的時候，才能察覺出它所造成的嚴重後果。因此在音樂評鑑的過程當中，可能會產生「錯誤的測驗」、「錯誤的解釋」，以及「人為主觀上的疏忽」等弊端。

㈢錯誤的測驗

　　下列三種情形，會產生錯誤的測驗：第一，在執行技術上，選擇了一項不適當的計劃；第二，雖然執行時，具有適當的技術性，但是卻應用於錯誤的目標上，也就是一項測驗，並非針對特定的內容而設計；第三，方法正確，施行的對象錯誤。

空泛的測驗

　　前面曾提及，有許多測驗在技術上並不適當，如果予以使用，就會造成錯誤的測驗。然而，絕大多數（並非所有）的情況下，即使是採用不恰當的方法，也比完全沒有測驗來得好。為什麼呢？這是一個值得重視的問題！一個不良的測驗，會帶給學生不良的後果，因此，要如何使學生摒棄不良的影響？比如說，主修樂器演奏的學生，就需要一套良好的評估方法，絕不能任由他們自行發展，直到經過評鑑後而發現其不良後果，再來研究其評鑑正確性。有一點必須加以說明，使用不適當的評鑑策略，其結果便無法有效的評估學生的能力。就是說，不要替視力正常的學生，戴上度數錯誤的眼鏡。唯有當我們廣泛的使用型式正確的測驗時，才能獲得是以下「診斷」的資料。簡言之，我們由一個測驗所包含的評估方法，來決定它是不是有效。採取策略正確的評鑑計劃，才能幫助學生，至少不能傷害學生。

錯誤的目的（意圖）

　　除了以上的觀點以外，在意圖錯誤的情況下，即使採用技術性正確的評鑑方法，也會造成錯誤的測驗。下面就是一個例子；有關音樂的成就測驗，其目的當衡量學生所能接受的音樂知識，並且這個觀念，須由擬定測驗者加以明確地敘述。如此我們即可清楚地了解，像這樣一種有關知性進展的評鑑（學生的接受能力以及音樂基礎），絕不能視其為範圍廣泛的智商測驗。

錯誤的對象

第三種情形，是把測驗施行於錯誤的對象上；這種情況很容易發生。執行測驗的人，常常會將對象弄錯，他們的程度也許高於，或是低於評鑑的標準。

IOWA 大學在舉行音樂「讀寫能力」測驗時，將接受測驗的對象年齡，定於三歲到十五歲之間，所以這項評鑑不適合二十歲的學生。因此執行測驗者，必須是專精於這方面的學者，即使測驗被誤用時，也能適時的將局面予以糾正。

四評鑑計畫的實施

如果教師將測驗的結果，用來擬定個人學習的計畫，那麼從測驗中得來的資料，不僅將有助於決定教學的內容，也能提供教學的方法。因為教育學者已經注意到，一旦誤用了足以引起混亂的分級制度，就會造成不良的影響。所以學者在擬定評鑑方案時，必須採用合於標準的測驗。接下來要考慮的事項為「教學的內容是什麼？」

有兩件事值得注意；第一件，當學習的課程告一段落後，學生必須獲得些什麼？也就是最後的學習目標。第二件，在下一個學習段落開始之前，學生已經知道些什麼？介於「已經知道的」和「將要知道的」，這兩者間的差別，就是教學的內容。

教師可以運用一些「成就」測驗，來幫助他們決定教學內容，當然，也不是只有「成就」測驗，才能提供相關的資料。並且，資料還必須具備知識性和社會適應性。如果教師在這些範圍內，能定出教育的具體目標，那麼同時也就找到了評鑑的起點。此外教師亦可據此去收集更詳細的資料，以實際的教材幫助學生學習。

談到「如何教學」，它意味著教師的訓練，以及表達方式，或是反覆的陳述。當教師修飾教學的方法，以學生的技巧表現為

依據時，我們即可推論教師所執行的測驗，和學生的學習變數有關。

　　總而言之，執行測驗的目的，是要辨識音樂教育體系的成功之處，確認出那些學生可以接受音樂教育，並對測試者可能的失敗原因，提供可資判斷的證據。適當地執行測驗，並在測驗時加以仔細的解說，能讓學生避免造成錯誤的危險，以及作答時猶豫不決的情形。從這個觀點來看，如果學生因為對主體的認識不清，造成觀察力不足和抉擇錯誤時，可用測驗加以彌補。

　　評鑑在教育過程中，佔了一個完整的部分，且被應用在許多教育性的範圍中；音樂教育也包括在內。不論選擇哪一種評鑑方案，獲得評鑑資訊的主要問題，並不是「我們能不能運用測驗？」正確的說，基本的問題應在於「我們能不能在擬定評鑑方案時，得到必須的資訊？」

　　筆者已對音樂教育課程中的「測驗」，提供了詳細的資訊，欲使這些測驗能被明智地運用。相信讀者也會試著採取辯詰和批評的觀點，衡量現時的一些評鑑方案。因為大家已經了解，如果測驗執行得當，確能提供極為有用的資訊，促進計劃的擬定；執行不得當，測驗就毫無價值。

未來的考量

　　正如讀者所知，學生有權利在最低限度的教育環境中，接受最適當的教育；音樂教育也是如此。然而，對於個人來說，尤其是那些主修音樂的學生，決定最合宜的環境，與最適當的教學計劃，仍應以資料為最後定案的基礎。「評鑑」正是搜集必要資料過程的一部分。教師不僅要核對測驗的結果，還要檢查學生的檔案記錄和程度⋯⋯等。這些資料均有助於教師對學生作進一步的了解，同時有利於訂定教學計劃。

　　但是很不幸地，使用評鑑資訊的本意，和實際情形相比，常不相同。

　　有鑑於此，以下對未來的評鑑，提出幾個考量項目：

　　1. 音樂教育課程的評鑑，能對學校行政組織、學生性向，以及教師們，提供判斷的標準。

　　2. 評鑑的角色將限定於反映改革的指標或需要項目。

　　3. 如果在評鑑中發現錯誤，有必要增續一到兩年的再評鑑。

　　4. 政府可得到進一步的相關資料，並可藉以激勵學生與教師；此舉將使所有的個體更加投入。

　　5. 評鑑結束之後，各部門應針對未來提出改進的方案。

參考文獻

Bloom, S. B. et al. (1971). *Handbook on Formative and Summative Evaluation of Student Learning.* New York: McGraw-Hill. pp.141-225.

Harold, A. P. (1972). The Implementation and Evaluation of Developed Content and Materials for a Music Literature Course in the Senior High School. *Bulletin No.27,* p.25.

Fitzpatrick, J. B. (1972). The Development and Evaluation of a Curriculum in Music Listening Skills on the Seventh Grade Level. Council for Research in Music Education. *Bulletin No.27,* Winter, p.33.

Kinney, G. S. (1987). *High School Music Teacher's Handbook.* West Nyrack, NY: Parker Publishing Company Inc. p.67.

Yao, S. T. (1986) *A research of The Contemporary Approach to Aural Skills (3rd ed.).* Taiwan: Tein-Tung Press. pp.11-168.

肆

課程與教學

19

我國資優教育課程與教學之
問題與改進芻議

＊王振德

　　民國五十一年，第四次全國教育會議在台北召開，經與會代表的呼籲，資優教育實驗工作開始萌芽。正式而大規模的實驗工作自民國六十二年始，由教育部主導的「資賦優異兒童教育研究實驗計畫」共進行三階段。此外，民國七十一年教育部訂定「中學數學及自然科學資賦優異學生輔導升學要點」，委託國立台灣師大科教中心，協助辦理研習及甄試工作。民國七十二年起，行政院國科會科學教育處亦推動「高中數理學習成就優異學生輔導實施計畫」。先後委託國立台灣大學、清華大學、成功大學、中山大學等組成教授團，定期輔導由各校推薦，在基礎科學研究具有高度興趣而表現優異之學生。

　　民國七十三年，我國訂頒了特殊教育法，其中包括「身心障礙教育」與「資優教育」兩大部分。資優教育包括：①一般能力優異；②學術性向優異；③特殊才能優異三類。由於法令規章逐漸完備，資優教育乃成為我國特殊教育的重要一環。

　　課程與教學主要涉及教什麼與怎麼教的問題，是資優教育的核心。我國二十幾年來的資優教育實驗，在課程上未統整的規劃，教材亦零星發展，甚為缺乏；資優教育與普通教育如何相輔相成，並把資優教育的成果及教學方法推廣到普通教育；資優教

育的研究如何與實務相結合，以增進推廣與運用；如何加強資優教育的成效評估，以力求精益求精，為培養人才等，皆是大家所關注的課題。

壹、規畫編訂資優教育課程與教材，充實資優教育內涵

一、現況說明與問題分析

資優課程的設計最基本的原則，是所提供的「學習經驗」必須在「質」的方面有別於提供一般學生的課程，也就是所謂的「質的不同」（qualitative difference），其另一含意也指資優課程方案要能顧及資優生的獨特性，假如他們確實在需求、學習型態（learning styles）、認知型態（cognitive styles）及動機等方面都與眾不同，需要特別的方案，則課程設計即應考慮到他們的這些特質。加勒格（G. Gallagher）建議從三方面修正或改變正規課程以適合資優生的需要：①教材內容方面，加強複雜和抽象的概念；②在提供學習材料的方法方面，應該超越純知識的攝取，而以發展學生的學習風格為主，裨益學生未來的學習和生活；③在學習環境的本質方面，要讓學生能遷移到不同的學習場所或改變現有教學場所的性質。

美國資優教育專家派所（A. H. Passow）認為，資優生的分化性課程需要考慮下列四種內容：①一般教育課程；②特殊性課程；③潛隱性課程；④校外課程。梅克爾（J. Maker）則從內容、過程、成果及學習環境四方面的調適，作為設計資優教育課程之考量。范但蘇（J. Van Tassel-Baska）提出課程發展的

模式，主要包括：①計畫；②需求評估；③組成課程小組；④蒐集教材資料；⑤課程實施；⑥課程評鑑與修正六個步驟。

㈠我國早期資優教育的實驗工作，在課程上，以參酌教育部訂頒的「國民中（小）學課程綱要」，加廣加深。教材則由資優班教師自己編輯，並設計教學活動。

㈡教育部依特殊教育法，訂有「特殊教育課程、教材及教法實施辦法」。其中第三條規定：「各級主管教育行政機關辦理資賦優異者教育，應以教育部所訂各該學校課程標準為主，另依據學生之個別差異，採加廣加深或加速方式，設計適合學生需要之課程實施之」。第四條規定：「各級主管教育行政機關應聘請有關學者及教師組成資賦優異教育教材編輯小組，編輯各類資賦優異補充教材，供教師教學之參考」。

㈢目前教育部訂有身心障礙教育課程綱要，計有啟智、啟明、啟聰，及仁愛學校（班）四種。資優教育方面，尚無課程綱要之編訂。

㈣各師院特教中心，零星編訂資優教育參考教材。台北市政府教育局多年來辦理特殊班教材資料展，鼓勵教師發表教材資料。上述資優教材僅限於區域性流通。

資優課程及教學方面，所顯現的問題主要有下列數點：

1. 課程設計大多由資優班教師自行編訂，缺乏統整的架構。

2. 課程內容，偏重學科知識，教材則大多取自坊間的參考書、測驗卷，深受聯考的影響。

3. 資優班教師在課程設計及教材編選的能力較為不足。

4. 教材資料，不夠充足，校際彼此間亦缺乏流通推廣。

5. 資優班教師反應教材編輯方面負荷繁重，亦需課程綱要或教學指引，作為參考遵循。

二、因應對策

　　㈠教育部成立資優教育指導委員會，下設課程教材研發小組。

　　㈡國立教育資料館設置全國資優教育教材資料中心，加強資優教育教材之蒐集推廣。

　　㈢加強資優班教師課程設計及教材編選之專業知能。

　　㈣充實各縣市特殊教育資源中心，彙整資優教育教材資料。

貳、運用多元教學模式及策略，增進資優教育成效

一、現況說明與問題分析

　　㈠根據筆者之調查研究，國民中小學資優班常用的教學活動與策略主要有：腦力激盪、小組討論、讀書心得報告、發問策略、創作性寫作、發現學習、讀書技巧、益智性遊戲、創造性問題解決、專題獨立研究、價值澄清、說故事或辯論比賽。

　　㈡近來我國學者引介了許多國外的資優教學模式，較常見者有：布汝姆（Bloom）的認知分類模式、基爾福（Guilford）的智力結構模式、任汝理（Renaulli）的三合充實模式、威廉斯（Williams）的思考與情意教學模式、帕恩（Parnes）的創造性問題解決模式、貝茲（Betts）的主動學習模式、克拉克（Clark）的統整教學模式等，但未充分本土化在國內資優班運用。

　　㈢我國學者毛連塭博士研訂了「綜合充實模式」，在台北市國小資優班試行多年，略具規模與成效，並舉辦多項研討會，向中南部資優班教師推介。

　　㈣台北市國小資優班經常舉辦年度教學觀摩，介紹新的教學模式或策略。台北市立師院於民國七十七年成立創造思考教學中心，為國小及幼稚園教師辦理在職研習，台灣省教育廳也於民國七十八年研訂「加強創造思考教學」實施計畫。

　　重要問題有：

　　1. 資優班教師反應教學策略實施的困難主要為：①對教學模式的知識不熟悉；②教材資料不足；③需花費很多時間設計；④沒有充分的時間實施。

　　2. 資優教學模式及創造思考教學的研討與推展，以台北市較為普及，若干縣市未設置資優班，無法充分推展，呈現區域間不均衡現象。

二、因應對策

　　㈠調整資優教育教師專業訓練之課程內容，加強教學模式及教學策略之引介。

　　㈡加強辦理區域性及全國性之資優教育教學觀摩。

　　㈢各師範校院特教中心應加強辦理資優班教師教學法之研習。

叁、推廣資優教育教學成果，提昇普通教育品質

一、現況說明與問題分析

對於資優學生的教育，通常可用三方面來加以調適：①改善課程內容；②改變學習技能；③改變學習環境。我國特殊教育法第二條亦規定：「特殊教育內容，除以民族精神、國民生活教育為中心外，對資賦優異者，應加強啟發其思考與創造之教學……。」可見啟發思考與創造之教學活動，乃資優教育的重點。近來大家逐漸意識到資優教師所運用的教學技巧，對所有教師都甚有助益，可作為激發學生學習的良方，以為所有學生充分的發展其才能。從廣義的觀點，資優教育的方法與技巧，應推廣到普通班級，這也是資優班教師應負的職責。因此，如何將資優教育的成果，推廣到普通班，以提昇普通教育的品質，亦為一重要課題。我國傳統教育偏重記誦之學，教學方式較為刻板，資優教育注重思考及創造的教學活動，若能普遍推廣，可促進教育的革新與進步。

㈠我國資優教育早期以成立特殊班的方式（集中式），致使資優班教學獨立於普通班之外，二者甚少溝通交流。

㈡近來有採資源教室（分散式）者，也常發現普通班教師與資優班教師之間觀念不合，做法殊異，使學生左右為難。

㈢有些學校為加強資優班之成果及宣導，則以舉辦資優學生成果展方式，讓家長及普通班教師參與及了解。

二、因應對策

㈠加強普通班教師有關資優教育教學方法、資優學生身心特質等之通識課程研習。

㈡有系統的將資優班教材教法資料，提供普通班教師參考。

㈢資優學生個案輔導或研訂 I.E.P. 時，邀請普通班教師或級任教師參加。

肆、加強資優教育研究與評鑑，改進資優教育績效

近一、二十年來資優教育的實施逐漸具有規模與制度，學術研究的貢獻亦助益不少。學術研究的成果，通常可用三方面顯示出來：①研究文獻的累積；②研究機構的設立與研究方案數量的增多；③國際活動及會議的參與。

評鑑與視導是教育革新進步的動力。我國各級行政機關歷年辦理資優教育實驗工作，亦曾進行階段性的評鑑，或配合特教中心視導資優班之辦理情形。

一、現況說明與問題分析

㈠資優研究文獻的累積：教育部國教司自民國六十三年始，出版「資賦優異兒童教育研究實驗叢書」六輯；中華民國特殊教育學會與國立台灣師大特殊教育中心共同發行「資優教育季刊」，自民國七十四年創刊，共出版五十八期。台北市立師院創思中心，亦出版「創造思考教育」七期。近十年來坊間出版的資

優教育圖書也逐漸增加。

　　㈡研究專案的增加：民國五十八年國立台灣師大教育研究所賈馥茗教授受行政院國科會委託，致力於創造能力發展實驗及資賦優異學生教育方式之研究，並指導碩士論文多篇。民國七十一年國立台灣師大教育心理研究所路君約、簡茂發等教授，也完成多篇有關資賦優異學生身心特質之研究。民國八十三年開始國立台灣師大特殊教育研究所吳武典、林幸台教授整合了師範校院的人力，在國科會的贊助下進行了一個大型的資賦優異教育整合型研究——我國資優教育全方位發展策略之研究（如下頁所示），最為可觀。

　　㈢研究機構的設置：我國目前在三所師大設有特殊教育學系及研究所，另外六所師範學院設有特殊教育學系。各研究所以資優教育相關主題的碩士論文為數不多。

「我國資優教育全方位發展策略之研究——五年期整合型計畫」

計畫名稱
一、政策與理念 1-1 我國資優教育政策之現況及其影響因素之探討 1-2 資優與資優教育概念之比較分析研究
二、鑑定與教育安置 2-1 我國資優學生鑑定制度之研究 2-2 國中資優學生鑑定工具與方法之有效性分析 2-3 資優學生教育安置模式之研究
三、生態環境 3-1 資優生班級型態之研究 3-2 資優學生家庭動力之研究
四、課程與教學 4-1 資優教育課程與教學實施現況之調查研究 4-2 充實模式之設計與實驗研究

| 4-3 統整教學模式之設計與實驗研究 |
| 4-4 學前資優兒童早期鑑定與介入模式之研究 |

五、思考與情意訓練
5-1 領導才能訓練模式之設計與實驗研究
5-2 資優兒童認知思考技巧特質及其訓練之研究
5-3 創造性問題解決教學模式之設計與實驗研究
5-4 人事智慧之衡鑑及其訓練之研究

六、輔導與追蹤
6-1 跳級資優生之追蹤研究
6-2 國際數理競賽優勝學生之追蹤研究
6-3 低成就資優學生的特徵及輔導策略之研究
6-4 資優學生之生涯定位與生涯抉擇之研究

七、評鑑
7-1 國小資優教育評鑑模式發展之研究
7-2 中學資優教育評鑑模式發展之研究

八、特殊族群資優生
8-1 殘障資優學生身心特質之研究
8-2 「最大潛能發展區間評估方式」對於文化殊異資優生鑑定效果之研究

　　倒是美國推展資優教育的過程中，為加強研究與實務相結合，設立了國立資優教育研究中心，由康乃狄克大學、喬治亞大學、維吉尼亞大學及耶魯大學共同組成，並設立中小學協同學校、諮詢委員及資料庫（含專家、課程發展、鑑定等項），頗可借鏡。

　　我國發展與改進特殊教育五年計畫中，在教育部之下設立「國立教育研究院」之構想，但目前正在研議中，尚未設置。

　　㈣學術研討與國際會議的參與：教育部曾於民國六十九年至七十一年間，舉辦四次國民中小學資優教育研討會，檢討資優教育實驗工作的重要課題，如鑑定、課程教材、師資等。民國七十二年在國內舉辦「國際資優教育研討會」；民國八十一年承辦

「第二屆亞洲資優教育會議」；民國八十三年舉辦「我國資優教育二十週年研討會」。此外，國內特殊教育學者及教師，也經常組團出席「世界資優兒童教育會議」及「亞洲資優教育會議」。

　　㈤資優教育評鑑的實施：民國六十二年始實施的資優教育研究實驗計畫，第一階段結束時（民國六十七年），曾進行總結評鑑，結果顯示資優班學生比在普通班的資優學生（對照組），在國語、數學科的成就較為優異，惟自我觀念則較為消極。第二階段的資優教育研究實驗計畫，於民國七十一年告一段落，經評鑑小組實施訪視及問卷調查結果顯示：①資優班學生人際關係優於好班學生；②資優教育之成效尚稱良好，惟國中階段受聯考影響甚大。此外，人格輔導亦較為忽略；③分散式資優班因缺乏行政與教育支持，效果較集中式差。近來國民中小學資優教育則較少實施評鑑。

　　至於高中數理資優班則於最近實施（民國八十三年）完成了全國性評鑑工作。台灣省教育廳亦於去年（民國八十三年）完成省屬特殊才能資優班之評鑑工作。

　　㈥資優教育的指導與輔導：早期教育部在推展資優教育研究實驗工作，曾聘請教育行政人員及專家學者組成「指導委員會」，負責實驗計畫之設計與督導工作。同時亦委託輔導區各師範校院成立「輔導小組」，聘請教育及學科專長教授擔任輔導委員，協助實驗學校甄選學生、編輯教材及進行專題研究。目前指導委員會不復存在，取而代之的是教育部為諮詢專家學者而成立「特殊教育委員會」。然該委員會以討論身心障礙教育為主，甚少涉及資優教育的政策與問題。資優教育的輔導工作則由各特教中心負責。

　　在資優教育之研究及評鑑工作方面，主要的問題有下列數端：

　　1.資優教育研究與實務未能充分合作。沒有學理的實務是盲

目的；沒有實務的研究是空的。我國多年來雖有一些資優教育的研究，一則未做充分的推廣，一則未做研究需求的評估，以配合實務的需要。

　　2.特殊教育委員會忽略資優教育主題。我國教育部為諮詢專家學者，於民國七十七年設置了「特殊教育委員會」。每兩個月集合一次，討論重大的特殊教育政策及問題。然而以身心障礙教育為主，甚少涉及資優教育的主題。

　　3.資優教育研究人力有待整合。我國資優教育人力分散在各師範校院，甚少整合協同研究。

　　4.資優教育評鑑工作零星辦理，並缺乏積極的輔導。由於特教中心人力不足，近來大力投入鑑輔會工作，對資優教育缺乏積極的輔導。

二、因應對策

　　㈠充分推展資優教育整合型研究專案的成果，並配合需求評估，與實務工作相結合。

　　㈡教育部設置之特殊教育委員會應分為身心障礙教育與資優教育兩組，分別定期開會，或另外成立「資優教育諮詢委員會」。

　　㈢參考美國模式，設置資優教育研究中心，以整合資優教育人力，開發資優教育資料庫。

　　㈣加強資優教育視導及評鑑工作，照往例成立地區性資優教育輔導小組，聘請學者專家擔任輔導員，期能導正資優教育的方向。

　　㈤定期召開全國性資優教育行政會報及學術研討會（如一年召開行政會報，一年召開學術研討會）。

參考文獻

毛連塭等譯（民 76）：**資優教育教學模式**。台北：心理。

毛連塭（民 77）：**綜合充實制資優教育**。台北：心理。

毛連塭（民 83）：**資優教育課程設計**。載於中華民國特殊教育學會、國立台灣大學特殊教育中心編印：開創資優教育的新世紀，89～104 頁。

王振德（民 77）：**我國資賦優異教育的回顧與展望**。載於中華民國特殊教育學會、國立台灣師範大學特殊教育中心編印：我國特殊教育的回顧與展望，79～100 頁。

王振德（民 80）：我國資優教育相關問題及教學狀況調查研究。**特殊教育研究學刊**，8，249～264 頁。

王振德（民 84）：**我國資優教育課程與教學實施現況之調查研究**。行政院國科會專案，NSC 84-2511-S-003-057。

吳武典（民 83）：**資優教育的研究與課題**。載於中華民國特教學會、國立台灣師範大學特教系編印：開創資優教育新紀元，1-19 頁。

盧台華（民 83）：**資優教育教學模式之選擇與應用**。載於中華民國特殊教育學會、國立台灣師範大學特殊教育中心編印：開創資優教育的新世紀，105～121 頁。

盧美貴（民 73）：資優教育課程的檢討與改進方案。**資優教育季刊**，**13**，16～19 頁。

鍾聖校（民 70）：資優教育課程的問題與趨勢。**資優教育季刊**，**25**，25～26 頁。

Gallagher, J. J.(1979). Issues in education for the gifted. In A. H. Passow (ED.) *The Gifted and Talented: their education and development.* Chicago: University of Chicago Press.

Maker, C. J.(1986). *Critical issues in Gifted education: defensible programs for the gifted.* Massachusetts: Aspen Publisher, Inc.

Van Tassel-Baska. J. (1994). *Comprehensive curriculum for gifted learners.* Massachusetts: Allyn and Bacon.

20

盲與忙—談現階段中學資優教育課程設計的幾個問題

＊郭靜姿

壹、前言

　　近兩年筆者參與臺灣北區國中資優班與全國高中數理資優班的訪視評鑑工作，走訪了二、三十所國高中資優班，發現資優教育普遍存在著若干「盲」點，使得部分資優班的教學在「合理化」的藉口下，出現了病態的現象。盲點之一是以為資優必須績優，因此資優教學先要考慮升學，才能論及其他；盲點之二是以為資優必須補充很多課程，卻忘記加強練習不是有效的資優教學方法；盲點之三是以為資優必須面面俱優，因此課程設計強調「十全大補」，對於單科資優生提供十項全能課程。盲點之四是以為難題與考試是升學保證必經之路，因此資優教學照樣填鴨補習，無異於普通班。其結果是：資優班教師個個疲於授課，無暇思考如何教學的問題，更無暇自編教材，遑論個別化教育計劃之撰寫；資優學生上課時數逾常、考試重重，無暇學習如何學的問題，更無暇自學或創造研究，遑論培養高層思考能力。在教師及學生皆如此「忙碌」的情況下，不知我國現階段資優教育的目標

何在？資優教育的課程設計是否有益於學生潛能的發展？

貳、現階段國內資優教育課程設計的問題

　　筆者觀察現階段國內資優教育的課程設計，歸納出下述問題：

一、資優教育課程缺乏全盤的規劃

　　目前國內資優教育的課程設計幾無規劃，地區間與地區間、學校與學校間，資優班課程完全由學校行政人員及教師根據本身對於資優的認識加以設計，因此區域與區域間，校際與校際間，課程總類五花八門，無法窺探出共同的教育目標及精神。校際間惟一共同之處是均在加強學科教學。至若各校辦學的優劣，端賴行政人員與教師是否具備正確的資優教育觀念。

二、資優教育的辦理方式臺灣北中南區有差異

　　在國中資優教育的部分，地區間的差異最為明顯。台北市資優資源教室的課程設計大致符合資源教室的精神；或採正課時間實施專長學科的教學；或採正課以外的時間（例如：聯課、自習、第八節）實施課外充實教學；或兼採正課及正課外的時間教學；但資源班的時數大致均不超過學生一週上課總時數的三分之一。臺灣省的部分如台北縣、基隆市，其資優資源教室名為分散式教學，其實其教育型態已趨近集中。幾所學校如：江翠國中、銘傳國中，其方式是主科（國文、英文、數學、理化）抽離原班，另外再運用第八節、第九節、週六下午等加強專長學科及其

他科目（歷史、地理、英文會話……等）的教學。因此台北縣的江翠國中學生在資源教室的時間高達30節以上；基隆市銘傳國中在資源教室的時間達20節以上，若加上早自習、午休、班會、輔導均在資源教室，學生停留在「資源教室」的時間遠超過在普通班的時間，普通班反而較像資源教室，因為只有少數副科及藝能科目在普通班上課。此種課程設計方式學生負擔較集中式班級為高，因為外加太多的課程。如此相較下，台北市的資優教育較為正常化。臺灣省的資優教育在部分學校有明顯地「補習班」的色彩。

在高中資優教育的部分，臺灣省中南部地區資優班的課程總時數明顯高於北區的學校。例如：北區的建國高中高二授課總時數為38節，高三授課總時數為35節；北一女中高二授課總時數為41節，高三授課總時數為43節。但是中區的彰化高中高二授課總時數為51節，高三授課總時數為46節。南區的台南女中高二授課總時數為46節，高三授課總時數為47節。中南區授課總時數高，原因在第三類組課程的開授及數理課程時數增加。建中數理資優班因未開設生物課程，因此上課時數顯著低於全省其他各個資優班。

三、各校間的課程設計五花八門

地區間的差異由資優班課程總時數可看出資優教育正常化的情形。校際間的差異可進一步由課程內容及資源教室課程抽離的方式加以比較。台北市國中資優資源班的課程均係專長學科的開授，符合單科或雙科資源教學的精神，如數學資優班上的課程不外乎數學、電腦、專題研究；數理資優班上的課程則有數學、生物、理化、電腦、專題研究等；國文資優班上的課程未脫離國文、寫作、文學欣賞等；英文資優班上的課程未脫離英文、會

話、聽力、寫作等。北市各校資優班間的差異主要是在上課時間的安排，有些學校如麗山國中、忠孝國中、重慶國中等，運用正課時間及課外時間如聯課活動及自習上課；有些學校如：萬芳國中、永吉國中則完全運用正課以外的時間上課。

　　台灣省國中資優資源班的課程則非僅限於專長學科的開授，如：永和國中數理資優班的課程包括數學、生物、理化、國文；江翠國中數理資優班的課程包括數學、生物、理化、理化實驗、國文、英文、作文、口才訓練、地理、歷史；銘傳國中數學資優班的課程包括數學、理化、生物、國文、英文、輔導、聯課、自習、班會。福和國中數理資優班的課程包括數學、理化、生物、國文、英文、聯課、自習、班會。光華國中自然資優班的課程包括數學、生物、理化、專題研究、英文、週會、聯課、自習、班會。綜觀上述各校的課程設計，台灣省國中數理資優資源班的教育型態介於集中與分散間。在課程設計上多數學校除開設數理課程外，並加入語文課程，其課程內容較近於一般能力優異的色彩。此外群育課程如班會、週會亦在資源班上課。其教育型態名為「資源教室」，實質上集中式的色彩較濃。

　　在高中資優教育，校際間的差異在有無開設專題研究課程。部分學校如武陵高中、建國高中、北一女中、板橋高中、鳳山高中、彰化高中及台南一中等，已將專題研究納入正式課程。其他學校雖亦強調研究能力的培養，但係運用正課以外的時間，或配合科展等競賽給予學生獨立研究的機會。在學科教學上，各高中資優班則無太大的差異，課程內容幾同於普通班。

四、資優與績優的觀念混淆，資優教育目標不清

　　在訪視過程中，與教師及學生的座談會裡，大多數學校教師均以家長對資優教育認識不清為影響資優班教學正常化的主因。

許多學校提出資優教育的理念有待宣導。而事實上除了家長對資優的認識不足外，若干行政人員及教師對資優教育的認識亦闕缺。資優生本身也分不清資優與績優的差異。因為多數教師與家長的要求是資優必須績優。是以資優教育在升學壓力的籠罩下，學生課業壓力沉重，而學校教學在「績優」的前提下，易於朝向升學導向的目標前進，課程設計只重加課、考試，忽視了高層思考能力與自學精神的培養。

在一些學生素質較低的學區中，資優班中因為真正資優的學生少，班級中似以績優學生居多，教師反應學生個別差異極大，為顧及多數學生的成績表現，資優教學難以落實。

五、資優教材教法缺乏特色，資優課程與普通課程幾無差異

目前國內大多數資優班的教材仍止於學科知識的傳授。思考教學或問題解決能力的教學太少。少數學校因為資優生有跳級的機會，教學側重加速，不重課外充實。即有充實教材，亦少系統編製，僅補充若干與學科單元有關的題材或奧林匹亞等數理競試考題，教師對於整體概念的介紹極為欠缺。因此在一些集中式資優班中，若干學生反應資優班的教學沒有特色，無異於普通班。足見資優班的教材教法及教學品質有待改進。

除了教學內容及教法沒有特色外，多數資優班對於學生的評量內容及方式亦無異於普通班，幾乎全校性的段考作為評量學生的工具，此點說明教學內容既未能區分資優教育與普通教育，評量方式亦未有任何差異，資優教育的功能是否發揮值得探討。

六、資優生全人教育缺乏，人格發展值得注意

　　多數學校反應資優班同儕競爭劇烈，而資優生亦受到普通生的排斥，顯響資優生健全人格的發展。以目前資優班的教學現況，認知教學仍為主體，資優學生的情意輔導多賴輔導室。若輔導室人力不足，則資優生僅靠任課教師的輔導。當任課教師缺少輔導專業知能時，資優生的心理輔導便顯見不足。

七、資優教育重量而不重質，資優學生疲於上課

　　由上述各校課程設計現狀顯示資優班上課重量而不重質。資優班授課時數高並不保證學習成效良好。學生疲於上課，缺乏動腦的時間與自學的機會，可能影響自動自發的學習及終生樂學的態度，離開教師的督促後即罷工不學。因為學習的經驗太痛苦，心理感覺彈性疲乏，繼續讀書求學的心理空間大大降低。

八、資優教育專業師資欠缺，教學未能符合專業要求

　　整體說來，目前國內對於資優班教師的培訓十分不足，加以資優班教師壓力大、流動率高，各校教師能有半數受過特教訓練已屬不易。以高中資優班為例，合格資優教師比率僅佔百分之十三。而高中資優班更有一個不成文的規定是，資優班採輪流教學的方式，未考慮教師是否受過專業訓練及其他配合條件。如此造成受過專業訓練之教師任教普通班，而資優班教師大多未受特教訓練。特教合格師資顯然未能善用。教學當然不符專業要求。

　　筆者發現資優班的協同教學亦十分不足。常以一位教師擔任

一科教學。資優班各科教學應可不必拘限於由一位教師獨立擔任，可由二人（或二人以上）合上一門課，就專長部分分工合作，一方面可減輕教師教材編輯的負擔，一方面可增加課程的多樣性。

叁、資優教育如何能更好──幾個建議

茲就上述資優教育的課程與教學問題提出以下的建議：

一、教育行政主管當局及學術單位應全盤規劃資優班的課程

雖然資優生的個別差異極大，不適合編製課程大綱供各校使用，然筆者認為對於各類資優班，教育行政主管當局及學術單位還是應該全盤規劃其應授的課程，使學校有所遵循。課程可分類訂定，對於數理資優班、語文資優班等不同性質的班級，可規定應授的課程及選修的課程。例如：數理資優班應授的課程為數理學科（數學、物理、化學、生物等）、數理相關課程（數學探討、科學專題探討、數學史等）及獨立研究課程（數學研究、物理研究、生物研究、化學研究、地科研究等），選修的課程如：思考方法訓練、人際溝通訓練及電腦課程等。教育主管當局並可明文規定各資優班可減授或濃縮的普通課程，使學校有彈性設計資優班的課程，不致運用第八、九節課外加課程，導致學生課程負擔過重。

全盤規劃的好處是學校不致於因對資優教育觀念有偏差而胡亂加課，或課程設計根本顯現不出資優教育的特色。對於一個師資未受訓而設置資優班的學校，這樣的課程規劃具有正向引導的

功能，使資優教育不致偏離目標。

二、資優教育溝通理念為先，學校及家庭均應有正確的教育態度

　　筆者以為各資優班應多邀請資優教育專家學者提供專題講座，以協助學校行政人員、教師及家長建立資優教育的正確理念。可免學校因資優與績優觀念的混淆，教學僅著重測驗成績，不重思考與研究能力的培養。同時校方應多提供資優生家長親職教育的機會，使家長能對於資優生的成就建立合理的期望，引導正確的生涯發展。

三、資優教育課程設計應該重質而不重量

　　資優教育的目的在培養高深學術研究的人材。為達此目標，資優生應具有自動自學的能力與獨立研究的精神。資優班課程時數大多代表教學者一意灌輸，只重填塞不重吸收。以資優教育的精神，普通學科課程應當精簡濃縮，使資優生有餘力選修適合其能力發展的課程。但筆者發現少數資優資源班反而讓學生兼上資優班與普通班的學科課程，其結果是普通生僅用四節課上普通課程，資優生反而用八至九節課上數學。此種方式筆者譏為「把資優生當啟智班學生教」，完全違背資優教育的精神。

　　資優班課程總時數太高，宜減少部分科目授課時數。專題研究宜以課程濃縮後的時間實施，不宜採用外加時間。此外，資優班個別化教學不足，學校應加強個別差異的輔導。多數資優班除了專題研究實施分組教學之外，對於能力特優學生或課業落後的學生幾無特殊的輔導，以應其需要。因而資優班因材施教的理念，在目前的課程設計方式下未能充分彰顯。筆者建議學校宜多

針對有特殊需要的資優生提供小組或個別的教育與輔導機會。

四、資優教育的型態應彈性化，授與學校選擇權

　　集中式編班方式及分散式編班方式實施成效好壞端賴校方的實施方式，尤以師資因素影響資優班成效最重。目前教育行政主管當局傾向於統一規定所屬資優班的編班型態，此種行政命令並未有利於資優教育的正常化。以目前台灣省若干資源教室的課程設計方式，學生壓力反較集中式班級為高，因為外加太多課程之外，資優生尚需兼顧資優班與普通班兩邊教師的要求，也同時受到普通班學生的排擠，心理與課業可說飽受雙重夾攻。

　　筆者建議教育行政主管當局應授權學校自由選擇編班型態，使學校能就本身的環境及條件選擇適合的資優教育方式。行政主管當局應重視的是多督導與評鑑學校的教學以提高教育品質，對於辦學有偏差的學校，經輔導無效後即給予停辦的處分。

　　對於資優班學生來源人數不足的學校，資優生的輔導沒有必要採用固定成班的方式，應可採用個別輔導的方法，當較能配合資優生的個別需要，提供適性的輔導。行政單位對於這樣的學校可每年依據學校輔導人數及計劃提供經費補助。

五、資優班情意輔導應納入課程，強調知情意並重的綜合充實課程

　　資優班課程應納入情意輔導課程。除了學科課程之外，安排與學生個別諮商的時間應是十分重要的。資優（資源）班的導師每學期應至少與每位學生晤談兩次，以了解學生對課程、師資及教學環境的看法，並輔導正確的學習及人際交往態度。資優生雖然資優，但也因其資優而有人際適應困難之處，因此，校方應多

提供團輔或個輔機會，以增進資優生的團體適應能力，協助其健全人格的發展。

六、資優班的教材教法應與普通班不同

資優生之所以需要特殊教育，在其學習需求與一般學生不同。是以資優教材教法自應有別於普通生的教材教法。資優班宜多系統編製充實教材，著重思考與研究能力的訓練。而其學習環境亦應妥善規劃，以滿足特殊的需求。資源教室應提供必須的工具書及研究設備，設置地點宜有利於學校整體資源的運用而避免孤立於校內一角。

筆者亦建議資優生的評量內容應與教學內容銜接，著重學生各方面能力的考核，避免以全校性定期評量考試作為唯一的評量標準，方能鼓勵學生著重各方面能力的表現。

七、資優班教師迫切需要專業培訓

最後筆者呼籲對於資優教育的主角——資優教育的基層推動人員——資優班教師，教育行政主管單位定期提供培訓及貯訓機會，使資優教育的品質得以提高。當教師未受訓而教學困難時，教育行政單位不宜責難怪罪，因為這是先天條件不足所導致的失調現象。學校則應充分運用專業合格教師擔任資優班課程，如欲提供校內教師輪流任教資優班的機會，宜多鼓勵其他教師受訓，避免受過特教訓練的教師無法在資優班任課的情形出現。

21

世界各國數理資優教育課程簡介

＊陳明聰

壹、前言

　　根據林幸台（民 83）和魏明通（民 82）的報告指出，目前國內數理資優教育，校內仍以實施集中式特殊班為主，再輔以資源教室、獨立研究或舉辦演講、校外參觀；教育部則委託各大學辦理各種科學研習營與資優生跳級保送甄試。在「大學聯考」的規範下，各校課程內容也大同小異，皆以部頒課程內容為主幹再做加深、加廣或加速。加速部分當然以教科書為主力，在充實部分除少數如建國中學學校有一套共同教材外，大部分學校多由各任課教師自行設計。整體而言，數理學科，大部分學校皆增加授課時數；一般人文學科，除必修或聯考科目，多數學校皆依「高級中學科學資賦優異班課程調整模式」，減少時數、合併科目為社會科學概論，或是改為選修。至於上課總時數及數理科時數各校並不一致，高二授課總時數由最少的 38 節（建國中學）至最多的 51 節（彰化高中）；高三授課總時數由最少的 35 節（建國中學）至最多的 47 節（台南女中）。

　　雖然國內現行資優課程透過跳級與保送讓傑出的數理資優生能稍擺脫沈重的聯考壓力，致力於特殊性向的發展；大部分學校

也都能重視學生獨立研究課程，透過獨立研究，學生可以獨立思
考、自己決定學習內容並將課程中所學統整應用於研究之上。但
仍可以發現有下列值得改進的地方：核心課程缺乏特色，課程缺
少整體性規劃，欠缺全人教育觀，偏重加速忽略充實，全部採集
中式資優班，忽略學生獨特學習需求，實施方式不夠多元化，部
分學校上課時數過高，學生負擔太重。

　　課程是教育的內容，是教育實行的依據，影響資優教育成效
甚鉅。而課程的發展是持續而繁複的動態歷程，從確定課程實施
對象、課程目標的選定、課程的範圍、課程的實施方式、教材的
編選、到實施成效評鑑的計畫，都需要資優教師、學校行政人
員、學生家長與專家共同參與，並隨著個別資優教育方案的進行
而彈性發展（Borland, 1989）。要了解資優方案課程，必須廣
泛蒐集閱讀相關資料，與方案相關人員進行晤談，方能一窺其
貌。本文限於文獻，無法掌握各國數理資優課程動態發展的資
料，僅就課程之實施方式與課程科目作探討。以了解各國數理資
優課程之內容和實施方式，做為國內發展數理資優課程之參考。

貳、各國數理資優課程實施概況

　　以下分北美、歐洲、獨立國協、亞洲四區分別說明。

一、北美

㈠美國

　　美國資優教育蓬勃發展，各式各樣的教育方案在全美各地實
驗與實施。加之美國教育地方色彩濃厚，數理資優教育的方案多

采多姿，無法一覽而盡。就其實施方式而言，美國的數理資優敎育可分成下列幾種（方泰山，民 82。Pyryt, et al., 1993）：

1.自助餐式的加速

Johns Hopkins 大學著名的 SMPY 數學早熟學生加速學習方案，在調適現有課程提供資優生十二種以上的選擇，以立即滿足學生的學習需求（Borland, 1989）。

2.成立科學高中或科學磁校

前者如著名的紐約 Bronx 高中；後者例如馬里蘭的 Blair 高中。專收數學、科學的資優學生。

3.開設進階選修課程

資優學生選修相當於大學程度的課程，包括生物、化學、物理等。學生修習這些課程，並通過考試即取得該學分，將來進入大學經學校認可，則不需再修此學科。是一種既加速又充實的課程。

4.開放大學選讀

讓資優生利用平時不影響課程或暑假的時間，到大學選修，並可獲得該科學分。

5.巡迴教師

在資源學生較少的學區，聘請相關專長的資優教師巡迴各校指導資優生學習。

6.良師典範

資優學生依其性向跟隨一位在其性向領域中具有專門素養的專家一起學習和工作。

7.函授大學課程

為適應學生因居住問題，無法親自到大學選課，加州和威斯康辛州的大學有函授課程的安排，學生可自由決定學習的速度。

8.提早進入大學

讓數理性向能力特優且心理較成熟又有動機者，提早進入大

學數理相關科系就讀。

　　9.獨立研究，成立學習中心，班級充實，榮譽班，週末研究班。

　　在課程上各學校各方案，皆有其特色，課程內容相當豐富。今僅就科學高中和一般公立高中的課程內容說明。

　　1.科學高中或科學磁校

　　整體而言，美國的數理資優教育內容，除重視科學學科外，也強調人文課程的修習。

　　⑴重視科學學科：數學、生物、物理、化學、電腦等基本課程在各科學高中或磁校學校是必修課程。各校還提供多種 AP 課程給學生選修，如著名的 Bronx 提供生物、化學、微積分、物理、電腦數學；而北卡萊納州的數理高中（NCSSM）則有微生物、天體物理學、有機化學等。

　　⑵強調人文課程：各學校在必修和選修課中有豐富的人文課程，充實學生人文素養。以 Blair 磁校而言，其人文課程包含：英文、外國語文、社會學、音樂、健康教育、戲劇、藝術、舞蹈、家政等。而 Bronx 更在 AP 課程中設有英文、外國語文、美國歷史、歐洲歷史、藝術史等。另外像 Bronx 也特別強調學生的社團活動和體育，甚至安排學生社區服務。

　　2.公立高中

　　在普通學校中提供數理課程以適合數理資優學生之學習，是許多公立高中的努力方向。其中以紐約的 Forest Hills 高中最早，實施得相當成功。其特殊的科學課程包括：原創研究、學習實驗設置的使用、圖書館研究、數學學習準備、撰寫研究報告與發表、參加研討會、參加西屋科學競爭、選修大學程度的課程。

㈡加拿大

加拿大政府在「Educating Canadians for Tomorrow's World」的報告中，指出應建立一廣泛的教育方案——特別是強調數學和科學——以充分發揮特殊學生的潛能。據此發展了一數理資優課程（Mathematics Computer and Science, MACS）。現僅以安大略省的 William Lyon Mackenzie 高中為例說明其內容與實施方式。

MACS 是一四年的充實方案，其課程內容十分廣泛，包括數學、生物、化學、物理、英文、地理、健康教育、法文、藝術（戲劇、視覺藝術、音樂三科選一科）電腦、電腦科學。學生的課程內容是加深的，評量也是加深的。各種科學競試的內容也融入課程之中。課外活動則有野外旅行、演講等。課程規劃採四年一貫，每一學年有一定的學科，每一學科有一定的課程內容，課程按內容深淺分等級，前後連貫。

二、歐洲

歐洲教育基於平等主義的理念，在教育上一向強調所有學生都能接受良好的教育，資優教育長期未受重視。直至 1992 年歐洲議會會議才決議各國應重視資優教育的發展（Urban & Sekowski, 1993）。以下以德國和英國的數理資優教育方案實施概況提出說明。

㈠德國（Wiezerkowski & Parado, 1993）

1.預科學校

數學選修課程：是一部分時間的特殊班，提供 11-13 級（相當我國高二到大一）之數學資優生額外學習數學的機會。

　　研究小組：教師鼓勵學生參加這種以數學為主題的研究組，但學生可以自由參加，研究的都是學校課程以外的數學問題。

　　2.德國漢堡模式

　　是一種數學充實方案，強調的是通俗的數學（informal mathematics）和數學的點子（mathematic idea），而不是抽象的數學結構。課程內容則重視發現、自創與解決數學問題。

　　3.12-15 歲對數學有興趣的學生中，大學數學教授每兩週給予一次課外的課程供其研究。另外在各地區則舉辦各種夏令營。

㈡英國

　　英國高中的數學資優教育方案中，在校內提供資優生加速的進階數學課程，與充實活動──在普通數學課程中的獨立研究。除了校內的課程外，各校也和當地大學聯合，提供許多活動，其中以德國漢堡模式、源自 SMPY 的 CTY 暑期方案（the Center for Talent Young）、皇家科學院的精熟班級（Master Class of Royal Institution, MCRI）較著名（Pyryt, et al., 1993）。以下只就 MCRI 的課程實施方式和內容提出說明（Tammadge & Crank, 1983）。

　　科學研究所自 1981 年即提供此方案，讓倫敦及附近的學區 12 到 16 歲學生有機會探索無法在學校課程中獲得答案的數學問題。方案利用 5-10 個週末實施，每次兩個半小時。課程由科學研究所的數學家來帶領。MCRI 數學課程內容的編選標準有五個 U：

　　1.Unexceptionable

　　數學教材必須是經典的數學理論，如畢達哥拉斯定理；而非那些瑣碎的教材。

　　2.Understandable

　　數學是一活動，不只是教予一定的程序以求取標準答案，而

且要學生藉由嘗試而學習，即使是錯的答案也可以促進學生理解能力。但是可理解的數學問題卻不一定是容易的問題。

　　3.Useful

　　所謂「有用」是指對未來學習或生活有用，而不一定是學了就立即見效。如學黃金切割之用處當下雖不彰顯，但卻有助於學習代數、數列和幾何。

　　4.Up-to-date

　　所謂「最新」是指能反應學生思考的教材與現代的問題。

　　5.Unexpected

　　是指結果的不可預測，對問題不要預存標準答案。因為學生的能力不是齊一的，對問題的答案可能有不同的見解，尤其是開放性問題時。

三、獨立國協

　　在二次世界大戰後的冷戰時期，蘇聯為增加其國力而發展了許多大規模的軍事研究。這些研究需要大量的科學家，所以蘇聯發展了許多有效的選取與訓練各相關領域資優專家的系統，由教育機構和研究單位共同合作實施。以下介紹 Phystech 和 Siberian 兩個著名訓練系統（Pyryt, et al., 1993）。

㈠Phystech

　　Phystech 是一為國家科技發展而設計的訓練方案。訓練內容是針對資優學生將來工作的需要而設計。實施過程主要分成兩階段，除訓練外，且具有選才的功能。

1.函授課程

　　先對 16-17 歲的高二、三學生以書信方式，給予具挑戰性的物理、化學、數學領域的問題。能完成這些問題的學生，再由較

高教育機構（Institution of Higher Education, IHE）以函授方式給予各種學校補充課程與進階的研究問題。學生將完成的答案寄回研究單位，研究單位給予評量並將必要評論寄給學生。學生在歷經 1 至 2 年的函授，最好的學生得以申請進入 IHE 就讀。

2.IHE 課程

通過激烈的入學考試後，學生在由許多研究部門的科學家所領導的 IHE 機構中學習。開始是在各基本學科上再做深入基礎的教育。每週有 50 小時的訓練課程，每半年要通過 15 次分級和淘汰的測驗。在第四、第五年才結合研究實驗室中的實驗施予各專精領域密集的理論訓練。

㈡Siberian

在 1960 年代早期，美蘇兩國開始致力於太空競賽，蘇聯因而成立很多新的科學研究中心，需要大量的科學人才而設置 Siberian 訓練系統，由 Novosibirsk 研究中心負責，目前仍廣泛運用。本系統可以分成高中、大學、研究所三個階段，整個過程需要 11-13 年，期間學生要通過 320 次的考試。在過去 30 年中，培養了近 20000 名高品質的科學家。課程全部採全時制的特殊學校方式實施，其主要教育目標在增進學生數學、科學方面方法論的知識，並了解自然、社會法則之間的關係。

1.高中

學生在通過三階段的甄選過程後，進入住宿式的特殊高中接受 1-2 年的教育。課程強調在物理、化學、生物、數學方面的獨立研究。

2.大學

學生完成高中部分課程後，即使學生的能力足以進入其他大學就讀，這些學生絕大多數皆進入 Novosibirsk 大學。前三年在

學校接受進階課程的基礎訓練，後兩年實地參與附近機構的研究。

　　3.研究所

　　大學畢業後，經過甄選接受兩年的試用方案，證明其適合實驗室研究工作後，才接受三年至四年的研究所教育。

　　除上述專門系統外，在一般學校內也成立特殊班或在普通班內調整教學方式，校外活動則有由 IHE 所辦理的夏令營、夜間班。也有因應其廣大領土而設立的函授學校（Dunstan, 1983 ）。

四、亞洲

㈠日本

　　日本在二次世界大戰後，教育一直強調平等主義，注重學生平等的教育權，而不願進行資優教育。直至最近的教育改革才開始重視資優教育。日本中央教育審議委員會向文部省建議（Wu & Cho, 1993 ）：

　　1.放寬數理資優生進入大學的成績標準。亦即不以其全部學科成績為準，而重視其數理方面的潛能。

　　2.讓數學資優生提早進入大學。

　　3.提供數理資優學生進階預修的機會。

　　對於提供數理資優學生進階預修數學或物理學科的機會，日本的做法是（魏明通，民 82 ）：

　　1.選修大學所開的課程。

　　2.大學教授個別指導其做研究。

　　3.大學開設各種講座。

　　4.選修空中大學學分。

　　5.參加民間社團所辦之研討會。

　　為使數理資優學生能進階選修大學學分，1991 年文部省修正大學設置標準，明訂大學對其大學學生以外修習一科或一科以上者可授予學分，賦予進階預修的法源依據。

(二)南韓

　　自 1970 年代，南韓政府體認到資優兒童需要特別的教育經驗，以發展其潛能，發展資優教育就成了南韓政府的第一優先。目前在南韓數理資優教育的方式主要有三種：科學高中、課後充實活動和競賽。分別說明如下（Wu & Cho, 1993）：

1.科學高中

　　自 1978 年成立第一所科學高中，到 1993 年，南韓已有 13 所科學高中。所使用的課程是 1990 年特別為科學高中所發展的課程，這套課程是以不分年級、個別化的教學系統為基礎設計的，實施的方式包括加速、能力分組和充實。課程的主要特色有三：

　　(1)較多進階數學和科學的課程，學校全部課程中有 45％的學科與科學和數學有關。

　　(2)注重科學實驗活動和探索活動。

　　(3)多種選修課程：科學史、計算科學、科學研討會、科學進階課程、科學哲學和獨立研究。

2.充實活動

　　在一般學校中，利用學校平常上課以外的時間實施充實的活動，大約有 10％的學校實施教育部發展的充實活動方案。另外每年也在寒暑假舉辦夏令營或冬令營，讓有科學性向的學生參加。

3.競賽活動

　　自 1988 年起每年舉辦數理奧林匹亞競賽（Mathematics and Physics Olympiads）。

㈢中國大陸

　　中國大陸在文化大革命期間教育受到空前的破壞，造成近十年的教育中空，尤其是各科學領域的發展。但現在政府和大部分的科學家都有共識，必須要加速發展科學人才教育，以促進各種經濟改革與國家發展。目前在大陸各省都有各種數理資優教育方案，這些方案的實施方式可分成下列幾種：

1.大學少年班（ Pyryt, et al., 1993 ）

　　1978 年大陸中央採納李政道的建議——以藝術家或運動員的培育方式培養科學家，由科學院和中國科技大學負責規畫成立第一個大學少年班，培養大陸首批的 21 位數理資優生。在五年的方案中，前三年學生住校，沒有主修課程，只有學習一般的科學課程；後二年學生依其興趣與主修到各科系選讀。

　　科大的少年班成立後績效良好，各著名大學也紛紛跟進。模式和科大相似，但只有一年的共同選修，第二年就選擇主修科系。

2.青少年預備班或超常班

　　由各省重點高中成立青少年先修班或超常班，招牌不同但目標一致，都實施加速教學，以四至五年時間完成六年的高中課程，並選修一些大學課程，為升大學準備（ Pyryt, et al., 1993 ）。

　　各特殊班的課程一般分必修和選修。茲以由科大與景山學校合辦的北京景山學校預備班為例說明。

　　課程制定以兩年完成三年高中課程的教學計畫，課程實施學分制。

　　(1)必修課——語文、數學、英語、物理、化學、政治、生物、體育。

　　(2)選修課——歷史、地理、文學、美術書法講座、音樂欣賞……等。

(3)課餘時間組織各種興趣小組，知識競賽、體育活動，及各種參觀活動等（方泰山，民 82 ）。

3.國家數理學校

國家數理學校在北京，是為準備各種最高層次的競賽而成立，如國際數學、化學、物理奧林匹亞（Pyryt, et al., 1993 ）。

4.課外課程（ Pyryt, et al., 1993 ）

利用假日或寒假實施數學的加深加速教學。如天津的數學 Spare-time 學校，獲選參加的學生，每週日三個半小時，寒暑假各一個月，由高中具能力且有熱忱的數學老師施予數學教學。由大學教授、學者審慎設計課程、撰寫演講摘要、安排一系列演講主題。課程內容除正式教科書內容外，還有數學知識的補充。學生在自由的氣氛下學習，共同討論，以促進學生個別潛能的發展。

5.科學中心（ Pyryt, et, al., 1993 ）

提供資優學生更多的追求科學的機會，允許學生利用假日或課餘時間參與。活動內容包括：天文、氣象、生物、海洋學、中醫、地質、電訊、電腦科學等，相當豐富。在夜間或週末，中心的專家還有實驗設備功能的操作示範以刺激學生未來發展。另外中心還會舉辦夏、冬令營讓學生參加科學研習。

叁、各國課程特色

上述各國數理教育課程的實施概況中，雖然各國各有所好，而且有些國家的實施方式和內容並不可取，例如蘇聯的人才訓練體系，在冷戰時期雖為國家培養無數科學家，但忽略個人的發展，蘇聯瓦解後有很多科學家紛紛轉行（ Pyryt, et al., 1993 ）。但綜合各國而言，實在具有相當的特色。

一、課程內容豐富且重視學生全人發展

　　美國的科學中學、加拿大的 MACS、南韓的科學高中、大陸的超常班乃至英國的充實方案，除了基礎數理課程外，在必修和選修課程方面皆規劃了豐富的學科內容供學生選擇。而且在強調科學課程同時，也重視資優生人文素養的充實，提供各種語文、社會、藝術課程；成立各種社團，讓學生除學科外之個人興趣得以發展，並藉同儕互動，促進資優生的社會化。

二、實施方式多樣化合乎學生需求

　　整體觀之，各國之實施方式相當多樣化。像日本的例外措施，給予高中數理資優生機會接觸大學階段的教育和研究。而資優教育的大本營——美國的實施方式，更有如自助餐似的，學生可依其能力——甚至居住地——選擇適合的方式；學校也可依本身的師資設備、學區素質，發展獨特的實施方式。

三、重視良師典範

　　良師典範的實施方式不管在那個國家都受到重視。強調科學家指導資優生，共同研究對資優生未來獻身研究的重要影響。

四、班級內的調整教學

　　歐洲國家受平等主義的影響，視學生學習應該都在普通教育環境下，滿足學生學習需求是班級教師的責任。故北歐國家這種實施方式就成了主要的資優教育方式。透過在班級內，調整課程

內容、教學策略以適合資優生的學習。

五、高層次的課程發展機構，課程整體性的規劃

　　數理資優課程的實施，或加速或充實，或成立特殊學校，方式相異，但皆由一高層次的機構——大學或研究中心——負責課程的規劃、設計、實施、人力支援。故各國課程發展能獲整體性、持續性的規劃。

肆、我國數理資優課程設計改進之建議

　　從各國數理資優教育之課程內與實施方式之概況與特色，正可以做為目前各高中數理資優班課程發展改進建議，也可提供我國規劃中之「麗山科學高中」課程發展之參考。

一、成立課程發展中心

　　國內師資養成教育過程，對教師工作認知多採「單兵作戰」方式。但課程發展是團隊的工作，需要資優教育理論專家、實際教學教師、學科課程專家，有系統的、長期的共同合作方能發展出較合宜的課程。故國內可由三所師大就其輔導區成立課程發展中心，結合學理與實務，長期發展數理資優課程。

二、實施的方式應可更多元化

　　資優學生素質不一，學習需求各異。在實施方式上亦應因應學生需求而調整，而非一味強調齊頭式的公平。故在校內應可兼

採集中式資優班與分散式資源班,以適合學區學生特性;在校外方面則可開放大學進階預修、週末班。科學博物館也該發揮其社教功能,提供數理資優生另一學習機會。

三、課程內容的質重於量

資優教育是精緻教育而非「大補帖」,課程內容的設計應是各學科領域的精華,而不是一味廣泛加入各種教材。基礎核心課程應加以適當的濃縮,讓學生有更多的時間自學或思考。

四、課程要注重全人的發展

普通學生需要全人的教育,數理資優生一樣也需要。故在課程的設計上,除重視學生數理學科的學習外,也必須納入人文的課程,讓學生在各方面都能充分的發展。

五、視數理資優課程為一般教育課程,長期規劃發展

長期以來數理資優教育課程不被重視的原因,主要是其被認為既為特殊教育,就要彈性,而被忽略事實上其亦須長期設計發展。故教師或行政人員要視數理資優課程如一般學科課程,長期規劃、實驗,以發展一連續的課程。

六、加強課程評鑑的實施

課程的實施需要不斷的修正、改良以適合學生需求,故需要一完善的評鑑方式。國內欠缺績效評鑑的觀念,致各項評鑑無法

落實而流於大拜拜。事實上評鑑始於方案設計之初，亦即當我們在開始發展課程時，即需依課程目標擬定評鑑的項目，做為實施課程時，檢視課程實施成效的依據，並據以修正課程發展。

七、高中實施學分制

目前高中所實施的學年制，缺乏彈性。資優生往往受限於學年制而無法跨年級選修專長或興趣課程。若能改以學分制，則資優生得以突破年級限制，選修高一或高二年級的數理課程，以適應其個別的學習能力與需求。

伍、結論

課程是教育內容的基礎，影響教育成效甚鉅，課程的發展不可不慎。而且各學校有其獨特的生態背景，也無法設計一全國通用的課程內容，或一致的實施方式。各學校應考慮其學校數理教育目標、學生素質、師資、學校資源等因素，結合各師大的理論支援，發展自己學校或學區的數理資優教育課程。雖然踏出第一步確非易事，但這一步卻是相當重要的且是必須的。唯有發展健全的數理資優課程，數理資優教育才不致陷入升學導向的超級補習教育，數理資優教育之目標方能落實。

參考文獻

方泰山（民 82 ）：**台北市籌設麗山科學高中專題研究——教學師資規劃第一年研究報告**，（未出版）。

林幸台（民 83 ）：**八十二年全國高中數理資優教育評鑑報告**。台北市：國立台灣師範大學特殊教育中心編印。

魏明通（民 82 ）：**教育部八十一學年度高級中學數學及自然科學資賦優異學生輔導總報告**。台北市：國立台灣師範大學科學教育中心。

Borland, J. H. (1989). *Planning and implementing programs for the gifted.* New York: Teachers College, Columbia Univ.

Dunstan, J. (1983). Gifted Soviet children. *Gifted Education International, 2* (1), 28-31.

Pyryt, M. C., Masharov, Y., & Feng, C. (1993). Programs and Strategies for nurturing talents/gifts in science and technology. In K. A. Heller, F. J. Monks & A. H. Passow (Eds.). *International handbook of research and development of giftedness and talent* (453-471). Oxford: Pergamon.

Tammadge, A., & Crank, J. (1983). The royal institution mathematics masterclasses for young people. *Gifted Education International, 2* (1), 22-27.

Urban, K., & Sekowski, A. (1993). Programs and practices for identifying and nurturing giftedness and talent in Europe. In K. A. Heller, F. J. Monks & A. H. Passow

(Eds.). *International handbook of research and development of giftedness and talent* (779-795). Oxford: Pergamon.

Wieczerkowski, W., & Prado, T. M. (1993). Programs and strategies for nurturing talents/gifts in mathematics. In K. A. Heller, F. J. Monks & A. H. Passow (Eds.). *International handbook of research and development of giftedness and talent* (443-451). Oxford: Pergamon.

Wu, W. T., & Cho, S. (1993). Programs and practices for identifying and nurturing giftedness and talent in Asia (outside the Mainland of China). In K. A. Heller, F. J. Monks & A. H. Passow (Eds.). *International handbook of research and development of giftedness and talent* (797-807). Oxford: Pergamon.

從「想」出發──思考能力訓練的內涵與
方式概覽

＊陳美芳

　　資優教育的目標可由三種層面考慮：①內容為本的目標，強調學生學習的內容，通常是由普通教育中的學科加以延伸，例如：數學學科中的某些部分；②歷程為本的目標，即強調學習的方法與歷程，例如：思考能力訓練、社交能力訓練等；③主題為本的目標，強調由學生個別化的興趣與專長出發，進行小組或個別學習與研究。我國歷來資優教育的重點仍然偏重內容為本的目標，以現在我國資優學生主要教育安置方式──資源班為例，各校的教育重點多仍在主要學科內容的充實與加速，在「歷程為本」及「主題為本」的目標方面，均仍屬點綴性質，然其重要性並不下「內容為本」的目標。

　　在「歷程為本」的目標中，思考能力訓練是相當重要而近來研究頗豐的主題。然而近來許多心理及教育領域的研究或實務工作者，發現學校提供的思考能力訓練，通常無法使學生具備足夠的能力，以因應日趨複雜的社會及工作情境（Frisby, 1990）。一般人對資優生常有錯誤的看法，以為這些學生一定具備優秀的思考能力，然而致力於思考能力訓練多年的知名學者 De Bono 卻有不同的看法，他認為智力高的人不一定思考能力強，有時甚至容易陷入「智力陷阱」中，例如：資優者容易形成理性而論據

強的觀點及思考架構，往往便不易覺察對問題情境再加以探測，可能會幫助自己形成不同的觀點；又如：資優者常採取「躍進式」的思考方式，僅由幾項提示便一躍而形成結論，此種思考方式有時可能是較不周全或較衝動的（引自：陳美芳等，民77），難怪 Parker（1989）認為資優者的思考技能仍多未開發。資優教育教師實應重視思考能力訓練的相關研究，並在教學過程中積極安排思考能力訓練的教學活動。

　　本文由思考能力訓練的範疇、相關研究、訓練方式與實施步驟等方面，探討思考能力訓練的相關問題，期能提供資優教育工作者參考。

壹、思考能力訓練的範疇

　　近來有關思考能力訓練的研究與訓練方案甚多，而其內涵與取向各異，筆者參考 Frisby（1990）的整理，將思考能力訓練分為五類：

一、精微思考運作能力（Micro-thinking Operation）

　　此類能力的訓練與研究是認知心理學者關切的主題，其研究通常採取控制較嚴謹的實徵研究，訓練對象往往是小學階段學生或低功能的中學階段學生。由於這種能力是其他高層次思考的基礎，所涉及的是知識獲取的一般原則，因此可融入許多學科中加以訓練。

　　精微思考運作能力一般又可包含以下幾項能力：
- 訊息處理：包含知覺、注意、記憶等能力。
- 概念形成：包含分類、屬性辨識、例證與非例證辨識。

• 推理：包含歸納、演繹、類推。

　　精微思考能力訓練方案的對象，常是針對學習有困難或障礙的學生，雖然在資優班以大團體方式訓練學生此種思考能力，或許並不合適，但可以考慮對有需要的資優生進行個別輔導與訓練。

二、批判思考能力

　　此類能力常是對成品或論點作評論、判斷，須經由對話或似是而非的論點訓練學生批判的能力。此種訓練與研究，常是哲學或教育哲學領域的研究者關切的主題。訓練對象通常是小學高年級或中學階段的學生，訓練時可與社會、語文學科結合，並可用以訓練學生語文寫作能力。

　　批判思考能力又可細分為許多次級能力，以下所述為其中較重要者：

• 界定與澄清問題的能力：辨識主要問題、形成適當問題、精確表達問題。

• 研判資料的能力：區分「事實」與「意見」的能力、判斷並決定資料來源的可信程度、檢驗推論過程中邏輯的不一致性、辨識未陳述的假設、辨識爭論觀點中，互相抗衡的價值觀。

• 形成結論的能力：確認資料充分程度、推理的客觀與多元化、檢驗論述或觀點的強弱程度。

　　美國學者 Lipman 倡導兒童哲學的教學活動設計，經由故事的引發，使兒童進行哲學性的討論，以訓練其批判思考能力。我國學者楊茂秀（民 79、民 83）將兒童哲學的教學活動設計引進國內，並曾在若干國小進行教學實驗，台北市三興國小便是其中一例，該校並曾於民國八十年台北市國小資優班教學觀摩會中展示其實驗成果（台北市三興國小，民 80）。

三、一般問題解決能力

　　「問題解決能力」通常可分為兩大類，一指「創造性問題」的解決能力，一指「非創造性問題」的解決能力，前項筆者歸併入「創造思考能力」中，此處所指為「非創造性問題」，即閉鎖性的、聚歛性問題的解題能力。問題解決能力是認知與教育心理學者關切的研究主題，近年來，數學領域的學者與教師，也將數學解題能力的培養，列為首要教育目標，因此問題解決策略也漸漸成為若干學科專家關切的主題。問題解決能力的訓練可融入數學、自然、物理等學科中加以訓練。訓練的對象通常是普通能力在中等或中等以上的學生。

　　一般性問題解決能力又包含以下能力：
- 問題的辨識與表徵。
- 將問題解析為較小的問題。
- 尋求解題方法：發展適用法則或廣列方法並評選之。
- 執行解題計畫。
- 評鑑成效並加以延伸。

　　現有的「問題解決能力」訓練方案，雖大致包含以上步驟的訓練活動，然其內涵卻差異甚大，有以人際或社會情境問題為訓練主體者，如：王瑪麗（民 74），以團體輔導的形式，訓練國中女生在人際方面的問題解決能力；也有以學科內涵為訓練主體者，如：吳德邦、馬秀蘭（民 77），介紹解題導向的數學教學策略。

四、創造思考能力與特質

　　創造思考能力訓練通常針對沒有單一答案的問題或事件進行

教學，訓練過程鼓勵學生發現與發明，並訓練學生流暢、獨創、變通與精密的思考。此類能力的訓練與研究，通常是教育與教育心理領域的學者關切的研究主題，可融入科學、語文、社會或藝能學科中訓練，訓練對象通常是小學及中學階段普通能力在中等或中等以上的學生。

　　創造力訓練的課程設計常以 Guilford 提出的「創造五力」訓練為主體（陳龍安，民 82 ），包含：

　　●**敏覺力**：面對問題時，能清楚發覺問題關鍵或缺漏資料，掌握問題的核心。

　　●**流暢力**：面對問題時，能想出許多觀念或解決方法。

　　●**變通力**：改變思考方式、擴大思考類別，突破思考限制的能力。

　　●**獨創力**：產生獨特、新穎的觀點或反應的能力。

　　●**精進力**：精益求精、周詳計畫的能力。

　　除以上能力的訓練外，創造思考訓練通常也包含學生創造特質的培養，如：鼓勵冒險性、好奇心、挑戰性、想像力等。

　　綜觀台灣地區資優班思考能力訓練課程，創造思考能力是所有思考能力中，最為資優班教師熟悉，發展的教學活動設計與實驗研究也最多的一項，以「創造思考能力」為主題的碩、博士論文為數也相當可觀。近年來，在若干研究單位的倡導與推廣下，「創造思考能力」訓練在國小階段資優班的教學活動中，尤其蔚然成風，例如：台北市銘傳國小承辦的八十二年台北市國小資優班教學觀摩，便以創造思考教學為主題，並將台北市各國小資優班的教學活動設計彙集成冊（ 台北市銘傳國小，民 82a ；民 82b ）。若干以語文學科為重點的國中資優班，也將語文寫作或其他作業設計與創造思考能力訓練結合，例如：台北市重慶國中便設計了許多相當生動的教學活動。有些教師將創造思考教學融入特殊才能類資優生的教學活動，如：邱秀霞（ 民 82）將創造

思考教學的概念與美術班國畫創作教學結合，使學生不僅畫作更具獨創性，學習興致也更高昂。

五、後設認知能力與特質

　　後設認知（metacognition）最早是由 Flavell 提出，係指個人對自己的認知過程、結果或與此有關的任何事物之了解，亦即對自己「認知的認知」（Flavell, 1979）。後設認知事實上與所有其他思考技能都有關，是任何形式思考過程中都不可或缺的「督導者」。「後設認知」通常是認知與教育心理學者關切的研究主題，但近來在其他教育與學科領域，也相當受重視。後設認知能力的訓練可融入所有學科中訓練，並與許多特質息息相關。

　　Beyer 認為後設認知能力又包含以下要素：（引自：張玉成，民 82）

　　•**計畫能力**：設定目標、選擇策略或計畫、擬訂策略或計畫的運作程序、辨識潛在的障礙或錯誤、想妥克服障礙或錯誤的對策、　預期可能達成的結果。

　　•**監控能力**：隨時不忘目標、注意依序行事、掌握次級目標如期達成、決定採取下一步驟的時間、擇定下一運作型態、指出錯誤或障礙、懂得如何克服障礙並修正錯誤偏失。

　　•**評鑑能力**：評量目標達成績效、評判結果的準確性和合適性、評鑑歷程和方法的妥切性、評量對錯誤的掌握與處理情形、評判對整體計畫的執行成效。

　　由於後設認知能力的表現與若干特質關係密切，因此以下情意特質的培育與後設認知能力的訓練同等重要：對認知的好奇、客觀的態度、開拓的胸襟、毅力、對知識求全的態度等。許多認知心理學者發現後設認知和人類的學習行為有相當密切的關係，後設認知能力可以有效的影響學習成果，因此結合後設認知能

力、學科學習策略及動機等情意特質的訓練方案，是現在相當熱門的研究主題。國內的研究如：蘇宜芬（民 80）探討後設認知訓練課程對國小學生國語文閱讀理解能力及後設認知能力的影響，張寶珠（民 81）探討後設認知訓練課程對國中學生英語科學習輔導的成效，張景媛（民 82）結合後設認知能力、動機信念及解題策略，以發展數學科統整學習模式。結合認知心理學的知識與學科學習的知識和策略，或將是訓練學生有效學習的重要途徑。

貳、思考能力訓練的方式

　　思考能力訓練的方式一般可概分為「分離式訓練」與「隱藏式訓練」。

　　「分離式訓練」係指安排獨立、外加的課程，單獨對思考能力進行訓練。其優點是進行訓練時，目標與重點都很顯明；缺點是需外加課程、另聘師資，且學生習得的思考技能是否能遷移至學科學習或其他情境，也有待商榷。此類訓練方案中，較著名的如：de Bono 的 CoRT 思考訓練方案，以結構化的訓練方式訓練學員思考能力，訓練課程包含六大部分，各含十單元，可作不同的結合，以訓練學生不同的思考能力。CoRT 思考訓練方案的特色是簡單易行，由於設計內容相當生動且與真實生活切合，因此訓練對象的包容性相當大，不同年齡、背景、能力的學員，都可參加並由其中受惠。目前已有許多國家將此訓練課程納入學生的正規課程中（陳美芳等，民 77）。

　　「隱藏式訓練」則並不安排特別的外加課程，而是將思考能力訓練融入一般課程中訓練。此種訓練方式的優點除較經濟，不需單獨安排師資與課程外，在各門學科中訓練學生思考能力也較

利於學生運用思考技能解決各種學科中的問題。近來若干研究發現學生在分離式訓練所習得的認知技能，並未能有效的運用於訓練以外的情境（VanTassel-Baska, 1992）。因此與學科知識、技能結合的思考能力訓練方式，或許是未來思考能力訓練的重要取向。

Worsham & Stockton（1986）認為於各學科教學過程中訓練學生思考能力，是最好的思考能力訓練方式。教師實施時可採取以下步驟：

一、分析課程目標，決定所需的思考能力種類與層次。

二、由課程目標評量學習者的認知需求（思考能力水準），以決定教學的起點與內涵。

三、結合課程分析與學習者需求評量，列出思考能力訓練單。

四、發展系列的思考能力訓練計畫，針對上述思考能力訓練單，訂出長、短程訓練目標及實施步驟。

五、對各項思考能力作清楚的界定，此部分可考慮師生共同界定，例如：全班先以分組方式界定某項思考能力，教師在將其與自己的界定對照，全班分享後，再訂出大家都接受的定義。

六、列出訓練每項能力的步驟，例如：如果對「預測結果」這項思考技巧的定義是：「由已知事實及過去經驗，對可能發生的事項作合理的推測」，則可採取的訓練步驟可包括：

①整理過去經驗；②蒐集現有資料；③尋求合理組型；④發現因果關係；⑤考慮所有可能結果；⑥由已知條件檢驗各可能結果；⑦如果需要，再重複整個程序。

七、實際於學科教學過程中訓練學生思考能力，學生應有充分機會練習並彼此分享，以熟練各思考訓練技巧，並能了解、檢核自己的思考能力。

八、評鑑思考訓練成效時，教師可運用各種正式與非正式評量方式，評鑑學生對所訓練的思考技能的熟悉與運用情況，並檢

討訓練步驟是否需要作修正。

叁、結語

　　綜觀現有思考能力訓練方案，可發現兩種訓練取向：其一為「補救教學」的取向，思考能力訓練的對象常是學習能力有障礙或是學習成就不理想的學生，思考能力訓練的目的在導正學生思考技能的錯誤或不足；本文中介紹的「精微思考運作能力」及「後設認知能力」訓練方案，由訓練對象觀之，較屬於此取向。另一類為「潛能開發」取向，訓練對象常是普通能力在中等以上的學生，其中許多方案並廣為資優教育教師運用，例如：「創造思考能力」、「批判思考能力」訓練方案，便是典型的例子。「資優學生」事實上是個別差異甚大的群體，其學習與特質表現各異，筆者以為資優教育教師宜對兩種思考能力訓練取向的方案，都關心並嘗試了解，方能由學生需求出發，予以適切的輔導。「補救教學」取向的訓練，或可採個別或小組教學的形式，針對有需要的資優生實施；「潛能開發」取向的方案，則可採團體教學的方式進行，並鼓勵學生互動及分享。

　　就訓練方式而言，雖可概分為「分離式訓練」與「隱藏式訓練」兩種方式，然由現有的研究結果觀之，就學生學習遷移與運用效果而言，與學科學習結合的訓練方式，似乎是較多學者支持的訓練方式，因此資優教育教師如何充實自己在思考能力訓練方面的專業知識與教學技能，如何在現有課程中分析出可進行思考能力訓練的「點」，並逐步發展成完整的訓練計畫與詳盡的實施步驟，相信是資優教育教師推展思考能力訓練方案成功的關鍵。

參考文獻

王瑪麗（民74）：**人際問題解決訓練對國中女生人際問題解決能力、態度與人際適應的影響**。國立臺灣師範大學輔導研究所碩士論文。

台北市三興國小（民80）：**台北市七十九學年度資優教育教學研討會手冊**。

台北市銘傳國小（民82a）：愛、智慧與創意——**創造思考教學手冊**。台北市政府教育局印行。

台北市銘傳國小（民82b）：**台北市各國小資優班創造思考教學活動設計**。台北市政府教育局印行。

邱秀霞（民82）：國中美術班國畫創作教學談。載於：**八十一學年度國立臺灣師範大學輔導區特殊教育研討會紀錄**。國立臺灣師範大學特殊教育中心印行。

吳德邦、馬秀蘭（民77）：以問題解決為導向的數學教學模式。**國教輔導，26**（9、10），7-8頁。

陳美芳、盧雪梅編譯（民77）：高明的思考法：**De Bono 思考訓練法精粹**。台北市：心理出版社。

陳龍安（民82）：創造思考教學法。載於：台北市銘傳國小主編：**愛、智慧與創意創造思考教學手冊**。台北市政府教育局印行。

張玉成（民82）：**思考技巧與教學**。台北市：心理出版社。

張景媛（民82）：**國中數學學習歷程統整模式的驗證與應用：數學文字題的錯誤概念分析及教學策略研究**。國立臺灣師範大學教育心理與輔導研究所博士論文研究計畫。（未出版）

張寶珠（民81）：後設認知訓練**團體對國中英語低閱讀能力學**

生之輔導成效。國立臺灣師範大學教育心理與輔導研究所碩士論文。

楊茂秀（民79）：**哲學教室**。台北市：學生出版社。

楊茂秀（民83）：**哲學教室教師手冊**。台北市政府教育局印行。

蘇宜芬（民80）：**後設認知訓練課程對國小低閱讀能力學生閱讀理解能力與後設認知能力之影響**。國立臺灣師範大學教育心理與輔導研究所碩士論文。

Flavell, J. H. (1979). Metacognition and cognitive monitoring: A new area of cognitive-developmental inquiry. *American Psychologist, 34,* 906-911.

Frisby, C. L. (1990). Toward a broader role for school psychology in the thinking skills movement. *School Psychology Review, 19* (1), 96-114.

Parker, J. P. (1989). *Instructional strategies for teaching the gifted.* Boston: Allyn and Bacon, Inc.

VanTassel-Baska, J. (1992). *Planning effective curriculum for gifted learners.* Denver: Love Publishing Co.

Worsham, A. M. & Stockton, A. J. (1986). *A model for teaching thinking skills: The inclusion process.* Bloomington: The Phi Delta Kappa Educational Foundation.

北區中、小學資優生假日充實方案評介

＊陳美芳

壹、前言

　　資優生的教育方案可概分為以加速學習為主的方案，及以充實為主的方案。加速方案如：J. Stanley 為早年即顯現優越數學才能兒童而設的 SMPY 方案、我國資優生提早升學或縮短修業年限辦法等；充實方案中以 Renzulli 的三合充實模式最具代表性，強調由博而深的充實學習經驗。我國各級學校利用週末或寒暑假辦理的研習活動或營隊，亦屬充實學習活動。

　　無論加速或充實學習方案，均應針對學生個別的特質與能力加以設計。但一般而言，採加速學習方式通常學習內容較容易安排，往往依照學生就讀學程的內容加以濃縮或重組。教師輔導學生的重點在調整學生學習的速度與步調，並予以個別指導及評鑑。充實方案的學習內容則較多樣化，也不宜有一致的範圍，因此教師進行教學設計時，需更花費心思。然從另一個角度看，也正可提供教師更大的彈性，作創意的教學設計。

　　我國目前國中及國小階段各級學校較具規模且經常性的假日充實活動，是由教育部廳局補助活動經費，輔導區特殊教育中心指導，並由各師範院校輔導區內學校跨校合辦的冬、夏令營。以

北區為例，便包括國中生朝陽夏令營、台北市國小資優生夏令營及台北縣國小資優生冬令營；高中階段則為國科會與數所大學及中研院合作，利用週末於這些大學及中研院，由教授們對若干高中甄選出在基礎科學方面有潛力及興趣的學生，提供個別化的教學及指導。

　　本文主要目的在透過實際案例，簡介北區中、小學常設性的資優學生充實學習活動，並分別實際訪問近期承辦的學校及學生，一則介紹這些方案的設計構想、主要內涵及面臨的問題，另則透過對學生的訪問，探討這些學習經驗對學生的影響。

貳、國小資優生假日充實學習活動

一、台北市國小資優生夏令營

　　訪問者：陳台瓊、蕭淑憶

㈠活動構想

　　台北國小資優學生夏令營的目的在輔導資優兒童從做中學，於實際活動中體驗知識和發揮智能；培養兒童尊重團體，關愛我們所生活的環境；並且增加學習的領域，和發展健全的人格特質。民權國小於八十二年承辦台北市國小資優生夏令營，主題為古蹟之旅。希望透過這次的活動，使資優學生能夠更了解本土文化，接觸鄉土事物。所以首先安排學生認識台北，將以往較著重科學方面的資優教育，導向社會人文方面，同時更希望藉由這個活動，促進各校的互動及資優生之間的交流，拓展資優生的人際關係。

㈡課程與活動設計

民權國小承辦的古蹟之旅營，主要活動包括：

1.**分組活動**：同學分成六組，以循環方式進行六個活動，希望同學們對於本土文化有更深的認識。內容分別為：向老祖宗智力挑戰（連環鎖套）、彩繪世界（國劇臉譜的歷史及設計）、傳統童玩（紙飛機）、魔鬼訓練營（如跳格子等體能訓練）、腦筋急轉彎（猜謎語及諺語）及薪火相傳（如捏麵人、筷子槍等）。

2.**古蹟巡禮**：安排台北市古蹟巡禮。參觀林安泰古厝、圓山遺址、孔廟、保安宮、老師府、惠濟宮、隘門等地。在每一個參觀地點，都會有老師和同學講述古蹟的歷史，介紹建築形態，或有關的古人風範。

3.**演講創作**：由專業人士講解相聲的內容、種類，再由學生自行創作相聲及表演。

教師們並於研習中設計一些簡單的評量方法，用來提升學生參與活動的興趣並達到評量的目的。在各活動中，凡是成績表現良好的學生，老師將設計的貼紙貼在他們的手上或評分板上。活動結束後，結算各組的累積貼紙及個人成績。

㈢學生學習成果與感言

1.**學習方面**：透過此次育樂營，學生學習到有關歷史方面的知識，了解以前台北市的事蹟。對於建築方面的知識也擴充不少，如：建築上的技巧及特色。使得同學知道古蹟建立的不易及維護古蹟的重要。在分站活動中亦有所收穫，例如：腦筋急轉彎。

此外許多同學認識了許多朋友，增進同學們的應對能力；也使得同學能在短時間內培養默契，共同解決問題，並且能將自己的意見和想法適時的表達出來。

　　2.感想與建議：對參與這次活動的同學而言，大家都認為這是一次愉快而有意義的活動。活動多采多姿且充滿變化，能夠從遊玩中學到知識及技能。不過，同學認為最好能在暑假時舉辦，且活動的時間應再增長，以使同學能夠吸收或有機會將活動再作回顧。

㈣主辦學校之感想與建議

　　對於這次活動的舉辦，所耗費的時間、人力都滿多的。如活動籌備的時間將近十個月，而在設計活動時，也不斷地舉行事前演練模擬，實地操作，再檢討其缺失，老師感到滿累的，但又希望能藉此活動使學生的接觸層面更廣闊。

　　經過這次活動的籌畫，老師本身增進了鄉土文化的知識，也產生了更多的想法。因此，可專門設計一個相關的鄉土文化教學單元，以別於一般重視學科的資優教育。

　　老師認為類似的活動，可以分區辦理，或由各個學校在校內自行舉辦，使參加人數更精簡，活動能夠更加深，且學校更能夠控制管理或設計類似課程，使學生能接觸本土文化。在活動方面，可以考慮將時間延長一點。而在將時間增加時，也可考慮擴充活動的內容，使學生的接觸層面更廣。

二、台北縣國小資優生冬令營

　　訪問者：李明香、蘇祐秋

㈠活動構想

　　台北縣國小資優班均利用寒假辦理冬令研習營。以中和國小藝術營為例，本營將於八十四年舉辦。其目標在於培養兒童學習及研究藝術的興趣，並於實際活動中體驗知識和情意教育，期能

啟發兒童對藝術創造與表演的能力，並指導兒童認識我國固有的民俗技藝。

(二)課程設計與內容

本營活動的主要內容包括：參觀、分組研討及成果展示，研習內容預定從布袋戲、陶藝、皮影及紙雕、紙藤、說唱藝術（相聲、數來寶）、民謠及童謠、舞獅、舞蹈、兒童劇及民俗技藝（踢鍵子、跳繩、扯鈴）八項內容中挑選出六組，再自行選定一組進行分組研討。

參觀地點為台北縣鶯歌鎮，主要為參觀當地的陶瓷藝術。

(三)主辦學校感想

1. *經費方面*：教育部及教育廳的經費有限，限制了課程內容的安排及指導老師的聘請。

2. *師資方面*：研習內容固然皆屬民族文化，但畢竟多有不同，因此需要各個領域中學有專精的老師，造成延聘教師的困難。

3. *行政方面*：跨校的活動易造成行政上的不便。

4. *活動時間方面*：雖為三天，但學生實際操作學習大約只有一天，略嫌不足。

叁、國中資優生假日充實學習活動

一、朝陽夏令營——八十三年阿里山、玉山生態巡禮營

訪問者：仇惟善、張錦程

㈠活動構想

此次活動乃以生態環保觀念作為主題。依據資優生分散式小組教學的原則，配合同儕學習、遊戲學習與啟發式學習的研究特質，開辦此屆「阿里山、玉山生態巡禮營」。有鑑於以往的研習之中，學生人數太多，輔導人員不足，而且由大學教授所做的專題演講，內容太深入，不符合學生需要，故此次借重台大自然保育社保育營的學生作為營隊輔導員。以一個輔導員帶領九位學生，來進行三天的戶外研習活動，將教學融入遊戲中，以活潑、生態的研習方式，帶動學習氣氛。

㈡活動設計與課程內容

為使學生對整體生態研習的知識有更完整的概念，事先要求學生作預習作業、收集資料外，並發給學生研習手冊。使其在三天的學習活動中，除了學習人際相處、看多媒體簡介、聽輔導員講授生態知識、做自然的探訪與遊戲之外，並將研習手冊的題目作完，充分將遊戲與學習結合。

其課程內容如下：

1. 綠野遊蹤：利用彩虹卡、音樂廳、觸感盒……等方式，讓

學生以視、聽、觸覺等感官，接觸大自然。

　　2.知性時間：由輔導員運用幻燈片介紹玉山、阿里山的環境，包括阿里山森林鐵路、森林的概念、新中橫開發史、國家公園簡介（含天候、水文、地質、動物資源、植物資源……等）。

　　3.尋幽訪勝：讓學生步行至大鐵杉，主動去觀察高山上的生態。

　　4.新詩創作：讓學生從各個角度，用不同的姿勢去觀察大鐵杉，小組分享觀感，並寫成一首新詩。

　　5.自然賓果與尋寶活動：令學生完成研習手冊上的題目。

　　6.攻占遊戲：將課程融入遊戲中。舉例如下：

　　(1)食物之網：每位學生扮演不同的生物，組成食物網。

　　(2)生態之旅：找出生態系，了解不同生物所處的生態系。

　　(3)猜猜我是誰：觀察、指出各種動植物。

　　7.植物觀察：由輔導員介紹基本的植物構造，讓學生實際觀察。

(三)學生學習成果與感想

　　朝陽夏令營對每一位參與的人都是一次新鮮的經驗，讓學生在海拔兩千多公尺的高山上，享受了前所未有的學習經驗。從他們的感想中，我們可以歸納出幾點：

　　1.意猶未盡：這是平常所沒有的經驗，包括學習、人際及團體生活方面。如果還有機會，學生們都願意再參加。

　　2.時間緊湊：課程安排豐富又緊湊，活動中作業也不少，讓學生稍感壓力。但是主辦單位在事先有預習的作業交代給學生，讓學生可以為活動預作準備，而有較佳的學習效果。

　　3.人際關係的擴展：由於採跨校分組的方式進行活動，同學們為得到和諧的合作關係，在團體活動的協助下，學習到如何與別人相處、共同學習。而且學生藉此機會比較不同學校的學習情

況，學習別人的長處，以截長補短。同時也體認到，與其等著別人來認識自己，不如自己主動去認識別人。

4.課外知識的增進：此次活動的課程著重在野外的植物、生態……等。這是不同於課本的知識內容，可以增進學生的知識、興趣，而學生本身也可以將所學得的知識內容整合在一起，與課堂中學得的知識形成連結。

5.學習態度的轉變：學生一改在傳統課堂中被動的角色，在這裡學生必須主動去觀察、紀錄及整理，真正做到手腦並用。

6.課程及輔導員的吸引力：本次活動在台大學生的協助之下，設計了一連串的課程，將之融入遊戲中。學生學起來輕鬆愉快，效果極佳，樂於學習。以往由教授授課的方式，學生們普遍認為難度太高、有距離感。而輔導員本身豐富的學識及風趣的態度，更成為學生崇拜及模仿的對象。

7.活動性多元化：活動主題可以是課外的、實用的，不必侷限於理論方面。例如可開辦電腦營、自然營……等。另外有學生建議可開辦體育運動營，鍛鍊體能，摒除一般人認為資優生是文弱書生的刻板印象。

㈣主辦學校的建議

1.延長活動的時間，以提供學生充分的時間吸收所學，並作獨立研究。

2.能有充足的經費，並有全責的統籌單位。同時經費最好是由特教中心直接撥下，以便做最妥善的運用。

朝陽夏令營為資優學生帶來了與眾不同及生動的學習方式，深具教育價值。而朝陽夏令營歷經多年的辦理，學生的反應良好，成效頗佳。然而在主辦制度的改變、經費、人事……等因素。已經使主辦學校呈現彈性疲乏。龍山國中在接下這屆的活動後，面臨了不少困難，但在負責老師的處理下，終能一一克服，

圓滿地畫下句點。若能凝聚各校，建立良好的制度及專責單位，提供充分的支持，朝陽夏令營才能繼續，方是資優學生的福音。

二、朝陽夏令營——畢業生營

訪問者：柯惠菁

㈠活動構想

畢業生營的用意在於建立資優生的聯絡網，交換學習心得，於是有了自發性的「朝陽同學會」的成立。由各校選兩名代表為幹部群，除延續保持各屆資優生的聯繫之外，也常舉辦一些活動，邀請會員參加，以期能在國中畢業以後繼續維持聯絡。

㈡活動設計及內容

今年行程安排的地點是宜蘭、花蓮。雖然同學傾向交誼性質，但老師們則認為資優生在平日受到特別的照顧，更應該體會一些「服務」的精神。所以在行程的安排中，特別參觀了慈濟醫院、慈濟護專與靜思精舍。雖名之為「蘇花知性之旅」，但整體來說卻是滿休閒的，以聯誼及參觀為主。

㈢學生學習成果與感言

本次活動營隊的籌畫過程中，麗山國中的師長盡量扮演督導者的角色。由朝陽同學會的幹部先共同設計活動課程及內容，老師再作必要的調整與修正。誠如總召集人陳俊傑所言：「一個高中生或許平淡無奇，可是一群幹練的高中生結合起來，其力量足以撼動山河。」雖策畫的過程辛苦又花費許多時間，可是幹部們都認為這次活動的圓滿達成，使大家的感情和默契得到再一次的驗證，每個人都非常珍惜這次的經驗。

另外，參加的學員們覺得：本次活動算是很成功的，大家都對團康帶領及晚會活動有很高的滿意度。至於行程安排及參觀活動滿意度則為中等。大致上說來，仍對此次的活動留下深刻的印象。

㈣主辦學校的感想與建議

主辦學校負責統籌事項、手冊編印與旅程的安排，並督導朝陽同學會的幹部設計活動。麗山國中特教組吳組長則認為同學會雖是非正式組織，但自發性較強。在與這些幹部共同工作的過程中，深深覺得這群資優生在處理事情上，確實有其圓熟幹練的風格，許多表現上也都高人一籌。但令人遺憾的是由活動回饋顯示：少部分（10%）的學員覺得體會服務精神的行程索然無味。他們傾向於喜愛交誼性強的活動，且批評多於接納。這或可作為教師及父母輔導資優兒的參考。

結束這次的訪問，對朝陽同學會與畢業生營有了更深的認識。雖然，這不是正式團體，卻是有心的結合。但展望未來，朝陽畢業生營的去向如何，卻令有心的同學們憂心不已。建中陳俊傑說出了他的心聲：「希望教育部能編列預算，各校老師繼續支持，以造福莘莘學子。在升學主義掛帥的逆流中，讓資賦優異同學有一個發揮自我的空間。」

肆、高中資優生周末研習營活動

訪問者：鄭惠萍、陳宣延

國科會多年來均與中研院及數所大學基礎科學系（如：台大數學系、清大物理系等）合作，利用週末假日輔導高中資優學生。本節透過訪問建中數位參與該學習方案的學生，了解學生學

習的實際狀況。

一、研習活動

　　在每年九月開學不久後，各高中資優班高一導師便向學生說明有關週末研習營活動之事宜。想要參加週末研習營活動，首先必須通過該科或與其相關學科之筆試與口試，錄取者始能加入研習營的活動。

　　本研習的參加對象係台中以北，通過甄試的學生可依其志願參加。研習活動每兩週進行一次，課程安排係濃縮高中課程再向外延伸（加深、加廣）。另外，清大化學系對高二生有一對一教學；中央研究院動植物研究所，高二生另有小組的專題研究。教授以其專業知識，採用引導式教學，引發學生的學習動機，並能在課堂內外給予學生請教疑難的機會。

　　參與研習的學生須每半年接受一次篩選，至高三時仍通過篩選者，即有參加大學入學甄試的機會。

二、學生的學習成果與感想

　　此次接受訪問的建中同學，分別參加台大數學系、清大物理、化學系及中研院動植物研究所。對於參與的感想與心得不甚一致。有些同學相當感興趣並覺得獲益頗多，有些則覺得負擔太重。究其原因，與學生本身的能力與興趣、未來投考大學的計畫及教授課程設計能否契合學生能力等均有關聯。其中特別值得一提的是，參與中研院課程的同學，認為參與這次研習，對自己在學習方法上有很大的助益。

　　一般來說，他們大都認為周末研習營的活動中，教授以引導式教學來傳授其專業知識，即可培養他們主動學習的能力，而在

學習方法及技巧上更有長足的進步。此外，各大學之資源豐富、設備齊全，有助於實驗及研究。而同儕間彼此志趣相投，感情融洽，既可擴大生活圈，又可促進其心得交流與學習。

三、受訪學生的建議

　　㈠由於中研院及清大的路途遙遠。若能縮小分區，不但能增加學生的參與意願，且能減少行程的勞累。

　　㈡上課時數太少。學生對濃縮課程無法全盤吸收，以致壓力頗大。所以在物理方面，宜增加數學方面的背景知識，尤其微積分不宜在兩節課即講授完畢。在生物方面，應提高非生物科目的師資，且應讓學生有較多時間互相討論。在化學方面，宜增加數學方面等的背景知識。

　　由學生的反應顯示：週末研習營活動確實有助於增進學生的學習技巧及研究方法，但在現今聯考制度的強大壓力下，仍會影響學生繼續參加的意願。所以如何解決此一難題，以發揮資優教育的特色及多元功能，是從事資優教育者的重大課題。

伍、評述

　　由此次訪問顯示，北區國中及國小階段跨校假日充實活動的辦理，以夏令營或冬令營的方式為主，高中階段則多利用學期間的周末辦理。由訪問結果的分析，可以發現：

一、在學生學習收穫方面

　　大致包括：

(一)學習領域的拓展與加深

上假日充實活動或利用大學師資與資源進行，或安排不同於平日學校的學習活動，學生學習的視野與深度往往得以增進。此番經驗相信對學生日後深度學習、進行獨立研究乃至生涯定向，均有助益。

(二)學習態度與方法的調整

有些充實活動透過學習單的設計，有些將研究方法本身納入研習內容，使學生必須改變以往被動的學習態度，學習做個主動學習者；有些大學及研究單位將該學門的研究方法納入學習主題，讓參與的高中生覺得受益頗多。

(三)社交能力的學習與擴展

學生對於假日學習活動，大都是依意願選擇參與，因此容易在參與活動期間，結交來自各校興趣相近的同學，可以學習社交技能並擴展社交面。

二、建議日後辦理或設計充實學習活動時，應注意以下幾點：

(一)活動設計應切合學生能力與興趣

設計充實活動前，應進行學生能力與興趣評估；考慮在正式活動前先晤談學生，並作必要的定向輔導，使師生雙方都有機會互相了解與調整。主辦單位也應將學生的狀況，充分告知擔任研習講座的教師，使學習內容與方式適合，並具有適當的挑戰性。

㈡考慮學習經驗的延續

　　目前為資優生設計的假日充實學習活動均是點狀充實，通常短期的活動結束或研習單元結束，學生便可能不再延續學習，造成學生學習的點無法擴展或遷移。設法使充實活動本身能與其他學習活動間適當聯結，以促成學生有效而經濟的學習，方能讓學生在假日充實學習活動中引起的學習火花持續燃燒。

㈢辦理組織與方式的轉型

　　國中、國小過去辦理資優生假日充實活動，皆由教育部廳局補助活動經費，實際承辦者多為中、小學各校。長期以來，受制於補助經費的不確定及承辦學校長期辦理造成的疲憊與瓶頸，使這些立意甚佳的冬、夏令營，已似強弩之末。如何在經費上獨立自主，在辦理組織上重新調整，並注入新血，相信是未來有效辦理資優生冬、夏令營的重要關鍵。

24

資優班「中國孩子的世界觀」課程介紹

＊陳蕙君

壹、前言

　　面對著「地球村」的新世紀，國與國之間「天涯若比鄰」的密切關係，世界各國的教育無不以培養孩子的宇宙情，創造出具有廿一世紀「世界觀」的國民而努力。如：國內教育改革、開放教育的提倡、新課程標準的公布，美國「公元 2000 年的教育」，在在告訴我們未來教育的走向及理想目標，是以教育出一個達觀的「國際人」為目的。

　　本校（民生國小）資優班推出以「中國孩子的世界觀」為主題的大單元課程設計，即是在此理念之下誕生的。為拓展孩子的視野，增進生活見聞及地理知識，加強鄉土教學和世界觀教育，使孩子了解本國及外國文化，培養愛國情操與世界一家的胸懷為目的。藉著一系列專家學者親身體驗的演講、視聽媒體的影片介紹、實地的校外參觀以及依照孩子興趣指導其專題研究，並做專題報告和學習設計等各項活動，將本地和世界各地之民情風俗、文化、思想、特色，以人性化、生活化、具體化的方式，傳達給一群國家未來的主人翁，盼望能引發他們「立足台灣，胸懷天下」的志向，為國家的未來，為人類的希望，散播出他們的愛與

活力。

　　從指導孩子聽專家演講，到自己完成研究上台報告，可說是有系統的為孩子安排了統整的學習課程。一年來，從孩子的學習表現、回響和家長的意見調查中，得到了許多能提供目前積極從事開放教育統整課程者之參考，並就教於各位先進。

貳、實施內容與方式

一、專題演講

　　依年度教學計畫，聘請專家以講述、幻燈介紹或問答方式進行教學，並設計學習單，讓孩子從聽演講的活動中，了解從事知性之旅的準備和方法以及吸收他人的經驗。

　　課程安排如下表：

次	講座內容	主講者	工作單位
1	親子海外旅遊準備	李銘輝所長	文大觀研所
2	如何指導孩子從事知性之旅	李銘輝所長	文大觀研所
3	台灣自然景觀之旅	高鎮雄主任	退休
4	陽明山地質地形生態保育介紹	黃淑珺技士	陽明山國家公園保育課
5	與環境有約	陳淑玲老師	中山國中
6	錦繡大地—話新疆	施麗珍老師	社子國小
7	青藏高原之旅	張翠芬老師	蓬萊國小
8	媽媽寶貝遊紐西蘭	陳幼君老師	民生國小
9	打開一扇藝術之窗	蘇　蘭老師	民生國小

10	澳洲	蔡瑞琴老師	民生國小
11	揭開世界的門牙	陳春枝老師	民生國小
12	自由女神下的美國	翁繩玉主任	成德國小
13	神祕的印度之旅	施麗珍老師	社子國小

二、參觀教學

　　利用週三下午和例行的校外參觀活動，安排以了解我們居住的台北市為首要課題。從開放的戶外教學活動中指導孩子蒐集、分類、整理資料，並完成學習單活動。加強鄉土教學，培養孩子愛家、愛鄉進而愛國家的情懷；強調生態保育和環境維護的觀念以及審美、欣賞能力的培養等。活動如下表：

次數	參觀活動	協助單位
1	松鼠與植物之旅	台灣省林業試驗所
2	關渡自然生態之旅	野鳥協會
3	木柵貓空水上保持教室	台北市建設局第五科
4	成功中學昆蟲之旅	成功中學陳維壽老師
5	台北市孔廟	孔廟管理委員會祕書
6	三峽長福巖清水祖師廟	台北縣教育局
7	淡水紅毛城古蹟之旅	淡水鎮公所
8	故宮博物院羅浮宮畫展	故宮博物院
9	國立歷史博物館	國立歷史博物館
10	教育廣播電臺	教育廣播電臺

三、視聽教學

靈活運用各種視聽媒體，帶領孩子遨遊「地球村」，以了解世界各國的風土民情。師生共同提供相關主題的教學錄影帶，經挑選適宜的教材，依課程進度安排共同欣賞。教師並設計學習單，進行教學評量。例如觀賞過的錄影帶，如下表所列：

次	影片內容	影片來源
1	拜訪紅樹林的家	公共電視——小鄉土大世界
2	奇石王國——野柳	公共電視——大自然教室
3	鼻頭角傳奇	公共電視——大自然教室
4	海上仙洲——澎湖	公共電視——小鄉土大世界
5	太魯閣的古老故事	公共電視——大自然教室
6	卑南遺址	本校教材
7	雅美人的故鄉——蘭嶼	公共電視——小鄉土大世界
8	蘭嶼角鴞的故事	中央研究院·動物研究所製
9	國家公園介紹	中華民國國家公園學會製作
10	青康藏高原	公共電視（八千里路雲和月）
11	排灣族婚禮	公共電視——小鄉土大世界
12	馬新之旅	自製幻燈教材
13	美國	自製幻燈教材
14	波里尼西亞王國	自錄影片
15	大峽谷發現之旅	自錄影片

四、獨立研究

　　學生依自己的興趣，與家長共同討論專題研究的主題。三年級以台灣本土為研究的範圍，四年級擴大以中國大陸為主，五年級則以亞洲為界，六年級擴大至世界各地。課程由近而遠，由淺而深，配合孩子年級加深加廣學習。

　　當孩子將資料整理完以後，將部分重要的內容改編成兒童廣播劇文稿，再利用課程中錄製廣播劇，作為專題發表的方式之一。由於呈現的方式非常新鮮、活潑，所以孩子們製作過程中興趣濃厚、積極認真。

五、專題發表

　　指導孩子利用投影機、幻燈機，將自己整理的主題做口頭報告，或廣播劇的演出。並且自行設計學習單，提供同學們學習。

叁、回響

　　以下是幾位學生對課程學習的心得：

　　俞恩：校外參觀是我最喜歡的課程，尤其是去歷史博物館和教育廣播電台。因為唐三彩讓我了解古代藝術之美，而參觀廣播電台是我夢寐以求的。最高興的是，將自己的獨立研究編成了廣播劇，還會用電腦打字完成作品，老師還教我們錄音，真是有趣！

　　倖儀：因為爸媽平時很忙，沒有時間帶我們去玩，而資優班老師安排了許多我想去參觀的地方，讓我覺得收穫很豐富。從報

告當中，讓我得到許多知識，也學到上台說話的技巧，更讓我增加了對自己的信心。

瑀葳：我最喜歡獨立研究的課程，因為可以自由挑選喜愛的題目來研討，也可以學習查資料，是一項很活的課程。以後，我要出國之前，會先找一找那個國家的資料，並且仔細閱讀，才能從玩中也得到許多知識。

肆、結語

美國教育哲學家杜威曾說：「教育即生活」。我們在費盡心思設計的「中國孩子的世界觀」課程中，即是想要引導孩子珍惜身邊的每一件事物，珍視自己的生活經驗，並且能從生活中學習為目的。尤其在出國旅遊日漸頻繁的現代家庭中，更應帶領孩子從生活中，自動自發的追求更新的資訊，培養愛鄉土、愛國家的情懷，進而開闊胸襟，擁有現代國民應俱備的世界觀和宇宙情。

在開放教育已經來臨的時代，將此完整的大單元課程設計呈現出來，目的也是為了提供教育工作者和家長們深思、反省，究竟教育的意義與目的何在。希望我們的孩子不要再成為「背多分」、「講光抄」下的犧牲品，而是真正會運用資訊解決問題，使生活更加充實、美好，並且能關懷社會，造福人群的「新生代」。

25

從探究技能、專題研習到獨立研究

＊黃啟淵

壹、前言

　　專題研習或獨立研究活動是動態的。從問題的發生到問題的解決，除要「動腦筋」思考之外，還必須要「動手」操作及「動口」說明講解，講求自我的獨立思考，更必須與他人研討切磋。因此，藉由專題研習或獨立研究的活動，可以鼓勵及推動資優學生做「活」的學問。

　　筆者曾擔任國中理化科教學工作，且在任教期間多次指導學生參與科展活動，深知影響專題研習或獨立研究活動成效之因素頗多。再與現有的課程範圍、教材內容、傳統的教學方法與教育制度下，更使此問題變得複雜難解。本文僅從指導高二數理資優班化學組學生，學習探索技能、專題研習到獨立研究的教學過程上，野人獻曝般地提出概括性的心得來與大家討論分享。希望這些心得或經驗，能夠提供國小、國中、高中科學教師一些有用的教學方法，並請諸先進多多包涵、給予指教。

貳、名詞釋義

一、什麼叫做探究技能

　　現代科學教育常常提到探究教學，為了要了解探究教學的意義，我們先從探究過程說起。

　　當我們要了解一密閉的盒子中裝有什麼東西時，可能會有四種解決問題的方法：①直接打開盒子來看，就可以確認正確答案；②問已經知道盒子內裝有什麼東西的人，由他直接說明即可獲得正確答案；③問已經知道盒內裝有什麼東西的人，但他只說「是」或「不是」來回答我們的任何問題（類似於某電視節目內容）。這時候，我們僅能從這些對談中來推論其內容；④以自己用手拿起盒子的感覺、重量或搖動時的感覺與聲音等，由這些外界可得的各種資訊，再作推理來判斷其內容。

　　在研究科學的過程裡，我們研究的對象往往是自然界的事物，很難使用第一、二種方法（但是一般學科學習則是可以的）。自然科學的對象往往是不能直接揭開的黑盒子。因此，必須先熟習使用第三方法後，才能以第四種方法來「自己」解決問題。而自然科學是對一個問題盡可能搜集資料，統整並解釋資料，而構成規律性理論的一種思考活動。這活動也是所謂的探究活動，而為解決問題所採取的過程就是探究過程。科學教育家將科學探究過程所需的技能歸納為十三種科學過程技能。

　　本文中所指的探究技能，包括：①科學過程技能；②科學探究流程模式（歸納法流程設計）兩項。其中科學過程技能又分為基本技能與統整技能兩種，基本技能有：觀察、分類、測量、預

測、應用數據、應用時空關係、推理與傳達等。統整技能有：解釋資料、控制變因、形成假說、操作型定義和實驗。科學探究流程模式是一種思考模式，也是一種簡易書面表達的格式；它具體統合了科學過程的各種技能，可以使學習者增強處理問題的能力、思考判斷能力與創造能力等。

二、專題研習與獨立研究的界定

筆者認為專題研習（science projects）與獨立研究（independent study project）是有層次的不同。我們先從有關科學實驗活動的層次分類談起（Schwab 於一九六四年首先發展之）。Schwab 所提出之實驗活動層次分類的理念，是根據科學探究發現方法（discovery/openness）來分類之，其理念如下：最簡單的科學實驗活動層次，為問題、方法及步驟均提供給學生。學生只要按著方法及步驟，即可找出實驗活動的答案。第二個實驗活動層次，為僅提供實驗的問題，而方法與步驟，以及答案均未提供。第三個實驗活動層次則為問題、方法步驟及答案均未提供，讓學生自己去思考設計實驗，去解決自己所面對的現象問題。

Herron 於一九七一年依 Schwab 的三個層次的科學實驗活動層次分類法，再加上另一個層次，他稱之為零層次。所謂零層次的實驗活動，即問題、方法步驟及答案均提供給學生，學生只要按此步驟去做實驗，驗證已知的結果而已（食譜式實驗）。科學實驗活動層次分類表如表 1 所示。

表 1　科學實驗活動層次分類表

層次水準	問　題	方法步驟	答　案
0	給	給	給
1	給	給	開放
*2	給	開放	開放
**3	開放	開放	開放

　　筆者將「層次水準 2」界定為專題研習；「層次水準 3」界定為獨立研究。兩者的不同在於找尋題目、發現問題的層次。因此，專題研習與獨立研究也應著重在不同層次的學習及教學過程中。

叁、文獻初探

　　文獻方面僅簡單地討論而已，其內容分為三部分，底下將依次序呈現：

一、科學過程技能的研究

　　科學過程技能是 1960 年代科學課程的主流，其相關的研究也大量出現。國內科教學者以紙筆測驗的方法，研究科學過程技能的結論也相當豐富，本文僅討論國內「資優學生」科學過程技能的研究結論為主。

　　鄭碧雲（民 79）以逐步迴歸分析法，探討國中資賦優異學生科學過程技能與其相關因素。研究中指出：①邏輯思考的預測

能力最大，可解釋科學過程技能總變異量的 10.5％；②統整的科學過程技能，五項分測驗的難度中，對國中資賦優異學生，由難到易的順序為：確認可驗證的假說→下操作型定義→數據及圖形的解釋→設計實驗→確認變因。研究者建議教師應以有效的教學策略，讓學生從實驗中增進「確認可驗證的假說」的能力。

　　鍾聖校（民 80）以典型相關分析做為統計推論，探討國小資優兒童科學過程技能與有關身心特質。以北區國小六年級資優學生 100 人（其中男生 50 人，女生 50 人）為研究對象，所得的結論顯示：依據典型相關分析研判，國小資優兒童科學過程技能較有預測力的因素，大致為性別、智力、數學能力、認知發展程度和科學性向等五個變項。

二、科學探究模式的內容

　　科學探究模式是教師為協助學生，獲得尋找問題和解決問題過程的能力，而擬訂的特定教學計畫或型式的教學法（楊榮祥，民 74）。然而，近年來研究模式的學者，認為概念形成與概念改變的研究取向，是科學教學界新的研究主題；於是統合探究模式方式、科學哲學的知識觀、認知心理學的學習觀，及 Karplus（1967; 1977）的學習環理論，由 Lawson, Abraham 與 Renner（1988）等人提出一個「假說—演繹」的模型來說明概念 之學習與改變的過程，如圖 1 所示。

　　方塊 A 表示由於某些經驗所激起的問題，方塊 B 表示認知者的假說，這個假說是由問題情境之可觀察特徵與個體之記憶所產生的。為了測試這個假說，認知者必須想像相關的情境，以對此假說進行邏輯演繹而得到結果 C。然後將經由邏輯演繹所得之結果 C 與實際的測試結果 D 比較。如果兩者相同，則得到對此假說的支持；反之，則此假說要放棄，再進行其他假說的測試。

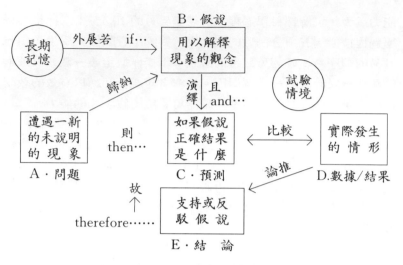

圖1　假說—演繹思考的基本模式

Lawson 等人認為，教學就是在於如何運用這個概念形成與改變的模型。此模型隱含了多項技能（是科學過程技能）：

㈠精確描述自然現象的技能。

㈡發覺與描述自然現象因果問題的技能。

㈢察覺、產生與敘述假說的技能。

㈣產生邏輯預測的技能。

㈤設計與控制實驗以測驗假說的技能。

㈥收集、組織及分析實驗數據的技能。

㈦得到與應用合理結論的技能。

　　由 Lawson 等人所描述的概念形成與改變的過程，實為科學探究模式的過程。因此，熟習科學探究模式，不但是在科學實驗活動中所必須的，同時也是概念學習的重要機制。茲以「瓶內水為何會上升？」為例，說明科學探究模式，是一種在科學實驗的活動流程，也兼具概念建立的思考模式。如圖 2 所示。

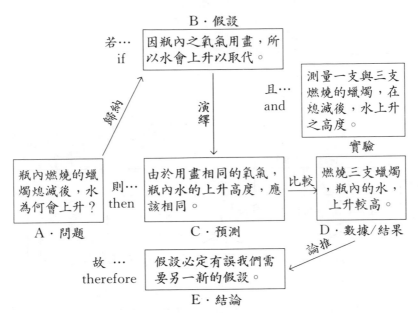

圖2　概念改變的思考模式圖，以「瓶內水為何會上升？」為例

　　而國內科教學者許榮富，於民國74年所提出的科學探究模式，與 Lawson 等人提出的「假說—演繹」的模型非常相似。以下僅簡介此科學探究模式流程內容。

　　探究科學的流程縱向可以分為六大階段，包括：①認識問題；②產生假說；③驗證；④形成假說；⑤發現；⑥提供下一個探究題材。橫向可分為歸納法流程、演繹法流程及辨正法流程。其縱橫關係可以如圖3所示。本文以科學探究流程模式—歸納法流程設計，為實際教學的流程，如圖4所示。

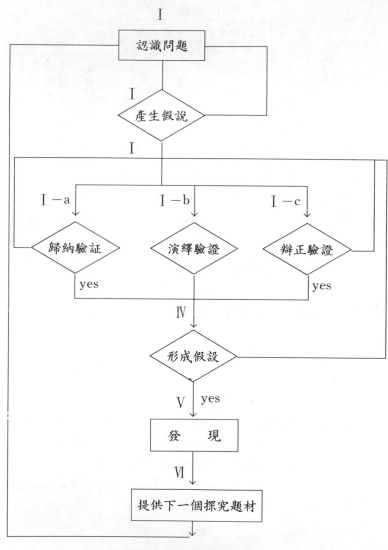

圖3 科學探究流程模式

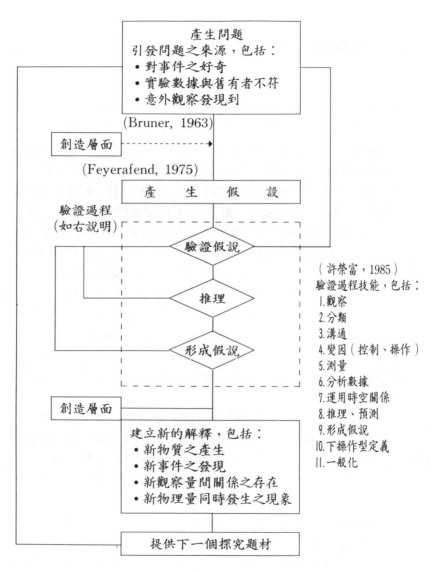

圖4　科學探究流程模式—歸納法流程設計

三、專題研習的教學

　　我國國小自然科學課程，大都以美國的 SAPA 課程為主要
參考對象，國中理化科課程更是以傳統的實驗課程方式（食譜
式）來設計。這種課程活動設計（由教師指示活動），在國中化
學實驗部分更為嚴重，各校的實際教學都偏重講解，造成學生實
驗操作技能的低落（王元沛，民 74 ）。

　　再者，由國內科教學者姜蓓蒂（民 79 ）研究指出：國中理
化實驗則幾乎全是層次 0。雖然高中化學實驗活動提昇為層次
1，但是專題研習的目標是統整的，活動步驟是開放由學生設計
的，是屬於科學實驗活動層次分類的層次 2 以上。那麼資優學生
在現有的教育體制下，若僅具備低層次實驗活動能力的話，如何
達成高層次的科學探究活動（專題研習或獨立研究）呢？這方面
的問題是值得注意探討的。因此，專題研習的教學是必須的。

　　對於專題研習教學的研究，國小方面，鍾聖校（民 78 ）在
結構性科學探討的教學理論及應用研究中，以北區國小六年級資
優學生 100 人（其中男 50 人，女 50 人）為研究對象，所得的結
論有：

　　㈠「統整」的科學探討必須在「統整」的活動中教導才會有
效，這是符合事實的見解。此外利用「假設檢核表」進行思想實
驗，確實能有效地提高「專題研究設計能力」的邏輯結構性。

　　㈡結構性科學探討教學的效果受到兩種因素的影響。其一為
學生原有的從事結構性科學探討的潛在能力；另一為接受本教學
模式後進行思想實驗的能力。此一因果模式與實徵資料相配適。

　　㈢結構性科學探討潛在能力，與認知發展、科學性向及科學
過程技能等變項有關。其關係強弱依次是：與科學過程技能關係
最強，其次是科學性向，再次是認知發展。

㈣專題研究實驗設計的潛在能力，與學生從問題意識發展出可驗證假設過程的邏輯結構能力、下操作型定義能力和區分變因能力有關。其關係強弱依次是與區分變因關係最強，其次是形成假設的邏輯結構，再次是下操作型定義。

由上述文獻初探我們可以了解：科學過程技能的養成，是學習科學探究模式到專題研習或獨立研究的基礎。給他魚吃，不如教他釣魚。那麼科學過程技能的養成，與學習科學探究模式是必須教的內容。至於專題研習或獨立研究的訓練是較實戰性的，譬如海釣、溪釣的情境與人工釣魚場的情境是不同的。因此，在教他釣魚時，我們應該了解他們實際需要的情境後，再給予不同階段的訓練方式。否則當他釣不到魚時，他會懷疑釣魚的方法是否有用、有助益的？

肆、活動過程

一、筆者的經驗與理念

筆者（民 81 ）曾經探究國中生參與化學專題研習活動中的表現——個案研究。從觀察三位個案到收集資料完成，總共時間為二年六個月。總結個案資料、分析、歸納與比較後，發現參與學生在化學專題研習中的表現，茲分述如下：

㈠探究能力方面

學生探究能力的表現與困難癥結不盡相同。其中有些能力較不容易經由短暫學習養成，另有些能力則能經由學習，使學生深入的了解並知道正確的應用。

(二)學習風格方面

學生之學習風格類型計有：整體理解發展型、逐步操作發展型與隨機應變統合型。

(三)探究風格方面

學生之探究風格類型分別為：低階問題解決者、高階問題確認者與高階問題解決者。這種探究風格會在化學專題研究中表現出來；而探究能力的養成與否，和他們的學習風格特質，會影響學生在專題探究中的表現。

其中這三位個案現在就讀於建國中學三年級。當時他們的高中錄取分數高於標準三十分以上，所以他們在活動中的表現，應該類似資優學生的表現才對。

筆者有上述的經驗之後，將本校數理資優班化學組學生六人，分成三組。活動日期從八十一年九月十日到八十二年六月三十日。活動時間是利用每期五下午兩堂獨立研究課，來進行四個階段的活動。在活動期間，一方面進行探究技能的養成教學，另一方面特別注意觀察他們的學習風格，因為這些個別差異性，都會影響學生在專題探究中的表現。

Hoover（1989）提出應用三階段模式在基礎資優科學的看法，如表2。這三階段模式可以提供資優學生，發展他們的學科知識，加強其擴散性、聚斂性思考訓練，具有創造性問題解決的技術和研究技能。這三階段模式與筆者（民81）由統整文獻資料及個人經驗所實施的階段活動內容類似。因此，在指導本校數理資優班化學組時，特別設計一些更簡易有用的教材，來進行一連串的活動。

表 2　應用三階段模式於基礎資優科學教育

階　　　段　　　別	內　　　　　容
階段一：聚斂性與擴散性思考技能	從基本科學探究技能到整合性科學探究技能
階段二：問題解決及創造性問題解決技巧	自教師所選擇的問題進行團體的探究
階段三：獨立研究專題	進行獨立研究或實驗

二、活動實施

　　本活動實施過程可分為四個階段：科學過程技能概念的確認、科學探究歸納流程教學、專題研習、獨立研究。以下分別敘述各階段的研習內容與目的。

　　第一階段科學過程技能概念確認的方式，是先以化學科統整技能紙筆測驗後（江武雄，黃曼麗，林振霖，郭重吉，民78），再以此測驗題目當教材，由參與學生逐題討論，並要求他們了解科學過程技能名稱與其實質的概念。這階段活動中，教師要適時補充、糾正及參與學生科學過程技能的概念。

　　第二階段為科學探究歸納流程教學。此階段的研習目的是教學生了解科學探究歸納法的流程，與實驗中產生假設的思考方法。接著教師給每位學生不同的問題，要求他們以科學探究歸納法流程的思考模式，進行書面格式的表達。最後教師再進行小組教導與講評。這過程的想法是：要讓參與的學生能夠了解如何分析問題，以及如何進行小組研究、討論的方式。

　　第三階段是專題研習活動設計。教師介紹四個專題研習項目後，學生就必須以產生實驗假說、步驟以及結果均為未知等項目，自己逐步進行實驗，而他們所採用的流程為科學探究歸納法

流程。此專題研究以學生為中心的活動，教師僅扮演輔導員的角色，從旁注意他們的實驗安全而已。

　　第四階段是獨立研究階段，可視為參與學生在前三階學習成果的總結性評量。參與學生自己要有發現問題（題目）、產生實驗假說、設計實驗方法等能力，才能完成獨立實驗，最後呈現「科學探究歸納流程表」的探究結果。

伍、教學心得與討論

一、教學心得

　　以下將教學心得加以簡單的說明：

㈠科學過程技能養成

　　綜合科學過程技能概念確認的學習，與科學探究歸納流程學習的表現，參與學生在基本科學過程技能中的「推理」、「預測」，與統整科學過程技能中的「操作型定義」、「形成假說」技能，較不容易在短期間（一～四週）內訓練養成以至於正確的應用，此點值得再研究。

㈡科學探究歸納流程的學習

　　個案在學習科學探究歸納流程時，都能設計實驗步驟並完成實驗。其中兩位學生由產生問題意識，到產生假說能力較強；而另四位學生由產生問題意識、產生假說能力就顯得弱些。從這些項目也可看出個別的創造思考能力的差距。

㈢專題研習活動

　　專題研習是科學實驗活動「層次水準2」。學生以產生實驗
假說、步驟以及結果均為未知等項目，自己逐步進行實驗。在第
一個專題研習項目中，學生較不熟悉整個活動的流程，因此所花
的時間最長；再者，可以從他們的「科學探究歸納流程表」中，
看出他們個別的優缺點。經過教師個別的指導後，參與學生就能
較順暢地完成另外三個專題研習活動。

　　由於他們的化學實驗安全的概念較弱些，常常會重蹈自己錯
誤的操作方法。在短期內要訓練他體會安全之重要性與直覺反應
化，仍有困難。所以，教師在指導學生專題研習活動或「層次水
準3」獨立研究時，最重要的責任是注意學生的實驗安全問題，
以免造成不必要的傷害。

㈣獨立研究階段

　　獨立研究也應該著重在層次學習與教學的過程中。因此，參
與學生自己要有發現問題（題目）、產生實驗假說、設計實驗方
法等能力，最後獨立完成實驗。參與學生已經具備專題研習的能
力，所以在獨立研究階段的訓練是：能尋找主題，並確定操作型
問題，再進行一連串的科學探究歸納流程活動。這一階段活動時
間很長，在此活動中，教師可以看出資優生的一些特質。

　　另外，學生的化學知識的學習程度，會影響他們寫假說之正
確程度。由活動中發現，有些學生不太了解真正的化學概念，故
寫假說時，寫不出其真正含意。而參與學生的實驗基本技能，也
會影響其獨立研究的表現。大概情形如下：①常快速操作儀器，
但大部分表現都未達到要求；②操作儀器緩慢，但部分表現都能
達到要求；③能快速又正確的操作，實驗基本技能的表現特別優
異等。

二、討論

㈠你是在敎「探究化學」或「學習化學」呢？

　　其實敎「探究化學」與「學習化學」是有區別的，而且影響敎「探究化學」困難因素會比敎「學習化學」多。因此，我們必須明辨兩者間的區別，才能養成正確的敎學態度，以面對敎學上發現的問題，進而解決敎學上的困難問題；另一方面才能更有效的敎導學生們，在探究時發現問題、科學邏輯思考與創造等能力。「探究」與「學習」的主要區別參見表2。

㈡指導敎師要了解學生學習風格嗎？

　　學習風格的研究源自於早期實驗心理學對於認知風格（cognitive style）的研究。最初有關認知風格的研究，僅著重於解釋個人在認知方面一些特質（例如知覺、記憶，或訊息處理方式等）的差別。由於這方面的研究在敎育上具有顯然的價值與啟發性，因此逐漸擴充演變，而在1970年以後，遂有學習風格一詞出現（郭重吉，民76）。學習風格代表個體的人格與心理特徵，這些特徵足以影響個體的知覺、記憶、思考和問題解決等心智活動。

　　鍾聖校（民78）在結構性科學探討的敎學理論及應用研究中，所得的結論㈡指出：「結構性科學探討敎學的效果，受到兩種因素的影響，其一為學生原有的從事結構性科學探討的潛在能力；另一為接受本敎學模式後，進行思想實驗的能力，此一因果模式與實徵資料相配適。」其中這「潛在能力」一詞，在她的結論中多次出現。那麼，學生在習的過程中，有些是能在短期間敎會的；有些是很難在短時間內改變學生們想法或能力的。因此，

她所指的「潛在能力」可能就是個別差異。然而是那一種個別差異呢？這可能是筆者（民81）在個案研究指出「學生學習風格特質的差異」。

筆者在指導數理資優班化學組學生時，從探究技能、專題研習到獨立研究活動中，同樣發現他們的學習風格，深遠地影響這教學活動的進行。尤其認知風格、人格特質（基氏人格暴力型）等方面的因素，特別具體地影響他們在實驗安全方面的表現。因此，指導教師有必要了解不同學生的學習風格，這樣在指導學生參與專題研習或獨立研究時，才會有事半功倍的效果。

表3　探究與學習的區別表

主要區別　分類名稱	探　　　究	學　　　習
目　　標	根據已知探究未知現象	培養能力，去認知已建立的知識
方　　法	觀察→形成問題→提出假說→驗證→討論→形成新問題……	由聽課、閱讀、模仿、練習、實作、測驗等方式，進行記憶↔理解↔分析……
從事者須具備的條件	具有與研究範圍相關程度的專業知識與探究技能	具備學習的動機或志趣

陸、結語與建議

筆者竊自認為：一般大學生與碩士班學生能力上的要求與區別，在於是否具有獨立研究的能力。因此，學習有學習的方法，研究有研究的方法，我們應該了解這兩種方法是有差別的。而碩

士班學生與博士班學生獨立研究能力的強弱，可能在於研究題材的創意性、研究過程的嚴謹性，與知識的體系的建構等等的不同。那麼，這兩種班別學生能力上的要求與區別，亦應該是在學習層次與教育方式的不同。因此，本文的中心思想一直認為：資優學生學習探究技能、專題研習與獨立研究的過程，亦應該是在於學習層次與教育方式的不同。

　　資優學生學習探究技能、專題研習與獨立研究的過程，是可以教，也是必要教的。然而，有些特殊高中資優生（近似天才型），在某研習營或專題活動時，已經由教授指導這種探究技能與專題研習的能力。那麼，在學校由教師指導的時候，就可以不需要重複指導這些方法，僅需加深學科知識，他們就可能有些優異的成果表現。若您所指導的是國小、國中或一般高中資優生，指導他們從學習探究技能、專題研習到獨立研究各階段內容與方法，是應該繼續重視加強的。

　　再者，筆者建議指導師們，若您能更細心地研究參與學生的個別差異性，就能歸納了解參與學生學習能力的優缺點，以及預知當他們在獨立研究時，可能會發生的困難問題。國內科教學者郭重吉（民76）評介學習風格之有關研究一文，可以讓我們更了解整個學習風格（認知方面）的全貌。筆者建議大家一起來研讀探討它。若您想了解本文所指的「科學探究歸納流程」的思考方式與實驗範例，請參考由本校化學組學生，在第三十三屆中小學科學展覽中，榮獲高中組第三名（第一、第二名從缺）之作品說明。這作品應該算是筆者指導化學組學生，從探究技能、專題研習到獨立研究後，最富挑戰性且更具體的成果驗收。

參考文獻

王亢沛（民 74）：**我國基礎科學教育現況研究**。行政院科技顧問組。

江武雄，黃曼麗，林振霖，郭重吉（民 78）：**我國學生科學過程技能學習成就水準之研究——化學概念在資料處理與解釋和形成假設的應用㈡**。國立台灣教育學院化學系。

姜蓓蒂（民 79）：**中美初級中學自然科學教科書之分析與比較**。國立臺灣師範大學科學教育中心。

許榮富（民 74）：**科學探究的模式**。國立臺灣師範大學，國立臺灣師範大學學術演講專集第一輯。

黃啟淵（民 81）：**探究國中生參與化學專題研習活動中的表現——個案研究**。中華民國第八屆科學教育學術研討會論文，頁 358-387。

郭重吉（民 76）：評介學習風格之有關研究。國立臺灣師範大學，**資優教育季刊，23 期，**頁 7-16。

楊榮祥（民 74）：**生物科學模式研究**。台北市：高立。

鄭碧雲（民 79）：**國中資賦優異學生科學過程技能與其相關因素之研究**。國立彰化師範大學科學教育研究所碩士論文。

鍾聖校（民 78）：**結構性科學探究的教學理論及應用**。國立臺灣師範大學教育研究所博士論文。

鍾聖校（民 80）：**國小資優兒童科學過程技能與有關身心特質之典型相關分析**。臺灣省第二屆教育學術論文發表會論文（特殊教育組），頁 1-25。

Hoover, S. M. (1989). The Purdue three stage model as applied to elementary science for gifted. *School Science and Mathematics, 89* (3)。

Lawson, A. E., Abraham, M. R., & Renner, J. M. (1989). *A theory of instruction: Using the learning cycle to teach science concepts and thinking skills*. NARST Monograph, No. 1.

如何指導資優生進行獨立研究

＊郭靜姿

壹、前言

　　資優教育的目的在培育學術研究與創造發明的人材，以能促進社會的進步。資優生的獨立研究可達到下列目的：①培養研究的興趣與精神；②提供實際研究的經驗；③加強研究方法的訓練；④培養獨立與自學的能力；⑤提高問題解決的能力；及⑥發展高層思考的能力。故而獨立研究在資優教育中成為必要的教學活動，也是資優教育與普通教育不同的地方。指導資優生進行獨立研究有幾個基本的概念：

一、獨立研究不是「學生獨力」的研究，但也不是「教師捉刀」的研究

　　獨立研究的目的是在培養學生獨立進行研究的能力，但是在學習的過程中，學生亟需教師的引導，否則在學習之初將因不了解研究的方法而無所適從，因此獨立研究不是「放牛吃草」；但是獨立研究指導也不應是一種由教師捉刀引導的研究，否則即失去了培養學生研究與探究技能的意義。

二、獨立研究應因應個別差異的情形提供引導

　　一般說來，學生進行研究其「獨立」的程度可視下列條件加以安排：

㈠學生自我引導的能力

　　對於具有高度自我引導能力的學生，教師的角色是諮詢者，因此在研究過程中，可由學生自行導引研究的進行，教師適時協助即可；對於略具自我引導能力的學生，教師的角色則是合作者，在研究的過程中，可由學生與教師共同設計研究，教師定期加以指導；對於缺乏自我引導能力的學生，教師的角色是引導者，在研究過程中，可由教師提供多種研究主題供學生選擇研究，教師應定期加以指導。

㈡學生以往從事研究的經驗

　　對於以往有研究經驗的學生，教師可讓其自主研究；而對於以往沒有研究經驗的學生，教師應先提供一般探索的機會，協助學生發現興趣領域後，始能讓其著手研究。

㈢學生所具備的研究技能

　　對於研究技能精熟的學生，教師可讓其多做幾個研究；而對於研究技能不足的學生，教師應提供研究技能的訓練，以協助研究的進行。

三、獨立研究有其先前應具有的條件

　　獨立研究須以學科知識為基礎，找出感興趣的研究領域，充

實必備的技能，始能勝任研究。因此獨立研究有其三部曲：①發現興趣；②充實技能；③進行研究。以教學過程來說，這三個部曲如下：①一般探索的經驗；②分組或團體能力訓練；③個別或小組研究。以教學內容來說，此三部曲則為：①資源教室（學習中心）的充實活動；②認知、情意或技能訓練；③獨立研究。

貳、學校如何提供獨立研究訓練

由上述獨立研究的步驟中，學校可分由三種方式培養學生獨立研究的能力。

一、提供一般探索的經驗，以有助於研究領域的訂定。下列係一些校內外充實活動的型態：

• 專題演講：充實學科領域的知識以為研究的基礎。

• 閱讀報告：除增進知識外並培養資料整理及書面報告的能力。

• 校外參觀或採集活動：擴充學習的經驗及廣度，並提高探究的技能。

• 周末或冬夏令研習營：發現及擴展個人的興趣，以發展研究方向。

• 專題研討或心得發表會：增進研究、溝通及發表的能力。

• 生涯探索活動：澄清自己的性向及興趣，有助於訂定研究的領域。

• 校外實習機會：實地參觀及了解本身條件與環境的配合，有助於建立實際的抱負及發展方向。

二、提供分組或團體能力訓練，以培養基本的研究能力。教師可依個別或小組學生的需要選擇提供若干思考、情意或研究方

面的能力，以下舉一些訓練主題及課程內容供參考（ Renzulli & Reis, 1986 ）：

㈠創造力訓練

包含下列能力：

- 流暢能力
- 聯結能力
- 重組能力
- 變通能力
- 比較能力
- 重整能力
- 獨特能力
- 冒險能力
- 反轉能力
- 精進能力
- 修正能力
- 腦力激盪
- 擴展能力
- 強迫聯想
- 縮小能力
- 屬性列舉
- 代替能力
- 想像能力
- 多元應用

㈡創造性問題解決能力訓練

包含創造性問題解決及作決定的能力：

創 造	決	定
• 發現事實	• 設定目標	• 列舉及預測後果
• 發現問題	• 發現障礙	• 選擇最佳方案
• 尋求主意	• 克障途徑	• 評鑑後果
• 尋求解決	• 檢視克障方式	
• 尋求接受	• 資源？花費？	
	• 限制？時間？	

㈢批判與邏輯思考訓練

包含下列能力：

- 條件推理
- 認識曖昧
- 發覺繆誤
- 辨別情緒用語
- 名詞界定
- 內容分類
- 辨別測驗信度
- 辨別測驗效度
- 能作轉換
- 能作解釋

- 運用插入法
- 運用序列法
- 運用流程圖
- 運用電腦程式
- 運用類推法
- 能作推論
- 演繹思考
- 歸納思考
- 三段論法
- 認識機率

- 兩刀論法
- 辨別矛盾
- 內容分析
- 成份分析
- 趨向分析
- 相關分析

㈣情意思考訓練

包含下列能力：

- 自我認識
- 認識他人
- 人際溝通
- 道德判斷
- 自我肯定

- 團體合作
- 自信訓練
- 壓力調適
- 價值澄清
- 領導才能

㈤學習如何學的技巧訓練

包含下列能力：

如何聽？如何看？

• 遵從指示	• 發問澄清
• 注意特定細節	• 問得適當
• 理解重要概念	• 推論
• 區分重要與不重要	• 預測
• 注意整體與部分	• 判斷

- 發展全盤概念　　　• 評鑑
- 集中注意焦點

如何作筆記？如何整理大綱？

◎筆記

- 選擇關鍵詞及概念

- 排除不重要的訊息

- 排除不須記憶的資料

- 記錄重要用語、日期及圖畫

- 劃出文獻中的重點

- 資料分類排序

- 資料組織以便補充訊息

◎大綱

- 選擇一種編碼系統以便於分類排序

- 決定以何者為大綱，主題？

- 清楚界定每一主題或要點

- 採用架構法列出大綱

如何調查？如何晤談？

- 訂定調查或訪問的主題
- 決定調查或晤談工具
- 尋找或發展工具
- 訓練發問技巧
- 選擇樣本

- 預試及工具修訂
- 與受試建立關係
- 資料建立
- 追蹤調查

如何分析及整理資料？

- 資料整理及建檔
- 確定統計方式
- 選擇資料處理工具及軟體
- 進行描述統計

- 進行推論統計
- 整理統計表格
- 提出結論
- 撰寫報告

三、提供個別或小組研究的經驗

學校內的獨立研究機會可安排下述幾種方式：

㈠設置專題研究課程

將專題研究納入正式課程，由學生依興趣及專長選擇研究領域（數學、生物、物理、化學、地科等），目前在中學設有「專題研究」課程的學校頗多，例如：建國中學、北一女中及板橋高中。

㈡配合實驗課程進行

配合教學實驗課程，提供學生選擇實驗及發展深度研究的機會。通常學校有固定的實驗主題，但對於資質優秀的學生，教師應容許學生變更或擴展實驗主題，以進行更有深度或創造性的實驗。此點與學科教學需要個別化的意義相同，教師應給予學生彈性學習的機會，不一定要求每一個學生學習同樣的教材或繳交相同的作業。

㈢配合各科教學進行

配合教學內容，由學生選擇特定主題加以研究，例如：設計某一單元的電腦輔助教學軟體、針對課文提供作者或文章背景資料的研究、製作特定主題的錄影帶、幻燈片等。此種方式，一方面可訓練資優生運用視聽媒體工具於獨立研究；二方面可肯定學生的研究成果，在班上發表；三方面可使教材教法更為生動活潑。今年（民82）四月份筆者率領資優班教師訪問美加資優教育時，即有許多教師運用資優生的獨立研究成果於教學，效果頗佳，例如有一個學生製作了一片錄影帶「遲到的時候」，可用於

心理輔導；有一個學生製作了圓桌武士的盔甲，可用於歷史科教學；有一位學生製作了「四季的星空」，用於天文館教學。臺北市重慶國中是語文資優班，他們也有豐碩的獨立研究成果，大部分是學生研究文學家的生平、文學名著的報告，因此獨立研究並不是僅有設置專門課程才可做，端看教師平日如何運用機會引發學生的研究興趣。

㈣配合特殊競賽進行

配合科學展覽、藝文競賽、奧林匹亞活動、特殊才能競賽等進行特定主題的研究，不過筆者要強調的是競賽係將獨立研究成果優異的作品拿去參賽，以讓校際間有相互觀摩的機會，但它應不是教學的主要目標，換言之，學生獨立研究的主要目的不是在競賽，而是在研究興趣的啟發及研究技能的培養。

叁、獨立研究的階段

一般研究過程可分為下列八大步驟：①選定研究問題；②閱覽有關研究文獻；③界定研究問題；④建立假設；⑤擬定研究設計；⑥從事資料蒐集；⑦從事資料分析；⑧撰寫研究報告（郭生玉，民 76 ）。獨立研究因強調學習的意義及經驗，其過程可區分為三階段（Doherty & Evans, 1983 ）：

一、教師引導階段（1 週～1 年，視學生能力調整）

1. 運用專題講座，提供不足的學科知識；
2. 運用資源教室的充實活動，提供一般探索機會；
3. 協助學生找出感興趣的研究領域，隨時記下可研究的題目；

　　4.提供研究能力訓練，如圖書館運用、觀察的能力、作筆記的能力、晤談方法等。

二、獨立研究階段（5週～15週，視學生能力調整）

　　1.選擇主題；
　　2.擬訂工作進度表；
　　3.擬定初步的研究問題；
　　4.尋找資源；
　　5.記錄研究的發現；
　　6.擬訂正式的計畫及研究問題；
　　7.進行師生討論會；
　　8.提出研究成果；
　　9.評鑑。

三、專題討論階段（1週～5週，視學生能力調整）

　　1.提供過程研討的機會；
　　2.提供特訂主題的研討；
　　3.計劃新的研究。

肆、如何協助學生選擇主題

一、訂定研究主題的方式

　　尋找研究主題一般可運用幾個來源（郭生玉，民76）：

㈠從有關理論中演繹研究問題

理論可以解釋現象，也可預測未來，從一個良好的理論中研究者可以推演出多種預測，這些預測就可以做為研究問題。驗證各種理論在實際情境中的適用性如何，也是有價值的研究題目。

㈡從實際經驗中發現問題

實際工作所遭遇的困難或發掘的現象，常常是研究問題的來源。對於一位參與獨立研究的中小學生來說，觀察生活中的各種現象，內心產生疑問或新的想法，常是研究問題產生的來源。

㈢從過去研究中發現問題

過去的研究可使研究者了解以往的研究方式、研究結果以及研究趨向。從過去的研究中，研究者可以得到新的啟示，而發現有價值的研究問題。教師可以指引學生由各種索引、圖書、期刊、雜誌、報紙中尋找已往的研究結果。

㈣從座談或研討中發現問題

學術研討、經驗分享，或與專家學者交換意見，常能刺激新觀念、新想法，因此多多參與討論會、發表會，亦有助於發現研究問題。在獨立研究中，學生成果發表會及討論會可以讓初學者從其中受益無窮。

二、如何幫助初學學生選擇主題

對於初學者來說，確定研究主題是一件吃力的事。如果學生有一般探索的經驗或經歷教師引導的階段，困難當會減低。一般說來，教師還可以用下列策略協助學生選擇研究主題：

㈠先協助學生發現興趣領域，可採取調查或晤談的方式，這些領域如下：

- 天文 • 幾何 • 建築 • 音樂 • 語文 • 社會 • 氣象 • 代數
- 歷史 • 美術 • 修辭 • 心理 • 物理 • 電腦 • 地理 • 舞蹈
- 詩詞 • 新聞 • 化學 • 生物 • 法律 • 體育 • 戲劇 • 哲學

㈡大領域確定後，運用腦力激盪法或自我衍生列舉法，產生一些研究題目。

㈢運用澄清法及決定技巧協助學生選擇適合的研究題目。

- 我對這問題好奇嗎？感興趣嗎？
- 這問題是否可研究？
- 我想針對這問題發現許多事情嗎？
- 我在書本、報章雜誌、期刊中找得到有關的資料嗎？
- 這問題有研究的價值嗎？
- 有許多人研究這問題嗎？有創新性嗎？
- 我有能力研究這問題嗎？知識？時間？花費？設備？

㈣學生保留所選的研究題目一星期不更改。

㈤一週後鼓勵學生再想想有沒有更適當的研究主題。

㈥研究問題界定後，讓學生列出想研究的問題。

㈦老師將學生所欲研究的主題紀錄下來。

如果學生還是找不出主題的時候，教師應避免直接給予題目研究，而可再採取下列方式：

1. 教導學生水平思考及垂直思考的方法想出題目。
2. 對於最欠缺獨立性的學生，可給一些題目讓其選擇。
3. 可由教師及學生共同腦力激盪想出一些題目讓學生選擇。
4. 用小組的方式研究，由小組腦力激盪選出題目。

伍、督導學生擬訂工作進度表

工作進度表的擬訂對於學習獨立研究的學生來說是必須的，以免學生蹉跎時間，在某件工作上滯留不前。它可以提醒學生在時限內應完成什麼事。最常看見學生在選擇主題上花費很多時間，真正用在資料蒐集整理或進行研究的時間往往不足。下面是一個簡單的進度表：

表一、獨立研究進度表示例

學生姓名：	指導教師簽名：	
研究主題：	擬訂進度日期：	年　月　日

日　期	工作進度	進度檢核	備註
82. 9.15	閱讀資料、尋找主題		
82. 9.30	師生討論主題		
82.10.15	確定研究主題		
82.10.30	擬訂初步研究問題		
82.11.15	資料蒐集與紀錄		
82.11.30	擬訂最後研究問題		
82.12.15	師生討論問題		
82.12.20	進行研究		
83. 1.10	資料整理分析		
83. 1.20	師生討論		
83. 1.30	撰寫報告		
83. 2.28	成果討論會		
83. 3.15	繳交報告		

陸、如何協助學生擬定初步研究問題？

一、界定研究範圍與問題

　　研究主題確定後，應該界定研究問題的範圍，研究問題才不致於過大或太小。讓學生列出想研究的問題。教師應協助學生以陳述的方式列出研究問題，注意問題的敘述應有下列特徵：

- 問題的敘述應說明兩個變項或兩個以上變項之間的關係。
- 變項間的關係應清楚而正確的敘述。
- 問題的敘述應提示實證性考驗的可能性。
- 問題的敘述應不涉及道德與倫理的觀點。

二、提出研究假設

　　研究假設須以敘述句的方式為之，並具備下列特徵：

- 研究假設應建基於理論和過去的研究。
- 研究假設應該以清楚而正確的文字敘述。
- 研究假設應該是可以驗證的。
- 研究假設應該敘述變項間的關係。
- 研究假設的敘述應該限定範圍。
- 研究假設應該以簡單的用語敘述。
- 研究假設應可在一定的期間內驗證。

柒、如何教導學生蒐集整理資料

　　蒐集探討的目的是在發展整個研究的概念架構，提供研究的理論基礎。它是在發現、評鑑及統整過去的研究結果，以提供未來研究的方向。資料蒐集絕對不是資料的累積及陳列而已，它是一種綜合研判的工作，使研究者了解不同研究間的關聯，其他研究與本身研究的相似相異之處，以及過去的研究優缺點或限制在那裡。在資料蒐集的過程中研究者必須選擇與本身研究相關的資料，淘汰不需要的訊息加以組織整理，這項工作亦有賴經驗及學習，因此教師應該引導學生如何去作資料蒐集整理的工作，茲將其步驟與原則列舉如下：

一、蒐集整理資料的步驟（Clinkenbeard, 1991）

　　㈠確定資料來源：圖書？期刊？作品發表會？訪問結果？調查？實驗？

　　㈡蒐集資料：閱讀？調查？晤談？實驗？

　　㈢評鑑資料：可用？不可用？重複？過時？

　　㈣分析資料：取樣？研究方法？發現？限制？建議？

　　㈤綜合分析：如何分類整理？如何組合？共同點？相異點？如何歸納？

　　㈥解釋資料：過去研究的結論？已往的限制？新的發現？研究方向？

　　㈦撰寫結果。

二、如何指引學生找到資料

　　該讀什麼？資料從那兒來？也是初學的人頗感困擾的事，Borg ＆ Gall（1989）建議研究者如不知從何著手找資料，可先從教科書中相關的訊息開始閱讀，由書籍中的參考文獻，進一步再去尋找出更細緻的資料。通常，研究者可先從資料庫、期刊目錄內容、論文摘要等中去取得索引及摘要，之後，再挑出需要的論文加以閱讀。就中小學生而言，要能從事資料蒐集的工作應能具備下列能力：

　　㈠撰寫閱讀報告的能力，能夠用摘要或大綱的方式寫出概要及心得。

　　㈡運用圖書館資源的能力，能運用圖書目錄卡或電腦檢索找到資料。

　　㈢了解主要的參考期刊及摘要索引工具，便於尋找資源。

　　㈣具有觀察及作筆記的能力，能夠整理紀錄資料。

　　㈤具有綜合歸納的能力，能夠解釋所蒐集到的資料。

　　㈥具有質疑及發現新問題的能力，能由資料中找出研究方向。

三、對於每一筆資料應記述什麼

　　為了便於比較分析取得的資料，教師可以引導學生以統一的格式紀錄閱讀心得，甚至可做成摘要表，以便於閱讀。下列項目為閱讀一篇論文所必須紀錄的內容：

　　㈠取樣範圍。

　　㈡自變項與依變項。

　　㈢研究程序或實驗處理。

㈣統計分析方式。

㈤研究結果。

㈥建議或其他特殊的發現。

四、應該避免的錯誤

在資料蒐集整理的過程中，下列錯誤應提醒學生儘可能避免：

㈠匆促完工，敷衍了事。

㈡參考過多二手資料，未能閱讀原著。

㈢重視研究發現而忽略所使用的方法及工具。

㈣僅看索引摘要而未仔細閱讀期刊內容。

㈤將資料蒐集的範圍訂得過大或太小。

㈥資料來源紀錄錯誤，因此不能正確寫出資料來源。

㈦對於每筆資料紀錄太多，資料繁雜。

㈧未能運用電腦作精細的檢索，因此資料不足。

捌、如何協助學生擬訂研究計畫

研究計劃是實施研究的藍圖，可幫助研究者組織思考，並可提供教師與學生溝通的機會，它也可作為合約，督導研究的進行，並作為評價研究成果的依據，故而研究計畫及進度的擬定是獨立研究不可或缺的工作。一般研究計畫包含下列幾大部分：①研究問題與目的：含問題的性質、待答的問題、研究的目的；②文獻探討：含文獻探討、名詞釋義、研究假設；③方法與步驟：含研究樣本、研究工具、研究設計、資料處理、研究進度；④論文架構；⑤參考文獻。但是在獨立研究活動中，教師可視學生

「獨立」的程度、年齡、研究能力提供不同的計劃格式讓學生填寫，但要注意的是一旦學生研究能力提高，研究計劃的要求則愈嚴謹。

一、合約式的計畫表

此種計畫表適用於自我引導及獨立研究能力較低的初學者，教師係用結構度較高的格式讓學生依循一定的方式、時間完成工作。表二係一份小學低年級學生可使用的合約書，讓學生由教師提供的實驗主題中選擇自己感興趣的題目加以研究，學生必須在規定的時間內完成工作，將作品交給教師評鑑。對於國中生或高中生，教師可讓學生由資源教室準備的學習單元卡（表三）中選擇適合自己的單元、找到材料及工具去研究，這是最基本的訓練。表四也是合約書，但教師為主的色彩減低，學生有較高的自我定向能力，能夠擬定研究問題及資料蒐集的方式，適合研究能力稍高的學生使用。

二、研究大綱

此種大綱式的研究計畫較合約式的計畫表有彈性，結構性及限制較低，可讓學生將必要的計畫內容列出，但較一般正式的研究計畫為簡單。在表五中可看出教師約束學生的色彩很低，學生決定自己的研究主題等等……，但是教師必須就研究計畫的內容提供必要的諮詢。例如此份研究的主題為「色彩的理論」，這個題目應再縮小，以便於研究。這個研究最後經由教師協助，題目修改為「人際熟悉度與人們以色彩判斷他人人格特質的相關研究」。

玖、師生討論會應該在什麼時候實施

在獨立研究過程中，師生討論會有兩種方式：一為師生的晤談，一為同學間的討論會，它有幾種功能：

㈠督導的功能：教師定期了解學生進行研究的狀況，相當於過程評鑑。

㈡協助的功能：透過討論，教師了解學生的困難，提供必要的協助。

㈢疏導情緒的功能：在獨立研究過程中，學生可能遭遇許多挫折，必要時讓學生發抒怨言，有助於情緒的宣導。

㈣腦力激盪的功能：在過程中讓同學間了解彼此的作法，所遭遇的困難，問題解決的方式，並提供意見，有助於新思考的產生，也許問題就在討論中解決了。

師生討論會可在獨立研究之初即擬訂討論時間，定期辦理；但教師也可視學生的需要，不定期進行討論會，甚至於發現學生間有共同的困難存在時，應立即召開討論會，針對某一主題加以研討，此種稱為「過程專題研討」，例如：圖書館的運用、觀察紀錄的方法、資料統計分析的方法等。

拾、如何協助學生製作成果

獨立研究成果展示是學生在長期的辛苦後，運用發表會將成果展現在大眾面前的時間，對於個別的學生而言，這是一種成就的肯定，表示他的努力受到重視，因此能夠展現出來；對於全部學生而言，這是相互觀摩的機會，彼此欣賞他人的收穫，也擴展

自己的視野；對於師生而言，這是學習的評鑑，評量學生在獨立研究中學到了什麼？是否盡力？是否較上次獨立研究的結果進步？教師對於研究的成果應多肯定，以提高學生繼續研究的動機，切忌挑東挑西，減低成就感！

　　如果學生沒有製作成果的經驗，教師可用下列方法加以協助：

　　1. 在小組中運用腦力激盪法激發各種展現成果的方式：海報？圖片？實作？幻燈片？口頭報告？模型？劇展？謎題？

　　2. 教師提供已往獨立研究作品展示的實例，讓學生看看別人怎麼做。

　　3. 讓有研究經驗的學生先發表作品，也即「老馬帶小馬」，看同學發表幾次後，初學者便知道努力的方向。

　　4. 讓學生將預定的做法說出來，老師或其他同學加以增強，但絕對禁止說：「這是行不通的！」「這是辦不到的！」「這是很笨的！」「應該……」——七嘴八舌後，該生就不知所措了！

附記——問與答

問一、如何提高學生獨立研究的動機？

　　答：

　　1. 教師在教學中隨時提出研究問題，引導學生研究的興趣。鼓勵學生由日常生活中尋找題材，隨時找到可研究的題目。

　　2. 當學生對一個問題或現象質疑時，教師應予以增強，並鼓勵學生去尋找答案或進一步做個小研究。

　　3. 研究的題目不怕小，研究的難度不要高，讓學生從小研究

做起，不要讓他們怕研究，或是覺得研究是一件很難的事，換言之，教師不要心急，不要讓學生覺得做研究一定要得獎。在學生練習研究之初，一定要肯定學生研究的主題，不要給太多挫折感而把學生嚇跑了！

4. 當學生有研究成果時一定要加以誇獎，儘量找出優點來。避免不同能力學生間的比較，否則能力好的永遠好，能力差的永遠沒有追求進步的動機。

5. 獨立研究的成果納入成績考核中，讓學生覺得學校重視研究能力，它是資優生未來學習應具有的能力，而不是僅僅是課外活動或個人興趣而已！

問二、獨立研究適用於語文科或特殊才能教學嗎？

答：任何一種學習科目都可做研究，國語文可讓學生做作品的賞析；英語可讓學生就某一主題如「People in the World」去了解不同的種族、文化；音樂可讓學生去了解一個音樂家的生涯發展；美術可以讓學生比較不同畫家的風格，歷史可以讓學生去……，換言之，獨立研究不僅在認知的發展，也可用於情意的陶冶，何處不能作研究呢？

問三、閱讀報告也是獨立研究嗎？

答：閱讀報告可以說是獨立研究的前奏曲，它可以列於一般探索經驗中；但也可以是獨立研究的一種，一般稱為「質的研究」，有別於量化的研究，它主要在做文獻探討分析的工作，較閱讀報告研究範疇為廣。學生在進行研究之前，應該訓練閱讀報告的能力，以增進知識的廣度及深度，並作為訓練學生找資料、摘錄重點、分析及綜合資料的能力，以為研究的預備。

表二、愛蜜的學習合約

　　我是李愛蜜，我同意做科學學習中心所提供的下述實驗活動。我將儘可能地獨自完成工作，自己去尋找實驗材料，並且認真學習。

　　╳ 觀察洋蔥表皮在顯微鏡下的形狀，將它畫下來。

　　╳ 將碘水混合液放在洋蔥表皮上，觀察它在顯微鏡下的形狀，將它畫下來。

　　＿ 嚐嚐各種不知名的粉末，寫出結果及體驗。

　　＿ 聞聞看各種不知名的粉末，寫出結果及體驗。

　　╳ 用粘土做一條船，將它畫下來，並觀察它能夠浮在水上的時間多長。

　　╳ 用粘土做一條船，它至少要能裝載五顆彈珠而不沈入水中將它畫下來，並且觀察它浮在水面的時間以及它最多能載多少顆彈珠。

　　我將在星期二完成合約書上所規定的工作，並且與老師討論實驗的結果。

　　　　　　　　　　　　　　　　　　學生簽名：

　　　　　　　　　　　　　　　　　　老師簽名：

表三、學習單元卡示例

主題：光合作用和細胞呼吸

一、概念：植物進行光合作用時，
　　　　　亦會進行細胞呼吸。

二、器材：水蘊草、大試管（或標
　　　　　本瓶）、鋁箔、Bromth
　　　　　ymol　Blue　（BTB）液
　　　　　、棉花

三、步驟：

　　1.如右圖的裝置。

　　2.試管內加 BTB 液（使成綠色）。
　　　（為什麼？）

　　3.水蘊草中央塞以棉花。（為什麼？）

　　4.下半部包覆鋁箔。（為什麼？）

　　5.1～2 小時之後， 結果。

四、結果：＿＿＿　＿＿＿　＿＿＿

五、討論：

　　1.試管內液體顏色變化是何意義？

　　2.試管內液體顏色不變又是代表何
　　　種意義？

　　3.假若上半部包覆鋁箔，下半部不
　　　包，結果應該如何？

＊附註：BTB 是一種指示劑，在酸性溶液中呈黃色；而在稍鹼
　　　　性溶液中呈綠色。

（本卡係鄭湧涇教授提供）

表四、湯姆的學習合約

研究主題與敘述：

我計劃研究「恐怖主義」，並將結果在班上呈現。在研究的期間，我也將學習如何去運用各種參考資源。

研究項目及內容：

1.恐怖主義的發展歷史

2.恐怖主義者所在及活躍的國家

3.恐怖主義產生的原因

4.恐怖主義可能導致的影響

每一研究項目的資料來源：

項目　　來源

1._____報紙及期刊內的文章、書籍

2._____報紙及期刊內的文章、書籍、電視新聞

3._____文章、書籍、訪問、電視新聞

4._____文章、書籍、訪問、電視新聞

研究步驟：

1.運用資料索引卡在校內圖書館找出有關的圖書。

2.運用其他的參考資源找出有關的文章（例如：讀者文摘）。

3.重新檢視校內圖書館中有無其他必須的資源。

4.由新的資源中找尋需要的參考資料。

5.使用索引卡及其他資源在大學或社區內圖書館尋找可用的資料。

6.安排去訪問某人——打電話到大學或是歷史學會查詢適當的受試。

7.參考讀物，編擬晤談的問題。

8.與教師共同討論訪問的內容及程序。

9.將所得的資料彙整，寫出研究大綱，並與教師討論之。

研究報告：

　報告內容包括下列幾個部份：(1)恐怖主義是什麼？(2)恐怖主義的發展史(3)有關恐怖主義的事實及報導(4)某些事件的原因及後果(5)某人與恐怖主義者接觸的經驗談(6)一些解決辦法(7)參考文獻。

結果評鑑：

方　式	評量者	標　準
檢核表	自　己	完整、正確性、有興趣、資源運用情形，組織能力
檢核表	教　師	同　上
檢核表	同　學	同　上

討論情形：

星期	日　期	時間	結　　論
三	4/18	8：30	
四	4/20	9：00	
二	4/25	8：30	

預定完成日期＿＿＿＿＿＿＿＿＿＿

　　　　　　　　學生簽名：

　　　　　　　　教師簽名：

表五、瑪兒喜的研究大綱

姓名：瑪兒喜

研究主題：色彩的理論

研究問題：1.色彩理論的要點是什麼？

　　　　　2.色彩理論如何發展而來？

　　　　　3.心理學家對它的看法如何？

　　　　　4.這個理論已經有了那些研究？

　　　　　5.如何施測？

　　　　　6.對熟悉的朋友施測，會有什麼樣的結果？

資　　源：梨雪兒（Lusher）的書及大學、高中的心理學教師

材　　料：製圖紙、筆

評量標準：吸引同學的興趣，吸引心理學家的興趣，運用許多
　　　　　資源。

研究進度紀錄：

預定完成時間：期末

參考文獻

郭生玉（民 76 ）：**心理與教育研究法**。台北：精華。

郭靜姿編譯（民 76 ）：自我引導學習模式，載於毛連塭等編譯；**資優教育教學模式**，第十章，台北：心理。

Borg, W. R. & Gall, M. D. (1989). *Research in education* (4th Ed.). Englewood Cliffs, NJ: Prentice-Hall.

Clinkenbeard, P. R. (1991). Beyond summary: Constructing a review of the literature, In N. K. Buchanan & J. F. Feldhusen (Eds.), *Conducting research and evaluation in gifted education.* N. Y.: Teachers College Press.

Doherty, J. S. & Evans, L. C. (1983). *Primary independent study.* Conn.: Synergetics.

Gay, L. R. (1987). *Educational research* (3rd.). Columbus: Merrill Publishing.

Renzulli, J. S. & Reis, S. M. (1986). *The Schoolwide enrichment model-A comprehensive plan for educational excellence.* Conn.: Creative Learning Press.

27

教室裏的盲人美術館

＊陳正芬

壹、緣起

　　去年（民 82）暑假我照行前計畫的第六站，參觀了東京市神泉車站附近的盲人美術館。這是日本唯一為盲人而設，可觸摸的美術館。於一九八四年（昭和 59 年）開放個人住宅，以 TOM 為名開館。

　　一般的美術館裏展示的作品都禁止觸摸，但是 TOM 則歡迎。為了要讓盲人也和我們一樣能欣賞到羅丹，安心地和優秀的美術作品對話，館內的作品都可以摸。明眼人若想體驗以觸覺瀏覽作品的感受，可戴上門邊特別準備的眼罩，以便把不知何時遺忘的觸覺經驗給喚回來。

　　館內每兩年舉辦一次全日本盲學校學生作品展覽，有時也邀請作曲、演奏家來此表演，因為盲人感受世界除了用手之外，最重要的就是聽覺，這是此美術館特別細心的規劃。此館面積不大，佔地約 20 坪，不過，體貼盲人的心意卻極為感人，因此大大有名。

貳、團體活動的特別設計──用手來看

TOM 給我的印象極深，但是因為我一直教的都是資優班的孩子，雖然研究所學的是特殊教育，總覺得有些距離。以至於啟明學校輔導室張主任找我幫他設計布置輔導室時，雖用心構思，一直不知該給她什麼建議？只好暫且擱著。然心中一直覺得遺憾：為什麼日本有這麼一間體貼的美術館，而我們國內卻沒有？沒有的原因是少了錢？少了人力？還是少了一顆顆體貼的心意？我問自己：以一個資優班的老師，在課堂裏你能做什麼？對啟明學校輔導室內的諮商室要如何設計，才能更貼心？這一串串的問題，直到我在資優課堂裏安排了三次六節課「用手來看」團體活動之後，到底該如何「做」的概念，逐漸變得清晰。我試著把這一段活動中來自不同角度的思考記錄下來，或可提供資優班教師在實施人際課程或團體活動設計時之參考。藉著這樣的整理，一個粗具規模的，可觸摸的美術館在腦海中成型。也許有一天，在台北市的某一個地方會有這樣的美術館吧！無論如何，我們師生對於最後在教室內造了一座可觸摸的美術館倒是印象深刻。

一、「用手來看」系列活動設計㈠──把觸覺的經驗喚回來

如果你以為：資優班的孩子耳聰目明，對於觸覺的感受也相當敏銳，那可就錯了。課前我讓學生準備大手帕及各式各樣的小物品，上課時跟他們玩猜東西的遊戲。眼睛矇起來，光用手摸就能猜是什麼東西的得十分，每人猜十次，用手摸不出要再加上鼻子聞味道才猜出者得五分。結果少有得到 80 分的。有許多東西

形狀相似，若不加嗅覺的話，根本猜不著。難怪自古以來，觸覺就被認為是人類最初等的感覺，常不自覺間忽視了它。在我們常人的社會裏，總是以視覺文化為中心，在以後恐怕有更強調聲光視覺發展的可能。因此，像這樣回味觸覺經驗的機會就更少了。

　　之所以會安排讓學生玩這樣的觸覺遊戲，是希望透過活動讓學生了解觸覺的限制，體會視障者生活的不便。希望在他們敏銳的心智下埋藏悲天憫人的種子，日後當他們更有能力時，能為所有需要幫助的人群奉獻心力。

　　雖然我們辦資優教育，常把目標擺向遙遠的未來。但是我卻不認為人際課程之下的教學活動設計，也可以把目標擺在未來。我的意思是：我希望我所教的孩子，就能以目前的能力儘可能的幫助或回饋關愛他的個人、家庭或學校。因此在我們的「專題研究」課裏，選擇研究的問題：例如校園內的數學問題，中山校園植物……等。總以學生目前的能力對生活學習的環境探索，期望研究報告能對校園內的同儕及栽培他的母校，做立即的回饋與貢獻。

　　同樣的道理，在極重視人際交往的團體活動課當中，我們的教學目標也不擺得太遠。我們強調豐富的感官經驗，實際地與人交往，立即的創作，工作體驗。「用手來看」的觸覺遊戲過後，我問學生：沒有了眼睛的感受怎樣？了不了解看見的學校生活？知不知道要如何與他們交往？以他們目前的能力能為盲人做什麼事？……等很多的問題。

　　這一群幸運的，不知人間疾苦的孩子，只覺得這遊戲很好玩，何曾思索過這類的問題。透過引導，起碼他們確實且親自感受到了：

　　1.憑觸覺摸不出這世界的顏色，色彩對盲人不很重要。

　　2.手摸得到物體的形狀、粗細、冷暖的感覺。

　　3.只憑觸覺不能很清楚的知道這是什麼東西，最好加上嗅

覺、聽覺以及敏銳的頭腦。

4. 有很多東西是沒辦法摸的或者是摸不盡的，例如大海、雲彩、高山……等。

5. 盲人要想學到很多東西，一定要有很多人及器材來幫助他。

二、「用手來看」系列活動設計⑵—掌中的宇宙

在與小朋友討論時，有位小朋友忽然冒出一句：「老師，他們盲人好可憐喔，都不能上體育課！」

我知道上次的遊戲課「觸覺遊戲」觸動了他多感的心靈。然而我深深知道這是一個誤解。正如同許許多多的社會大眾一樣，誤以為盲人沒有了眼睛從此將生活在黑暗的世界，與所有的學習、快樂及生活隔絕。其實就盲人本身而言，他們所要的恐怕也不是這類不甚了解但多餘的憐憫！如果能更深入的去了解他們的障礙狀況，提供恰當的支援及協助才是他們最需要的吧！

於是我又安排了兩節課來和小朋友聊：「只要心智不死，摸索也可以無限寬廣——談掌中的宇宙」。我的經驗和知識來自我在日本時參觀的機構和閱讀的多本書籍。

盲兒的眼睛看不見，那麼他們是如何來「看」這個世界呢？其實一個人要能體會世間事，最重要的是心智。敏銳的感覺透過聽力、嗅覺、味覺的幫助，再加上手指的觸摸，即使是盲兒，也可以享受「生」之喜悅，體驗學習的趣味，涵養悠閒自然的人格，由摸索中開啟掌中的宇宙。

在日本千葉縣盲學校裏的孩子，跟一般的孩子一樣也上國語、數學、自然、社會甚至體育、音樂……等。只不過是透過不同的方式罷了。他們的社會老師帶他們去魚市場摸各種不同的魚，帶他們到魚兒生長的海邊摸沙戲海水，聞海風的味道，讓他

們想像永遠也摸不到的邊界的寬廣感受，……。上自然課時種蔬菜、選五月晴朗的日子播種，以手觸摸葉片，以筆描繪做植物生長記錄。看他們的記錄簿，你會知道他們對植物做了整體的觀察，其理解的程度比資優兒不差。他們也飼養兔子……等小動物，美勞課為所飼養的兔子塑像，上體育課打棒球、跳高都能做。因為他們有特別為他們設計能發出聲音的球和繩子，只要憑著敏銳的聽力，熟悉運動的環境，他們能做許多的事。

　　盲兒和我們一樣也有理想，有熱忱，有淚水，有歡笑。一個良好的特教環境幫助他們認識了自我的優缺點，協助他們發展潛能，開創人生。一個無障礙的人群與社會能讓他們活得更自在。當然，如果有更多高智力的人願意盡力醫療、科技及新產品的開發，以應用於克服視覺的障礙，盲兒們就更有福了。

　　我把許多盲兒的心願轉告給班上那群聰明的幸運兒：

　　1. 吾願這世界上有一種可以觸摸的鏡子，可以清楚的照出並且說出物體的各種資訊，讓我一摸就明瞭。

　　2. 希望有人可以做出適合常人與盲人皆可共賞的電視節目或者是電視機……等類似的新產品。

　　3. 如果有一種東西裝在身上就可以看得見，……我要去學開車，到處去旅行。

　　4. 有一種杯子裝到八分滿就會發出聲音。

　　5. 如果我在街上走很安全，而且沒有人嘲笑我，那該有多好！

　　雖然有許多盲人憑著毅力及雙手開創了自己的一片天，但是更多的夢想在現實的社會裏仍然無法實現。「聰明的你們，把這些夢想記住吧！也許有一天要靠你們的智慧去實現它。」我在口中這樣期許著，腦子裏忽然轉過幾個念頭：覺得不必把許多的事都擺在未來。例如「杯子裝到八分滿就會發出聲音」這樣的想法，小朋友只要有心去研究，要做出來應該不困難。發明了這種

杯子不僅可幫助盲人，對於正常的小朋友來說，也是個有趣且具教育性的用品呀！我回想起去年（民 82）我曾經問過啟明學校的老師，要如何指導盲兒倒水喝？她說：

　　1. 左手拿杯子時，把食指放入杯子裏面約一半的位置。

　　2. 用右手拿水壺把水倒入杯子。

　　3. 等水約倒至一半時，會碰到指尖，憑指尖接觸水的感覺，邊倒水，左手指邊往上移，直到左手膀一節指，就停下來。

　　如此細部的指導可真是難為了特教的老師。會響的杯子出現的話，就省事多了……。

　　「噹……噹」的鐘聲把我的思緒拉了回來。調皮的許瑞展靠我的身邊對我說：「老師你在想什麼？剛剛我說的話你都沒聽見，你說的盲人美術館在那裏呀！我好想去看一看！」

三、「用手來看」系列活動設計㈢──教室內的盲人美術館

　　「多元且人性的思考方式」是我們在資優課堂裏要特別指導孩子的。想去國外參觀增廣見聞？等以後長大了，憑自己本事賺錢的時候再去吧！讓我們此刻以另一種方式來體驗一下盲人美術館。想一想：如果你是藝術家，你要創作一些作品供盲人美術館展出，讓盲人也能跟我們一樣來欣賞美好的事物，你要怎麼設計呢？如果你是建築師，你要建造一棟盲人美術館，你要有什麼樣的設施呢？

　　我們的教室就做為你們實現夢想的場所吧！請你們分為二組，一組當「小藝術家」，一組當「小建築師」，給你們一週的時間蒐集資料、構想，下週讓我們一起在教室內造一個可觸摸的美術館吧！

　　聰明的孩子可塑性真是很大，只要稍微的引導，再加上親身

的具體操作經驗，通常能很快的掌握工作的要領。針對老師所給的難題，做不同角度的思考，並且把工作完成。他們把二十多張創作品從教室進門處依序的貼在牆上，門鈕上用膠帶貼上有點凸起的指標，引導參觀的路線。開館時，大部分小朋友利用大手帕矇著眼，有的用夾克罩在頭上，從隔壁的空教室沿著指標摸進館內，參觀美術館內的創作品，吱吱喳喳的撞成一團。事後卻又頂認真的告訴我：「老師，美術館內的廁所要好好設計，不能把點字設計在牆邊讓人摸來摸去，到處找廁所的樣子一定很難看。最好是固定在角落的某處踩到機關就會放出流水的音樂，告訴人家這附近有廁所……」

我特別用相機把他們花了心思所做的藝術品拍了下來，在旁人眼中這些作品是如何去定義的？我不想去關心。但是我確實知道這幾堂課的體驗，在我們師生間留下極深刻印象。于萱告訴我，她好興奮，晚上睡都睡不著。至於我自己的收穫是：我愈來愈清楚資優班老師的角色要怎麼當，團體活動設計的方向及目標為何，生涯系列課程該如何規劃。

叁、後記

我把從日本帶回來有關盲兒教養的資料送給啟明學校的張主任，連同這篇文章在內。對於他們的諮商室，我可以盡力的地方不多，只是提供了一些粗略的構想。也許這件事交給更多的人一起來思考會更週全。無論如何，因為這件事，對我們教學活動提供了一些省思及學習的機會，數不盡的感受留在心中。

28

資優生國文科作業設計

＊林怜秀

壹、前言

　　由於目前資優教育多採分散式，學生在資源教室的時間十分有限，欲充分運用資優教育的教學模式以達成資優生的課程目標，頗為困難。既然課堂上的時間有限，因此，資優班教學就該精心設計作業，以輔導資優生充分發揮自我學習、獨立研究的精神，而達成資優教育的目標。

貳、作業設計的理論基礎

一、資優生的課程目標

　　根據歐用生（民71）資賦優異兒童課程設計所歸納，資優生的課程目標有二：

　　1.是允許他們以他們喜歡的學習形態去追求自己的興趣。

　　2.必須是在其興趣領域中發展更高層次的探究所必須的技

能。

　　欲達上述課程目標，所有資優生都必須發展其創造力、批判思考、分析和評鑑的能力；而且每一個資優生都該培育對社會問題的敏感性，對人性價值的關心及發展健康的自我意識。

二、資優教育教學模式

㈠充實課程

1.廣度的充實
擴充學習的領域，一方面可拓廣其興趣；另一方面亦加重課業負擔，使資優生的智能在考驗性的環境下磨鍊，更臻敏銳。

2.深度的充實
在既定課程範圍內提供優異學生精深學習的機會。

㈡適性課程

　　毛連塭（民76）等指出：所謂適性課程就是改變學習的內容、學習的歷程和學習的方法以及學習的物理與心理環境，使成為適合資優生的課程。他並分別指出在學習的內容、歷程、方法及環境上可以有以下的改變：①多樣化；②組織與經濟性；③注重人的研究；④注重方法的研究；⑤是高層次的思考；⑥具開放性；⑦有選擇的自由；⑧安排團體互動；⑨關心實際問題；⑩有實際聽眾，並非只由教師評量。

叁、國文科作業設計的原則及舉例

　　依據資優課程目標及資優教學模式的理念，教師在為國文科

資優生設計作業時，就該選擇最有價值的教材加以組織整理，以助長資優生的學習、理解和類化的能力；注重高層次的思考；提供無預定答案且能激發進一步思考的開放性作業；作業完成之後並多做全班性的觀摩鑑賞或鼓勵投稿，讓資優生的作業有實際的聽眾與觀眾，而非只由老師做評量。以下再舉例以說明資優生國文科作業的設計原則：

一、激發創造力

富有創造力的人，他們是原始的、有彈性的，凡事富於直覺性，有豐富的想像力。因此，教到新詩課程如一枚銅幣或只要我們有根，則可提供感性的圖片（附錄一），讓學生自由聯想，創造新詩。學生的作品中往往會顯露出幽默感、嬉戲性、變通性及獨特性的想法。

富於創造力的人也可以看見未來的新方式，他們能接納新觀念，因此，作業設計之中也不妨提供一些新的觀念，如「婦運人士討論經典童話，施寄青不愛白雪和人魚」…等讓學生發表感受，或讓學生「展望二十一世紀的××」…這些都能激發學生的創造力。

二、培養批判思考、分析和評鑑的能力

教師可以設計兩難情境，提出一些似是而非或似非而是事實，包括不合理的事情，自相對立的現象，讓學生去分析、批判思考。例如教到恢復中國固有道德時，可呈現賈人渡河的文章，再問學生：「漁人該救商人嗎？」讓學生針對「信義」作深入的批判思考；教到張釋之執法，可以講述一個瞎老太太和醫生之間的故事後，以「假如我是法官」為題，讓學生深入分析。

三、培育對社會問題的敏感性

　　資優生將來必須能對社會人群有實際的貢獻，資優生的學習結果應針對實際問題，失真虛無的材料應避免。所以，教到陋室銘可以出這樣的作業：「從陋室銘談現代人」、「如果人人都是劉禹錫，這社會將會變成怎樣？」讓學生能將學習落實於現實的社會層面；又如教到恢復中國固有道德時，可以在作業中和學生討論這個問題：「英國政府宣稱 1997 年仍將香港歸還中國大陸一事，是否為『信義』的表現？試申論之。若你是佘契爾夫人，你會有何睿智的決定？」學生因此可以具體的關心我們國家的主權。

四、促使學生對人性價值的關心並發展健康的自我意識

　　資優生不但能接納新觀念，也要能接納自己，他們要能以正確的價值觀念處理衝突的問題，不逃避、不害怕、有自信，因此教師應藉機以發展資優生健康的自我意識。例如教到謝天，則可選錄多篇名人語錄、散文，供學生省思：「少年的我，已經從別人那兒獲得太多了，如今的我，能『給』什麼呢？」；在教完差不多先生傳之後，讓學生比較看看：和差不多先生差多少？從而自省改過；或以莎士比亞的名言：「生命短促，只有美德能將它傳到遼遠的後世。」及左傳名言：「立德、立功、立言為三不朽」提問學生：「在你短暫生命消逝之後，將留下什麼給這個世界？為什麼？」引導學生去思考生命的意義與價值。

五、注重知識和資料的整理，充實課程內容

　　知識和理解是認知的最低層次，但知識是重要的，理解是必須的，只是他們本身不是目的，只是達到創造的或生產性的行為的踏腳石。基爾福特在人類智慧的本質一書中指出：「資優兒童超越一般兒童的，是其貯存了極豐富的資料。」他認為，有創造性或有生產性者在從事於發展一個新的產品、理念或資料時，十分仰賴資料回憶或轉變的活動。因此，資優生的課程活動除了高層次的心理歷程外，也該注重知識和資料的整理。例如：要讓學生做「遙訪志摩」的作業，除了提供徐志摩先生的生平資料及名家對徐志摩的評價外，也可提供幾篇徐志摩先生的代表作供學生欣賞，讓學生對徐志摩先生有一個全盤的了解，充實課程內容，也提升了作業的品質。要讓學生仿學一首示子姪的布局結構作文，除了先分析課文的布局結構外，也選錄孟子的為與不為供學生比較參考，因為它和為學一首示子姪一樣，都是先運用對比說明題意，再舉例證明說明，最後做結論。像這樣，教師就可以藉著作業來充實課程的內容。

六、注重人的研究與方法的研究

　　資優生可能成為學者、領導者、創造者及未來生意者。同時，資優生也比較喜歡閱讀傳記、自傳等書籍，因此，為發展其學習潛能和特殊才能，協助其成功，資優生必須研究具有創造性、產出性人物，包括這些人物在奮鬥過程中所遭遇之問題，甚至於克服之方法、個性、專業特質及社會互動之情形等。此外，資優生也該多探究做學問的方法及文章的寫作要領，以促使資優生能進一步了解教材內容，使能獨立學習。因此，每一課的作者

部分均可藉著作業讓學生深入探究，以了解作者的全人格，並做欣賞與效法。也可設計「仿作」的作業，讓學生學習課文的布局結構，加強文字表達的研究。

七、富趣味性

　　資優生活潑好嬉戲，教師可安排各項趣味性作業，以激發資優生的學習熱忱。例如：教到戾馬對與老馬識途時，可運用有關「馬」的成語、俗諺、名言及歇後語來設計「字陣」遊戲（附錄二），讓學生發揮理解力和應用能力，寓學習於遊戲。教到碧沈西瓜則先討論「吃西瓜的方法」及「西瓜餐食譜」——有「西瓜籃」、「西瓜雞尾酒」，也可利用吃剩的瓜釀做成「涼拌瓜絲」、「瓜釀排骨湯」、「瓜片肉片湯」、「炒四色」——再將學生分組，各組分別做一至二道西瓜餐，於隔天中餐時相聚於資源教室會餐，這項活動式作業不但安排了團體互動活動，也增進師生情誼，其樂融融。

八、允許學生有選擇的自由

　　同一題作業呈現多種表達的方式，儘可能給予選擇的自由，如此，可增進學習的興趣。例如教到越縵堂日記，出這樣的作業：「李慈銘的夜讀令人神往，你的夜讀又是何種風貌？」我們允許學生可以用文章說明也可以用小詩來表達，更可以畫出來，靈活的表現方式就是讓學生可以盡興的發表。

肆、結語

　　要設計一份活潑且能發揮資優生潛能的作業，老師必須加強進修以充實資優教育理念及專業知識；平日該多閱讀雜誌或書報，隨時關心社會問題，並具有高度的感受性，如此，方能敏銳的搜集到一則別人看似平常的畫片或短文、短詩，而為所用；除此之外，資優班教師也該具有良好的組織能力，才能化腐朽為神奇，並有系統、有條理的加以運用，啟發學生；更該具有時代性、前瞻性，才能靈活的設計作業，以培育學生對社會的敏感性。因此，我深深的感受到「設計作業」的工作就是一種資優生的創作，偶爾也該讓資優生自己嘗試著來設計作業給同學們發表。

附錄一

　　以下有二張照片，請任選一幅令你感受最深刻者，先為它題
名，再以一首小詩描述之：

附錄二

　　以下問題都是有關「馬」的成語、俗諺、名言及歇後語，請
發揮你的理解力及應用能力，填入下列字陣的空格中：

直：1.馬過泥坑（歇後語）

　　2.如果配十二地支的話，「馬」應屬（　？　）

　　3.徐志摩在自剖一文中曾自喻為一匹（　？　）

　　4.馬繮繩拴羊一頭（歇後語）

　　5.經常接觸某事物，就知道它的特性（俗諺）

　　6.事情雖已經無望了，但還是盡力而為，做最後的努力。
　　　（俗諺）

　　7.劉邦封蕭何為酇侯，將領們不服，謂：「我們身經百戰，
　　　出生入死，而蕭何只是舞文弄墨，不曾有（成語一），為
　　　什麼他的封賞卻在我們之上？」

　　8.聽說只要用「馬見愁」的皮，做成（　　　），在馬前晃一
　　　下，野馬立刻被制服了。

　　9.人到窮苦時，志氣就小了，而馬瘦的時候，毛卻顯得長
　　　（俗諺一）

　10.嘲諷人吝嗇的俗諺。

　11.在團體中要自愛合群，千萬別作（成語）啊！

　12.比喻因為受到名人的重視而價值提高了。（俗諺）

　13.荀子說：「（名言佳句）」只要鍥而不捨，雖駑鳥亦能到
　　　騏驥的地步。

橫：一、（俗諺一），說不定你會因禍得富呢？

　　二、我們唯你的（成語一），絕對服從你，你就快下命令
　　　吧！

　　三、有才能的人，必須遇到善於用人的人，才能發揮作用。
　　　（俗諺一）

四、喻按照線索去尋找事物易於獲得。（成語一）

五、譏人不知自己的缺點。（俗諺一）

六、唐韓愈曰：「世有伯樂，而後有千里馬」，伯樂是神話中掌管天馬的星名，在此借以稱讚那位「馬的知音」—他本名叫（　　　　）。

七、形容不倫不類，什麼也不像的成語是（　　　　）。

八、警戒人在順利的情況下，也要謹慎小心的諺語是（　　　　　）。

九、「馬尾巴拴豆腐」意謂（　　　　）。

十、事情過後才發表意見，已經沒有作用了。（成語一）

十一、故意顛倒是非歪曲事實的成語是（　　　　）。

十二、馬抓癢（歇後語）。

十三、傳說「露馬腳」是出自那位名人的典故：

十四、人都會偶爾做錯事或遭遇失敗。（俗諺一）

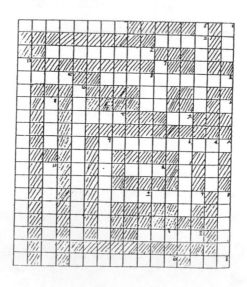

參考文獻

歐用生編譯（民 71）：**資賦優異兒童課程設計**。高雄：復文。

毛連塭等編譯（民 76）：**資優教育教學模式**。台北：心理。

29

從認知理論來安排資優生的說話訓練

＊曾雪芳

壹、前言

　　說話是一種與生俱來的能力，想要在眾人面前侃侃而談，表達心中的意念，充分與人溝通，卻不是件容易的事，即使是資賦優異的兒童也不例外。資優生天賦聰明，學習能力強，在課程的安排中，我們常鼓勵他們搜集資料，獨立完成研究，再向同學做口頭報告，常發現他們口齒不清、表情僵硬、內容冗長，無法把研究的精髓適切地表達出來；聽眾則在底下呱呱噪噪，不能傾聽他人的報告，發問時又抓不住重點，這些現象在在顯示要使資優生突破說話難關，而且欲具備良好的說話態度，就必須接受說話訓練。

貳、說話的基本條件

　　兒童學習說話的基本條件有六：①是身體上的準備，即發音系統的成熟；②是心智上的準備，即腦部成熟，尤其是聯結的區域；③是對良好示範者的模仿；④是練習的機會；⑤是學習動

機；⑥是輔導協助。由此可知，語言發展受成熟和學習兩因素的支配，因此說話教材的安排，必須依照兒童認知發展，才能有效提高資優生說話的能力。

叁、從認知理論來安排教材

　　皮亞傑將兒童認知發展分為感覺動作期、運思期、具體操作期、形式操作期。低年級兒童屬於運思期，此期的兒童已開始運用符號、意義及語言輔助其思考，並藉語言來輔助其行動，心智能力尚無法進行任何邏輯思考，必須依照實際的事物來運用符號，而且以自我為中心，不能站在別人立場來設想，缺乏資訊的交換，因此說話教學必須以實物來教學，透過實際接觸、經歷讓小朋友了解語言的意義，所以我們可選擇以圖片、布偶輔助的教學方式，如繞口令、數來寶、看圖說故事、故事接龍等，來訓練資優生基本的發音、語詞的流暢及結構的完整。

　　中年級的兒童屬具體運思期，已具有保留、分類和序列概念；能移轉推理，也能以具體經驗或具體事物進行邏輯思考；亦能發展出多項概念，作正確思考判斷；同時了解字彙，作適當運用。能考慮別人觀點，從自我中心語言發展成社會化語言，但資優生常自以為是，因此可安排會話、訪問、討論、報告、話劇等教材，訓練資優生傾聽、溝通及應變的能力。

　　高年級的兒童屬於形式操作期，不必依賴具體事物，亦能以抽象語言、符號從事邏輯推理；遇到問題，能提出可能解決問題的各種假設，並加以驗證，這種假設演繹的能力，是本階段的特色，我們可藉由命題演講、即席演講、質詢座談、辯論來訓練學生組織、果斷、邏輯推理能力，使說話的技巧更為成熟，反應更為敏銳。

　　茲將說話教材配合認知能力的安排表列如下：（資優生智力高，認知發展較快，但階段性不變，可做為因材施教的參考），附表請見下頁。

肆、說話訓練的內容

一、低年級的說話訓練內容

㈠繞口令

　　繞口令是將發聲相近的字組合在一起，藉著趣味性的遊戲，來訓練小朋友說話。我們可以讓學生搜集資料，整理成冊，依文字內容畫上插圖，並挑自己喜歡的口令表演給大家聽；或由老師挑幾首口令，大家來比賽。剛開始的時候，學生的舌頭都會打結，先鼓勵他們不要性急，唸慢一點，等字句熟了，再逐漸地加快。

㈡數來寶

　　數來寶沒有語調的限制，表演的人可即興創作，靠著竹板拍打的節奏來幫助表情和語句，即能達到生動活潑的效果。老師可指定表演或由小朋友創作，增加上課之趣味。

項別 內容 年別	認知能力	教材項目	行為目標
低年級	1.對萬事萬物均感興趣 2.能利用符號來代表物體、地方和人 3.能延宕模仿 4.受自我中心想法限制	1.繞口令 2.數來寶 3.看圖說故事 4.故事接龍	1.發音正確 2.發音、節奏 3.發音、想像、思考、措詞、組織 4.發音、想像、思考、措詞、組織
中年級	1.運用符號來執行運作 2.能考慮情況的各個方面 3.可了解他人觀點，溝通能力增強 4.了解字彙，作適當運用	1.會話 2.訪問 3.討論 4.報告 5.話劇	1.傾聽、發音、思考 2.傾聽、措詞、組織、發問 3.傾聽、措詞、組織、歸納 4.措詞、組織 5.動作、聲調、合作
高年級	1.發展抽象思考能力 2.可假設推理 3.可進行驗證 4.社會經驗增多	1.命題演講 2.即席演講 3.質詢座談 4.辯論	1.思考、組織 2.思考、組織、應變 3.思考、組織、應變、提問 4.思考、組織、應變、提問、傾聽、反駁

㈢看圖說故事

利用圖畫可刺激學生思考之空間，活絡其想像力，擴充生活經驗以及培養觀察力。我們將搜集的圖片影印成投影片，或拍成幻燈片，或以娃娃、拇指為道具，讓小朋友觀賞之後，推測其前因後果；如果圖片之間有關連，可一起出現，讓小朋友去排列，然後說出自己的想法，或最後一幅不拿出來，讓小朋友去編排結果。敘述時可以第三者身份，也可以假設自己是當事者來揣摩。

㈣故事接龍

為了讓全部學生都能參與，或試著揣摩角色，發揮想像力，我們可以玩個故事接龍，由老師起個頭，如「晚上我回到家時，正掏出鑰匙時……」，讓全部小朋友輪流說下去；或兩個人一組，交相接龍，最後老師可抽幾組，上台報告，其他同學在台下評分，評分的標準包括：①情節要豐富；②內容要有條理、有意義；③結構要完整；④口齒要清晰；⑤語句要流利；⑥態度要自然。

二、中年級的說話訓練內容

㈠會話

要把話說好，應先學會傾聽，以期能對別人的話語做適切的反應，所以老師可安排會話的課程來訓練。剛開始時，老師可找一位說話能力強的小朋友跟他搭配，做個示範，從一來一往的雙向對話中，讓小朋友體會到「真的聽懂」和「說恰當的話」之重要性為何，然後讓小朋友兩人一組，互相對話；另外可以找幾個文章段落，讓他們表演相聲，體會會話的技巧及樂趣。

㈡訪問

為了使小朋友能夠凝神傾聽受訪者的對話，並能把握話題善於發問，我們可做訪問練習。訪問前，我們對訪問的人物、動機、主題、內容應先確定好，問題應與對方職業、興趣、專長有關，問題不可太大，讓對方無法回答；不要問「是」或「不是」的問題，而無申論的餘地；問話時態度要委婉，不可像審判犯人似的。一開始小朋友會掌握不住問題的重點，或沒有勇氣，我們可兩人一組，有個預定的主題，互相訪問，或角色扮演成推銷員，推銷東西；時機成熟時，就可訪問親朋好友或社會名人，並錄音或攝影下來，供作改進的參考。

㈢討論

會話是毫無目的的閒聊，而討論是對某件事做意見的交換。討論的方式有很多，平常較常用的是腦力激盪、六六討論、二四八討論等。腦力激盪法鼓勵學生多多提出意見，可把別人的觀念重新組合，但不可批評；六六討論法是把全班分成六人一組，每人發言一分鐘，而後就主題再自由討論 2～3 分鐘，最後由主席做結論；二四八討論法是二人一組先討論，獲得協議後再和別組（共四人）一起討論，獲得協議後再和別組（共八人）討論，最後提出結論，像這樣的方式，每個人都有表達意見的機會，同時也可聽聽別人的意見，學習良好的溝通。

㈣報告

報告是在眾人面前，簡潔扼要地發表個人觀察、調查的經驗，教師在事前應提示兒童在報告之前應做充分的準備和練習，把握要點和遵守時間的限制。報告的方式有：①個人報告；②數人組成一個小組，再分別報告；③事前由小組共同準備，然後推

選一人報告。報告以後，留下一點時間，讓聽者提出問題，或對補充說明。

(五)話劇

話劇可使學生運用聲音、動作、表情適切的表現自己，我們可找個廣播劇本或改編故事成對話方式，試著揣摩劇中人物來練習對話，然後加上布景、燈光和聲效的配合，運用動作、表情、對話為觀眾表演故事。

三、高年級的說話訓練內容

(一)命題演講

經過上述一連串的說話訓練，小朋友的說話技巧已純熟多了，現在我們可進行更難的訓練，即為命題演講。必須事前訂好題目，而後根據題目準備綱要，搜集資料，整理和組織，最後修辭和潤稿，並且加以熟記內容。演講時眼睛要注視觀眾，最好平視，看到最後一排，也可運用手勢來助長心聲的傳達。演講的評分標準：①語音（聲、韻、調）佔百分之五十；②內容（思想、結構）佔百分之四十；③儀態（動作、表情）佔百分之十。

(二)即席演講

即席演講比命題演講更能考驗演說者，從抽題到上台演說，準備的時間共三十分鐘，在這短時間內要定出大綱，想出內容，非「學」、「術」兼備不可。「學」是指有豐富的學識修養，「術」是指純熟的演說技巧，因此必須在平時就閱讀各類資料，隨時做筆記，並且不斷練習才可。

(三)質詢座談

為了使學生能為自己的意見提出辯駁理由，可舉辦質詢座談會，針對主題，邀請幾位能說善辯的同學，分成正反兩組，提出意見，而老師當主持人，先對問題解釋清楚，並能掌握全局，做適當歸納及提問，而台下的觀眾可徵求主持人同意，隨時提出自己的看法或疑問，請來賓回答，這可做為辯論前的一個暖身運動。

(四)辯論

辯論可訓練小孩組織能力、應變能力、邏輯推理、合作精神。比賽前必須熟悉規則，正方一辯申論⇒反方一辯申論⇒反方二辯質詢⇒正方三辯質詢⇒正方二辯申論⇒反方二辯申論⇒正方三辯申論⇒反方三辯申論→反方三辯質詢⇒正方一辯質詢⇒反方一辯質詢⇒正方二辯質詢→休息→結論（申論 2 分鐘，質詢、結論各 3 分鐘），避免反質詢，時間超過要被扣分；須分析辯論，找出題目的爭議性，分析其意義，以免走偏方向，然後搜集有力的材料（即合理、公認、有根據），撰寫大綱，爭取有力論點，大家可共同討論，猜想對方可能提出何種理由，應如何駁斥而擬定策略，當一切準備完善之後，可來一次模擬賽，增加經驗，改進缺點，使整個策略及架構更加穩定。

伍、後記

要訓練資優生說話能力非一蹴可幾，須配合學生身心發展，有系統的安排課程，學生才能有效的學習，進一步引他們進入說話藝術的殿堂，窺視其中的樂趣。

30

資優教育與教師角色

＊ 蔡崇建

「鳥之將息，必擇其林；
人之求學，當選於師。」

這句諺語，反映吾人對教師角色之重要性的認知與肯定。

的確，在我們成長與學習的過程上，每個人都會受到某幾位重要人物的影響，假如你要問，相信大多數的回答是「某某老師」。老師是學生的人生「楷模」，老師是孩子的智慧「啟迪者」。也許有人說處於現今通俗社會的價值觀裡，教師的地位與角色或謂江河日下，但是可以確信在孩子的心目中，老師的重要性還是千古不移。

在資優教育這個領域裡，一般人總認為資優的孩子需要「資優」的老師。不過，資優老師的「資優」，若指的是名師，那恐怕求之不易。所謂名師畢竟少之又少，否則那來成「名」。若指的是良師，那就容易多了，因為良師所要具備的條件（或特質），是多數老師可以做到的。

什麼是資優良師的特質呢？也許可從三方面來看：

在人格上，應是健康、成熟、自信、幽默且充滿智慧。

在能力上，須是學識淵博、教學生動且富啟發創思。

在態度上，須是熱心、友善、真誠、了解學生且接納學生。

事實上，這些特質在當今開放教育、進步教育的理念下，本就是所有老師應具有的特質、應扮演的角色及應具體表現的專業

職能，因而並非是資優學生才得獨享的。但是，可以確信的是，一位具有這些特質的資優良師，將可成為激發資優學生智慧活泉的好「舵手」！

　　以上文為引子、為基底，下文淺論資優教育與教師角色的點滴關係。

壹、啟迪資優──知識社會工程的參與

　　1988 年英國頒布教育改革法案。

　　1994 年美國設下「迎向公元 2000 年的教育改革」目標，追求高品質的教育（Goals 2000: Educate America Act, 1994）。

　　民國 84 年成立教育改革委員會，由李遠哲先生領導展開教育改革工作。

　　為迎接新世紀的來臨，各國莫不以教育改革為先導。

　　未來的教育理想將是什麼？它的發展會是什麼？

　　最近一期的天下雜誌就此論題曾作一番探討剖析，指出：

　　「在下一世紀來臨時，我們會需要有創造力、鍥而不舍、肯追根究柢的人才，可以有能力解決他們在社會中所遇到的問題。此外，我們也需要有團隊精神、願與他人合作、有學習新知識習慣、可以不斷自我學習的人。」（李遠哲，1996）。

　　換言之，未來，屬於思考的人；未來，屬於創新的人；未來，屬於團隊的人。

　　從教育的理想及教育改革的趨勢來看，可說與資優教育的精神十分契合。

　　資優教育的本質，無論是心理學或教育學觀點，皆是以資優學生個體自身的需要與學習效益為著眼點。其基本理念有二：第一是顧及學生資質差異的事實，一方面對「上智」的學生在教育

上應能滿足其學習潛能和學習特性上的需要，另一方面則考慮學生性向分化的存在，對「專才」的學生在教育上亦應提供符合其特殊性向的學習環境及發展空間；第二是針對這些「潛在資優」的學生，施以啟發思考、激勵想像、創新意念的教學，使學生終究能夠化「知」為「智」，不為既存「知識」所役使，而成為建構「知識」的先行智者。

　　除了考量學生個別的教育需求之外，資優教育的推展也有其社會層面的意義。一個國家、社會的進步與發展，基本上必須植基於兩種資源的開發利用：一是自然資源，另一則是人力資源。台灣地區受限於自然資源的貧乏，人力資源的開拓與維繫，可說是台灣現代化社經結構轉變上一項不可忽視的重要力量。站在社會需求的立場，推展資優教育的確可為潛在人力資源的開發，拓出一條路徑。

　　誠如 Nevo（1994）的分析，我們可發現相當多數資優教育方案的推展係基於社會需要而設置，亦即社會的需要與價值取向在資優的認定或資優教育的發展上，扮演著部分決定性的角色。換言之，社會存有的信念、價值或教育決策往往會影響到「資優」的認定，而學生是否接受資優教育以及採何種類型的教育方案，通常係決定於社會需要及教育資源分配的考慮（Wallace and Pierce, 1992）。

　　所以，就教師角色來看，從事資優教育工作，不僅在滿足學生自身的需求，也符應社會發展的需求！因為，跨入新世紀的未來社會發展，需要有能掌握智識、創新觀念、善於解決問題的人，這正是資優教育存在的目的。

貳、智慧活泉——資優教育的精義

在學校裡，如何經由甄選鑑定程序確認潛在的資優學生是一個重要課題，另一個重要課題就是如何依學生的需要作適當的教育安置、課程設計與教學活動的規劃。對老師而言，後者尤為重要。

什麼是合乎資優學生特殊需要的適性教育？這種教育和一般的普通教育有或該有什麼不同？而資優學生若接受這些特殊設計的課程或教學活動，是否必然有助於其能力的發展或滿足其學習的需要？再者，除了認知能力的啟發外，又如何兼及情意及社會性行為的發展……等等，可說是從事資優教育教師們常存心中的問題。

特殊教育法明示我國資優教育的基本精神為：

一、教育目的在使資優學生均有接受適合其能力之教育機會，充分發展身心潛能，培養健全人格，增進社會服務能力。

二、教育內容應加強啟發其思考與創造之教學。

三、教育方法應保持彈性，適合學生身心特性與需要，教學設施以適合個別化教學為原則。

所以，釋放傳統僵化的教學型態，導向開放空間、創意思考及問題解決的學習內涵與型態，即是資優教育形式的重要標的。換言之，資優教育不僅重視學生在知識上的充實而已，更重視「知識的知識」的形成，包括知識內涵的批判、質疑，知識獲得的方法、策略，以及知識的統整、建構等能力的培育。

諾貝爾獎得主葛爾曼（Murry Gell-Man）曾以「教育的全面改造」為題發表演講（李巧雲譯，中國時報84年4月10日時報科學專欄），其中若干論點頗值得教育工作者省思。

　　首先，他認為傳統的教育注重「教」，所以學生接受了許多「道理」（schema）（原理原則的知識基模），並且據以選擇適用，以解決現實世界的問題，往往容易落入知識的陷阱、窠臼。葛爾曼不認為「知識可教」的觀念是正確的，所謂學習其實完全掌握在學習者手中，在個人一生的「知識發現之旅」中，老師充其量只能給聰明的求學者鼓勵和從旁協助而已。

　　其次，他認為我們應該讓學生「斷奶」，逐漸破除依賴以上課聽講和考試來汲取知識的心態。「這次月考考試範圍是什麼？今天上的考不考？」十分令上課老師氣結的話，經常在課堂上聽到，不過，若要改變這種教學方式，許多學生也許會一時適應困難呢！

　　為了迎合資訊社會的來臨，在課堂裡，老師的真正功能是什麼？葛爾曼認為老師的功能即在解答學生的疑難、依學生的能力資質設計因人而異的研究與學習計畫。老師隨時不忘向學生提出挑戰性的問題，並與學生討論解決之道；當然，必要時，老師也可以講述自己的理念，以啟蒙學生的思維。

　　第三，他認為學術專業化固是時代所需，不可偏廢；但是，若沉耽於鑽牛角尖式的專一，可能會窄化自己的學術視野。他倡導全方位整合性思考，鼓勵學生們針對一個主題嘗試整合不同的觀念，從不同的角度、用不同的方法來切入問題，進行合作式的主題討論與學習，以適應遽變的知識社會。

　　資優教育的精神，似乎就在大師的一席話中浮起。

　　在資優教育上，我們認為最好的教學方法就是讓學生自由地在充滿挑戰新鮮好奇的浩瀚世界，去探索、去發現，然後從他自己的經驗中，得到啟示、得到成長。慢慢地，他會從經驗學會解決問題的方法，懂得方法比懂得知識更為重要。我們要相信學生自己在探索過程中獲得的經驗，往往超越我們所期盼的。相反地，如果我們剝奪了他探索、嘗試的自由，學生終會因為自己的

能力缺乏信心，一旦遇到問題就束手無策，唯他人是賴了。所以，「學習如何學習」——重視治學的方法及「思考如何學習」——重視求學的歷程，這句話最適合應用在資優學生的教學上。

　　具體言之，資優教育應該特別重視批判思考、創造思考、獨立研究及問題解決能力等的教學活動，一方面是為了培養學生自立、自發、自主的學習精神，另一方面也滿足學生的好奇、興趣和參與感。「好奇」足以激發學生的學習動機，「興趣」可以維持強烈的學習慾望，「參與」則能鼓舞學生主動涉入學習、分享成就。

　　亞里斯多德說：在教育上，中庸者，教導既有的價值觀；聰明者，挑戰既有的價值觀；智慧者，創造新的價值觀。誠為智者之言。

叁、肯定角色——資優教育理想的實踐

　　資優學生有權利接受合乎其個別需要的適性教育，已不再僅是教育機會均等的理念而已，而是一種教育理想的實踐。

　　資優教育的推展，一方面固在滿足資優學生的特殊需要，提供適性教育的機會，另一方面也可視為是推動教學改革拓植紮根的工作。因為，理想的資優教育係以生動活潑且富創意的教學來取代傳統上比較被動單向且失之僵化的教學。因此，若資優教育未能紮根、拓植，不也就是對未來的教育改革闔上一扇窗了嗎？

　　因此，每一位從事資優教育的老師，都應有一種使命感，來突破教育的現實，實現教育的理想。

　　教育的「理想」需要由有「理想」的教師來實踐。資優教育教師應秉持的教育理念是什麼？下列五點謹供參考：

一、尊重學生「選擇的自由」

選擇的自由（freedom of choice）原是基本人權上的實質內涵，此一理念已延伸到經濟、文化及教育等各個層面。

資優教育的目的即在培養學生成為卓然獨立、創意思維的人，其精神意味著在教育過程中，教師需要營造一個「自由、開放、充實」的學習空間，使每一位學生有機會可以本其自身最大的潛能達成「自我實現」最大可能的成就。換言之，在「最大潛能」與「最大成就」之間，學生應有做選擇、做決定的自由空間，而不是依循、因襲、聽從的學習者。

尊重學生的選擇自由，其重點有二：

1. 學習活動的自由──學生應有機會依能力與興趣經由師生討論而選擇適合其程度及深度的學習內容，以培養學生獨立治學能力。

2. 思考活動的自由──思考的本質絕非「對─錯」或「正確─不正確」間單純二分的辨析，亦非「合於」或「不合於」某種意識形態下的產物。思考貴在「不為人惑」、「不為物役」。思考是無價無量的，老師的角色應只在重視激勵學生之思考過程、策略和技巧的選擇與應用而已，不可訴諸權威、訴諸成見而制約、僵化學生的思考。

二、強調「開放心靈」的教育

思考大師 de Bono 的一張圖，或可用以圖解開放心靈的教育意義。（de Bono, 1994）

一言蔽之，資優教育所要造就的應是能高瞻遠矚而有智慧的人，而不是僅限在成就深陷框阱有知識的聰明人而已。

有智慧的人

聰明的人

三、肯定個別差異的事實

「如果你和別人一樣，那麼何必有你這個人？有你不為多，無你不為少。

人之可貴，貴在有差異。」（海耶克和他的思想，殷海光等著，民 59）

「人生而平等」的理念，本質上是道德與法律上的訴求。事實上，每個人的天資稟賦本即不同，這種差異不僅是存在個別間（我和他人）的差異，也存在個別內（我自身）的差異。因此，資優教育應重視分化性課程（differentiated curriculum）的設計，並兼採適性教學策略，以滿足學生的特殊學習需要。

四、重視全人格的教育

我們的教育過於側重學生的「認知」活動，而忽視「情意」陶冶，久為識者所詬病。

傳統教學型態下的認知學習活動，可說是偏於「由外而內」的知識建構與思維活動。「師者，所以傳道、授業、解惑也。」其中的「傳、授、解」，即是企圖以外在、既成的「知識實體與規範系統」來教育學生，而相對忽視學生內發學習、主動學習的重要性。

的確，在現今龐雜、巨量的知識體系下，如何將知識以有效、經濟、精粹的方式遞移即是一大學問，故教師與學生大都「忙」於知識的汲汲營營。事實上，學生的情意陶冶在激發個人成就亦扮演十分重要的角色，如挑戰失敗的毅力、做決定的明智、正確的自我觀念、容受批評的雅量，甚至好奇心、想像力、冒險性的動機發展，都是成功人生的必要條件。

最近 Goleman, B.（1995）提出成功的新關鍵，在情緒智商（emotional intelligence, EQ）而非傳統所重視的學術 IQ。情緒智商係由五種可以學習的能力組成：了解自己的情緒、控制自己的情緒、激勵自己、了解別人的情緒、維繫圓融的人際關係。這些情緒特質不僅是面對生活波折的動力，讓 IQ 發揮更大的效果，它還影響個人健康、情感生活，甚至全面的人際關係。（吳韻儀文，天下雜誌，1996 年 2 月）

因此，全人格全方位的教育十分重要，老師在這方面亦應多下工夫。

五、教師從事實務研究係促進教學發展的原動力

　　一般而言，教育發展有其時空性及複雜性，必須時加調適，所以其演進通常也是一種問題解決的歷程。相信大多數人會同意這樣的看法，即教育問題的存在、發覺及探求解決之道，也往往是誘發教育發展與革新的原動力。

　　相對於其他教育學術領域，資優教育可謂尚係處研究發展階段的教育工作，許多方面都需要也都值得關心資優教育的工作者努力去探索問題、解決問題。

　　教育不僅是一種藝術的工作，亦是一種科學的工作。教師不僅需要精通所授的學科教材，也需要研究有效的教學方法，然後才能負起教學的責任（孫邦正先生語）。因此，我們可以說教師的專業必是建基於研究發展。資優教育的教師更需如此，尤其資優教學強調學生的獨立研究。資優教育教師若能經常進行研究，如此身體力行應是鼓勵及指導學生獨立研究的最佳典範，更重要的是從事研究不僅有助於教師專業的自我成長，對教育事業的發展亦必有其長遠貢獻。

參考文獻

李遠哲（1996）：創造新世紀的老師。**天下雜誌，176，**204-208。

李巧雲譯，葛爾曼（Murry Gell-Man）著（民84）：「全面改造」──解放僵化的學術與教育公式。**中國時報 84 年 4 月 10 日時報科學專欄。**

殷海光等（民59）：**海耶克和他的思想**。台北：傳記文學社。

吳韻儀（1996）：成功新關鍵──EQ 打破 IQ 神話。**天下雜誌，177，**100-102。

de Bono, Edward (1994). *Parallel thinking: from Socratic thinking to de Bono thinking,* p.33. London: Penguin.

Dept. of education, USA (1994). *Goals 2000: Educate America Act, 1994.*

Nevo, B. (1994). Definitions, ideologies, and hypotheses in gifted education. *Gifted Child Quarterly, 38* (4), 184-186.

Wallace, B., & Pierce, J. (1992). The changing nature of giftedness: an examination of various strategies for provision. *Gifted Education Inter-national, 8* (1), 4-9.

31

良師典範與資優教育

＊陳昭儀

壹、「良師典範」名詞的源起及定義

　　良師（mentor）一詞的源起，可追溯至荷馬史詩奧迪賽篇（Home's Odyssey），大意是敘述尤里西斯外出旅遊及征戰的十多年期間，他將其子 Telemachus 委託給 Mentor 代為教養、保護及指導（Mentor 是尤里西斯的老友，此人聰明又多智謀）。於是 Mentor 既是 Telemachus 的監護人，又是其教師和諮詢者，將其帶大成人。兩人情同父子，學習歷程如師生，在生活上有如朋友。此種多重的關係應用到教育上就具有獨特的意義，因此，Mentor 的名字就流傳至今，成為「有經驗並值得信賴的師長」之代名詞，現在 mentor 的意思就是教師、監護者、導引者。另有一些相類似的名詞如：sponsors——教父、贊助者；patrons——保護者、獎勵者、贊助者；gurus——印度教的導師；senseis——有常識、通情達理的人（Davis & Rimm, 1989; Edlind & Haensly, 1985; Runions, 1980; Torrance, 1984）。事實上，我們知道在早期所出現的一些天才，他們並非由現今這種龐大的教育體系所培育出來的，而是由良師所教導的（Addison, 1983）。

　　以下依年代提出幾位學者及研究者對於良師典範的定義（江雪齡，民 79；吳錦釵，民 75；林寶山等，民 83；盧台華，民 78；Beck, 1989; Edlind & Haensly, 1985; Forster, 1994; Runions, 1980; Stanely, 1979; Torrance, 1984）：

　　• Boston（1976）：良師是學習者的角色楷模，能引導學生朝向有益於個人的經驗。

　　• Levinson（1978）：發展心理學家 Levinson 在訪問了四十個人之後，將良師定義為「嚮導」、「老師」、「諮商者」，結合了好父親及好朋友的綜合角色。他們邀引年輕人進入成人的世界，能增進學生的技能及智力的發展，引導學生進入一個新世界，使其明白價值觀、風俗習慣與社會資源，以協助受教者體認自己的目標與夢想。他強調師徒制中師生的親密性，將指導的歷程視為一種「愛」的關係。他認為師徒制包含兩種層面：一是傳遞的關係，通常會持續兩、三年的時間；二是為人師者通常會比學生的年齡大上八至十五歲。

　　• Stanely（1979）：良師必須是前導者、激發者、釐清者與擴展者。

　　• Kaufman（1979）及 Torrance（1984）：他們認為良師是「一個在你的行業領域中或教育經驗裡的較年長者，他們庇護你在他們的羽翼下」。

　　• Runions（1980）：「良師」是資優學生的「家教」，能使資優生自我實現與達成社會的需求，是擴展與促進潛能的關係。

　　• Noller（1982）：良師的角色包括有睿智且可信賴的諮商人員、細心謹慎的指導人員、督導者、教師。

　　• Zey（1984）：良師是個人全盤觀察另一個較年輕的人的事業與發展，由教導、諮詢，提供心理支持、保護，有時並提昇其地位或資助之。

　　• Seeley（1987）：只要對學生而言，是他所景仰且在某方面可成為其典範，並能啟發、尊重他的人，就可稱之為良師典範。

　　• Beck（1989）：在教育領域當中，良師應扮演教師、引導者、諮商者、角色典範及朋友的角色。

　　• Forster（1994）：良師是要能夠鼓勵、支持及扮演角色楷模者。

　　綜合言之，良師的定義可歸納為：「一個在個人行業領域中或教育經驗裡的較年長者，他扮演著角色楷模，而為學生所景仰者，師生的關係是一種愛的關係，且能導引學生朝向正向的發展。」

貳、良師典範的功能

　　在文獻當中有很多真實生活的例子說明良師典範對於學生輩的影響：如心理學家弗洛依德（Sigmund Freud）與榮格（Carl Jung）的關係；哲學家蘇格拉底（Socratic）及柏拉圖（Plato）的關係（Reilly, 1992）。

　　良師在與資優生互動的過程中擔任了多重的功能角色。Torrance 指出大多數的資優生常感到其真正所希望達成的目標，會與其周圍的人所希望他達成的目標有所不同。如果他屈從了別人的意願，如父母、朋友的想法時，就會與其所預期的目標有了很大的差距；而如果能有機會讓他們做自己喜歡做的、可以做得很好的事情時，那他們就能夠發揮其最大的潛力了。因此他建議資優生要去尋找能幫助自己發揮專長及興趣的良師，讓他激勵自己去完成心目中真正想要達到的目標。Torrance 指出良師可以發揮下列的功能（Torrance, 1984; Torrance et al, 1987; Torrance, 1989）：

- 提供高度的創造性環境，給學生一個避難所；
- 作為資優生的資助者；
- 幫助資優生了解其擴散性思考的能力；
- 讓資優生表達及與其溝通他們的理想；
- 能辨識出其創造性的秉賦；
- 幫助資優生的家人及其他人能夠了解他們。

　　以 Julian Stanely 教授倡導的數學資優學生的「診斷處方教學」（Diagnostic Testing followed by Prescriptive Instruction, DT-PI）模式之良師引導方案為例，他認為學生需要一個技巧熟練的「良師」。他（她）應是智能優異、心思快速、精通數學，顯然地超出「徒弟」所要學習的材料。這位良師不需要像講師一樣表現學術研究的氣息，為了徒弟而預先消化材料；相反的，他（她）應成為一位前導者、激發者、釐清者與擴展者（王文科，民 81；Stanely, 1979）。

　　良師對於學生所能提供的實際幫助，如一所大學在 1983 年對於新生所實施的「MAGIC」計劃，希望教師能提供給新生的協助如下：討論學業計劃、設定生涯目標、促進人際關係、應用休閒時間、發展領導能力、增進對於文化的認知及品味、解決個人問題等（Torrance, 1984）。

　　綜合各文獻（Ambrose et al, 1994; Bridges, 1980; Burton, 1977; Forster, 1994; Hishinuma et al, 1994; Reilly, 1992; Runions & Smyth, 1985; Timpson & Jones, 1989; Jorrance, 1984）歸納出良師的功能如下：

- 提供鼓勵及支持；
- 提供成人的角色楷模及社會互動的機會；
- 拓展學生對於興趣及生涯之視野與展望；
- 使學生能夠接觸到成人的世界及真實的生活經驗；

　　• 良師最大的價值在於與學生分享個人價值、特殊興趣、時間、知識、經驗、才華及技能；

　　• 良師引導模式的師生關係能夠帶給教師與學生雙方面的鼓勵、刺激、新觀點、提供情緒上的支持及其他個人的酬賞等。

　　總而言之，良師的功能在於帶領學生接觸成人的世界，拓展學生的生涯視野，幫助學生了解並發揮自己的潛能，教師要能喜愛、鼓勵、支持並引導學生。

叁、擔任良師典範者的條件

　　Reilly（1992）認為並非所有的人都適合當良師，身為良師最重要的條件有三項：擁有專門的知識、時間及溝通技巧（包括人際關係、教學、技巧和耐心）。另外還須具備有彈性、熱誠、喜歡與學生相處、能敏覺學生的需要、能給予學生適當的回饋等條件。良師所要貢獻的是他們的經驗、角色楷模、能支持學生學習及成長。

　　Boston（1976）指出要成為良師應具有以下的重要特徵：

- 有特殊技能、興趣或能吸引學習者的興趣之活動。
- 能引導學習者朝向有益於個人的經驗。
- 有彈性的幫助學習者反省及修正活動。
- 經常是學習者的角色楷模。
- 對學生非常有興趣。

　　Bellflower（1982）、Flaxman（1988）、Mattson（1983）、Reis 及 Burns（1987）等人認為理想的良師應具備有下列的條件及特質：在其所從事的研究或工作領域中是一位專家，具有豐富的知識，有很強烈的興趣教導年輕人，能與學生進行良好的溝通，能提供新的問題供學生研究；並具有親和力、正直、熱誠、

樂觀、未來觀、容忍、耐性、值得尊敬等特質；同時也應是機敏、具變通性、創造力以及幽默的；而且他還要能忍受學生有犯錯的時候，有能力引導學生進行高層次的思考及問題解決，願意和學生分享他們的方法學及技能。

以診斷處方教學（DT-PI）「良師引導模式」為例：工程師、大學教授、數學研究生、主修數學者，以及中學數學教師，或者是具備深厚物理科學基礎的任何人，都可能是成功的良師（王文科，民81）。很明顯地，良師應能喜愛學生與數學，他不一定是老師，最重要的資格是能真正了解數學的觀念；但只了解數學的理論是不夠的，良師也應該具備使教材與學生相關聯的能力（Emerson-Stonnell & Carter, 1994）。

綜合而言，能擔任資優生之良師的條件可歸納如下：

• 具備某領域的特殊專長、知識或技能，足以引導資優教育生進行該領域之探索者；

• 在人格特質方面：具有熱誠、正直、樂觀、容忍、有耐性、值得尊敬等特質；

• 具有高層次的思考能力：彈性、創造力、敏覺力、變通性、問題解決、獨立研究等能力；

• 在教學方面：願意與學生分享、具有親和力、溝通技巧、喜歡與學生相處、給予學生適當的回饋；

• 充裕的時間：能提供時間給學生，善於作時間規劃。

參考文獻

王文科（民 75）：研究的技術與工具(一)。**教育研究法**。臺北：五南。

江雪齡（民 79）：資優教育與良師關係。**資優教育季刊，37**，22-55。

吳錦釵（民 75）：談師徒制（Mentorship）在資優教育的應用。**國教世紀，21**(12)，20-30。

林寶山等（民 83）：**我國大學對高中甄試保送及提早升學之數理資優生輔導現況之研究總報告**。高雄師範大學特殊教育中心。

盧台華（民 78）：資優生的生涯發展。**資優教育季刊，33**，1-7。

Addison, L. (1983). Selection and training of teachers of the gifted in the United States. *Gifted Education International, 1* (2), 60-64.

Ambrose, D. et al. (1994). Mentorship of the highly creative. *Roper Review, 17* (2), 131-134.

Beck, L. (1989). Mentorships: Benefits and effect in career development. *Gifted child Quarterly, 33* (1), 22-28.

Bellflower, D. K. (1982). Developing a mentor relationship. *Roper Review, 5* (2), 45-46.

Boston, B. (1976). *The sourcerers apprentice-A case study in the role of mentoring.* Eric Clearing House on Handicapped and Gifted Children. The Council for Exceptional Children.

Bridges, A. D. (1980). Mentors open new careers and hobby vistas for youth. In R. B. Noller & B. R. Frey (eds) (1983). *Mentoring: An annotated bibliography.* N. Y.: Bearly.

Burton, A. (1977). The mentoring dynamic in the therapeutic transformation. In R. B. Noller & B. R. Frey (eds) (1983). *Mentoring: An annotated bibliography.* N. Y.: Bearly.

Davis G. A. & Rimm, S. B. (1989). *Education of the gifted and talented.* Englewood Cliffs, NJ: Prentice-Hall.

Edlind, E. P., & Haensly, P. A. (1985). Gifts of mentor-ships. *Gifted Child Quarterly, 29* (2), 55-60.

Emerson-Stonnell, S. & Carter, C. (1994). Math mentor prog-rams. *Gifted Child Today, 17*(1), 34-36.

Forster, J. (1994), Mentor links program. *Gifted Education International, 10,* 24-30.

Hishinuma, E. S. et al. (1994). *Learning from mentors.* Eric EJ504225.

Mattson, B. D. (1983). Mentors for the gifted and talented: whom to seek and where to look. *Gifted Child Today, 3,* 10-11.

Reilly, J. M. (1992). *Mentorship: The essential guide for school and business.* Ohio Psychology.

Reis, S. M. & Burns, D. E. (1987). A school wide enrich-ment team invites you to read about methods for promoting community and faculty involvement in a gifted education program. *Gifted Child Today, 49* (2), 27-32.

Runions, T. (1980). The mentor academy program: Educat-ing the gifted/talented for the 80's. *Gifted Child Quarter-ly, 24* (4), 152-157.

Runions, T., & Smyth, E. (1985). Gifted adolescents as co-learners in mentorships. *Journal for the Education of the gifted, 8* (2), 127-132.

Stanely, J. C. (1979). How to use a fast-pacing math mentor. *Intellectually Talented Youth Bulletin, 5* (6), 1-2.

Timpson, W. M., & Jones, C. (1989). The naive expert and the gifted child. *Gifted child Today, 12* (1), 22-23.

Torrance, E. P. (1984). *Mentor relationship.* N. Y.: Bearly.

Torrance, E. P., Weiner, D., Presbury, J. H., & Henderson, M. (1987). *Save tomorrow for the children.* N. Y.: Bearly.

Torrance, E. P. (1989). Are we teaching our children to think about the future? *Gifted Child Today, 12* (6), 48-50.

32

談「良師引導模式」
在資賦優異教育上的應用

＊ 施雅彬

壹、前言

　　「良師引導模式」（mentorship）是眾多資優教育方案中的一個。在加速制的方案中，Stanley 所主持的「數學早熟青少年研究」（SMPY）最具盛名，且獲致成功（王文科，民81）。根據該計畫中十二項不同的教育選擇（詳見 Renzulli, 1986），要縮短數學推理能力資優學生的學習時間，可採用「診斷處方教學」（Diagnostic Testing Followed by Prescriptive Instruction, DT-PI）模式（Stanley & Benbow, 1982）。「診斷處方教學」五個步驟中的第四個步驟——處方教學，是由在數學領域具熟練技巧的人，即所謂師傅執行（王文科，民81；Renzulli, 1986）。在充實制的方案中，例如「自動化學習模式」五個向度中的第五個向度——深入研究，也包括良師引導（Renzulli, 1986）。此外，對於經濟地位不利的特殊族群資優學生，「協同計畫」的階段三——個案研究與安置決定，在發現特殊需要的學生。再根據需要，透過良師引導的方式，給予發展潛能計畫

（Borland & Wright, 1994）。由上述可知，良師引導模式的
應用非常廣泛。本文的目的在依據文獻，從師傅制的起源談起，
探討師傅的角色、介紹良師引導模式的步驟、價值功能及國外的
應用實例，最後提出在國內施行此模式的建議。

貳、良師制度的起源

在西方一般人提及良師一詞，都溯及荷馬的奧迪賽
（Homer's Odyssey）（江雪齡，民 78、民 79；Edlind &
Haensly, 1985），大意是敘述 Ulysses 必須赴 Trojan 戰爭，二
十年中 Mentor 忠實地照料 Ulysses 的產業，並輔佐 Telem-
achuo。從此 Mentor 代表了有經驗並值得信賴的諮商者。

在西方世界中 mentor 即為良師，他們引導並鼓勵了許多成
功的工商界人士，甚至成為良師制度的起源。美國的良師制度最
先運用於工商業界，如通用汽車。在許多文獻中，Gung
（1958）可能是最早提及良師的特色及型態的學者。但良師一詞
成為熱門題目卻是 Sheehy（1976）在「人生道路的發現者」出
版之後。十幾年來不斷有書籍和文獻討論良師的美德，並引用良
師於教育制度（引自江雪齡，民 78）。

叁、實施良師引導模式經常被提及的問題舉隅

不過，一般大眾在使用此模式時，都會存有下列的疑慮。從
Emerson-Stonneil 與 Carter（1994）整理出的問題如下：
一、誰有資格擔任師傅？
二、師傅要如何開始進行處方教學？

三、到哪裡尋找教材資源來使用？

四、師傅要如何準備第一個活動？

五、師傅在第一次的班級會面要做什麼？

六、師傅需要會面的時間與次數？

七、師傅可以對學生的期望是什麼？

八、在未來的活動師傅要做什麼？

　　從上述問題得知，一旦資優兒童使用此種種制度，事先檢視「師傅」的角色、選聘資格、教學期望、教材內容、處方教學的進行與所應負的責任是必須的。

肆、良師引導模式在資優教育上的運用

　　以下介紹適合各類科資優學生的良師引導模式。

一、師傅的角色

　　以數學資優學生的 DT-PI「良師引導模式」為例：學生需要技巧熟練的「師傅」。師傅應是智能優異、心思快速、精通數學，顯著地超出「徒弟」所要學習的材料。師傅不需要像講師一樣表現學術研究的氣息，為徒弟預先消化材料。相反的，他應成為前導者、激發者、釐清者與擴展者（王文科，民 81；Stanely, 1979）。因此，不必要求師傅成為一個受過訓練的數學教師。工程師、大學教授、數學研究生、主修數學者、中學數學教師，或者是具備深厚物理科學基礎的人，都是成功的師傅（王文科，民 81）。師傅應能喜愛兒童與數學，他不必是一位老師，最重要的是真正了解數學的觀念，並且具備使教材與學生關連的能力（Emerson-Stonneil & Carter, 1994）。

　　根據 Runions（1980）的分析指出，「師傅」是資優學生的
「家教」，為了實現個人與社會的需要，擴展與促進其潛能。在
「家庭教師」（tutoring）與「良師引導」（mentoring）之間最
重要的差異之一，就是絕大多數的家庭教師為學習困難學生做補
救的基礎。鑑定工作對學習者潛能的瞭著非常重要。相反的，良
師引導是教師與學生之間產生以能力為基礎之交互作用。從「補
救」基礎到「能力」基礎的改變，導致學習者潛能的改變。舉例
來說，學習者是具有經驗的，在感興趣的領域內表現平均以上的
能力；學習者是被開放去積極地用不同的方式助長他們的潛能，
並且對自己個人的成長和支持系統有相對的責任。因此良師引導
是為了實現個人與社會的需要，相信每一個人的潛能並發展一個
獨特的關係。

二、教育各類資優學生的「良師典範模式」

　　「良師典範模式」（The Mentor Academy Program,
MAP）實施的要點包括：

㈠實施目的

　　從學前到成人教育，在社區和學校之間，MAP 給予學習者
必要的資訊與技巧。為了獲得與分享生存的必備知識，學生將會
保持、管理、監控這一個良師引導支持系統（Runions, 1980）。

㈡師資選聘

　　若以 SMPY 的 DT-PI 為例，教師必備七項基本條件與熟練
六項技術（詳見盧台華，民 75；Bartkovich & George, 1980）。
師傅除了要具備上列所述的特質與策略外，還必須能配合學生，
選擇運用適合學生程度的教材。

㈢構成要素

為了要達成處方教學的目標，MAP 至少有四個交互作用的歷程去創造資訊、技巧、服務、未來觀點的個人改變。包括：①資訊互換—師傅循環；②技巧互換—良師典範：資料師傅、錄像媒體師傅、微電腦師傅、社區師傅與師傅團體；③服務互換—師傅協會；④未來觀點互換（內容詳見 Runions, 1980）。

由此可知，MAP 是用鼓勵個人學業、生涯和職業知識與技巧的發展，完全整合在訓練有素的師傅歷程。透過良師指導高成就的學生發展領導、服務的技巧，並使學生具自我支持、自我引導和自我超越的終生學習過程。

㈣良師引導三階段

Emerson-Strnneil 與 Carter（1994）指出，身為師傅，在準備第一次活動期間要先檢查學生所處的等級，應該與家長討論彼此的期望，了解為什麼兒童讓你教的理由及個人的小事情，如兒童的特別興趣與嗜好，以做為教學例子的來源。

進行教學工作時，由於這是一對一的過程，師傅能有更多的自由去涵蓋主題。會面的時間長度由師傅完全判斷，基於小孩的成熟度和專注時間，應該在一到二個小時之間。至於要多久一次會面，必須確定兒童有足夠的作業量持續到下一次會面。師傅不要去指定許多繁忙的家庭作業使學生持續，相反的可去指定新的主題來調查兒童的能力、擴展兒童的知識。Emerson-Stonncil 與 Carter（1994）建議：教學活動不可以在兒童的家裡舉行，這樣會限制兒童真實能力的表現。

總括來說，良師引導模式組成包括下列三個整合階段（Runions, 1980）：

1. 第一階級—基本技巧研討：設計一系列的研討來促進學

習，包括：基本思考技巧、創造思考技巧、學業研究技巧、領導
／服務技巧、良師引導契約技巧、審美技巧、未來觀和創業技
巧。

　　2.**第二階段—協同專題研究**：每週的專題研究為學生更新學
習領域的資訊，探討學習領域上新的發展。學生從基本技巧研討
中，運用技巧去管理、監控良師引導契約。

　　3.**第三階段—師傅成員互換**：學生的師傅與不同的師傅整合
學習，包括當地大學或社區學院的教授、生涯人士、資深市民、
小學老師、學科領域的高中老師，以及方案促進者。

(五)指導原則

　　Boston（1976）在特殊兒童會議上根據一個師傅角色的研
究，描述如下（引自 Runions, 1980）：

　　1.**師傅對學生的期望**：給予學生相同精力去操作和思考全方
位的學習經驗；學生準備去嘗試、實驗與探索；學生在學習過程
中能給予回饋。如此師傅能給予學生透徹的看法、整合學習經
驗、澄清與重塑經驗；學生將能夠表現新的技巧—了解、觀察、
自我訓練，並預備改變生活的方式。

　　2.**師傅對學生的責任**：意識到將成為一個人格及文化「角色
典範」；要察覺可教學的一瞬間；能以學生最理想的需要為基礎
來履行計畫，引導教學；透過直接教學，不斷地給予學生進步的
真實評價與接受衝突；要在有創造性的環境下，透過創造性問題
解決技巧的策略來引導學生。

　　3.**有效的良師引導情形**：使方案在有經驗的學習更加固定—
集中的和廣博的；能更小心地選擇並與參與者相配；使學習更開
放式；打下學生學習能力的基礎，用任務的完成、技巧的精熟來
測量；能創造與解決問題。

伍、良師關係的功能及對資優生與師傅的影響

一、相關研究

　　經由選聘合適的指導教師，DT-PI 模式使得被認為奇蹟的事不斷出現於現實教學環境中（Stanley, 1979）。在 DT-PI 的教學方法中，一個青少年可以在 15 小時內熟習代數 I 的課程。如果學生在這種方式下顯出高的數學潛力，且努力學習，認真完成作業，則可能在代數 I 到分析幾何之間的課程中縮短很多學習時間（Benbow, 1979）。

　　研究發現，特殊的人際關係與資優生的發展有極大的關係。Torrance（1985）二十二年長時間的研究，發現資優生的成就與良師的特殊關係有極大的影響。Torrance 強調資優生個人需要經由策畫，幫助他們發展潛能，適應因個人能力造成的緊張，以及減少文化的壓力。發展資優生與良師的關係尤為值得發展。來自良師的刺激及鼓勵，對資優生的教育有顯著影響。Torrance 追蹤研究資優中學生到高中畢業後數年，發現有良師引導的資優生發明成就極為顯著（引自江雪齡，民 79）。

二、良師引導模式的優點

　　Edlind 與 Haensly（1985）整合文獻，分析師傅制的優點。Edlind 並與學生和師傅進行五個集中的、非結構性的晤談。要求這些人都回答一系列的問題（內容詳見 Edlind & Haensly, 1985）。他們歸納出「良師典範」模式的優點如下：

(一)關於受引導的資優學生

1.促進生涯與性向發展：經由「典範」提早輔導認識自己，在適於自己的條件之下，去追尋其應走的路。沒有人會否認師傅對於學生之生涯助長的價值，因為師傅可以在生涯規劃、援助、支持上提供指導。在相關的生涯領域裏提供和有影響力或學識豐富的人接觸的機會，幫助學生發展能力。當學生與師傅會面或走入師傅的環境時，決定性的影響就發生。因此，透過師傅的影響、名望和地位，引起可見的生涯助長。

2.知識與技巧的增加：在「良師典範」模式下所增加的知識與技巧有三個類型：①與成功的專業人士有效地交互作用的知識（人際關係技巧）；②生涯領域的專門技巧；③概括性的思考技巧。因此師傅具有分享知識與了解的意願，對於學生是極重要的。當學生在會面時觀察師傅的活動，能夠看到師傅如何處理人和問題。因此，學生登上階梯並走入其他的工作情境時，師傅變成最重要的角色典範。

3.才能的發展：良師典範模式所發展的才能可能是多樣的，而不是限制的。包括：領導的、藝術的、科學的或數學的。因此師傅提供學生機會發掘其可能尚未察覺或從未有機會使用的才能。多元才能的結合在多變的世界是非常具適應性的

4.自尊與自信的增強：獲得個人的成就，自尊與自信的增強是極重要的。過去曾受師傅引導的學生，自尊與自信增強得非常好。從師傅欣賞學生的才能，學生進步的真實評價到師傅的引導，促進成功的經驗。

5.個人道德的發展或標準的形成：師傅扮演專業之行為與作法的角色模範。學生從師傅身上可以學到人際關係的知識與技巧，為了專業的行為而學習標準，且持續地發展他們自己的標準。另一方面，良師典範是一種特別的社會化模式，師傅可以刺

激或幫助學生發展個人的道德。但學生可以不必同意師傅的人生哲學。為了作決定，必須發展他們自己的標準，比較自己與師傅的原則。

6.長期友誼的建立：一種非常特別的友誼出現在師傅和接受指導的學生之間。師傅對學生有興趣，不僅像有潛能的同事，而且像具有種種關心與興趣的個體。友誼期限，平均持續二至三年，最多八至十年。

7.創造力的增進：在良師引導模式的關係之下，創造力是增進的，因為學生可以在沒有荒謬與被拒絕的恐懼之下冒險，可以發展和顯露不尋常的想法，而且允許失誤和錯誤。師傅鼓勵學生詳細調查、不侷限一個標準答案、展示問與答，以及發展不尋常的問題解決。創造力增進的關鍵可能在於師傅對其學生觀點的回應。

8.歸屬的安全感：歸屬的安全感將透過參與特定興趣的團體而獲得。學生不但在學校和學習團體覺得他們是有貢獻的，而且也包括當地社區、地方、和國家（Runions, 1980）。

(二)關於資優學生的師傅

1.工作的成就：工作的成就可能是最明顯的與最實際的利益。幫助學生去獲得知識和技巧的歷程需要職業的成功。

2.觀念的刺激：觀念的刺激可以是針對師傅。學生與師傅分享自己，提供新的看法、活力、和創造性的刺激。師傅和學生似乎因創造性的想法而相互刺激，也增進彼此的創造力。

3.長期友誼的建立：這益處通常大多反應在學生的評論中。友誼是了解學生的證據，好像大部分的友誼，參與變成彼此成長的經驗。

4.個人的滿意：個人的滿意源自學生的發展。Levinson（1978）、Withey、Anderson、與 Lauderdale（1980）認為，

師傅是中年人重要的發展，因為它是人生發展過程的一部分，Erikson 稱之為「親代性」。這通常是在 30 至 45 歲階段，中年人感到關心年輕的下一代。師傅為了中年的責任而幫助下一代，於是有獨特的機會從幫助青年人的發展而得到許多滿足（引自 Edlind & Haensly, 1985）。

陸、良師關係的保持、轉型與終止

　　Torrance（1985，引自江雪齡，民 79）在 1950 到 1980 年代，以 220 名明尼蘇達州中等家庭的資優生所進行的二十二年研究發現：良師與資優生的關係有時極為短暫，有時會轉型。然而有 52％的參與者仍保持與良師的關係。平均良師與資優生的關係約為 5 年。此外 Edlind 與 Haensly（1985）認為良師關係平均持續二至三年，最多八至十年。

　　Torrance（1984，引自江雪齡，民 79）認為資優生與良師關係的終止有其原因：資優生認為良師濫用權力；步調太快；與良師的生命哲學不同；地理阻隔；開創自由業；沈重的專業要求；成為主婦和母親；創意威脅良師的聲望。

　　基於良師關係終止的原因，Torrance（1984，引自江雪齡，民 79）建議如下：

㈠良師方面

　　幫助資優生知道自己的秉賦，引以自豪並練習運用，以開發並享受他們的長處；提醒資優生學習不受他人期望的約束，並避免別人在他們身上的壓力；幫助資優生找尋偉大的老師並接近他們；教導資優生避免浪費極大而不具意義的精力，以討人喜歡；引導資優學生學習互相依賴的技巧，並使其長處自由發展至無

極；提醒資優學生不要害怕喜歡某事並密切而深入地追求它。

㈡良師與資優生雙方面

　　建立互信關係。在良師與資優生互動及成長的過程中，雙方都不需懼怕任何事誤會影響或改變他們的關係。避免設定不切實際的期望。雙方都應認知個人能力及權力有限，彼此都應為自己的人生及學習負責任。了解良師關係發展及持續過程中常遭遇的障礙。如步調不一致、性別不同造成的不便，及良師感受來自資優生的威脅或傷害等。雙方應加強雙向溝通，以期共同除去此種障礙。

柒、以資優青少年為師傅的協同計畫

　　「協同計畫」是美國聯邦贊助哥倫比亞大學的師範學院特殊教育系與利塔呵林沃斯資優教育研究中心（the Leta Hollingworth Center for Study and Education of the Gifted）合作的研究方案（Wright & Borland, 1992）。簡介如下：

一、實施目的

　　「協同計畫」主要的目標是要設法並試驗經濟不利但具潛能的資優學生之鑑定方式，並且提供服務給鑑定出的兒童。

二、實施方式

㈠149/207 公立學校

1991 年春天，從 149/207 公立學校的幼稚園（一所位於紐約市哈林區中心，服務經濟不利少數人口的小學），鑑定出十二位具潛能的資優學生（8 位男生，4 位女生）。這計畫所發展的鑑定過程不同於傳統的鑑定方式（內容詳見 Borland & Wright, 1994）。此綜合性的介入方案包括指導教學、父母與監護人研討會、幼稚園教師在職教育，以及「良師典範」的方案。

㈡迪拉莎莉專科學校

青少年師傅（the adolescent mentors）是從一所在曼哈頓區服務少數種族與道德規範群體資優學生的獨立中學—迪拉莎莉專科學校所選出。學校在學生之間促進強烈的社區意識，因此，身為一個師傅為經由「協同計畫」所鑑定出的年幼兒童服務是一種社區服務。而能有效的選定青少年師傅是由學校行政人員選擇是否喜歡與學生相處、有年幼的弟妹或表弟妹，並且表現出扮演角色模範的意願。

三、實施步驟

此「良師典範」方案是在 1991 年暑假期間，實行為期五週的「協同計畫」之過渡期的服務部分，此方案持續一整年的基礎。

㈠師傅養成訓練部分

首先建立一個「師傅──兒童」關係的訓練。訓練活動的目標和達到目標的方法，包括：師傅收集資訊；提出「協同計畫」的資訊；了解義務與責任；師徒關係的思考；轉變「承諾」為教室「實行」；教室管理的援助與訓練；方案團隊的整合；兒童與師傅的配對。

㈡師傅指導學徒部分

師傅與兒童活動的方式可以透過每日的教室日常作息來描述：師徒溝通時間、座談時間、選擇遊戲活動時間、說故事時間、戶外遊戲和游泳時間的體育活動、寫作研討會、數學實驗室、延長日課方案。

㈢師傅制的評鑑部分

１.師傅的評鑑：對於在此方案中的改變，他們大多數是選擇有效的。然而，在他們的評論裡面，與兒童的關係程度自始至終影響他們。以下是訪談內容：

　　與_____，我的關係是像兄弟之間。他等待我的來臨，我等待他的來臨。有時，擁有一種關係非常困難。但是在其他時候，他可能永遠是最甜美的孩子。

　　我學到最重要的事情是每一個小孩需要角色模範……，不但你與聰明的小孩工作具有樂趣，而且你可從改變兒童不同的生活中得到滿足。

２.兒童的評鑑：在接近暑假尾聲，Wright 個別訪問幼稚園兒童關於他們的師傅。每一個兒童都感激擁有一位特殊朋友，沒有一個兒童能夠想出不喜歡此方案的觀點。以下是部分訪談的評論，與他們陸續寫給師傅的信件內容：

　　他是我的朋友。他跟我聊天。他和我一起玩，並且
和我一起寫字。

　　我們擁有樂趣，我們有許多、許多、許多和許多比
我們在一生曾經擁有的更快樂。

四、實施結論與未來計畫

　　「協同計畫」師傅制最重要的結論是：方案的目標具有成
效，師傅與資優幼稚園兒童親密的結合已經建立。每一個人對其
他人都有強烈的印象，並且都渴望在秋天時繼續師徒關係。此
外，與幼稚園兒童晤談時發現，他們讚嘆年長的特殊朋友。由於
受到師傅多方的重視與注意，他們的自尊被積極地影響。

　　未來的計畫包括繼續在學年中執行「協同計畫」週末方案的
師傅制。師傅將參與週末轉銜服務教室和在遠足中陪伴兒童。也
計畫實行師傅與兒童放學後在一起的 DROP-IN 方案。因為那時
兒童將是一年級並且將作第一次家庭作業。這點在從師傅那裡獲
得指導與援助將是特別有價值。

　　尚未顯現的目標是擴展「青少年—兒童」師傅制到雙方家
庭。有人堅信如果被鑑定的兒童要發展其資優潛能，家庭的支持
是必要的。迪拉莎莉專科的資優學生已經擁有此益處，然而取得
被鑑定兒童之父母與監護人的參與是今後此方案最大的挑戰。

捌、以退休人士為師傅的 PMC 模式

　　The Prime Mentors of Canada（PMC）是一個由社區慈
善組織所主持的方案。該計畫利用之 Toronto 社區特別有經
驗、才能與技巧豐富的退休成人為師傅（Tan-Willian, 1992）。

一、實施目的

增加在學校系統中，未參與任何資優方案兒童之創造能力的發展。

二、實施方式

PMC 是一個在校內與參與研究計畫取向的充實方案。其實施方式包括：與每一個參與學校的校長和老師共同合作管理；參與的學生能和相同的興趣與（或）長處的成人師傅配對。因此他們可以設計、發展和完成專案研究。最後每一對師徒在班上向未參與此方案的同學提出成果，以發揮良師引導的優點。

三、實施成效

PMC 在實施成效上有：不同世代間的師徒配對，提供成人和兒童彼此一個探險、幻想、合作與享受創造性和充實性活動的機會。促進成熟有益的交互作用，每次的活動好像是另一持續發展的催化作用。激起個人創造潛能的最好方法，就是幫助其他人激發創造潛能。良師引導促進此種過程。

四、實施結論

PMC 的實施結論包括：此種特別的良師引導方案，好像是為了發展不同世代間與不同文化間的信任與合作之服務模式。置身於像 Toronto 多元文化的社區、不同文化間的和諧之內，其他有益潛能的成果將會增加，而且向人們對不同文化與不同世代

的刻板印象挑戰。學生可以看到他們自己沒有因年紀、種族或血統的因素而限制學習與創造力。此外，他們學習到如想像力、決斷力、毅力和努力工作等重要的知識與技巧。自然合作的專案研究可以教導學生終生的滿足，透過關心別人和用慷慨的心胸與別人分享。

玖、推行及提倡良師關係的可行方案

由上述可知，良師關係可使資優生適性地發展創造潛力，在西方教育界中日受重視。江雪齡（民 79）以為發展良師關係以輔導資優生誠為一條可行之道。其推展過程需費時費力，但他認為下列步驟應為其最必要者，包括：①宣導觀念；②訂定配合良師與資優生的方策；③師資訓練；④實際推行；⑤評估。另外，他以為推行良師政策還需注意下列事項，包括：①行政支援；②訂定合理的期望；③辨識及涵蓋殘障及低收入家庭的資優生。

拾、結語

「認同」的對象是「楷模」，楷模的對象有很多：父母、教師、小說中的英雄人物，都可能成為個人認同的楷模（張春興、林清山，民 77），因此「良師典範」模式中的師傅正是兒童可以認同的楷模。按 Erikson 的人格發展八時期的解釋，青年期的自我統整的發展，必須靠他自己內化然後形成。因此學生在自我追尋期間，遇到困惑，感到迷失，是不可避免的（張春興、林清山，民 77）。最好的方法是經由「典範」提早輔導他認識自己，在適於自己的條件之下，追尋其應走的路。所以，沒有人會

否認師傅對於接受指導者生涯助長的價值（Edlind & Haensly, 1985）。

經由選聘合適的指導教師，DT-PI 模式使得這些被認為奇蹟的事實不斷的出現於現實教學環境中（Stanley, 1979）。Wright 與 Borland（1992）提及師傅制的價值只能在長期中顯現。筆者認為仍需實驗來證實其成效，同時長期的追蹤調查亦是非常重要的。而且成功地運用指導教師需要相當的代價、時間和努力。師傅制教學的實施可能超越一般國中、小教師的教學能力或教學負擔；另外國內的高中老師及大學教授可能也沒有足夠的時間和體力至小學為需要的學生服務。

Stanley（1978）曾提出指導教師必須有合理之待遇，由大學教授督導大學生來進行此項工作是非常合適的，亦可節省父母的開銷。所以有關當局可以定期甄選一批符合前述角色的師傅，例如：具備專業技能、人格特質及服務意願的大學生、研究生、甚至退休的教師與大學教授，先予以師傅效能的養成訓練，建立起完備的人才資源庫，來服務特殊需要的兒童及學生。這樣才可以減少人才資源的浪費，善用社會資源，並且符合經濟效益。

參考文獻

王文科（民 81）：**資優課程設計——有效的資優課程規畫方案**。台北：心理。

江雪齡（民 78）：由美國良師制度探討實習教師的問題與輔導途徑。**國教研究雙月刊，7**，49-52。

江雪齡（民 79）：資優教育與良師關係。**資優教育季刊，37**，22-25。

張春興、林清山（民 77）：**教育心理學**。台北：東華。

盧台華（民 75）：數學資優生的加速式教學。**特殊教育季刊，21**，7-11。

Bartkovich, K. G., & George, W. C.（1980）. *Teaching the gifted and talented in the mathematics classroom.* Washington D.C.: National Educatoin Association of the United States.

Benbow, C. P.（1979）. The components of SMPY's smorgasbord of accelerative options. *Intellectually Talented Youth Bulletin, 5*(10), 1-2.

Borland, J. H., & Wright, L.（1994）. Identifying young, potentially gifted economically disadvantaged students. *Gifted Child Quarterly, 38*(4), 164-171.

Boston, B.（1976）. *The sourcers apprentice: A case study in the role of mentoring.* Eric Clearing House on Handicapped and Gifted Children. The Council for Exceptional Children.

Edlind, E. P., & Haensly, P. A.（1985）. Gifts of mentorships. *Gifted Child Quarterly, 29*(2), 55-60.

Emerson-Stonneil, S., & Carter, C. （1994）. Math mentor programs. *Gifted Child Today, 17*(1), 34-36.

Renzulli, J. S. （Ed.）. （1986）. *Systems and models for developing programs for the gifted and talented.* Conn: Creative Learning Press.

Runions, T. （1980）. The mentor academy program: Educating the gifted/talented for the 80's. *Gifted Child Quarterly, 24*(4), 152-157.

Stanley, J. C. （1978）. SMPY's DT-PI mentor model: Diagnostic testing follow by prescriptive instruction. *Intellectually Talented: Youth Bulletin, 4*(10), 7-8.

Stanley, J. C. （1979）. How to use a fast-pacing math mentor. *Intellectually Talented Youth Bulletin, 5*(6), 1-2.

Stanley, J. C., & Benbow, C. P. （1982）. Educating mathematically precocious youths: Twelve policy recommendations. *Eduactional Researcher, 11*(5), 4-9.

Tan-Willian, C. （1992）. Prime mentors of Canada: Junior-senior partnership for the development of creative potential. *Growing up gifted & talented: Book of abstracts.* Paper presented at The Second Asian Conference on Giftedness.

Wright, L., & Borland, J. H. （1992）. A special friend: Adolescent mentor for young, economically disadvantaged, potentially gifted students. *Roeper Review, 14*(3), 124-129.

33

網路資源在資優教育教學上的應用

＊ 潘裕豐

壹、前言

　　資優班教師在從事教學工作時，資源的缺乏常常是教師的最大困擾。因此教學資源的取得便成為教學重要的工作。Wang（1992）提出教學資源可以分為基本的教學資源和補充的教學資源兩大類。所謂的基本的教學資源是指教學指引、教師手冊、教科書、作業簿、作業單等。而補充的教學資源，則是指坊間出版的參考書、學習工具箱、遊戲軟體、猜謎、教師自編教學資源、電腦輔助教學或學習軟體等。資優教學當中，有很多時候教師必須依據學生學習需要及學習策略，對傳統的教科書有所修正或自行編製教學材料。在目前我國資優教育教學資源缺乏的情況下，教學資源的蒐集與編制對資優老師而言，是一項負擔沉重的教學工作。如何蒐集現有的教學資優對資優老師而言是一個重要的課題。

　　本文旨在透過最近幾年來頗具有影響力的國際網路（Internet）來介紹相關的資源給資優教育教師們，讓他們在為蒐集和製造教學材料時有所參考。

貳、網路教學的運用

　　國際網路的兩大功能主要是資源分享和資訊交流。自從網際網路盛行以來，網路對於人類學習的影響極鉅。人類從網路上所獲得的益處，無從估計。可以推測的是 21 世紀將是網路資訊的世紀。因此，身為一個具有高挑戰性工作的網路教育的教師們，如何善用網路所提供資源的便利性和快速性來進行教學，便成為一項不可缺少的知識和技術。

　　網路的教學型態，一般而言，可以分為三種型態；以下分別介紹：

一、沒有老師，沒有特定教材

　　這是現在一般人或學生最常使用的方式。亦即進入國際網路之後，就依照自己的興趣尋找相關的主題或資料。這種學習方式雖然隨興所致，但是對於一個有組織、有系統的課程而言比較不適合。因為，這種課程有其特定的學習目標。但是目前網路上有許多的搜尋引擎，諸如外國的搜尋引擎有 Yahoo、infoseek、Excite、Lycos　Ailta　Vista、Magenllan 等；也有些搜尋引擎提供中文搜尋的功能，諸如蕃薯藤台灣網路索引、GAIS、Monster 等。透過這些搜尋引擎，鍵入關鍵字，教師可以很快的找到所需要的資料（可以是文字、圖表、圖片、聲音等）作成教材或透過電腦直接呈現給學生看。諸如教師想要利用蕃薯藤搜尋引擎（ http://taiwan.csie.ntu.edu.tw/ ）對學生介紹博物館，只要在待查字裡鍵入「博物館」，搜尋可以很快的找出網路上有關博物館的資料供您參考。又如教師要跟學生介紹電腦輔助教學，

可以鍵入「電腦輔助教學」，搜尋引擎會將有關電腦輔助教學相關的資料列出供您參考。如此，教師可以根據您的需要帶領學生進入所需的學科領域。不過有一點必須提醒使用者的，對於比較專業的名詞或領域，搜尋引擎有時候也無法提供您所需要的資訊。

　　另外在許多學校或機構，也有提供一些免費的電腦輔助教學或學習的軟體，只要進入該學校或是機構的網址（URL）便可以下載（Download）到自己的電腦上。諸如交通大學 http://ftp.nctu.edu.tw/edu.htm 上便有許多免費的電腦輔助教學軟體可供下載。

二、沒有老師，有特定教材（網路上的 CAL,WEBTITLE）

　　當前網路有一種比較被人認為其在教學上發展性會是未來主流的教學方式就是直接透過網路來進行教學。亦即所稱的 WEB-TITLE。那什麼是 WEBTITLE 呢？陳年興（民85）認為 WEBTITLE 是相對照於 CD-TITLE。CD-TITLE 利用 CD-ROM 來啟開進行教學活動的學習，而 WEBTITLE 則是利用 WWW 上的瀏覽器（Browser）來啟開並進行教學活動。諸如中山大學上網址 http://www.nsysu.edu.tw/edu.html 有提供這樣的許多網址。在 http://www.nsysu.edu.tw/webtitle.html 上有幼兒教育123、十二生肖、認識錢幣、高雄一日遊等供人學習的網路學習主題（TITLE）。這種網路直接教學（WEB-TITLE）不同於前面所說的必須下載的電腦輔助學習軟體。WEBTITLE 可以在上網同時就在網上學習，而且它結合了多媒體的功能，不論是視覺效果或是聽覺效果都有很足以吸引兒童的效果。不過目前還不是很成熟，在網路上的 WEBTITLE 還是不多，這還有待大家共同來努力提供資訊。相信在很快的未來，

更人性化的電腦程式出現後一些技術上的問題會被一一解決，屆時網路上的電腦輔助學習軟體會大量的出現。到時候上電腦上課變成了基本的要求了。透過這種網路教育學習的改革未來其發展不可限量。

陳年興（民85）認為 WEBTITLE 的目的有三，①是作為學校的學習材料；②是達成終生學習的目標；③是提昇網路成為一個好的學習教育環境。

設在網路上的 WEBTITLE 可以讓任何人、任何時間進入網路學習，而且其多工的功能可以省去相當的人力與物力，是值得加以推廣的。

三、有特定老師，有特定教材（遠距教學）

人常因為時間、距離、生理上的困難，以及交通上的限制與花費，而無法享受到傳統課堂型的面授教育。面對如此困難，教學形式有函授教學、廣播教學、空中教學等方法。透過郵購的方式去購買適當的課程軟體，如錄影帶來進行教學。直到最近，電腦的普遍應用使得學習者可以透過各種不同的資訊網路系統來進行學習。

遠距教學的歷史已經很久了，而且跟傳播科技的發展及應用密不可分。一開始的遠距教學形式是以函授教學（Corresponednce）的方式進行，時間約在十九世紀後期。那時，主要以郵寄方式克服遙遠的距離，將講義、教材寄給每個求學者，供學習者自行進修閱讀。

隨著本世紀中葉電視的發明，將遠距教學帶到一個兼含視覺與聽覺學習方式的新階段。於是，世界各國紛紛地成立遠距教學的專責機構，將之規劃為教育體系的新成員，以彌補傳統學制所不及的部分，並逐步推演出終身學習的教育目標。以我國為例，

民國七十五年八月國立空中大學成立，同年十一月正式開課。空
大是我國第一個從事遠距教學的機構，以現有的無線電視頻道為
教學的傳輸系統。另外，有線電視業者，將教學節目錄影帶排入
頻道中播出，內容形形色色，包含：成人教育、中小學生的學科
教學等這些嘗試，的確使得電視這個傳播媒體，除了娛樂的效果
外，還發揮了社教的功能。

　　不過，現有電視頻道提供之單向傳播，無法做到傳統教室面
對面教學之老師與學生、學生與學生間之互動感。對於傳統遠距
教學的一些限制，遠距教學的參與者開始試圖引入新的電信、電
腦、傳播科技來克服這些困難，改單向傳播為雙向互動，並強調
視覺功能。例如：雙向的視訊教學、電腦教學網路、電子布告欄
等；有些尚在開發中，有些則是將已有的技術作出更佳的應用。

　　新一代的遠距教學，不僅提供交通不便的區域一種教育途
徑，分隔遙遠兩地的師生間，只要師生間之教學過程無法同時同
地進行，遠距教學系統就應該在此扮演起輔助教學的角色，不論
師生間位在遙遠的兩地或是相鄰的大樓裡。

　　在將來的學習環境裡，學生可以在自己的個人電腦前聽學校
教授在遠方教室中講課，可以看到教授講課的情形及書面教材，
也可以發問，甚至可以錄下來重複研讀；公司對於員工的專業訓
練，亦可由員工自己選擇在適當的時間，直接利用電腦網路取得
訓練的課程，整個學習的過程則如同老師在講堂上課般，可以討
論、舉辦考試，也可有老師做個別指導的「辦公室開放時間」等
功能。而一般民眾也可透過這些教學系統，取得想修習的課程，
隨時研習。

　　新一代遠距教學必須讓授課老師與上課學生間儘量享有學習
上的便利性，而須比過去更活潑生動。因此，發展多點交談、多
媒體視訊傳輸能力的系統，是當前與未來遠距教學的走向。

　　「遠距教學」是結合資訊與通信技術，提供給學習者一個不

需與老師面對面授課的雙向、互動的學習途徑。它是一個對電腦資訊及網路的新興應用，各個先進國家目前都積極地研究發展它的技術，希望能夠將它應用到各層面的教育及訓練，以改善目前教育訓練模式的缺點。而我國推動發展「遠距教學」先導系統的目的就是希望使知識的獲得及學習更加方便及有效率，使我國的一般教育、特殊教育、職業教育及社會教育的功能更加完善。

當前遠距教學系統之發展，大致可分為三類（財團法人思源文教基金會，民 86 ）：

㈠即時群播教學系統

這一類系統有一間主播教室及一間或者數間遠端教室，老師在主播教室授課，學生則在遠方另一個遠端教室聽課，師生間可以做即時的交談及問答，教材設計與呈現方式多樣化。

㈡虛擬教室教學系統

這一類系統則利用電腦軟體設計出一套教學管理系統，模擬教室上課的情境（如老師授課、舉辦考試、指定作業或回答問題，學生學習課程內容、提出問題或參加考試等）。老師及學生在任何時間都可以在電腦前，透過通信網路，與教學管理系統連接，隨時授課或學習。

㈢課程隨選教學系統

這一類系統是利用目前資訊界最熱門的「交談式視訊點播（ Video-On-Demand，簡稱 VOD ）」技術，學生可以在電腦或是裝有控制盒（ Set-Top Box ）的電視上，將所要學習的教材透過網路取得，並且依照個人學習速度操控播放過程，進行遠距離學習。

遠距教學是一個對電腦資訊及傳輸網路科技的新應用及挑

戰。當前國內外已有學校及公司機構利用小規模的遠距教學系統，作為學生上課及員工受訓的工具。所採用之教學系統皆以上述三種模式為基礎，配合各自區域性之資源及需求，架構網路進行教學活動。

叁、網路的便利與危機

當資優班教師利用或是透過國際網路對資優兒童進行的充實教學活動時，教師要認知會有許多的利益，但是也會有許多的危機存在。在利用網路進行教學時，對於這些利與害要所認識，才能善加利用網路資訊，發揮網路資訊的好處，去除不必要的資訊，避免不適當的危害。以下分別說明之：

一、網路的便利

可以歸納如下：

㈠如一日千里，沒有國界之分

只要您上網，全球有網路的國家您都可以暢遊無阻，過去您不曾到過的國家，只要您願意，只需要幾秒鐘的時間，這些不可能現在都將呈現在您的面前。打破過去難於想像的空間限制。

㈡資訊豐富

由於網路的便利及快速，越來越多的人，以每日數以萬計的資訊輸入國際網路當中，資訊之豐富可以說與目前的媒體相比無出其右者。筆者更相信，以如此之發展速度，未來的學習不靠網路都很難。

㈢資訊取得便利

透過網路找尋資料，可以利用「搜尋引擎」鍵入關鍵字的方式來找尋所需要的資料。在短短的時間之內，可以找到相關領域的資訊，相較於傳統的搜尋方式，網路之便利可想而知。

㈣資訊取得快速

過去要找資料必須上圖書館或是相關機構請求幫助。現在只要透過網路搜尋，找到資料可以立即列印下來，或是下載到自己的電腦或磁片上。速度之快是傳統蒐集資料方式的數倍。而且也不需出門，可謂是「秀才不出門，能知天下事」。

二、網路的危機

雖然網路帶來了許多的便利、新的契機與改革，但是，網路同時也帶來了許多的危機。以下分別敘述之：

㈠文化侵略的危機

由於網路無國界之分，文化傳播、文化侵略的危機無法避免。試看今日國際網路上之資訊大都以英文為主的語言敘寫，華文敘寫之資訊目前而言還相當有限，可見西方文化的強大勢力必然對上網路學習者造成重大的影響。因此，許多學者呼籲應該多多敘寫屬於台灣本土文化的資訊讓國人來閱讀或使用，以達到平衡傳播的目的。

㈡不當資訊戕害身心

網路上的另一危機是一些不當資訊的輸入。就目前而言，網路上出現有相當多的情色與色情資訊。對於兒童與青少年而言，

由於網路的資訊取得便利與快速，其戕害兒童與青少年之身心威脅程度也相對提高。因此，對於那些不當的資訊，網路使用者不得不謹慎為之。

肆、總結

　　利用網路來從事教育與教學活動已經是未來教學的另類選擇，陳年興（民85）甚至認為國際網路是第四大媒體，其未來對於人類生活的影響與改變都是超乎我們可以相像的範圍。隨著資訊科技的進步，資訊取得已經不再是難事，但是重要的是如何去組織資訊。可以預知的是人類對於電腦資訊的依賴愈來愈重。資優班教師要對於資優生實施個別化教學時或資料蒐集與自編教材時，網路的應用將會是一大利器。因此，如何善用電腦所提供的資訊，將會是一個教學工作者所必須具有的知識和技能。

參考文獻

財團法人交大思源文教基金會（民 86）：**遠距教學是什麼？**
（http://spring.nii.nchc.gov.tw/remote-Edu/exp.）

陳年興（民 85）：**網路在電腦輔助學習上的應用—WEB TITLE**。（http://www.nsysu.edu.tw/nschen.）

Wang, M. C. (1992): *Curricular resources for implementing adpative education: Adaptive education strategy.* (pp.119-145), Maryland: Paul H. Brookes Publishing Co. Inc.

伍

輔導與親職教育

34

資優生的生涯發展

＊盧台華

　　一般而言，資優生的興趣均相當廣泛與多樣化，唯其在生涯發展方面的興趣卻顯得相當狹窄。相據美國 Iowa 大學 kerr 與 Colangelo 二位教授在 1987 年所做的一項調查研究中即發現在 1300 位資優生中對文學藝術有興趣的相當少，在 200 個可能的生涯選項中，有 50％的學生選工程、醫學及生物科學，而僅有極少數選擇與教育及社區服務有關的外國語文、文藝與社交選項。而男女生在生涯選擇上也有極大的差異，有 35％的男生選擇工程，卻只有 10％的女生選此項；而選生物科學項目則有 14.1％的女生，遠超過男生的比率（3.9％）；至於選擇法律與醫學的男女生比率相等。除上項研究外，另也有許多研究顯示資優生在作生涯選擇時經常受到父母、老師等的壓力與影響，而必須儘早決定且聽任其安排。加拿大學者 Willings（1987）曾就他二十年對資優生的生涯諮商經驗中，發現有以下的幾個現象：①資優生認為一般傳統的生涯探索方案頗為無聊且瑣碎無用，不能符合其能力與需要；②資優生是多元才能者，唯生涯探索卻迫使他們僅能專注於一項領域；③資優生有容易對科學方面之學習產生挫折的傾向；④資優生常有逃避失敗的動機；⑤資優生常易因來自父母及社會對其選擇普通且易成功之職業的壓力而受到責難。國內對優生的生涯發展較少涉及，有鑑於此，筆者擬從資優生生涯發展的理念、生涯發展課程設計的重點二方面來探討，並擬

介紹幾項國外實施相當成功且頗具特色的資優生生涯發展方案，以為參考。

壹、生涯發展的理念

　　生涯發展已被視為一個人「由生到死」的過程，不僅包括生涯覺知與決策，還涵蓋自我認識、生活技巧、和休閒活動等，所謂「生涯」（Career）一詞是指一個人在一生中所從事的所有生產性工作，不僅是指職業而已。一般而言，生涯發展大致可劃分為以下四個階段：

一、生涯知覺

　　此一最初階段應由小學低年級教育中即開始培養，一直持續到國中畢業，強調態度、一般常識、以及自我認識三方面。學生在此階段學習認識工作的種類、工作的內容、工作的原因，以及職業發展與自身特質與需要間的關係，並建立健康、正確的自我概念。

二、生涯探索

　　本階段則由小學高年級開始，一直持續至高中及離校後。學生在此期需要更仔細地自我探索與工作有關的獨特能力與需要、非與職業有關的生涯興趣，以及其他重要的工作活動與角色。實際操作的課程及社區活動的提供在本階段相當需要。

三、生涯準備

　　此階段緊跟在「生涯探索」階段之後，在高中時期應特別重視，包括擔任工作、家管、義工、退休者，以及從事休閒及非職業性的活動等不同工作角色有關之技能發展，因此不止是涉及職業訓練，還包括更廣的範圍，應涵蓋生涯選擇與準備兩大部分。

四、生涯同化

　　亦有人將此期分為「生涯安置」與「生涯進展」兩個階段，也就是過成人獨立生活的階段，包括就業的安置與實際狀況、家庭的生活、善用閒暇時間、參與社區活動等等。此期因新的需求持續產生，應給予追蹤輔導或提供繼續教育。

貳、資優生生涯發展課程設計的重點

　　在今日學校的課程中，幾乎很少有關生涯選擇的介紹，因此很多女性會認為她們只能做教師、護士、空中小姐、秘書等等，因為她們根本沒有想到還有其他的行業可以選擇，因此生涯發展課程的設計對資優生，尤其是資優女生尤為重要，如此才能鼓勵他們選擇一些具挑戰性而非傳統性的職業。有關生涯發展的課程內容，除需包涵多方培養他們的生涯興趣、擴充其對生涯發展的了解與知識外，還需介紹一些生涯發展所必須的技巧。課程安排上，則可舉辦一系列的專題演講與研討，並安排「良師」、「典範」以將實際生活中生涯發展成功的實例呈現學生面前，不但具說服力，也能成為仿效的對象，而不必再隱藏自己的實力，擔心

不能被社會接受。欲達此目標，首先教師需了解資優生生涯發展的特徵。

　　根據 Kammer 和 Perrone（ 1983 ）對 648 名年齡在 21 至 35 歲間曾經接受中學資優教育方案者的追蹤調查研究中，發現資優生在生涯發展方面有以下幾項特徵：①興趣廣泛、多才多藝，故在做生涯決定時頗感困難，不知該如何取捨；②性別角色的差異，造成資優女生在婚姻、事業兩者間選擇的衝突，在作決策時尤感困難；③資優生雖在學業與事業兩方面均優於一般同儕，唯仍有 25％ 左右的資優生自認其在教育與職業上的能力尚未充分發揮出來；④資優生將事業視為達至自我實現的最大途徑，且對其自我概念影響甚巨。

　　綜合以上，可知在設計生涯發展課程時應涵蓋下列四點要素：

　　• 介紹的生涯與行業領域必須與資優生的才能與興趣相關。

　　• 應提供與從事某些生涯或行業的女性與資優女生互動、交流的機會。

　　• 此項課程應儘量納入整體課程中，成為其一部分，而非分離的一支或附帶的活動。

　　• 應提供實習或建教合作等實際之工作經驗。透過這些可觀察及模擬的學習環境，去試探有關生涯的內容、程序、及人際關係，俾藉此種工作價值及個人價值觀念的試探及建立，以確立更明確的生涯發展目標。

　　具體而言，在設計資優生生涯發展課程時應特別注意納入以下幾方面：

　　• 自我概念：個人所做的生涯決策與計劃均是自我概念所呈現的結果，故在生涯覺知階段前期及此期均需協助資優生先充分了解自我、認識自我。

　　• 決策技巧：生涯選擇、準備、安置、進展是一連串的決策

過程，故發展決策技巧應是重點之一，並應教導學生如何蒐集、利用各種資料以為生涯選擇之參考。

● 生活方式、價值觀及休閒活動：個人的價值觀往往會影響其在教育、休閒活動、或職業上的選擇，而這些又交織形成及影響其生活方式，故在生涯發展課程中絕對應將個人價值對資優生現在及未來教育，以及對其個人及社會行為的影響納入考量。

● 自由選擇：資優生最不喜歡接受權威式的指導，而生涯選擇本就應配合個人的特質、意願與能力，故應讓資優生有自由選擇的機會，指導其比較各選項間之利弊、建立選擇的標準，並協助其儘量配合自己的生活方式，自行作適當的選擇才是教師的職責，而非幫其選擇。

● 個別差異：讓資優生了解在目前民主自由的社會中本就能承認與接受個人才能上的差異，並有充分機會來發掘個人的才能，以協助其發展及表現此些才能，故不必擔心自己的獨特表現會遭受他人的排擠或拒絕接納。唯仍應強調表現方式要適當，並循正軌途徑。

● 多元發展：生涯發展除需協助個人做連續性的規劃考慮外，目標及方法的多元性、彈性，以及創新性亦需注意，以配合目前快速變遷的社會。

叁、資優生生涯發展方案介紹

一、良師制

良師（Mentor）這個名詞源自於古希臘詩人荷馬（Homer）的奧德賽（odyssey）詩詞中荷馬兒子的老師、監護

人與教父馬脫（Mentor），這也大致表達了 Mentor 這個詞的定
義。Levinson（1978）在訪問 40 個人之後，將這種良師的教學
方式定義為一種愛的關係，如同嚮導、諮商員與贊助者（Spon-
sors）般，良師要敞開心靈之窗門，提供給被保護的受教者一個
嶄新具有價值觀、風俗習慣、各項資源與特質的職業與社交世
界，以協助受教者體認自己的目標與夢想，筆者以為這是良師的
最佳註解。Dalton，Tompton 與 Price（1977）曾提出一項涵蓋
四個連續性階段──學徒、同事、良師與贊助者的生涯發展模
式，而許多研究亦指出此種模式對女性生涯發展的重要性，同時
發現用此種模式對具獨立性、動機高的資優生尤為有效，也因此
良師制（mentorship）的教學方式常被納入資優生的教育方案
中。此種模式可讓資優生有學習與實驗的機會，不但可發揮其潛
能，亦可增進其各項能力。

　　對男性資優生而言，用良師制的教學方式固然非常有效，唯
對女性資優生而言，此種模式更能達到協助其生涯發展的需要。
因為女性資優生在面臨許多生涯發展的心理障礙時，往往無法發
揮其潛能，而最佳的方法就是用女性的良師來協助其克服這些障
礙，藉由觀察與模仿成功的女性，資優女生不但可獲得新知識、
技巧、態度與價值觀，更可學到適當的社交行為。

　　美國明尼蘇達州的 Beck（1989）曾做過一項研究，調查他
們所建立的一項特殊的「良師關聯」（Mentor Connection）方
案對資優生生涯發展的利益與影響，主要研究的子題有三：①方
案對資優生個人的利益；②方案對資優生學業的利益；③方案對
資優生生涯發展的影響。採用二種良師制方式，一為教室補充活
動支持方式，另一為良師制本身。整個 18 週的「良師關聯」方
案課程劃分為三個統整階段，第一個階段為「指導」（Orienta-
tion），主要了解學生的興趣領域、選擇適當的良師，並與之面
談，共同研究可行的學習方案，第二個階段為「準備實驗室」，

也就是所謂教室補充活動支持方式，學生利用三週的時間在課堂上與「良師關聯」制的指導老師座談，共同準備如何與其良師進行互動，這項課程可協助學生改進其溝通與獨立學習技巧。第三個階段為「良師互動」階段，有 14 週之久，學生實際與其良師共同進行學習方案，此期每位學生每週要花費 8 小時學習特定的方案、觀察良師的工作環境、以及發掘自己在工作領域中的興趣，此外每週要用二小時的時間參與小組討論，以便交換意見與期望。

　　參與此項研究方案的初高中資優生需先填寫報名表，並繳交概述其背景、特殊活動、興趣、能力與曾參加過的特殊資優方案的自傳，此外還需附上成績單，包括 PSAT 測驗成績、班上名次及平均成績（GPA）。鑑定委員會根據下四項標準來甄選參加者：①背景資料；②學習能力，包括成績及各項成就；③企圖心、期望水準及動機；④二位成人的推薦函。由上四項資料中初步選擇具毅力，高度動機，良好背景、能力與創造力的資優生。初步篩選過後，還需要鑑定委員會的委員們晤談。此方案自 1984 年開始至今已有 188 位中學生參與。

　　評量個人、學業利益及方案成效的工具係採仔細編製的「良師制量表問卷」（Mentorship Inventory，簡稱 MI），有三個分量表分別評量個人利益、學業利益、及對生涯發展的影響，用郵寄方式在方案實施三年後（1987）寄給曾經參與「良師關聯」方案的資優生們填寫。

　　此項良師制方案的主要效果有下列數項：

　　• 良師關聯方案提供資優生在一般正統高中課程中無法習得的興趣領域。

　　• 提供資優生與社區中各類專家工作的機會。

　　• 讓資優生認識各類教育與生涯的種類，並能根據這些資料做抉擇，讓他們對生涯發展有相當實際的看法，不致好高騖遠，

或缺乏自信。

　　• 良師制對資優生的個人成長與學業成就均相當有益。

　　• 良師制對資優生的生涯發展有顯著的影響。參與的學生均認為這是非常有價值的實際經驗，不但提供了他們生涯試探與選擇的機會，更能藉此機會檢視與觀察專家們的生活方式與特質、了解他們之間的互動狀態、並藉與專家們接觸的機會協助他們獲得工作。

　　• 三週的教室補充活動經驗能供資優生生涯輔導，讓他們了解到如何利用與配合其他的方法找尋工作。教室活動教導了資優生們一些人際溝通技巧，譬如如何問一些有意義、水準較高的問題、如何用非語言的溝通方式、如何寫自傳及設計課程等寫作技巧。

　　• 資優女生比男生更肯定此項良師制的成效，她們認為良師制幫助她們了解如何統整家庭與事業的方法，能減除他們對婚姻與事業不能兼顧的疑慮與取捨衝突。不過，找尋更多的女性良師參與生涯發展方案作資優女生的典範誠屬必要，因為他們能協助資優女生學習如何冒險與獨立工作，改變資優女生對傳統性別角色不敢抗拒及自卑的心理，讓她們也能坦然在學業上競爭，在事業上作正確抉擇，並學得如何克服內心的障礙。

　　由「良師關聯」方案的實施成效可證實良師制對資優生生涯發展的顯著成效，而事實上許多（包括下述）的資優生生涯發展的方案，多少均有涉及良師制的運用。此外，如真實社會中的良師難尋或未能得閒參與資優方案，亦可採用「名人傳記」做為資優生的良師。採閱讀名人自傳作為資優生模仿、效法，以為行事準則的參考或殷鑑，有以下幾項優點：①是專家著作的，水準及可信度高；②相當具有彈性，想看時即可閱讀；③成本低廉；④實用性高，為垂手可得之資源，資優生只需至圖書館選擇一項興趣領域，再選擇有敘明此領域相關技巧的書即可；⑤資優生可體

認名人如何應用書刊等做為良師的過程，了解良師在人格影響上
扮演的四大角色——協助發展人格特質、思考技巧、人際溝通技
巧，及專長之特殊領域的技巧。

二、雪德谷夏令營生涯探索方案

　　這是加拿大工商業界與教育界合作的一項資優生生涯發展方
案，稱為雪德谷方案（The Shad Valley Program），以政府
各部門與工商業合作的方式，提供遍佈加拿大各地對工程及企業
有興趣的高中資優生建教合作的機會。以下為該方案的概述。
　　此方案的產生主要源自於加拿大本身的危機意識。加拿大政
府發覺過去經濟的發展受制於臨近美國，可獲得之資源雖相當豐
碩，但與美國之經濟發展也極相似，因而體認到發展本身經濟型
態的重要性，而成功的關鍵應在建立一些新的、真正屬於加拿大
人的科技企業。是故，如何培養對科技有興趣，對企業發展有潛
力的人才更為亟需，且應愈早發展愈好，夏令營方案的產生即是
此項政府發展方針具體實施的一項措施。
　　該方案在 1980 年成立，由加拿大科技創造中心（Canadian
Center for Creative Technology）負責方案發展工作，提供年
輕人發揮潛能及達至最高成就的學習環境，其目標除了強調工商
業的技巧外，也希望藉此埋下未來企業成功發展的種子。目前此
中心最主要的活動即在推展雪德谷中學資優生夏令營方案，希望
在提供資優生一個愉快的假期外，亦能給他們一些獨特的經驗，
以加深其對高度科技的興趣。因為對許多資優生而言，這可能是
他們第一次及唯一的機會，能跟一群有相同興趣與熱忱的年輕人
在完全開放、自由的氣氛下一起研討與辯論。
　　此項具教育性的住宿式方案每年七月間在三所不同地區的大
學內舉辦為期一個月的夏令營，俾培養資優生的企業技巧及發揮

他們工程科技的潛能，由大學教授擔任講座，介紹有關數學、電腦、工程、及企業經營方面的新觀念，另有研究所學生做助教，協助參與研討會與其他活動的設計，主要訓練目標在培養學生的獨立思考和問題解決技巧。四週過後並安排於實際工作環境中實習六週。

課程內容主要為研討會及專題演講，而研討會則是以實際操作方式進行，設定特殊的主題，每個主題研討五天。另外還有一些不同程度不同主題的研討會可以選擇性參加，包括電腦、商業方案、各種問題解決策略等，此外還有電子、生化電子、能源等與工程與科技有關的研討會。

每日的課程安排包括有數學專題演講、研討會時段、商業專題講座，並穿插安排工程及電腦科技講座，以團體方式進行。在下午及晚上休閒時間還安排了各種球類、文化、和娛樂活動，有時也不定時邀請一些客座在晚上時間做專題演講。學習的氣氛與在高中校內完全不同，所有的課程、實驗工作與衣著都非常自由且不重形式，亦沒有任何的考試，完全是以學生自己的興趣與能力自我判斷是否要學習某項課程。

參與該項方案的學生均為高中二、三年級來自加拿大各地的資優生，甄選的步驟是先由科技創造中心的人員初步篩選，再由各地區贊助的廠商根據中心所提供的名單及資料作決選。甄選的標準包括：①高學業成就，尤其是在數學及科學方面；②高創造力，需有事實及記錄證明；③動機高、毅力強，願意接受新的冒險與挑戰，並有決心完成；④人際關係佳、友善、能與人溝通、有領導者特質。以 1985 年為例，提供了 150 個機會，三所大學各有 50 個資優生參與該方案。

就合作廠商來說，本方案提供了他們與傑出且有潛力的年輕幹部接觸的機會，因此他們也都願意提供經費支援，此外，還提供學生在方案結束後六個星期實際在工廠中工作的機會，並付給

他們薪水。而非常多的資優生就在這種狀況下，繼續留在廠內半工半讀，等到暑期時再做全時制工作。

　　此方案在加拿大實施了十年，每年的成長率達50％，而根據家長、資優生本人、參與的工作人員及廠商們的反應與評估，均認為此項方案對資優生的生涯發展有顯著的影響，是一項非常成功的教育方案。

三、進階生涯試探特殊方案

　　「進階生涯試探特殊方案」（Special Program for Advanced Career Exploration）簡稱 SPACE 方案，是美國新墨西哥州阿爾伯克市（Albuquerque）的阿爾德拉多（Eldorao）高中資優教育方案統整的部分，主要是增進學校與社會間的聯繫與溝通，以滿足資優學生廣泛的教育需求與生涯興趣。

　　此方案為資優高中生提供了廣泛的教育選擇機會，由於資優生皆各有其特性，所以需要藉直接的待人接物經驗才能發掘出來。方案包涵了四年時間的系列發展，藉著觀察並與實際工作者一同工作的機會、良師的指導，及建教合作機會讓學生發掘自己的能力與興趣。採志願參加方式，但參與學生必須從一開始即參加，才能銜接以後的各項階段。以下是該方案的概述。

　　SPACE 是一項涵蓋資優與特殊才能學生廣泛興趣、能力、動機與雄心的特殊方案，能幫助學生由每一項職業試探方案中去探索最符合自身需要的生涯發展方式。此項方案在學生參與和經驗提供兩方面均相當有彈性。每個學生都有機會從測驗結果與研討中了解自己的特殊能力與長處，俾提昇生涯覺知的層次。學生們可選擇許多不同的生涯試探方案或只專注於一項特殊的選擇。

　　經由安置的過程，期望學生能回答下列之基本問題，俾對其生涯選擇有進一步的了解：

●進入此項職業所需的基本條件（包括教育程度、技術、性向及特殊訓練等）為何？

●那些學校、公司及機構能提供學生上述條件所需之訓練？

●需要花費多少經費做上述之訓練？

●此項工作的待遇、晉昇潛力、創新機會、健康安全措施、整體工作環境的情況如何？

●那些是達至事業成功所需的生活方式——如氣質、個性等方面之必要特性？工作所需擔負的責任有那些？

　　除了針對每項職業或專業的目標分析外，本方案還強調未來學業及職業所需的技術與敏銳度的發展與改進訓練，學生需達至以下目標：

●自我了解：對自己的能力、興趣與性向做自我評鑑，俾了解與未來生涯發展目標有關之長處與興趣是否配合。

●人際關係技巧：包括晤談技術、負責肯定的行為、自信、充分的技巧與能力評量技術及與專業人員建立一對一的工作關係。

●工作能力：包括對目標的執著認真、願意擔負工作或作業、執行任務的合作性、處理機密情況的判斷力、人際交往的敏感性、獨立性、精確性、創造性問題解決能力、敏捷性、適當的衣著與外貌、積極反應的態度。

　　應徵 SPACE 方案的過程就像應徵社會上其他工作一樣。首先他們可收到方案的介紹資料與應徵表格，填寫完後交給校方。接著由 SPACE 方案的協調教師與學生晤談，藉此了解學生的興趣與背景資料。每一位應徵之資優生必須接受興趣量表、自我指導探究，及工作價值量表三項測驗，這些測驗可幫助他們更加了解自己。應徵表格的填寫、晤談與測驗三項過程乃為個別化生涯試探方案的基本架構。

　　在實際參與之前，學生需先閱讀有關資料及書籍和研究所需

試探的生涯領域，教師會提供有關的參考資料出處。

　　整體而言，SPACE 是一項提供廣泛生涯試探活動的彈性方案，基本型態有以下三種：

㈠實際工作經驗

　　這項活動是要學生在教學之前先用一天八小時的時間實際與工作者共同工作，了解某項生涯選擇的內容。在此活動進行之前，學生需要先與指導者會兩次面，再採小組或個別方式來探討應有的適當行為、具備的條件、目前對生涯的認識、問題的研討及晤談的技巧等。然後在實際與工作者工作了一天後，學生必須寫一篇報告描述其觀察、了解及個人的感受等心得。

　　學生、指導者（即合作之實際工作者）及父母都要填寫一份有關此經驗的問卷。這項資料可用來評鑑學生之表現與方案之成效。每一位學生都需準備繳交一封感謝指導者及公司的信。

　　以大一、大二程度的學生而言，至少需經歷二次實際工作經驗。由於大部分學生都參與了這項實際工作經驗，指導老師最好能夠藉此機會了解那些學生缺乏耐心與動機，這兩項是成功參與教學與實習活動中的必備要件。

㈡良師指導教學

　　此項教學對大三、大四程度的學生較適合，因為需要學生參與的時間較多，而作業也較多，一學期中提供學生每週四至十小時的指導。且必須參加每星期一次的研討會。此項研討會可以讓學生有機會分享經驗、洞察問題。一旦對一項生涯領域產生了明顯的不滿意或有了徹底的了解，學生即可被安置於其他的生涯領域。

　　學生們也要將每日學習的情形記錄下來，包括他們參與的感受、想法及心得。

　　頭一次的研討會主要是說明實施的過程、目的及每日記錄的內容，由於學生皆已接受過記錄訓練，所以必須對他們記錄的水準要求高一些，且必須在每次研討會時交給老師過目並予批評指導。這些記錄可以提供給教師做為安置適當性的評量參考，也可發掘學生在那些方面需要協助、建議及支持，更可幫助老師評鑑學生是否確實得到適合的經驗。但需注意的是這並不是評鑑安置適當與否的唯一標準。

　　研討會的主要目的是希望學生能獲至成功的經驗。其重點包括：

　　1. 你是不是經過仔細的考慮才決定做一件事？或是在沒有成功把握的情況下做決定？

　　2. 那些是你在生涯探索中用來彙集資料及表達感受的方式？

　　3. 做為一個受指導者，你的角色為何？你有何感想？你覺得還滿意嗎？你做了些什麼？

　　4. 你認為跟一些專家（譬如你的生涯良師）溝通的技巧有那些？有那些困難？為什麼？

　　5. 何謂自我指導？你認為你做了些具有創意的事？為什麼？

　　6. 對研討會的經驗你的態度如何？你認為這種態度是如何形成的？

　　7. 你參與研討會的動機為何？現在呢？

　　8. 你向他人展現學習成果的方式有那些？

㈢實習

　　每學期提供二十小時的實習，協調老師還需在學期當中定期的去工作場所巡視，俾監督每項經驗的品質及評量學生的表現。

　　仔細選擇所有的良師是 SPACE 方案相當重要的一點，譬如在與良師初次接觸時，應即了解他能提供何種經驗，並說明方案的目的，告訴其學生的有關事項。然後舉行個別晤談，教師也實

地去工作場所參觀。在安置配合妥當後，教師才決定分派學生至工作環境。而所謂的配合包含考慮雙方的性格、學生的能力與興趣、良師的興趣和參與時間、工作場所能提供的工作經驗等因素。

此外，還設有諮詢小組，其重點乃在發展個人問題解決技巧，以協助學生達成 SPACE 生涯試探方案。

有關諮詢目標，如下述：

1. 學生能更了解與接納自我（優點、限制、性向、需要、價值觀、興趣、自我價值）。

2. 能增進學生的問題解決與決策技巧。

3. 能增進學生在互信基礎上發展成功的人際關係。

4. 能增進學生對自我教育、職業、與非職業性發展的責任感。

達至上述目標的主要方法乃在以小組方式進行研討與模仿遊戲。要讓小組成效彰顯，學生間應彼此互信，也需信任老師，溝通必須是開放的且可由多重管道來進行，研討主題更必須反應出學生的需要。在做法上，老師可選擇一些以小組知識背景為基礎的模仿遊戲及主題，其他則以興趣為主題。

SPACE 方案大部分的活動係以學生個別的需要與特性為基礎。其中有些可能會每年改變，也有一些可能會維持四年不變，所以需設計一項個別化年度計劃清楚敘明該生應參與那些活動，因此可能會有一些學生與資優教師間無正式的接觸，而另一些學生則每天都參與一些研討會。

本方案之評鑑包括評量學生進步情形及整體方案成效兩方面。學生的學習成果評量包括一些標準化成就測驗，如綜合成就測驗、心理教育測驗、批判思考測驗，此外還需要彙集學生自我評鑑及教師評量資料，俾評量整體之學習成效。總體而言，SPACE 方案成效相當顯著。

肆、結語

　　由上述三項國外資優生生涯發展的方案中即可充分了解，資優生的生涯發展方案必須藉由仔細的計劃、學校及社會人士的充分支援、以及資優生的全心參與才能到良好的成效。謹以本文呼籲社會大眾共同關注資優生的生涯發展，並提供給從事資優教育工作者以為參考，俾使人才得到適切的發揮，也能達到資優教育與社會經濟結合，為社會培育人才、貢獻其力的最終目標。

參考文獻

Beck, L. (1989). Mentorships: Benefits and Effects on Career Development. *Giftd Child Quarterly.* 33 (1), 22-27.

Lane-Smith, D. R. (1986). The Shad Valley Progran. *Gifted Education International.* 4 (1), 43-44.

Maker, C. J. (1982). *Curriculum Development for the Gifted.* Rockville: Aspen Systems Co.

35

資優兒童同儕關係之探究

＊張靖卿

壹、前言

　　自個體出生之後，便開始與周遭環境中的人、事、物產生互動。隨著年齡的增長，在逐漸擴展的社會關係中，兒童不斷的學習參與環境，以適應社會。在兒童社會化的發展過程中，除父母兄弟姊妹外，對個體行為發展影響最大的莫過於同儕團體（peer group）。同儕友伴是兒童行為的示範者，兒童從與同儕友伴的互動中發展其樂趣，學習社會技巧及與人相處的技術，建立積極適切的自我概念，並成功的扮演其性別角色。這對個人適應與健全人格的形成具有決定性的影響力，對兒童社會發展影響甚鉅（張翠娥，民75；陳玲玲，民80；陳若男，民82；黃慧真，民83；蘇建文，民78）。

　　隨著年齡成長，同儕地位在兒童發展中愈形重要（柯華葳，民83）。同儕是指一群彼此以某種方式互動，且共同分享一組的能力與目標之同齡或混齡的人（引自章淑婷，民78）。早期在同儕關係（peer relationships，亦有學者稱之為友伴關係，如簡茂發、蔣惠珍、盧欽銘、蘇建文等人）中有否問題會影響其成人社會生活的適應（引自柯華葳，民83；張翠娥，民75；黃慧

真,民 83;蔣惠珍、盧欽銘,民 76;簡茂發,民 72),因此同儕在兒童成中的地位是被肯定的。

在推孟第一次喚醒人們對資優生的注意後,資優生的同儕關係即受到很大的關注,特別是從 1940 年代開始(Austin & Draper, 1981)。許多高智力兒童的社會需要必須在由相同能力及興趣兒童組成的團體中,才能獲得最佳的滿足(Janos, 1986)。根據 Austin 和 Draper(1981)兩位學者的整理研究,發現至 1981 年為止,有關學術資優生同儕關係的研究結果並不具有一致性:許多研究支持推孟認為資優生是受歡迎的主張;有些則推翻或修正了這種社會現象。因此本文即以文獻探討的方式來了解資優兒童與一般兒童在學校的同儕關係與影響同儕關係的因素,作為未來研究與輔導資優兒童的參考。

貳、同儕關係的理論基礎

一、心理分析論的觀點

就心理分析的觀點來看,同儕中的友誼可作為心理健康的氣壓計,而 Erikson 則指出:青少年階段的友伴關係使個人產生認同,親密的友誼經驗則提供自我價值增加的機會,協助自我知覺(self-perception)(引自陳若男,民 82)。

二、社會學習論的觀點

社會學習論者認為:同儕是增強的代理人,是社會的楷模者。兒童在他們的日常活動、遊戲中會對其同儕產生增強作用。

例如，一個孩子當他被攻擊時，反應是退縮、默然接受或哭泣的話，攻擊者在以後的交往中，仍喜歡對同一受害者做同樣類型的攻擊行為；相反的，若攻擊者的行為受到負面增強的話，則其攻擊對象或方式就會改變。此外，兒童也會透過同儕間的直接教導、觀察學習、實際參與活動、以及協調、磋商等各種方式不斷的修正或建立其行為（引自章淑婷，民 78）。

三、認知發展論的觀點

Piaget 對同儕關係的看法是：兒童早期的思考與行為，是本諸自我中心的觀點而出發，隨著同儕互動，以及衝突經驗的增加，兒童從統合、交互作用的同儕關係中，有助於個人認知的發展，逐漸獲得社會世界的廣大觀點（引自章淑婷，民 78；陳若男，民 82）。

四、比較行為論（Ethology）的觀點

比較行為論者認為：兒童同儕互動的基本特色是優勢層序（dominance hierarchies），包含在團體中以暗示的規則（如誰控制誰）之權力分配，特別是接近如食物或夥伴等的資源。經由經驗，兒童學會在不同情境中運用何種策略是最有效的。從兒童之間發生的衝突，可推論出優勢關係，男孩雖然比女孩具有更多衝突，但男孩在層序上並不如女孩高。而心智、身體有障礙或是來自不利環境的兒童，可能在獲得資源方面處於不利的地位（Miller, 1993）。

有關嬰幼兒的研究顯示，學齡前的兒童已具有同儕溝通及認知同儕要求的能力（引自章淑婷，民 78）。因此當兒童進入學校後，與他人接觸更頻繁，人際間的需欲與衝突愈形增加，互動

的體驗也更多。同儕的友誼協助兒童獲得情緒上的滿足,同儕的關係促進兒童社會、人格的正常發展。

叁、同儕關係的發展

同儕互動的比率和形式會隨著年齡的增加而漸趨頻繁、社會化(徐綺穗,民79)。學齡兒童的發展任務之一即為友誼(郭靜晃、吳幸玲,民82),因此以 Selmen 所描述的友誼變化來說明同儕關係的發展(引自陳玲玲,民80;黃慧真,民83;蘇建文,民78)。

階段○:暫時的玩伴

3-7 歲的兒童將朋友視為暫時性的玩伴,友誼概念強調「接近」。所謂的好朋友是以對方的物質和身體屬性作為評價的基礎。

階段一:單向的支持

這種片面的關係由四歲左右持續至九歲。此期兒童視友誼為能滿足自我需求的關係。意即兒童自己設立一種標準,而所謂好朋友就是能符合這種標準的人,因此朋友必須知道他的喜怒。

階段二:雙向的公平合作

此雙向階段與階段一有部分重疊,由六歲至十二歲。友誼是一種雙向的互惠關係,因此雙方必須適應對方的一些需求,而不

只是一味的滿足自我。

階段三：親密互享關係

這種互享的關係由九歲至十五歲。兒童的良好朋友為一種持續的情感依存之關係。友誼的重要性並不在於他能排遣寂寞，而是在於相互支持、分享個人問題及發展親密關係。朋友必須在心靈上契合，能相互接納。

階段四：自主的相互依賴

大約始於十二歲，十二歲以上的人能尊重朋友在依賴及自主兩方面的需要。自主的需要意指能接受朋友與他人建立關係的需要，而依賴的需要指彼此能獲得相互的心理支持與自我認同。

肆、同儕關係的評量

良好的同儕互動經驗，可以增進兒童的社會適應力，因此了解兒童的同儕關係，在教育上便有重大的意義。Hartup 於 1970 年指出兒童被同儕喜愛的程度和同儕地位兩者成正相關（章淑婷，民 78 ），因而同儕關係的評估，是指每個兒童在其班級受歡迎的程度，來說明他和別人的相互關係。

評估同儕關係，較為常用的方法有：

一、社會計量法（Sociometric Measure）

社會計量法是最常用來評定同儕關係的方法，是由 Moreno

所創，以問卷方式來作答。由團體成員分別提名其喜歡或不喜歡的友伴，再將結果繪成社會矩陣（sociomat-trix）或社會關係圖（sociogram），藉此了解團體成員彼此間的關係及團體組織狀況（吳武典，民76；柯華葳，民83；徐琦穗，民79；Kane & Laswler, 1978）。國內外許多學者研究同儕關係皆用此法（洪儷瑜，民80；徐綺穗，民79；章淑婷，民78；陳玲玲，民80；簡茂發，民72；Cohen, R., Duncan, M. & Cohen, S. L., 1994; Lufting & Nichols, 1990, 1991）。若受試的年齡太小，亦可用照片式社會計量法（picture-board sociometric interview），如蔣惠珍等人（章淑婷，民78）。

　　以同儕提名的形式（peer nomination forms, PNF），來作為篩選資優生的方法逐漸流行，在此領域的專家對此技術的評價不錯（Gagne, 1989）。不過這種研究具有方法上的重要缺點。Gagne（1989）提到有十三個 PNF 的研究，證明了此種說法，如評分者的信度，尤其是評分者一致性方面。在資優生的同儕提名中，獲得同儕間一致性最高的是智力和身體性向，其次是學術和藝術才能，最差的是社會情意和人際才能（Gagne, Begin & Talbot, 1993）。

　　社會計量法在單獨使用的時候還有一個缺點是：它不能指出孤獨為何孤獨？受歡迎者為何受歡迎？它只能描述同儕互動的現象，而不能解釋這樣的現象是怎麼產生的（柯華葳，民83）。因此許多研究都加上別的方法來配合。

二、同儕評定法（Peer Rating）

　　在同儕團體中，按照某種預定標準（例如評定量表），由團體成員評定某人或由團體成員間彼此評定，藉以了解成員人格特質的方法，即是同儕評定法（張春興，民80；Kane & Lawler,

1978 ）。

三、觀察法

　　觀察法分兩種：一種是教室觀察，另一種是實驗室觀察。教室觀察曾被用來收集學生是否受歡迎或受孤立，以及學生的社交行為。實驗室的觀察即是在控制的情況下觀察兒童的社會互動與社會反應，控制的環境可以發現潛在的因果關係，但其外在的效度仍值得商榷（引自洪儷瑜，民 82）。而自然情境的觀察如有良好的設計及嚴密的觀察員訓練，應該是最真實可靠的資料收集方式。

伍、資優兒童同儕關係的發展

一、資優兒童的同儕關係

　　對於學術資優生的教育經驗與安置效果的研究已有一段時間，但是研究這些變項對資優兒童社會發展的影響卻是最近的事（ Austin & Draper, 1981; Lufting Nichols, 1990; Montemayor, 1984 ）。研究中曾斷續地發現資優兒童是被拒絕或忽視的高危險群，或是比起他們的非資優同儕更持有正向的同儕關係（引自 Lufting & Nichols, 1990 ）。

　　有些研究顯示資優生同儕關係的發展：學前資優兒童認知發展與社會知識的發展早於非資優者，但並未因此而較受同儕歡迎。但當兒童進入小學階段，智力與社會接受間出現了積極的交互作用。到了青春期的資優生，特別是女孩失去了社會地位，而

男孩的社會地位在高年級時再次獲得，但必須強調的是對於智商高於 165 以上的資優生就不是這樣的情形。這樣的兒童與同儕的互動可能有較多的困難，因為他們有複雜的行為和早熟的興趣（ Austin & Draper, 1981 ）。而其他的研究則敘述資優生的同儕關係在整個兒童期和青少年期衰退了（ 引 Lufting & Nichols, 1990 ）。

　　資優兒童的同儕關係似乎依循著特定行為的模式，例如資優兒童時常與其他資優兒童、較年長的非資優同儕和成人建立依附和關係，而較不易與非資優同儕建立關係（ 引自 Lufting & Nichols, 1990 ）。然而他們時常抱怨沒有像他們一樣的朋友，並斷言其精明（ smart ）使得他們難成為非資優同儕的朋友。這些兒童常抱怨感到孤獨並且與同儕間有社會距離存在（ Maddux, Schneiber, & Bass, 1982 ）。Janos, Fung 和 Robinson（ 1985 ）的研究指出：在 271 位高智商的小學生中，37％的學生認為自己不同於同儕，這些學生的自尊（ self-esteem ）分數明顯低於其他同學，而且他們亦表示良好的同儕關係不易建立。Clinkenbeard（ 1991 ）的研究亦發現：資優生表示資優班以外的老師與同儕似乎對資優生有不公平的期待，因此同儕的接受度不佳。

　　Lufting 和 Nichols（ 1990 ）調查資源教室方案中的資優生與同齡非資優生的社會地位，兩組都以社會計量提名工具來評定同學，分析結果係依據學生百分比分成受歡迎、拒絕或忽視等類，結果發現資優男孩是最受歡迎的，非資優的男孩女孩比資優生被拒絕得多。另外 Cohen, Duncan 和 Cohen 三位學者（ 1994 ）比較四、五、六年級參加資源教室方案中資優生與班級同儕的關係，資料包括社會計量同儕評定、友誼關係的評定和侵略者與犧牲者的同儕提名。研究發現資優兒童被同儕評為具有較大的社會接受度和社會能力，較少被認為是侵略者或犧牲者，在

友誼關係上證明具有較大相互性的知覺。這些兒童比起他們的同
儕並沒有更多的朋友或是最要好的朋友，但在同儕社交網中具有
較重要的地位。

　　由此看來，資源教室的形式似乎對資優生的同儕關係較有幫
助。但是資優生卻無法在同儕團體中找到友伴以發展較親密的同
儕關係，這是值得教師重視的問題。

二、影響資優生同儕關係的因素

　　影響普通兒童同儕關係的因素包括：年齡（陳玲玲；民
80；蔣惠珍、盧欽銘，民76）、性別（陳玲玲，民80；陳若
男，民82；蔣惠珍、盧欽銘，民76）、家庭因素（簡茂發，民
72；蔣惠珍、盧欽銘，民76；蘇建文，民78）、手足關係與排
行（陳若男，民82；蘇建文，民78）、相貌與儀表（蘇建文，
民78）、社會能力（徐綺穗，民79；陳玲玲，民80；蘇建文，
民78）、人格及行為特質（蔣惠珍、盧欽銘，民76；簡茂發，
民72；蘇建文，民78），與學業成績（簡茂發，民72）。文獻
中較少特別針對影響因素來研究資優生的同儕關係，有些學者認
為社經地位、同儕評量和學術成就會介入影響（Austin &
Draper 1981），而家庭氣氛中的情緒作用，亦是影響因素之一
（Shalabi, 1991），Austin 和 Draper（1981）兩人亦發現資優
生的同儕關係會隨年齡而變化。不過，從現有的資料中可發現性
別是造成資優生同儕關係的最大因素。Lufting 和 Nichols
（1990, 1991）的研究中發現資優生的同儕關係中有顯著的性別
差異存在，資優男孩是最受歡迎的，而資優女孩是最不受歡迎
的。

　　資優女孩一般被認為是易怒、憂愁的，而男孩則被認為是有
趣而且有良好的幽默感，更具有身體的吸引力，較少攻擊性，更

具創造性，而且比其他群人更伶俐。當資優男孩以有趣、侵略和言語攻擊來掩蔽其資優，資優女孩若從事相同行為則可能會令人不悅和認為具有侵略性。因此資優女性可能被迫以低成就去掩蔽他們的資優，而幫助維持她們的社會地位，於是就出現與非資優同儕所期望的一致行為（同儕 Lufting & Nichols, 1991）。

陸、結論與建議

隨著智力理論的改變，如 Vygotsy 的最大發展軸智力說、Sternberg 的三鼎智力論以及 Gardner 的智力多元論，均加入了社會性的因素。資優生雖擁有高智商或特殊的才能，但「獨學而無友，則孤陋寡聞」，因此資優生不能離群而居、單獨存在，必須在與別人的互動中獲得更多的知識。許多高智商兒童的社會需要是要從相同能力及興趣兒童組成的同儕中得到滿足（Janos, 1986），因此必須建立良好的同儕關係，以幫助社會和智力的發展。

從文獻中發現安置在資源教室型態中的資優生有較良好的同儕關係，因此這樣的安置型態，既符合回歸主流的趨勢，對資優兒童的同儕關係和社會發展亦較有利。不過資優女孩卻未如資優男孩般的受歡迎，因此她們可能採取平庸相、選擇年長者為友或是選擇孤獨來作為因應之道（蕭芳玲，民82）。資賦優異兒童，除了在智慧高這一點相同之外，乃是一個異質團體，而在他們的社交及人格發展上尤其是具有異質性。而在資源班的資優生雖然較受友伴歡迎，但是他們難以在其中發展親密的同儕關係，因此資優生在同儕關係上的困擾，可能會造成他在學校生活的適應不良，故在此方面學校應提供的協助有：

一、加強資源班教師與普通班教師的溝通，讓普通班老師了

解資優生的特質，以及資源教室所提供的教學內容，避免普通班老師對資優生產生不合理的要求或期待，並透過普通班老師影響同學，以平常心看待資優生。

二、資優教育中除了知識的傳授，也應兼顧自我了解和社交關係的增進。因此在課程中應加入輔導性質的自我了解、人際互動訓練、問題解決訓練與領導才能訓練。讓資優生有機會能抒發自己的感受，並與同學共同討論如何處理此類問題。

三、無論是否為資優兒童，一旦學校適應或人際溝通出現困難，通常不僅是單一環節有問題，往往和父母的管教態度、學生的自我概念、老師的教育理念有關。因此不論是事前的預防方案或事後的補救措施，「老師、學生、家長」間都要維持暢通的溝通管道，而學校更應扮演主導的角色。

對未來研究資優生同儕關係方面的建議有：

一、比較不同階段資優生的同儕關係，從文獻中可發現研究對象大多集中在學齡階段的資優生，因此未來研究可針對幼兒及成人各年齡層的資優生來加以探討。

二、比較不同類別資優生的同儕關係，一般對資優生同儕關係的研究大都偏重學術資優方面，未來可朝向不同類別資優生的同儕關係方向上加以研究。

三、採用長期研究的方式，以比較資優生與一般學生的同儕發展模式是否相同。

四、增加影響資優生同儕關係的變項，以比較影響資優生與一般學生同儕關係因素的相似性。

資優生雖具有較高的智力潛能，但總是不能離群而獨居，因此資優教育工作者應了解影響資優生同儕關係之因素，加以輔導，使資優生善加經營其同儕關係促進其健全社會關係的發展，這也是資優教育的目的之一。

參考文獻

吳武典（民 76）：社會計量法。載於楊國樞等編，**社會及行為科學研究法**，677-719。台北：東華。

柯華葳（民 83）：遊玩、遊戲與同儕。載於蘇建文主編，**發展心理學**，295-326。台北：心理。

洪儷瑜（民 82）：注意力缺陷及過動學生的人際關係及其相關問題研究。**特殊教育研究學刊，9**，91-106。

徐綺穗（民 79）：**角色取替能力、溝通能力與幼兒同儕關係地位關係之研究**。國立臺灣師範大學家政教育研究所碩士論文。

莎莉·歐茨原著，黃慧真譯（民 83）：**發展心理學——人類發展**。台北：桂冠。

張春興（民 80）：**張氏心理學辭典**。台北：東華。

張翠娥（民 75）：同儕關係與兒童社會發展的探究。**國教天地，67**，49-51。

陳玲玲（民 80）：**兒童友伴選擇、友誼概念與友誼知覺之相關研究**。國立台灣師範大學家政教育研究所碩士論文。

陳若男（民 82）：**兒童手足關係與友誼關係之研究**。國立台灣師範大學家政教育研究所碩士論文。

章淑婷（民 78）：**幼兒人際問題解決能力與其同儕關係之研究**。國立台灣師範大學家政教育研究所碩士論文。

郭靜晃、吳幸玲譯（民 82）：**心理社會理論與實務——發展心理學**。台北：揚智。

蔣惠珍、盧欽銘（民 76）：學齡兒童友伴關係的相關因素研究。**家政教育，10**，51-69。

蕭芳玲（民 82）：資優生學校適應人際關係與營養間之初探。

資優季刊，**47**，5-6。

簡茂發（民 72 ）：國小學童友伴關係的相關因素之分析。**教育心理學報，16**，71-88。

蘇建文（民 78 ）：朋友與我——談兒童的友伴關係。**學前教育月刊，11**(12)，8-9。

Austin, A. B., & Draper, B. C. (1981), Peer relationships of the academically gifoed: a review. *Gifted Child Quarterly, 25,* 129-133.

Clinkenbeard, P. R. (1991). Unfair expectations: a pilot study of middle school students' comparisons of gifted and regular classes. *Journal for the Education of the Gifted, 15* (1), 56-63.

Cohen, R., Duncadn, M., & Cohen, S. L. (1994). Classroom peer relations of children participating in a pull-out enrichment program. *Gifted Children Quarterly, 38* (1), 33-37.

Gagne, F. (1989). Peer nominations as a psychometric instrument: many quesentions asked but few answered. *Gifted Child Quarterly, 33* (2), 53-58.

Gagne, F., Begin, J., & Talbot, L. (1993), How well do peers agree among themselves when nominating the gifted or talented? *Gifted Child Quarterly, 37* (1), 39-45.8

Janos, P. M., Fung, H. C., & Robinson, N. M. (1985), Self-concept, self-esteem, and peer relations among gifted children who feel "different". *Gifted Child Quarterly, 29* (2), 78-82.

Janos, P. M. (1986). The socialization of highly intelligent boys: case material from Terman's correspondence. *Jounal of Counseling and Development, 65,* 193-195.

Kane, J. S., & Lawler, E. E. (1978). Methods of peer assessment. *Psychological Bulletin, 85* (3), 555-586.

Lufting, R. L. & Nichols, M. L. (1990). Assessing the social status of gifted students by age peers. *Gifted Child Quarterly, 34* (3), 111-1156.8

Lufting, R. L. & Nichols, M. L. (1991). Parentand school influences: an assessment of the social status and perceived personality and school traits of gifted students by non-gifted peers. *Roeper Review, 13* (3), 148-153.

Maddun: C. D., Schneiber, L. M., & Bass, J. E. (1982). Self-concept and social distance in gifted children. *Gifted Child Quarterly, 26* (2), 77-81.

Miller, P. H. (1993). *Theories of Developmental Psychology.* New York: W. H. Freeman and Company.

Montemayor. R. (1984). Changes in parent and peer relationships between childhood and adolescence: a research agenda for gifted adolescents. *Journal for the Education of the Gifted, 13* (1), 9-23.

Shalabi: A. F. (1991). Accepting gifted children in society: experience with parents and educators. *Gifted Education International, 7* (3), 151-152.

36

美國華裔學生的傑出成就

＊ 蔡典謨

壹、早期華人艱忍圖存

歷經三百多年，有一百多個國家的人民，為了追求新生活或逃避迫害，從各地來到新世界。亞洲人、歐洲人及非洲人一樣擁有這個共同的歷史背景。最早的是非洲人——中國人約在 1848 年 2 月 2 日到達三藩市。早期的華人靠勞力維生，他們在農場或罐頭工廠做工，或築鐵路、砍木材、當礦工、園丁及從事漁業等（Suzuki, 1980）。由於待遇低，又不怕吃苦，華工被視為白人的競爭對手，在當時種族歧視盛行的西部，華人必須艱忍圖存。經濟大衰期間，華人與美國人一樣吃苦。1929 年，中國城的失業率到達百分之五十，失業、住屋限制及地方上種種法律歧視，使華人的生活相當艱困。1908 年至 1943 年間，五萬兩千個中國人進入美國，但同時卻有九萬華人離開美國（Knoll, 1982）。

1941 年，日本轟炸珍珠港，中美成了盟邦，1940 年和 1950 年代，法律上的歧視，大多終告廢止。1960 年代，隨著 1965 年新移民法案的訂定，新一波的中國移民開始。

貳、華人地位不斷提昇

　　1960 年代華裔開始與其他亞裔及少數族裔共同努力提昇種族的尊嚴，對許多華人而言，這場為教育及自我認同的戰爭已有回饋。目前華人在美國社會已擁有良好的聲譽，越來越多華人變成中層社會人士，有 30％專業於工程、教育、醫藥界或其他的白領工作，華人公民紀錄良好，犯罪率比一般美國人低（Knoll, 1982）。早期華人在美國社會的印象是勞工階層多、教育水準低，但這種印象在 1960 年代逐漸改變，第一位對亞裔提出正面印象的是一位社會學者威廉彼得生（William Petersen），他以一篇名為「成功故事，日裔風格」的文章，刊登於 1966 年 1 月 6 日的紐約時報雜誌（Daniels,1988）。緊接著，一篇名為「美國一個少數民族的成功故事」也在另一個雜誌報導，在這篇文章中，華裔被譽為「靠自己站起來」（Suzuki, 1977）。兩篇文章均指出亞裔靠著艱忍毅力及默默耕耘，終於成功的融入美國白人的中層社會（Suzuki, 1977）。

　　這些正面的印象，在 1970 年美國統計報告出版後也進一步獲得證明，因為亞裔的教育水平及家庭的收入竟高於美國人的平均水準。自此以後，不斷有更多文章讚揚亞裔的教育成就，以致於形成模範少數民族（model minority）的刻板印象。

叁、傑出的教育成就

　　華裔及其他亞裔學生的教育成就，可以用下列四種方式來敘述：

一、高就學率及畢業率

亞裔在學的學生人口比率比白人、黑人及西班牙的比率高
（Peng, Owings & Willian, 1984; Mingle, 1987; Hsia & Marsha, 1989）。根據美國國家教育統計中心所進行的全國性長期
調查，從 1980 年至 1986 年，亞裔就讀於高等教育機構的比率是
86％，高於白人的 64％（Peng, 1988），而就讀大學的亞裔學生
中，86％完成學業，12％轉學，只有 2％肄業或退學。而美國
所有學生平均是 75％完成學業，15％轉學，10％肄業或退學
（Hsia & Marsha, 1989）。

此外，亞裔學生獲得高學歷者所佔總人口比率也較高。根據
美國聯邦教育署的統計，1989 年亞裔獲得學士學位的佔全美的
3.8％，碩士佔 3.5％，博士佔 3.7％，專業學位佔 4.2％。1990 年
亞裔人口只佔全美總人口的 2.9％（Tabs, 1991），可見亞裔在
高等教育階段的人口比率有偏高的情形。

華裔是亞裔中佔最多數的人口，其教育成就也頗為傑出。根
據 1970 年美國的統計資料，30.8％的華裔男性完成了四年的大
學教育，比較起來，美國白人男性只有 14.4％完成大學教育，平
均在學年數華裔是 12.5 年，而全美總平均是 12.1 年（Karkhanis
& Tsai, 1989），至二十五歲止，全美高中畢業生佔總人口的比
率是 66.5％，而華人高中畢業生卻佔華人移民及華裔總人口的
75.2％，大學畢業生佔全美總人口的 16.2％，華裔大學畢業生卻
佔華裔人口的 47.8％（Mangiafico, 1988）。

以上資料說明華人力求上進、重視教育、教育成就水準高出
於美國的平均水平。

二、測驗成績斐然，就學意願高

以全美的測驗成績而言，亞裔學生在語言能力方面低於白人，但數理卻不輸給白人，比起其他少數民族，亞裔無論在語言或數理方面測驗成績都超前（Peng & others, 1984）。1985 年學術性向測驗（SAT）的成績，亞裔在語言方面平均是 404 分，低於全美平均的 431 分，但亞裔在數學方面的平均是 518 分，卻遠高於全國平均的 475 分（Pang, 1990）。亞裔學生在數學方面的表現優於語言方面的表現，也被其他研究所證實（Caplan, 1985; Hsia, 1983; Hsia, 1988; Moore & Stanley, 1987）。

美國約翰霍普金斯（Johns Hopkins）大學進行數學早熟青年的研究（The Study of Mathematically Precocious Youth-SMPY），發現 1980 年至 1983 年，亞裔學生在數學方面超前，該項研究的亞裔學生主要是華裔、台裔及韓裔（Moore & Stanley, 1987）。在十三歲前，SAT 數學成績超過 700 分的男孩有 269 位，女孩 23 位，其中 22％ 都是亞裔。1980 年亞裔人口在全美總人口佔了 1.5％，而 SMPY 的這些數學天才中，亞裔竟佔了 22％，而其中的女性數學天才，一半都是亞裔。美國加州大學（UCLA）的資料也顯示華裔學生表現不凡（Sue & Zane, 1985）。在 SAT 語言方面，百分等級是 52，而數學部分則是 77。

亞裔學生不僅在測驗成績方面表現不凡，就學意願也比其他族裔的學生高。一個全國性的調查顯示，約有 35％ 的亞裔大二學生希望繼續再唸研究所，其他族裔白人 18％，黑人 20％，西班牙裔 14％。而高中畢業後不想再唸書的亞裔學生有 13％，而白人學生則佔了 25％。

三、美國著名大學亞裔學生多

　　亞裔學生的教育成就也可以從美國著名大學充斥著亞洲人面孔看得出來。舉例而言，如 1985 年紐約茱麗亞音樂學院（The Julliard School of Music）亞裔學生佔了 30%（Bell, 1985）；1986 年，衛斯理學院（Wellesley College）入學新生亞裔佔了 16%（Hsia, 1988）；1987 年，亞裔佔哈佛大學新生的 14%，佔麻州理工學院的 20%，佔加州理工學院的 21%，而加州大學柏克萊校區亞洲人面孔佔了 25%（Divoky, 1988）。普林斯頓大學入學新生亞裔面孔在 1986 年、1987 年以及 1988 年分別是 6.2%、6.2% 及 6.7%，以亞裔佔美國總人口的比例來看，1980 年是 1.5% 到 1990 年也不過是 2.9%，可見亞裔就讀美國著名大學的比率比其他族裔高，亞裔人口繼續增多的結果，亞裔在美國的影響力將不斷增加。

四、著名獎學金頒獎名單中常見亞裔

　　亞裔學生的成就也可以從獎學金名單中表現出來。有許多報告顯示亞裔學生在各種學業成就競賽中往往是獲獎常客（Peng et al., 1984）。以西屋科學獎（Westinghouse Science Talent Search）而言，西屋科學獎每年均頒贈給高中三年級且在數理方面表現傑出的學生，這些學生必須完成數學或科學研究計畫，且須具有獨創性。每年由全美選出數理方面最頂尖的四十名高中生給獎。亞裔學生獲得西屋科學獎的，1983 年有十二名，1984 年有九名，1985 年有七名（Bell, 1985）。大約每年平均有 20% 的西屋獎得主均是亞裔（Hsia, 1985）。1990 年，四十名西屋獎得主中有十八位是亞裔（Allis, 1991）。前十名中，華裔囊括了第

三、第四、第七及第九名。除了西屋科學獎外，白宮學者獎
（ Presidential Scholar awards ）也常見亞裔面孔，例如，1990
年一百四十一位白宮學者獎得主，就有十九位華裔（ Lin, 1991 ）。
以上例子，如果以亞裔佔全美人口的 2.9％，而華裔人口不過 0.7
％來看，華裔及其他亞裔的表現的確不平凡。

　　上面資料說明華裔及其他亞裔在美國的教育成就，從就學
率、畢業率、就學意願、測驗成績、就讀著名大學，及獎學金獲
獎情形，均顯示華裔在教育上的傑出成就，因此獲得模範少數民
族的美名。在美國校園內，東方面孔的學生，容易被認為是很會
唸書的好學生，此種刻板印象，使亞裔學生承受較大壓力，但就
教育上的成就而論，其成功的原因也值得探索。

肆、「中國人比較聰明」不易論斷

　　究竟為什麼華裔學生表現如此傑出？是中國人比較聰明嗎？
有學者嘗試從這個角度去探索。例如柏克萊的教育心理學家亞瑟
簡森（ Arthur Jensen ）即指出亞洲人就是比較聰明（ Brand,
1987 ）。簡森測驗了 500 位在舊金山的亞洲兒童，8000 位在香
港的兒童，然後跟 1000 位來自加州貝克（ Bakersfield ）地區的
白人兒童比較，他發現亞洲兒童的 IQ 比白人兒童平均高一點。
另外一些學者 Stevenson, Stigler, Lee, Kitamura 和 Hsu
（ 1985 ）卻研究發現亞洲人的數學成就比白人高，但 IQ 卻沒有
差異。Vernon（ 1982 ）則分析指出日本人及中國人無論在本國
或美國都有非語文的空間能力高於語文能力的傾向，而且幾代之
後的亞裔，即使只會說英語，這種傾向仍然不變，加上前述資料
也顯示華裔在數理方面無論從 SAT 分數、全國性的調查及地方
性的測驗成績均有優異的表現，亞裔遺傳基因，也就難免被推斷

為空間及數字優於語言。

　　有關亞洲人比較聰明或是說數理能力強的推斷雖有其理由，詳細分析，恐不易驗證定論。首先是前述研究的樣本數不足，不具代表性，很難一概而論。其次是美國的移民政策有利較高教育或經濟水準的亞洲人進入美國，留學美國的亞洲人也以理工科居多，其子女自然可能因父母在理工方面的背景，而在數理方面表現優異。華人一向注重子女的課業，要求子女多做練習也很平常，華人子弟在數學方面的表現因而也有可能是練習的結果而非遺傳的因素，可見論斷中國人是不是比較聰明或在某方面比較聰明是很複雜而不易有結論的。

伍、家庭影響是華裔成功的重要因素

　　影響教育成就的因素相當複雜，例如能力、學校、制度、課程、教學方法、父母教育水準、社經背景、家庭支持、期望、努力等等。一般認為導致亞裔成功的原因，主要是在文化因素，從文化解釋，成功的少數族裔較重視動機、毅力，較能忍受延後的滿足，而且展現向上層社會發展的強烈慾望（Hirschman & Wong, 1986）。

　　在舊金山的州立大學針對亞裔學生的調查，發現移民子弟深覺有責任在課業上力求表現（Okutsu, 1989）。針對馬里蘭大學的 139 位亞裔學生的調查，發現亞洲人的重要價值觀念包含了家庭責任、光宗耀祖、勤奮及努力等（Minatoya & Sedlacek, 1979）。

　　卡布蘭（Caplan, 1985）和他的同事研究了 350 位東南亞難民的學齡兒童，發現成就較高的兒童都來自傳統中國文化色彩較濃的家庭，這些家庭強調孔子的傳統價值，包括團結、重視教育及家庭文化傳統等。

　　在解釋亞裔的成功上，文化因素很少受到質疑（Hirschman
& Wong, 1986; Brand, 1987），因而形成一種理論，稱為「文
化決定論」（Cultural determinism）。根據此種解釋，在美國
的中國人保留了優良的傳統文化而對子女的教育成就產生了積極
的影響，這些傳統文化包括：強調教育的價值、視教育為社會升
遷的工具、重視家庭、尊敬老師及長輩、努力勤奮、守紀律等，
這些特質幫助了華人在美國社會的成功（Suzuki, 1977）。此
外，謙虛不自滿也是中國文化的美德，華人也會要求子女謙虛
（Leung, 1987）。而功課方面也要不自滿，好還要更好，A－
還不夠，要 A 才好，（Mordkowitz & Ginsburg, 1986）。

　　以上資料顯示華裔的成功與傳統文化的關係：中國傳統文化
重視教育、尊敬師長、努力、紀律、謙虛、家庭責任等，這些文
化特質對華人在美國社會的成就產生積極的作用。而華裔兒童受
到傳統文化的影響主要來自家庭，例如重視教育，根據筆者的研
究（Tsai, 1992），華人可能表現的方式如下：

　　‧母親專職照顧小孩。

　　‧居住地點優先考慮好的學區，甚至不惜為孩子而搬家。

　　‧父母注意孩子的功課。

　　‧為了讓孩子獲得較好的教育機會而全家移民。

　　‧要孩子專心讀書，不要去打工，若要打工，則要與成長學
習有關。

　　‧只要對孩子的教育有幫助，不吝惜花錢。

　　一個比較華裔父母及白人父母的研究，發現華人父母覺得孩
子的功課自己也有責任（Pang, 1990），華人也視受教育是社會
移動的管道，因此要孩子努力讀書（Hartman & Askounis,
1989; Ogbu, 1983）。孩子的成就與父母影響力有關，讀書給孩
子聽的家庭，孩子的成就最高（Caplan, 1985）。

　　另外，在重視勤勞努力方面，由於中國人強調勤能補拙，一

分耕耘，一分收穫，只要肯努力就會成功，而失敗則是因為不努力的結果，因此會要求孩子努力用功。一項跨國的研究顯示，台灣及日本的母親視努力為學業成就的最重要因素，而美國的母親則視能力為主要因素，由於母親的價值觀念，孩子也願意努力做功課，美國母親估計一年級的孩子每天花 14 分鐘做功課，而台灣的母親估計孩子一天做功課的時間是 77 分鐘，日本則是 37 分鐘。五年級兒童的情形則是美國 46 分鐘，台灣 114 分鐘、日本 57 分鐘（Stevenson, Lee & Stigler, 1986）。另一個比較在大陸的中國人、美國華裔及美國白人的研究，將成敗歸因於能力、努力、家庭教育、學校教育或運氣，結果顯示中國人視不努力為失敗的主因，華裔則視不努力是失敗的重要原因，但也要考慮其他原因，美國白人則視失敗為多種原因所共同造成的（McDevitt, 1987）。

　　由於華裔重視努力的價值，許多資料均顯示華裔學生的勤奮努力（Peng & others, 1984; Tsang & Wing, 1985），在大二的時候，約有 46％的亞裔學生每週花五個小時以上做功課，比較起來白人是 29％、黑人 25％、西班牙裔是 18％。另方面，亞裔學生打工時間也較少，每週打工時間少於 15 小時的，亞裔是 24％、白人 32％、黑人 30％，而西班牙裔則是 36％（Peng et al., 1984）。一項史丹佛大學的研究也顯示，在舊金山地區亞裔高中男生每週花 11.7 小時做功課，而白人的高中男生是每週 8.6 小時（Divoky, 1988）。以上資料顯示努力的重要，正如一位心理學教授 Chizuko Izawa（1989）所說的：在教育上要傑出，不必非黃皮膚不可，任何擁有正常智力的人，只要非常努力，力求傑出，都將在教育上獲致傑出成就。

　　本篇敘述華人在美國的傑出教育成就，由於華裔的成功而贏得模範少數民族的美譽，對照早期華工艱忍圖存，自是不可同日而語，身為中華民族的一份子，與有榮焉。探討華裔教育成就的

原因，文化因素深受重視，文化主要係由家庭影響而來，父母的價值觀念、行為特質，經營家庭的方式等等形成了家庭特有的文化，透過家庭文化薰陶，孩子不斷潛移默化，因此為人父母應重視家庭對子女的影響，尤其傑出華裔學生的成功經驗更值得為人父母者借鏡參考，用心學習，與孩子共同成長，共創成功人生。

參考文獻

Allis, S. (1991, March). Kicking the nerd syndrome. *Time,* 64-66.

Bell, D. A. (1985, July). The triumph of Asian-Americans. *The New Republic,* 24-31.

Brand, D. (1987, August 31). The new whiz kids. *Time,* 42-51.

Caplan, N.(1985). Working toward self-sufficiency. *ISR Newsletter, 13*(1), 4-5&7. (ERIC Document Reproduction Service No. ED 263253).

Daniels, R.(1988). *Asian America: Chinese and Japaness in the United States since 1850.* Seattle: University of Washington Press.

Divoky, D. (1988, November). The model minority goes to school. *Phi Delta Kappan,* 219-222.

Hartman, J. S., & Askounis, A. C.(1989). Asian-American students: Are they really a "model minority"? *The School Counselor, 37,* 109-112.

Hirschman, C., & Wong, M.G. (1986). The extraordinary education attainment of Asian-Americans: A search for historical evdience and explanations. *Social Forces, 65,* 1-27.

Hsia, J. (1983). Cognitive assessment of Asian-Americans. In Mae, C. C., & Victor, R. I. (Eds.), *Asian-and Pacific-American perspectives in bilingual education: Comparative research* (pp. 123-152). NY: Teacher College Press, Columbia University.

Hsia, J. (1985, March). *The Silent minority : Asian American in education and work.* Paper presented at the annual meeting of the American Educational Research Association, Chicago, IL. (ERIC Document Reproduction Service No. ED 261 124)

Hsia, J. (1988). *Asian Americans in higher education and at Work.* Hillsdale, NJ.: Lawrence Erlbaum Associates.

Hsia, J. (1988). Limits on affirmative action: Asian- American access to higher education. *Education Policy, 2,* 117-136.

Hsia, J., & Hirano-Nakanishi, M. (1989, November/ December). The demographics of diversity: Asian Americans and higher education. *Change,* 20-27.

Izawa, C. (1989). Educational Excellence of Asias Americans: Myth or Reality? In S. Karkham's, & B. L. Tsai(Eds.) *Educational excellence of the Asian Americans: Myth or reality?* (p.p. 18-25) Paper presented at the Asian/ Pacific Librarians Association Convention, New Orleans, LA.

Karkhanis, S., & Tsai, B. L. (Eds.) (1989, July). *Education excellence of Asian Americans: Myth or reality?* Paper presented at the Asian/Pacific Librarians Association Program of the 1988 American Library Association Conrention, New Orleans, LA.

Knoll, T. (1982). *Becoming Americans.* Portland, Oregon: Coast to Books.

Leung, B. (1987, February). Cultural *Consideration in Working with Asian Parents.* Paper presented at the conference of the National Center for Clinical Infant Programs, "Vulnerable Infants, Stressed Families: Challenges for Restarch and Practice", Los Angeles: CA. (ERIC Document Reproducation Service No. ED 285 359)

Lin, B. T. (1991, May, 15). Nineteen Chinese American students earned Presidential Scholarship. *World Journal, 3* (in Chinese).

Mangiafico, L. (1988). *Contemporary American immigrants: Patterns of Filipino, Korean, and Chinese settlement in the United State.* NY: Praeger.

Minatoya, L. Y., & Sedlacek, W. E. (1979). *Another look at melting pot: Asian-American undergraduates at the University of Maryland, College Park.* (Research Rep, 14-79). Maryland, University of Maryland, (ERIC Ethnic and Multicultural Concerns Symposia, Dallas, TX. (ERIC Document Reproduction Serrice No. ED 224 377)

Mingle, J. R. (1987, June). *Focus on minorities: Trends in nigher education participatron and success* (Rep. No. ECS-SHEED-MP-87-2). Denver, CO: State Higher Education Officers Association. (ERIC Document Reproduction Service No. ED 287 404)

Moore, S. D., & Stanley, J. C.(1987). *Family backgrounds of young Asian-Americans who reason extremely well mathematically.* Baltimore, MD:Johns Hopkins University. (ERIC Document Reproduction Service No. ED 282 367)

Mordkowitz, E. & Ginsburg, H. (1986, April). *The academic socialization of successful Asian-American college stu-*

dents. Paper presented at the annual meeting of the American Educational Research Association, San Francisco, CA. (ERIC Document Reproduction Service No. Ed 273 219)

Ogbu, J. U. (1983). Minority status and schooling in plural societies. *Comparative Education Review, 27*(2), 168-190.

Okutsu, J. K. (1989). Pedagogic "Hegemonicide" and the Asian American Student. *Amerasia, 15*(1), 233-241.

Pang, V. O. (1990). Asian-American children: A diverse population. *The Education Forum, 55*(1), 49-66.

Peng, S. S., & others(1984). *School experiences and performance of Asian American high school students.* Paper presented at the annual meeting of the American Educational Research Association, New Orleans, LA. and East Coast Asian American Education Conference, Washington, DC. (ERIC Document Reproduction Service No. ED 253 607)

Peng, S. S., Owings, J. A., & Fetters, W. B. (1984, April). *School experiences and performance of Asian American high school students.* Paper pressented at the annual meeting of the American Educational Research Association, New Orleans. LA. and the East Coast Asian American Education Conference, Washington, DC. (ERIC Document Reproduction Service No. ED 253 607).

Peng, S. S. (1988, April). *Attainment status of Asian Americans in higher Education.* Paper presented at the conference of the National Association for Asian and Pacific American Education, Denver, CO. (ERIC Document Reproduction Service No. ED 297 635)

Stevenson, H. W., Stigler, J. W., Lee, Luker, G. W., Kitamura, S., & Hsu, C. (1985). Cognitive performance and academic achievement of Japanese, Chinese, and American children. *Child Development, 56,*718-734.

Stevenson, H. W., Lee, S., & Stigler, J. w. (1986). Mathematics achievement of Chinese, Japanese, and American children. *Science, 231,* 693-699.

Sue, S., & Zane, N. (1985). Academic achievement and socio-emotional adjustment among Chinese university students. *Journal of Counseling Psychology, 32,* 570-579.

Suzuki, B. H.(1977). Education and the socialization of Asian Americans: Arerisionist analysis of the "model minority" thesis. *Amerasia Journal, 4* (2), 23-51.

Suzuki, B.H. (1980). The Asian-American family. In Fantini, M.D., & Cardenas, r. (Eds.) *Parenting in a multicultural society* (pp.74-89). NY:Longman.

Tabs, E.D.(1991, January). *Race/ethnicity trends in degrees conferred by institutions of higher education: 1978-79 through 1988-89.* (NCES No. 91-212). Washington, DC:National Center For Education Statistics.

Tsai, D. M. (1992). *Family impact on high achieving Chinese American students: A qualitative analysis.* Storrs: The University of Connecticut.

Tsang, S., & Wing, L.C. (1985). *Beyond Angel Island: The education of Asian Americans* (ERIC/CUE Urban Diversity Series No. 90) (ERIC Decument Reproduction Service No. ED 253 612)

Vernon, P. E. (1982). *The abilities and achievements of orientals in North America.* NY: Academic Press.

37

科學教育者應有的文學素養

＊駱建人

壹、前言

　　自晚清鴉片戰爭以後，林則徐、曾國藩、左宗棠、張之洞、李鴻章諸大臣以直接或間接在戰場上與列強交手過，震懾於西人「船堅炮利、壘固兵強」之威勢，乃倡「師夷之法以制夷」，張之洞且倡「中學為體、西學為用」之說，一時洋務運動，甚囂塵上，這在當時，姑不論他們所見到的層面如何？但卻喧騰一時，先後設立了水師學堂、兵器製造局、同文館……等諸多措施，又引進所謂的「格致之學」（即物理、化學），多年經營，僅能師其皮毛，耗費鉅資，購來西人陳舊船艦、兵器，一旦中、日戰起，全軍皆沒，仍舊割地賠款，喪權辱國，人民依舊是窮、國家依舊是弱，此何以故？蓋前人徒見西人之勢，未諳西學之實所招致之惡果也。

　　迨民國八年五四運動起，由國民外交運動，轉為新文化運動，知識分子當時揭起新文化運動的大纛，引進西方的民主（Democracy）與科學（Science），即當時所謂的「德、賽二先生」。那時因為銳意革新，故而就毫不留情地徹底除舊。領導運動的先驅們，毫無顧忌地醜詆「舊道德」，主張徹底的否定

「舊文化」，要「打倒孔家店」，「焚燬線裝書」，因而一夕之間將我國幾千年賴以維繫民族之內在生命及生活規範徹底毀滅。「德先生」和「賽先生」，一時變成兩尊新興的圖騰（Totem），神聖不可侵犯，知識分子自高年碩學至慘綠少年，莫不開口「科學」、閉口「民主」，以為非如此不足謂時髦，不如此不可謂博學。然而舊的道德徹底摧毀，新的倫理尚未建立，舊穀刈光、新曲未熟，中國千古人文架構，頓成一片廢墟，而中共引進馬、列的假科學（「科學的社會主義」，使當時青年醉心不已）乘虛而入，又值日寇大舉侵略，造成民族空前危機，全民在此威脅之下，乃不得已團結抗日，中共亦賴此得以生存發展。但一旦抗戰勝利，外在有形威脅解除，缺乏道德文化素養的國民，因而把自私、貪婪的面目完全暴露！弄權、貪瀆、營私、狡詐、勢利、醜態盡出，使中共輕而易舉地擴大叛亂，不旋踵間赤化了整個大陸，究其根源，是否當年的西化運動，只是一場虛幻的夢境？真正的「民主」與「科學」尚未紮根，卻被中共先期盜取其名（如前所謂的馬列主義是「科學的共產主義」，毛澤東的專政卻說成是「新民主主義」，誣指三民主義是「舊民主主義」，多少青年為之麻醉，尤以後來的紅衛兵大舉摧毀國本，難怪羅蘭夫人嘆：「自由為罪惡假名以行之工具也」），而攝取其果，這都是歷史未遠的教訓，吾人能不引以為戒？當然，科學是構成人類文明（Civilization）的主流，它與民主制度、文學藝術、宗教信仰，是共同建構人類文化的基本支柱，我們以往的社運目標與教育取向是否取捨不當？執行偏頗？以致投入科學研究的俊彥之士，一旦置身研究室中，往往為公式、分子、細胞、粒子，而廢寢忘食，與世隔絕，微觀有餘，而宏觀不足，形成孟子說的：「明足以見秋毫之末，而不見輿薪」，變成見其小而不能見其大的現實環境中的陌生客，為人諷刺為一個不具人文素養的「專家」。在他的研究室裡，他可能是某種知識領域裡的權威、

專家或上帝，但一出戶門，他就幼稚無知到像一張白紙了。故本人今天的講題，即以此一問題為主要探討的主軸。

貳、科學、文學領域的分野

一、文學的性質

　　我國易經繫辭上傳曰：「形而上者是謂道，形而下者是謂器」，此一「道」字與希臘亞理斯多德（Aristotle 384-322 B.C.）之純粹哲學（Metaphysics）一語有相當之意，應近西方哲學（Philosophy）之意涵，為建立知識總體之學問，其方法來自思考，其領域雖亦重方法，惟其對象則是普遍的、全體的，故自難免抽象。自中國而言，一向對文哲未加嚴格區分，例如：漢封儒者大夫郎為「文學」，而其本職，乃為專門研究五經古籍；而「文以載道」，更是中國歷來文人所自期，文學乃是以弘揚哲學生命之內涵而發生，無「道」（哲學）則文學即無生命，故我國傳統文學之精神在此，不惟講詞章、聲韻、訓詁而已，於此可知其命意之所在。

　　近世西洋文學（Literature）所見亦有二義：廣義而言，指一切思想之表現，而以文字記敘者，如孔子為易經作乾卦文言、坤卦文言，西哲著書立說，對政、經、社會提出主張，即前所謂之「道」也；狹義而言，則指偏重想像及感情藝術之類的，如詩歌、小說、戲劇之作品，今天所談的當然是兩者兼及的。

二、科學的性質

　　自科學的領域而言，亦有二義：廣義而言，凡有組織有系統之知識，皆為科學；狹義而言，則指自然科學（Nature Science）。理論科學，在研究物質本體之特性、能量、與彼此間之作用、內容以分析、測定及探索為範疇。而應用科學則在研究物之轉換性、包容性、互斥性與安定性，其研究途徑是一貫的、多元的、理智的、現實的、不可渲染、不可加減，一就是一，二就是二，二氫加氧，即為水，它是要著重數據的，故而在座諸君所受的訓練就是做實驗、求數據、導公式，只要解題能力強，代入公式反應快，絕對是理工科系的高材生，是系主任和教授們心目中的可造之材！然而，夠了嗎？圓滿了嗎？人生所學的只是限於此境嗎？

叁、文學與科學不同的功能

　　依前所述，本人決無意在此存心貶抑科學，或故意有揄揚文學的動機，其實，兩者均是充實人類生命，改善人類生活與促進社會進步與和諧之基本要素，其重要性是不能分其軒輊的，缺一不可，只是施行的步驟，有其緩急先後而已！

　　以兩者的功能言：

　　科學，無論是理論科學，或應用科學，其目的均在「利用厚生」，解決人類「物」的需要，進而生產、分配，達到滿足消費欲望的方法與技能，由了解「物」，利用「物」，而達到「天人和諧」的境地。西人主：「以科學征服自然」，則是荒謬的、錯誤的，此種與自然分割的行徑，而今已有「溫室效應升高」、

「臭氧層破洞」、「環境污染」之大警訊——人類是不可自絕於天，自毀地球的！

文學（含哲學及宗教、藝術）則是追求人類心靈的滿足，以達到天人合一的境地，人類是有生命、有情感、有靈性智慧的生物，故口體之養的物質欲望滿足之後，必須要有心靈上的安頓。所以西人認為人類創造的動力來源有二：一是來自內在的「欲望（Desire）」，它是來自無奈的「需要（Want）」的壓迫，而歸於一種無法壓制而爆發出來的創造欲，因而產生了無比的企圖心與生產力；另一則是來自天堂的上帝（God）的啟示與感應，自聖經與教堂中求得心靈的寄託與平靜，這是西洋文化中雙軌式的支架，缺一不可。

故德國詩哲哥德（Johann W. Goethe）作浮士德（Faust）一書以婉諷科學家之人生的危機。書的大意是說醉心科學研究的浮士德，終其一生埋首於研究室，直至年登耄耋，形容蒼老，在科學上雖有了成就，但對自己的一生卻完全繳了白卷，缺乏愛情浪漫的滋潤，忽視遺世孤獨的寂寞！故心靈極為單純，情感也極為脆弱，一旦受到魔鬼的誘惑，乃毫無保留地將靈魂典押與魔鬼，以換取青春的光彩，重享虛榮的歡樂，使心靈深墮欲海，一身罪惡，幾乎墮入地獄，萬劫不復，最後奇蹟似地還是上帝寬恕了他，救贖了他的靈魂。這樣的結果，少年時代的我，看了這個故事的結局，非常懷疑上帝處理此事的公正性，上帝如此沒有原則地寬恕了一身罪惡的浮士德，但人間還有千千萬萬個浮士德呢？他們都能像浮士德如此的幸運嗎？當然，這只是西方宗教哲學的神權思想，它是缺乏東方儒家和佛教的自覺主宰性的！

故西方的文學家、哲學家，以至科學家，除了少數的無神論者如叔本華（Arthar Schopenhauer 1769-1860）、尼采（Friedrich Nietzsche 1984-1900），懷疑主義者如笛卡兒（Rene Descartes 1596-1650）、休謨（David Hume 1711-

1776），實驗主義者如培根（Francis Bacon 1561-1626）、皮
耳士（C.S. Peirce）、詹姆士（William James 1942-1910）、
杜威（John Deuey 1859-1952）等，大體都不太相信有上帝存
在外，絕大部分的西方學者，對終極的人生，還是推向上帝的手
中去的。意大利文藝復興（Renaissance）時代的三傑納斐爾
（Raffaello）、達文西（Davinci）、米開朗基羅（Michelan-
gelo）所作不朽的作品──油畫與雕刻，幾乎都是聖經故事的詮
釋，故教堂中的「聖畫」與「聖詩」，幾乎都是盛名極於一世偉
大的音樂家和美術家不朽的作品。因為宗教的神，都是超現實
的，所謂上帝，若非先知教士或信徒，必不得見；但是音樂的
美、圖像的美，卻深深地感動了一般人的心，為宗教引了許多的
信眾，使教堂成為大家樂於去禮拜的樂土。我國近代大教育家蔡
元培先生看破此點，就乾脆主張「以美育代宗教」了，其實美學
亦即廣義的文學、義理、美感存乎一心，但表面上看來，卻又似
乎是無神論，這當然是西方人士所不易了解的。

肆、文學可提升人類內在生命、淨化人類心靈、可促使科學為服務人群、富裕民主之良科學

　　十八世紀的英國浪漫詩人華滋華斯（William Wordsworth
1770-1850），是湖畔派詩人的代表，他讚美農村，謳歌自然，
近乎我國晉代陶淵明的風格，而美國早期的草葉詩人惠特曼
（Walt Whitman 1819-1892），在他的《我自己的歌中》說：
　　我相信一片草葉不少於繁星每日所作的工作，
　　而蟋蟀也是同樣的完美，
　　還有一粒的沙和鷦鷯也是如此，

攀牆附壁的黑莓可以點綴天上的客廳！
我手上最小的骨節勝過一切的機械！
垂頭咀嚼的老母牛勝過一切的銅像！
老鼠是一種奇蹟，
能教不信宗教的人對於牠也不敢有言！

　　他是如此的尊重自然，他是如此的謳歌和讚美生命，他更是如此毫不保留地提出反機械，反文明的吶喊！而他雖高唱自由——從心靈到生活，然而他的意識未忘掉自然的美好與上帝的存在！

　　國父中山先生於二十八歲時曾上李鴻章書，信中痛陳國是，對科學發展更提出極精闢之見解與極正確之方向，他說：「凡有利於國計民生之發展者，均為良科學；凡製造殺人利器危害人類者，均為不良之科學」！此為大仁人、大智慧者、大政治家之高瞻遠矚，主要是其人具有高度文化的素養與道德的情操，以及高度悲憫的情懷，故其少年學醫，轉以「醫人不如醫國」！乃不畏險阻，起而領導革命，以期再造國家，登斯民於衽席。那裡像毛澤東輩生平以鬥爭為樂，科技一到他手，就適以濟其惡，他要求人民「可以沒有褲子穿，不可不造原子彈」！科學家生存在這樣獨夫的統治下，也正如當年德國希特勒（Adolf Hitler 1880-1945）手下的科學家們一樣的無奈，科技不足以增人類之福，反足以貽人之禍，這是我們從事科學研究者，尤其是即將從事基礎科學教育的朋友們所不可不三思而行的啊！

　　原為德國猶太籍的數學家、物理學家，因不滿納粹而定居美國的愛因斯坦（Albert Einstein 1879-1956）曾譏評同是猶太籍的德國科學家布勞恩（W. Von Braun）說：「汝發明火箭及噴射機，在科學領域中，固是箇中翹楚，但汝以此幫助納粹殺人，使汝在整個人類發展史上，則是滿手血腥的大屠夫，大獨裁者希特勒的幫凶、劊子手，故汝的成就仍是負面的，可恥的且要咀咒

的！」由此，可知一位科學家如果不具有高度的文化素養，則極易淪為政客或野心家的工具而不自知，這是何等危險的悲劇啊！

　　二次世界大戰東方的禍端，乃是日本的瘋狂對外侵略，到處屠殺無辜，為亞洲帶來空前的災難。偷襲珍珠港，使美國海空軍蒙受無比的損失，後來盟邦為懲治凶頑，向日本廣島、長崎先後投擲了兩顆原子彈，以迫使日本投降，及早結束戰禍。這本來是正當而無可厚非的正義行為，但因兩地無辜人民死傷慘重，使參加美國「曼哈頓計畫」設計原子彈的數名技術人員及兩名駕駛投彈者，均因心理壓力太大，先後竟精神分裂或自殺而死，研究科學及投入科學教育的朋友們，怎可不慎為選擇呢？

伍、偏重科技發展對人類未來的遺患

　　四十多年前，故台大校長傅孟真先生曾對該校工學院的全體同學說：「理工學院的學生，不能只知道公式、作研究，應該兼備人文藝術素養，以文學、哲學、美學、音樂為重，接受全人教育，不能甘心偏限，只作一個滿腦子的公式，螺絲釘的機器人！」傅先生的一席話，在當時可真是當頭棒喝，因為當時的大學科系，完全是理工掛帥，英語為先啊！何以故呢？出國深造容易，出頭指日可待啊！而台大醫學院則保留一貫優良的傳統，舉凡醫學院的學生，主修專業課程外，課外均能涵泳藝海，文藝欣賞之外，還能創作；至於繪畫，歌唱，各種器樂，如：鋼琴、提琴、長笛……均有一定的水準，均能陶養其成為彬彬儒雅的醫師風範！

　　以科技而言，英國應為世界之先驅。瓦特（James Watt 1736-1819）發明蒸汽機，引發產業革命，然而英國人民保守，且重視追求生活的品味，不願拋棄固有人性化的傳統，去盲目追

求科學的發展，以滿足物慾的放恣，故歐洲多半國家，因受英國的影響，至今仍保存傳統建築、城市、雕刻與種種的文物制度之美。德國文明本極優越，但因出了一個瘋狂的獨裁者—希特勒，以科技為工具、以人類為芻狗，像旋風一樣地暴起暴落，不旋踵間，其經營的鐵軍化為烏有，剩下了殘垣敗壁給被侵略者和自己的同胞，貽害雖大，卻幸而未久。而今德國於戰後工業復甦，已躍升為世界經濟五強之一，然德人殊能自省並記取教訓，其人民仍刻意保持大戰後的儉僕生活模式，以免因文明而疏懶，忘卻過去未久的歷史教訓。

美國自歐洲移民美洲獨立之後，移植過去的民主思潮成立了一個協定憲章的聯邦合眾國，更將瓦特發明的蒸汽機移去發展成輪船與火車，開發了交通，也開發了西部大量的石油、鋼鐵以及牛油、奶粉等食品工業。發明電力的富蘭克林（Benjamin Franklin 1706-1790）本身即是一位有高度文化素養的人，但整個美國都在發展科技趨勢下，經濟上雖然傲視全球，卻也改變不了歐洲的英國人、法國人和德國人對他們的歧視，認為他們只是「暴發戶」，只是一些只有銅臭沒有文化的傖夫！今天世界性的環境污染、能源危機、地球萎退，始作俑者的美國人能夠辭其咎責嗎？

戰後日本，因為我國不曾索取賠償，加上盟軍以軍事保護，防其赤化及韓戰、越戰時期所得到的暴利。當然，日本人自己也算爭氣，在科技工商業的成就方面，創造了好多個「世界第一」，但日本著名學者石井勳、宇野精一等就曾慨嘆說：「日本戰後經濟雖然復甦了，但日本年青的一代卻失去了日本人的心！」日本並不是沒有智慧的人，但卻無法改變民族精神毀於沈淪物慾的事實，挾著暴利鉅資，至世界各國操縱，壟斷市場，徵歌逐色，處處暴露「醜陋的日本人」的嘴臉，何以故？科技掛帥，工商為先，而文學沒落文化沈淪是其病因啊！近年日本景氣

亦呈沒落衰退的現象，備嘗泡沫經濟（Bubble Economy）之苦果，此亦浮華不實，取巧經營之必然趨勢也！

而我們臺灣呢？自戰後日人撤走，留下一片因戰爭破壞的廢墟與荒蕪，光復以後，政府與人民胼手胝足，篳路藍縷，自土地改革，到自足經濟，到國際市場，自貧窮，而自足，而富有。國民所得，由年所得不到二百美元，而將已經邁入年得美金一萬三千餘元。大家的生活是富裕了，而心靈卻流於貧瘠、懶惰、自私、褊狹、浮躁，被外人詬為「貪婪之島」！難怪曾經對本省經建卓著貢獻的孫運璿、李國鼎兩位資政，均先後慨嘆當年只著重於物質建設，卻忽略了內在的精神以及道德倫理的建設，而深自疚責追悔不已！看看今天政治的脫序，社會的亂象，自國會的武鬥，黑金的泛濫，土地的炒作，槍械的橫行，選舉的惡質，文宣彼此任意抹黑、醜化、煽惑、造謠，完全是「羅生門」生態的再版，而貪污、搶劫、綁架、強暴、亂倫、凶殺、醜聞，幾乎無日無之，長此以往，伊於湖底！

陸、文學始是充實內心世界，豐富美好人生的甘泉美果，文學本身就是躍動的生命

數學的數字是沒有情感的，但文學中的數字卻呈現出人性中的情與美。

科學使研究者把自己的心（注意力）在某一階段或終身投注在某一物系或某一點上；一般宗教，則亦使其信徒投注他所信奉的神祇或上帝的光環裡，如此終身外求，反而使自我的生命被禁錮、被區隔而模糊了！我國儒家則強調「天人合一」，即「人與境合」、「人與天合」、「人與上帝合」。然後將六合萬有內化於心，使個人精神生命無限超越，愛天地萬物為一體，使生命自

覺，不假外求，它不只可使自己達觀中知命，正命而立命，更能
了脫生死，不憂，不懼（孔子語），妖壽不貳（孟子語）達到
「無入而不自得」的境地。故中國知識分子對生命與自然（天）
的體認是和諧的、藝術的、活潑的、情趣的，發為詩文，自然有
一種情境、韻律、生動的超乎象外之美。它只是尊重自然、讚美
自然、享受自然和投入自然；絕不同於西方科技之目的不只在研
究自然，還要征服自然，使自然與人類區隔、疏離，使人類與自
然對立，在自然界中孤立起來！

　　前面說過，數學上的數字，只是科學的符號而已；而文學中
的數字，卻有生命的律動。兒時從塾師「描紅」習字，以描帖詞
句極美，至今記憶猶新。今試舉之：

　　其一：

　　上大人，孔夫子。

　　化三千，七十士。

　　佳作人，可知禮也。

　　上六句，共十九字。乃讚美孔子事功、霑溉弟子三千人，卓
著成就者七十（二）人，言簡意賅，使數字非常人性化。

　　其二：

　　一去二三里，煙村四五家。

　　樓臺六七座，八九十枝花。

　　上為五言絕句詩，平仄聲韻自然，是人人熟悉而親切的鄉村
即景，也是初學兒童最易接受的情境。最難得的是它對初學兒童
進行了算術教育與美術教育，全詩二十個字，生動地教給兒童位
數，且又告訴兒童從一到十序數的概念、活潑自然，比死記死背
是否好得多？自美育層次來說，寫景亦由近而遠，宏觀而又能微
觀，小詩帶著小讀者自家中或任何住處出發，發現幾家農村的煙
囪，正在炊煙煮飯，呈現了活潑的人氣，而嫋嫋炊煙於茅屋之
上，晴空之中，又是何等詩意？再向前走，還看到七八座軒敞的

樓臺亭閣，池塘園囿亦在語意之中，沿途還看到一些疏疏落落的小花，予兒童以淡雅情懷之教，此時人在畫圖之中，心與境合，自然產生一種渾然忘我的美感！

其三：

　　王子去求仙，丹成入九天，

　　洞中方七日，世上幾千年。

上亦為五言絕句詩，為周靈王王子晉得道故事，亦能引人遐思，發思古之幽情。

又：清代女詩人何佩玉之「一字詩」：

　　一花一柳一漁磯，

　　一抹斜陽一鳥飛，

　　一山一水中一寺，

　　一林黃葉一僧歸。

上為七言絕句，全詩二十八字中有十個一字，而寫景生動，絕無斧鑿痕，真是情趣天生。

我國文學，以數字入詩入文，舉不勝舉，今再以唐、宋詩人斷句，摘錄一、二。

韓渥：惜春

　　一夜雨聲三月盡，

　　萬般人事五更頭。

翁靈靜：贈滕處士

　　清風三畝宅，

　　白日一床書。

方玄英：貽路明府

　　吟成五個字，

　　用破一生心。

程顥：和邵堯夫

　　陋巷一生顏氏樂，

清風千古伯夷貧。
王維：送李使君
山中一夜雨，
樹梢百重泉。
孟浩然：宿桐廬
風鳴兩岸葉，
月照一孤舟。
劉長卿：餞別王十一南遊
長江一帆遠，
落日五湖遊。
韋應物：喜會故人
浮雲一別後，
流水十年間。
李白：金陵登鳳凰臺
三山半落青天外，
二水中分白鷺州。
杜甫：閣夜
五更鼓角聲悲壯，
三峽星河影動搖。
劉禹錫：西塞山懷古
千尋鐵鎖沈江底，
一片降幡出石頭。

　　前所舉句，或感事傷時，或襟懷恬淡，或吟詠功深，或孤芳自賞，或胸次浩渺，或觸景淒涼，或作天際之冥想，或感人世之無常，要皆對仗工穩，妙造自然，篇幅所限，僅舉此數則，諸君嘗鼎一臠，亦可知文學之美之醰醰有味矣！諸君於文學領域，國學至少要讀五經，四史（史記、漢書、後漢書、三國志）。子書如莊子、老子、列子、荀子（論、孟可再精讀）。唐詩、宋詞、

元曲、均有名家選集，可以選讀。純文學之小說名著有：法國羅曼羅蘭：約翰克利斯多夫；俄國托爾斯泰：戰爭與和平；英國狄更斯：雙城記；大衛：高柏斐爾；日本紫式部：源氏物語；我國曹雪芹：紅樓夢。以上皆經典之作，張愛琴之作品，均可一讀。

柒、結語

我國平民教育家偉大的孔子，一生倡導的是「全人教育」，故他對學生的教材分：一是理論部分：即易、詩、書、禮、樂、春秋六經是也；一是實習部分，即禮、樂、射、御、書、數六藝是也。前者講理論、後者講技藝。近人謂易經中有高等數學，而六藝中之「數」至少應有「九章算術」。據傳記記載，孔子博聞強記，當時罕見之動物「石燕」、「商羊」、「麒麟」出現，人皆不識，唯孔子能詳明其出處、特性，並與天候、人事之關係，而所說均驗，故時人尊之信之，一時才俊均樂與之遊，同甘共苦，衍為萬世師表，自漢以後，設國子學，均遵孔子遺規，實施全人文武合一教育。惜至後世科舉制度興，學者但知讀書而不知經世致用，導致國家積弱，國脈垂危，西風又挾其強勢入侵，國人竟自以自己擁有者已一無是處，經多次斲喪，國家元氣大傷，今國家當軸銳意興革，教改之聲，不絕於耳，而歷來不重人文學科之失，於美、日等國，已見其弊，故特藉此提出人文、科技並重管見，冀達全人教育之達大目標，所陳當否，敬請師長暨同學們匡正其謬，並期教育當局能酌採之。

38

幫助孩子成功的教養方式

＊ 蔡典謨

壹、家庭教養的重要

　　教育的目的在發展學生的潛能，幫助學生成功。影響學生成就的因素相當複雜，個體的能力、成就動機、學校制度、課程、教材教法、教師良窳及家庭影響等，均有可能。其中家庭的影響不但開始得早而且影響深遠。就如 Ginsbery（引自黃裕惠譯，民 81）曾提出：「家長是子女第一個老師，因此他們對子女的一生有著最大和最長遠的影響力，他們站在價值提供、態度形成和資訊給與的第一線上。」Walberg（1984）以美國的學生為例，一個唸 12 年書的學生，每年在學 180 天，每天六小時，總共 12,960 小時，大約佔了學生清醒時間的百分之 13。除此之外的時間都是在校外，換言之，一個滿 18 歲的青年學生，有百分之 87 的清醒時間是受家長影響的。家長對他們自己角色的認識、教養子女的知識、技能與態度等，對子女的成長將造成建設性或破壞性的影響（DeVries & Webb, 1988）。

　　家庭是人出生後最早的生活環境，是幼兒最早接觸的生活天地，也是兒童成長最主要的場所。家庭經驗對兒童行為發展具有重大的影響，舉凡家庭的社經水準、家人關係、父母教養子女的

態度與方式、以及其他種種因素所形成的家庭生活氣氛等，均與
兒童的生活適應息息相關。兒童在穩定和諧的家庭中成長，父母
提供愛及溫暖的環境，兒童具有安全感、自信心，潛能得以充分
發揮，人格也能健全發展（簡茂發、蔡玉瑟及張鎮城，民
81）。兒童在進學校之前的生活及學習場所，主要就是在家裡，
因此家庭也是學校的準備，兒童在家裡做好學習之前的準備，自
然有助於其學校裡的優異表現。兒童上學之後，經濟上靠父母支
持，精神上需要父母的鼓勵；放學後，生活的主要環境也是在家
裡，因此，家庭繼續影響孩子的學習也是自然的。Gampbell
（引自蘇清守，民 76）指出：影響美國亞裔資優生學業成就的
因素中，最大者為學生自身，佔 67％；其次為父母佔 30％，第
三是教師，佔 30％，而自身因素中，努力佔 78％，能力佔 22
％。上列因素中，能力仍受父母遺傳的影響，而努力受父母期望
及教養方式所影響，也已為調查、實驗及比較研究所證實（林清
江，民 61）。Terman（引自李明生，民 62）於研究資賦優異兒
童之發展時，發現資賦優異兒童日後成就之高低與其父母教養有
密切關係，父母之良好教養是資賦優異兒童發展與將來成就的良
好基礎。Monk（引自陳慧雅譯，民 81）亦指出資優青年必須有
動機才有成就，必須在受支持的環境下才能成就非凡。

　　以上資料，說明家庭影響的重要。兒童自出生獲得父母遺傳
開始，在父母所製造的環境中生活，受父母的知識、價值觀念、
生活習慣、教養方式、親子關係等因素影響，並與家庭以外的因
素交互作用，直接間接影響了兒童日後的發展與成就。為人父母
者，莫不衷心期望子女能出類拔萃。而高成就之青年學生，歷經
長時間的發展及學習，累積了足以證明其成就的具體事實，以及
其父母彌足珍貴的教養經驗，特別值得家長及教育人員借鑑與參
考。高成就學生常為高潛能之學生，而高潛能之學生需因材施
教。唯在大班級之下，一個老師要照顧許多學生，個別化的教學

實在不易達成。克服的一個方法就是家長參與，因為家長最關心
自己的子女，面對孩子數也少，長時間與子女相處，若能參考高
成就學生家庭教養子女的成功經驗，將可發揮家庭影響的積極功
能，幫助子女發展其潛能，成就其一生。

貳、研究方法與過程

　　家庭影響因素相當複雜，社經地位、價值觀念、父母期望、
以及教養方式等均與子女的成就密切相關。上列因素亦彼此關
連，例如社經地位影響教養方式，價值觀念及期望；而價值觀念
亦應與期望及教養方式有關。上列因素的影響關鍵可能又在子女
的成就動機及努力，可見其複雜的特性。由於問題的複雜，筆者
乃採用質的研究方法，透過開放式的深度訪談，期望發現並描述
影響高成就樣本的家庭因素。由於國內有關家庭影響的研究多採
量的調查方法，雖具有實徵性的推論價值，唯研究結果亦局限於
假設之驗證，對於複雜的家庭因素恐難以完整的理論描述，亦不
易發展新的假設。筆者採用質的研究法，來探討高成就學生的家
庭影響，以彌補量的研究之限制。

　　高成就學生係指高中及大學階段的在學青年。高成就的青年
學生係請台灣省、台北市及高雄市各著名高中之輔導室主任推
薦。推薦時除課業成績優秀外，亦重視外顯的具體成就，例如曾
參與資優班、跳級、國內外數學、物理、化學奧林匹亞競賽，曾
獲全國性科學、音樂、美術等競賽優勝等。根據學校推薦之資
料，寄發一份問卷給高成就學生之家長。收回之問卷除簡單量化
處理外，亦做為訪談之基礎。針對回收之問卷，筆者就願意接受
訪談的家庭選擇十二個家庭當做樣本。筆者取樣過程並非隨機取
樣，而係目的取樣（ purposeful sampling ）。某些樣本之所以

被選出，係因其可能有助於某種理論的發現（Bogdan & Biklen, 1982）。在質的研究裡取樣是有目的，在研究過程中發展出來的，後續的取樣，係基於擴展及驗證某些事實的需求（Lincoln & Guba, 1985）。

　　筆者搜集之資料除回收之問卷外，主要即為訪談實錄（interview transcripts）及臨場紀錄。研究者即為主要的研究工具，而高成就青年學生的家庭即為直接的資料來源。所有訪談均由研究者親自進行，如此可避免因訪談者的改變而造成差異。受訪者包括父親、母親及孩子，依受訪者的方便，分別或同時進行訪問。後續的訪談則以電話訪談並以答錄機錄音。不同人員的訪談實錄、臨場紀錄、後續訪談、及孩子的有關書面資料，經有系統的分類並單位化（unitize）。分類過的資料，經過分析後，就家庭價值觀念、家庭關係的特性以及成功的教養經驗等影響高成就青年學生的家庭因素提出研究結果。

叁、研究結果

　　筆者發現高成就青年學生的家庭仍保有我國傳統重視教育、勤勞及尊師的價值觀念。此種觀念也反映在家庭教養的實際行動上，例如重視基礎教育，多花時間陪孩子，母親專職，選擇學區、教師，關心鼓勵孩子，尊師重道與老師溝通配合等。父母基於重視教育的價值觀採取了積極適宜的教養措施，因此而促進了孩子的發展與成就。

　　高成就青年學生的家庭氣氛溫暖和諧，家庭關係穩定積極。父母關愛尊重子女，重視與孩子的溝通，因而親子關係良好。此種特性有利於孩子的人格發展，增進成就動機，也可以給予子女安全感，能力因而可以發揮。高成就學生之家庭社經地位雖以中

上者居多，唯低社經地位的家庭成功地孕育出高成就學生的個案亦不少。家庭關係中兄弟姊妹之關係亦為影響因素，積極的影響為相互鼓勵學習；唯高成就亦可能帶給另外的孩子壓力，造成適應問題。

　　孩子的成就與家庭影響關係密切，積極而適宜的教養方式有助於孩子的生活適應、人格發展與學業表現。高成就青年學生的父母曾採用下列方法幫助了他們的孩子：

　　一建立良好的習慣：如照顧自己的生活起居、成功的待人處事、閱讀課外讀物及專心讀書及做事等。

　　二、尊重孩子，給予較大發展空間：如讓孩子做決定、為自己的事負責、主動探索學習、發展自己的興趣潛能等。父母不主張給孩子太大的壓力。

　　三、了解孩子。

　　四、父母以身作則。

　　五、花時間陪孩子做有益身心的事。

　　六、重視小學基礎教育。

　　七、鼓勵孩子參加校內外活動或比賽，激發潛能。

　　八、訓練孩子的思考能力。

　　九、鼓勵孩子培養其自信心。

　　十、運用社區資源。

　　十一、管教態度一致。

肆、研究結果在教育上的意義

　　從事教育工作的人，最主要即為發展學生的潛能，增進其成就，而天下父母所盡心盡力努力以求的，也常是孩子的成就。但是影響孩子成就的因素相當複雜，家庭僅為其中之一項。欲幫助

孩子成功，除家庭因素外，仍應注意家庭以外的影響。因此影響固然重要，但影響因素複雜多變，不同家庭有不同的文化特性、社經背景及家庭結構，而孩子之個性亦有其差異，所用之教育方法自是不可一概而論。尤以筆者採用質的研究方法，樣本數僅有十二個家庭，研究發現之推論自應有其限制。本研究雖有其推論限制，但因採用質的研究方法，因而不受研究假設之限制。尤以所訪問之十二個家庭，其子女均有相當高之成就，歷經一、二十年之教養實驗，其成功經驗自應有重要的參考價值。本研究亦使用調查問卷之資料，問卷調查範圍涵蓋了台灣北中南東之 68 個家庭。這些家庭均亦成功地孕育了高成就的孩子。質的研究樣本數有限，問卷之資料則產生擴充樣本數之價值，筆者研究之結果因此值得教育人員及父母教育子女之參考。

　　依據本研究的結果，從高成就學生的家庭經驗，進一步申述列舉幫助子女成功的教養方式供讀者參考。

一、重視家庭生活，營建一個溫暖和諧的家

　　溫暖和諧的家是成人快樂的泉源，事業的後盾，也是孩子成長的溫床及努力上進的原動力。為了個人幸福及孩子的成長，父母應重視家庭經營，關愛孩子，建立起良好的親子關係。溫暖和諧的家庭氣氛，不但有利於孩子的人格發展，在愛的環境中成長，孩子的成就動機也會跟著成長。被關愛的孩子努力用功以達成父母的願望是很自然的，而和諧的家庭氣氛常可以給予子女安全感，放心地去從事自己的活動，主動去探索四周的環境，孩子的潛能因而可以發揮。一個健全的家是需要家庭份子彼此付出、用心去經營的。父母應重視家庭生活，關心愛護子女，不但自己會生活得幸福愉快，孩子更會透過這種家庭踏上成功之路。

二、以信心及一顆不斷學習的心教養孩子

　　信心就是相信孩子會變好，相信他有潛能，相信孩子有他成功的未來。孩子有很大的彈性及可塑性，能力是可以發展的，潛能也是可以開發的，運用積極適當的方法，每一個孩子都有很大的發展空間。從高成就學生的家庭來分析，發現不同的家庭背景，無論父母的教育程度如何，職業地位如何，都有孕育高成就孩子的可能。別人能，也要相信自己能。孩子不斷在成長，其特性也不斷在變化，每個孩子也都不同。對父母來說，每個孩子都是全新的，不能對每個孩子都用相同的方法。不同階段，方法也要隨之調整。幼兒需要較多的照顧及訓練，長大些就要逐漸改變方法。給孩子較大的自主空間，孩子不斷成長，大人也要不斷學習，研究新的方法，跟隨著孩子成長。

三、幫助孩子從了解孩子開始

　　了解孩子、知道他們的問題，才能配合需求，幫助他們解決問題；知道孩子的潛能，才能協助他們發展；知道孩子能力的限制，才不會設定過高的期望，給予孩子太大的壓力。了解孩子才能設想出有效的教養方法。要了解孩子，首先要傾聽孩子說話，並且尊重孩子的感覺，從孩子的立場去感受，也可以用鼓勵及誘導的方式與孩子溝通。能以關懷及尊重的態度與孩子溝通，不但可幫助父母了解孩子，也可以藉此發展良好的親子關係，營建一個溫暖和諧的家。

四、花時間陪孩子做有益成長的事

　　教養孩子總得要付出愛心，當然也得花時間。高成就學生的父母多認為自己花很多時間陪孩子，而且強調陪孩子做有益成長的事很重要，例如跟孩子說話、陪孩子遊戲、讀書、買書、參加社會機構的活動等。孩子長大些也許不需緊跟著，但孩子回家時，能看到父母，知道需要父母時，父母隨時能給予幫助，也能讓孩子感受到父母在精神上的支援鼓勵，而更加安定求學。

五、培養孩子閱讀的興趣與習慣

　　高成就學生普遍有閱讀課外書籍的習慣，而且從小看了很多書。由於對閱讀有興趣，喜歡看書，因此提昇了語文能力而有助於日後的學習，心智也由於看了許多書而能快速成長，多看書是增進孩子成就的一個關鍵因素。父母可以用下列方法培養孩子讀書的興趣與習慣：唸書給孩子聽；陪孩子看書；與孩子討論書中內容；陪孩子逛書店、看書、買書；提供多變化的書，例如錄音帶、錄影帶、布書、立體書、趣味書、拼裝書、活頁書等；帶孩子到圖書館借書或參加與書有關的活動；參觀書展；鼓勵孩子寫書；聽孩子說書；讚美孩子讀書等。一旦孩子產生閱讀的興趣，教養孩子就事半功倍了。因為孩子會自動自發的去讀書，多讀書，學校功課也會進步，成就動機不斷增強，如此積極循環，孩子的成就自然水到渠成。

六、養成孩子專心的習慣

　　高成就學生之父母多認為自己的孩子唸書專心，因此效果很

好，傑出成就的人士常有的共同特性也是專注力。因此養成孩子專心的習慣，不但可以提高孩子讀書的效率，可能也有助於孩子成功。父母可以用下列方法培養孩子專心：經常向孩子說明專心努力的重要；先做完功課再去玩，做完功課才可以玩；讚美孩子專注的行為；從孩子有興趣的活動開始，孩子喜歡的自然就會專心；給予挑戰性的時間限制，鼓勵孩子努力去完成；透過需要專心的活動來培養專心，例如音樂、拼圖等。

七、鼓勵孩子參加比賽或挑戰性高的活動，激發潛能

參加校內外比賽或活動，可以讓孩子有接受挑戰的機會，潛能因此也可以發揮出來。而從比賽或活動中的表現也可以幫助孩子肯定自己，增進信心及再努力的動機。尤其聰明的孩子常覺課業過於簡單，缺少挑戰性，透過比賽活動，可以讓孩子知道自己的潛能，也可以讓其專注力得以發揮。

八、重視幼兒及基礎教育

孩子越小越有可塑性，彈性空間越大。從小建立起好的基礎，將來的發展較容易。正確的引導可以從小養成良好習慣；行為偏差了再來糾正將增加困擾，也較困難。幼兒及小學階段孩子的自由時間也較多，有較大的空間可以發展潛能。例如多讀課外讀物，多做有益成長的活動等。孩子大了，父母能影響的空間就逐漸縮小，尤其在台灣教育體制之下，升學主義盛行，孩子一旦進入國中，自由學習的空間有限。父母在孩子還小的時候應多付出心血，多花些時間陪孩子、教孩子，逐漸養成良好習慣，奠定良好基礎。一旦有了好習慣、好基礎，孩子自然順利發展，父母

就不必太操心。高成就孩子的家庭多數均有專職母親，有的甚至辭去工作，等到孩子大些才恢復外面的工作。教養孩子應及早，父母應把握幼兒及小學階段的大空間，開發孩子的潛能，奠定良好基礎。

九、運用社區資源

圖書館、博物館、科學館、水族館、文化中心、公園、動物園、植物園等，常有豐富的教育資源可幫助孩子成長，不但內容充實多樣，而且所費不多，甚或免費。運用社區資源多為高成就學生家長所提及，認為是幫助孩子成功的因素。父母應了解社區可用之資源，搜集社教機構之服務內容及活動行程，充分運用或鼓勵孩子參加。

十、尊重孩子、給孩子較大發展空間

高成就學生的父母多認為應該給孩子發展空間，讓孩子主動探索，因為孩子也有自尊，不會喜歡被逼迫、被囉嗦。給孩子空間的方法包括：尊重孩子，儘量讓孩子決定自己的事並為自己的事負責；不要給孩子太大的壓力，要按孩子的能力給予適度期望；鼓勵孩子自己照顧自己；讓孩子知道父母對他們的支持，只要不是壞事，父母儘量不會干涉；不要逼孩子補習，補習要與孩子討論功效，由他們決定是否有益，決定是否參加；鼓勵孩子創造思考，力求突破，不必事事模仿別人。

十一、鼓勵孩子，增進孩子的信心

一個經常被鼓勵的孩子，比較能接納自己，自信心較強而且

也比較有自尊心。如果有自信心,孩子就比較能積極去探索、主動去學習,聰明才智就比較容易發揮出來;相反的,如果沒有信心,就會變得很被動、不敢嘗試,潛能也不易發揮。孩子有好的表現時應表示關心,給予鼓勵,逐漸地,孩子可能建立積極的自我觀念,有助於自動自發的學習。

十二、父母教養態度一致

　　態度一致,效果較好。如果父母教養態度不一致,將使孩子無所適從,不知聽從那一位好,效果也將大打折扣。因此父母對孩子的管教問題應經常討論溝通,彼此配合。高成就學生之父母多主張在關愛子女的前題下,小時候可以用較嚴格的管教方式,等大了,孩子懂事了,好習慣養成了,就可以逐漸改用較民主的方式,唯寬嚴應視孩子的個性適度的使用。尤其父母也應以身作則,要管孩子之前先把自己管好。若能做到身教,在良好的親子關係及和諧溫暖的家庭氣氛中,孩子主動模仿,則父母即可「無為而治」,快樂地分享孩子的成果。

參考文獻

李明生（民 62）：影響才賦優異兒童教育之家庭因素。**教育研究所集刊，15,** 130-213。

林清江（民 61）：家庭文化與教育。**國立台灣師範大學教育研究所集刊，14,** 89-109。

陳慧雅（譯）（Monk, F.J., 民 81）：資優教育的發展：青年的資優教育。**資優教育季刊，45,** 7-12。

黃裕惠（譯）（Passow, H.A.，民 81）：培育和發展資賦優異者：學校、家庭及社區。**資優教育季刊，45,** 13-17。

簡茂發、蔡玉瑟、張鎮城（民 81）：國小資優兒童父母教養方式與生活適應、學習行為、成就動機之相關研究。**國立台灣師範大學特殊教育研究學刊，8,** 225-247。

蘇清守（民 76）：父母的人格對資優子女的影響。**資優教育季刊，22,** 20-22。

Bogdan, R. C., Biklen, S. K. (1982). *Qualitative research for education: An introduction on theory and methods.* Boston: Allyn andBacon.

DeVries, A. R., & Webb, J. T. (1988). Parents of gifted-children: A special population with special needs. *Journal of Illinois Council for the Gifted, 7,* 36-39.

Lincoln, Y. S., & Guba, E. G. (1985). *Naturalistic inquiry.* CA:Newbury Park: SAGE Publications.

Walberg, H.J. (1984). Families as partners in educational productivity. *Phi Delta Kappan,* 397-399.

$$39$$

聰穎的孩子‧智慧的父母

＊陳昭儀

壹、前言

　　「孩子生活的核心是家庭」，家庭對孩子的影響是永久的，是一生都無法磨滅的。而孩子的成長及教養之過程，更是父母責無旁貸所要擔負起的「最甜蜜的責任」。父母及家庭是孩子教育的中心及重心，對於影響兒童發展的整體環境而言，父母是其中最首要的角色。父母在孩子的成長過程中應扮演何種角色呢？應該是：給予愛的人、分享者、扶助者、溝通者、學習者—不斷地去學習如何教養你的子女，而教養資優生更需父母的耐心及智慧。本文擬由父母應如何了解自己的資優子女談起，再以幾個資優生的父母教養子女的實例與國內外的研究，來分析父母的教養態度及應扮演的角色，期盼資優生的父母能夠「看看別人，想想自己」。

貳、了解自己的資優子女

　　父母常是鑑定出資優生的最佳人選，幾項經由預先設計的檢

核表之調查研究中，發現父母在對於子女資優與否的認識上，是很好的鑑定者（Roedell, Jackson, & Robinson, 1980; Ehrilich, 1982; Silverman, Chitewood, & Water, 1986，一見謝建全，民 81）。很多研究指出資優生之個案大多是由父母發現的，這個比例比老師發現的多得多，如 Vail（1979）在一篇報告中指稱：「父母可鑑定出 76％的資優生；老師只可鑑定 22％的資優生。」（Barton & Starnes, 1989）。而 Jones（1984）更認為：「我學習到應信任母親們對子女的了解。」另根據 Jacobs（1971）、Roedell（1980）等人的研究，發現父母推薦的方式比標準化測驗或教師提名更具正確性。資料顯示父母正確提名了 78％的資優兒童，而教師僅正確提名了 10％。因此父母的責任很大，因為他們與子女朝夕相處，較易發現子女的才能。

　　Silverman & Waters（1984）發展出一個資優生的檢核表，這是經過研究者訪談了 1047 位個案之後所建立的檢核工具，如果父母發現你的孩子符合以下 16 個特質的 3/4（亦即 12 個以上的特質時），則其智力至少達到 120 以上（Silverman, 1989）。這 16 個特質為：

一、很好的問題解決能力。
二、快速的學習能力。
三、使用的字彙很多。
四、好的記憶力。
五、持久的注意力。
六、具敏覺力。
七、同情別人。
八、完美主義。
九、旺盛的精力。
十、喜歡與較大的同伴在一起。
十一、興趣廣泛。

　　圭、具有幽默感。

　　圭、很早即具有閱讀能力。

　　齿、具有走迷津、猜謎等能力。

　　圭、表現較同年齡的孩子來得成熟。

　　夫、在自己有興趣的領域上能夠堅持不懈地努力。

　　Louis 及 Lewis 曾以至資優兒童診斷中心諮詢的 118 位家長與其子女作為研究對象進行一項研究，本項研究有關父母的部分是以開放式的問題了解父母對子女的反應；兒童的部分則是以比奈智力測驗評定其智力水準。結果發現學前兒童的父母較常以子女在語言表達、記憶、抽象思考及領先同儕等方面而認為是資優的徵兆。而比較高低智商組兒童的父母對子女是否資優的看法，可發現低智商組兒童之父母相信其子女之所以資優是由於具有計算、背誦字母或能指出身體部位等技能所致，事實上這些與學前階段的智力水準無關；反而是一些無法具體觸覺的項目，如：記憶、抽象思考、創造想像力等，才是真正能鑑別高智商兒童較為可靠的項目（謝建全，民 81 ）。

叁、看看別人，想想自己

一、資優生的心聲

　　「我爸爸最常說的一句話就是：『我兒子進了資優實驗班，哈！哈！哈！你兒子沒有哇？』」

　　「我媽媽每天都在跟鄰居說我是資優生。」

　　「進了資優班以後，我媽媽對我的態度變得好好喔！就算做錯事也不必挨揍了，好棒！」（實言，民 78；羅榮雄，民

75 ）。

　　以上這三個資優生的心聲，第一及第二例很明顯的是將孩子是資優生的事實非常引以為傲，但父母要注意不要將孩子當成是炫耀的工具，更重要的是不要因此而去刺激其他家長，害了其他孩子，如果反應較激烈的家長可能就會回去責罵孩子：「××人的兒子是資優生，你呢？真使我丟臉！」這樣「將自己的快樂建築在別人的痛苦之上」，實在是非常不智、不仁的！所以家中資優生的父母最好不要時時將自己的孩子是資優生掛在嘴上，以免給予孩子太大的心理壓力，同時也更不可因此而去刺激他人！最好的方式是在家中誇獎孩子具體的成就：「你能努力地去完成這個實驗，足見你的用心及毅力！」「你能將看完這本書的心得寫成一篇讀後感，可見你的確花了很多心思，寫得很深入呢！」

　　家中有資優兒童固然令人欣喜，但是父母不僅不能得意忘形，反而應該更加謹慎以免給孩子不當的指引。父母應注意的是不僅是他的成績，不只是供應他對物質上的需求；而更應注意不要因對他的過度注意和保護而產生副作用。像前例中的父母因家有資優兒童而產生虛榮的心態，這樣的心態會表現在日常生活中，致使孩子從小就認為自己很「特殊」，覺得周遭的環境都應符合他的期望水準（蘇宗德，民 77 ）；如此一來，一但孩子在遭受到困境時，其挫折容忍力就會變得非常低，這對孩子來說是有百害而無一利的。

　　而第三例中母親的教養態度之偏差，更是使人心驚！孩子進了資優班則對其管教態度就有一百八十度的轉變，這會使得孩子混淆了判斷是非善惡的標準，誤以為自己比別人聰明就享有特權，這對孩子心理的長期影響是負面的！父母應將孩子當成是家中的一個「成員」，並非是「中心」！以「平常心」來待孩子，把教養孩子的責任與父母的日常生活結合起來。要誇獎孩子成功的經驗，但在孩子犯錯時，應該予以糾正，並讓孩子了解應遵循

的正確行為。

二、父母教養態度對於孩子生活及學習適應的影響之實例

　　楊柏因這位以十八歲之齡即完成國內大學學業的資優生，談到負笈美國 MIT（麻省理工學院）就讀研究所時所看到的一些資優生的父母之教養態度：

　　「我父親有一位朋友，他有兩個兒子都很優秀，大兒子大我一歲，也是十八歲即進入 MIT 念研究所，成績相當優異，而他母親也到波士頓來，想在最初幾個月照顧孩子的生活起居。有一天我在宿舍碰到他媽媽，便與她聊天，他母親很苦惱的說，孩子不肯見她，我便問她：『怎麼回事？』她說她到宿舍找兒子，敲他的房門，但孩子就是不肯見她。這個反應大家一定會覺得很奇怪，怎麼可能有這種反應。我這個人生性好奇，便去問那個孩子，詢問之下才知道從小他的母親就苦心積極的栽培他，讓他上各種才藝班，學鋼琴、美術等。而孩子不喜歡學習這些才藝，他母親就連哄帶騙的利誘，學這種才藝就給予某種的獎賞等。而後又拼命的叫他讀書，期許他要在美國這個種族歧視的社會中出人頭地。他進入 MIT 後，每科都得 A＋，只有一科考得成績較普通，約在平均分數上下，他母親就趕緊叫他要加油，使他覺得有壓力。甚至在他很小的時候就要幫他介紹女朋友，希望孩子能娶華裔的妻子。因為管教的太多太嚴了，以致於孩子現在閉門不納，不肯見她。我知道了這個原委之後，就和他媽媽作了一番溝通；結果這個孩子知道了以後，還跑來向我道謝呢！」

　　「而另外一位宿舍中的華人，姓李，也是十八歲，與我同時到 MIT 唸研究所，她唸的是機械。我們都是好朋友，而在聊天之際，發現她並沒有父母給予壓力的這個問題，她的父母都讓她

自行發展。她的父親是位教授，在華盛頓大學教機械。從小家裡就有一大堆的書籍，她就看呀看的，自己就唸出興趣來了。在這樣的比較之下，前面那個孩子的母親給予孩子的壓力就太可怕了，才導致孩子閉門不納的結果。」

而楊柏因的父親楊維哲也補充說到：

「這個孩子真是個人才！我 1980 年要回國之前，到美國的大峽谷觀光時順道到他們家拜訪，這個孩子那時候是六年級，而我太太是學美術的，看了孩子的圖畫，直稱讚孩子很有美術天份。可惜他的母親給孩子壓力太大了，難怪母子關係這麼不好，實在是頗糟糕的！」（陳昭儀，民 78 ）。

再以兩名十一歲即進入哈佛大學的資優生為例：薛迪士（Sidis）在成長過程中由於父親（精神科醫師）給他太大的壓力，以兒子的表現來求得自己的滿足，所以使得薛迪士怨恨其父，從而產生很大的心理困擾，甚而精神崩潰，長大後到處流浪找不到適當的工作，四十二歲時即死於街頭，潦倒一生！另一位魏納（Winer）卻是一位健全發展，成功地適應人生的資優生，他的父親是位數學家，他以孩子為中心與他一起規劃生涯計畫，所以魏納成長後即取得麻省理工學院的博士學位，並成為舉世聞名的數學家。

由以上的例子可以讓我們了解到父母對子女的管教態度，應有正確的觀念，不要讓子女變成炫耀的工具，逼迫他們去學習各種超過其能力負荷或沒有學習興趣的事務，給予孩子太大的壓力；而應順應孩子的興趣，與孩子共同討論他所能學習、所願學習的內容。有一位醫生從小就想當音樂家，但是他的父親卻希望他能成為醫生，所以他抑制了想學習鋼琴、小提琴的渴望，很努力地讀書而考上了醫學院，滿足了他父親的願望。但是這希望成為音樂家的夢想並沒有就此破滅，而是寄望在他的下一代——兒子的身上，他幫兒子請了最好的鋼琴老師來教孩子琴藝。但是有

一天他聆聽一場親職教育的演講時，聽到主講者說：「父母不應
將自己的希望移植給孩子身上，應該聽聽孩子心底的聲音」。所
以他返家之後，突然看清他的孩子非常厭惡學琴，他問孩子想學
習什麼，孩子很委屈的說：「我想學畫畫。」至此，他才看清孩
子心底的期盼，而讓孩子去學畫了。誠如吳武典教授所指出的：
「對孩子不要『揠苗助長』──孩子不願學，卻被逼著學；也不
可『壓苗阻長』──孩子願意學，父母卻不讓孩子學習。這兩者
都是非自然的現象，所以父母對子女的學習輔導應該是『順其自
然，略加催化』之態度，以『自然』的態度來輔導：能學、願
學，就讓孩子去學習；不能學，不願學的，就不要逼著孩子去
學。」

三、資優生及傑出成就者其父母的角色之研究

　　以下擬由四個國內外對於資優生及傑出成就者所進行的生涯
發展之研究，來探討父母的角色及教養方式，以提供為人父母者
作參考。

㈠Margarent & Anne（1973）：**女性管理者**（The managerial woman）

　　Margarent & Anne 對於在哈佛商學院修習工商管理碩士
學位的二十五位女性之研究中，發現到她們具有明顯的家庭背景
型態：二十五人中的二十人，均為長女或獨女。二十五人均與她
們的父親係極為密切，並且在幼年時開始，就由父親陪同，參與
多項傳統上屬於男性的活動。她們都認為她們受到家人的支持，
因而得以維持自己的興趣，根本沒有顧慮到這些興趣的性別角色
特性。

　　她們的父親之職業多為中上階層者，其中二十二人的父親是

商業管理人員，其餘三人為大學行政人員。二十四人的母親是家庭主婦，另一人的母親則是教師。父母親的教育程度為高中畢業至擁有博士學位不等。這二十五位女性均回憶說，她們的童年過得滿快樂，她們再三談及她們和父母親的親密、溫馨關係，自從懂事以來，她們就察覺到她們在父母親眼中的特殊地位，她們與父母都有很深的信賴與安全感。

而父親是支持這些傑出女性的重要角色，她們的父親都鼓勵她們去冒險，父親對其女兒的忠告是：「冒險是成功的契機，也可能要付出代價；可能有收穫，也可能失敗；它可能使你受傷，但也會導致你成長。」二十五位女性中，每一位都明顯地吸取到上述的經驗。但是，一定有無數其他的女性，從來沒有獲得這種經驗，因為很少父親會想到要傳授他自己的觀念給其女兒。對於這二十五位婦女而言，她們的非傳統的父親比拘泥於傳統的母親在其認同過程中所扮演的地位更重要。

這些婦女與父母親的開放關係，促使她們在幼年時期即習慣周旋於大人之間，她們多半認為，在幼年時代與成年人相處，比和小朋友相處來得更自在，她們都覺得這是一種收益，使得她們在獲得成人的處事技巧方面比其他孩子佔盡了先機。

另外這些婦女之所以進入傳統上認為是男性的職業領域中，且能在這些工作裡出人頭地，回溯其童年經驗，非常重要的就是家人並沒有教導她們劃分不同性別的活動。從她們的記憶中，剛進學校時，她們根本不曉得有些活動是男生的專利，最低限度，她們弄不清為什麼要那麼涇渭分明。這二十五個人所出身的家庭背景都一致否定女性的卑劣性，這群突出的份子早就具有自由的經驗，並且傾向於要求自我表現，和自我發展角色模式的權利。而這些受訪者皆挑選與父親所從事的行業有相關性的工作（陳怡芬，民73）。

㈡Bloom Study（1985）：**特殊才能者的發展**（Developing telent in young people）

Bloom （1985）對 125 位在 35 歲以下於六個領域中（奧運游泳選手、網球選手、鋼琴演奏家、雕刻、數學研究者、神經生理學者）有特殊表現者，進行生涯發展的深度訪談研究工作。

其中非常重要的是一個訪談主題即是詢問他們：誰是影響他們發揮潛能的重要他人，如父母、教師、教練等。結果發現這些傑出人物所擁有的共同特點是：除了本身的體能與智力等條件外，他們多半擁有機警而又關心自己的父母；只要孩子一顯露有可造就之才的跡象時，他們便立刻警覺並鼓勵及培養孩子往該潛能領域去發展，更會鼓勵孩子盡全力去發揮，並發展工作信念。

㈢陳昭儀（民 79）：**我國傑出發明家之人格特質、創造歷程及生涯發展之研究**

筆者於民國七十八至七十九年間，選取了我國二十位傑出發明家作為研究對象，以深度訪談法進行資料的搜集。

在生涯發展的訪談主題中，筆者訪問研究對象一個問題：父母的教養態度及親子關係。結果大多數的受訪者認為父母的教養態度是任其自由發展，或是民主開放的教養方式，所以給予受訪者較大的空間發揮所長，有助於日後在工作上的創意表現。

㈣Freeman（1991）

Freeman（1991）在進行長達十年的研究中發現到學業壓力對創造力的不利影響，爭取優秀成績的壓力，顯然已經抑制了某些資賦優異的孩子富創造力的感覺和發展過程，這個壓力是來自學校與家庭兩方面。它對男生比對女生更有影響力量，而且大致來說對科學家最具影響力，因為想贏得學位和榮耀需要花相當多

的時間研讀書本及作研究，如此一來就會剝削了許多他們努力創造的時間，而且似乎還在一些聰明的青少年身上留下一生社交方面的障礙與悲慘的結果。或許，這現象導因於在教育過程中太過於注意知識的累積，損傷了成長過程裡創造的層面，高學業成就的代價就是抑制了「創造力」。

　　所以李明亮教授的態度是頗值得參考的，李明亮教授（慈濟醫學院籌備處主任）談及對子女的教養態度（他有一位女兒在麻省理工學院就讀），他說：「我不希望用 push 的方式教導孩子，如果孩子能考到九十分，我絕不會要求孩子必須考到九十八分，我希望孩子能把為了多拿八分的讀書時間，用在別的地方多學習，充實自我。九十八分並不代表一定比九十分好，它只是會念書，懂得考試的代名詞而已；它，並不包含人與人之間人際關係的相接觸，或是辦事能力強，組織能力佳的表徵。我們應該讓孩子擁有一片寬廣的發展領域，書本的理論不是最重要的，重要的是學習的過程。」（李明亮，民 82）

肆、結語

　　父母是最了解自己孩子的人，本文中提到有很多的研究都發現父母對子女的認識比其他都要了解得多了，因此應善盡父母之責傾聽孩子心底的聲音。家長如果發現自己的孩子有資優的傾向時，則在教育方式上可以參考「看看別人，想想自己」中所舉的很多例子作為輔導的方向：以平常心待孩子，不要將資優子女當成炫耀的工具，誇獎孩子的具體成就，即時糾正孩子的錯誤，尊重孩子的興趣，與孩子共同討論生涯規劃的方向，輔導孩子拓展人際關係，鼓勵孩子發揮所長，給孩子寬廣的學習空間等。期盼父母都能以「智慧」來輔導自己「聰穎」的孩子，讓彼此都能成

長，親子關係更為融洽。

參考文獻

李明亮（民 82）：衣錦還鄉。**慈濟月刊，314**，51-53 頁。

陳怡芬（民 73）：**女性管理者**。台北：允晨。

陳昭儀（民 78）：與楊氏父子一席談。**資優教育季刊，32**，1-5 頁。

陳昭儀（民 80）：**二十位傑出發明家的生涯路**。台北：心理。

實　言（民 78）：一個資優班教師的省思。**資優教育季刊，30**，41-42 頁。

謝建全（民 81）：資優教育相關問題的探索。**特教新知通訊**，1-28 頁。

羅榮雄（民 75）：資優父母的心聲。**資優教育季刊，18**，22-25 頁。

蘇宗德（民 77）：林秋妹的資優教育觀。**資優教育季刊，28**，26-31 頁。

Barton, J. M., & Starnes, W. T. (1989). Identifying distinguishing characteristics of gifted and talented/learning disabled students. *Roeper Review, 12* (1), 23-29.

Bloom, B. S. (1985). *Developing talent in young people.* N. Y.: Ballantine Books.

Freemen, J. (1992). *Fostering creativity.* Lecture at NTNU. Taipei, Taiwan: National Taiwan Normal University.

Jones, B. H. (1984) The gifted dyslexic: studies, comparisons and cases. *Annals of Dyslexia Vol. 34,* The Orton Dyslexia Society, Baltimore, Maryland.

Silverman, L. K. (1989). Invisible gifts, invisible handicaps. *Roeper Review, 12* (1), 37-41.

陸

特定族群資優教育

40

特定族群資優教育

＊ 盧台華

　　我國資賦優異教育之發展，自民國六十年代的教育實驗開始。迄今，資賦優異學生接受特殊教育服務的人數，已從最早的數十人到目前的數千人，而服務的對象也逐漸擴大，從早期之一般能力優異與特殊才能，擴及至學術性向優異的學生。唯除在量的方面有顯著的增進外，有關方案品質部分的現況檢視似乎更為必要，尤其對具有身心障礙、女性、文化社經殊異與低成就四類資優學生而言，在鑑定、安置、教學與輔導等一系列與其教育方案適當與否的問題，均值得國人深入探討。在民國八十五年五月舉行的全國資優教育研討會中，亦將本主題列為八大議題之一，顯示對此一議題的重視，筆者忝為該主題之引言人，本文係根據文獻與自身的經驗，今（民85）年三月二十二日國立台北師範學院舉行的分區特定族群資優教育研討會的充分討論、回收的47份問卷調查結果，以及五月一、二日全國資優會議與會者的討論，將所有意見與資料彙整後，提出四項議題的問題背景與現況分析以及可行之因應策略，俾提供未能參與是項會議的所有資優、身心障礙以及一般教育的工作者參考，盼能喚起一般大眾重視這些學生的教育權益與需求。

壹、建立殘障資優生的適當教育方案

一、問題背景與現況分析

　　雖然特殊教育法將資賦優異教育與身心障礙教育均納入法令內容中，但實際發展上確有涇渭分明之勢。身心障礙學生的分類係依其主要障礙加以歸類，亦即特殊學生接受特殊教育的服務全然依據其主要障礙而定。唯自中外古今歷史中發現的確有許多傑出人士本身有殘障的情形，諸如貝多芬、海倫凱勒、美國羅斯福總統、與愛因斯坦等（Thompson, 1971）；在國內肢體殘障者中亦有傑出的中央研究院院士許倬雲、推動社會福利不遺餘力的作家劉俠、腦性麻痺但繪畫創作優異的藝術博士黃美廉等（李翠玲，民79）。上述人士的成功，均有賴自身、家庭、學校或社會的努力與接納，才得頭角崢嶸。唯此些有傑出表現的資優殘障者僅為資優殘障者的少數，有更多殘障資優的學生尚待我們去關心與提供必要的協助。

　　以我國而言，雖然資優教育與身心障礙教育各自有相當規模的發展，但對於同時具有資優與殘障兩類特質的學生，卻未曾有任何的關心與提供必要的教育方案，甚至在目前的甄選方式與過程中，幾乎沒有被鑑定為資優的可能。林幸台（民84）對我國資優學生鑑定制度的研究指出，有半數以上之教育學者關心鑑定工具的內容對弱勢族群不利，而此種現象在國小階段較在國中、高中普遍，故認為可能因層層不適當的篩選過程，造成年級越高，此種不利情形越不易發現，並建議應仔細分析資優班學生之背景與弱勢族群學生獲得資優教育服務的機會，以立法或改進目

前鑑定的方式與程序提供適當的教育機會。而根據筆者在民國八十四年所作的一項研究中發現，殘障資優生大多在普通班或身心障礙類資源教室就讀。其年齡越大，被發現的機率越低，（盧台華，民84），與林幸台（民84）的研究結果頗相符合，亦證實殘障資優等弱勢族群的潛能發展，確因目前鑑定制度的不完善，而受到相當之忽視。由回收的問卷中，亦有反應鑑定制度的一元化，的確無法發掘殘障資優的學生，而使其等無法具有接受資優教育的機會。

在分區研討會中，視障資優、患有腦性麻痺的數理資優、以及自閉症有特殊才能學生的父母即表示，如無適當的教育資源與教學機會，擔心子女的資優特質會被埋沒，甚至造成身心的不平衡，或導致社會的問題。以自閉症學生而言，由於鑑定工具的不適用，根本無法測出智商，而在啟智班與啟智學校就讀者比比皆是，然根據教師與家長之反應，記憶、推理、算術、美術、音樂有特殊才能者相當普遍，此等才能如能發揮，對社會亦會有其貢獻，而可扭轉目前反成社會負擔之情形。此外，視障、聽障、肢障、情障、學障，甚至最常被誤診為智障之腦性麻痺兼資優的學生均需有能克服其障礙影響，同時亦能發揮其資優特質的適當教育方案，俾達至「人盡其才」的目標與理想。

綜合國外文獻，資優殘障學生在優越能力與殘障條件受限兩種近似相反的特質向度下，可能會產生①個別內在能力間極大的差異；②教師、父母或重要他人對其之社會期望水準較低；③社交技巧缺乏，甚至會有被周圍人們排斥的感受；與④內在衝突大，抑鬱性高之四項狀況與衝突。以筆者近三年來接觸就讀台灣師大之我國視聽障學生的經驗，發現其多為資優生，而身心特質方面有極大的衝突，確有需協調之處，且需在教育方案上作部分調整。而黃瑞珍（民76）根據其任教啟聰班十餘年的經驗，亦發現聽障國中生中有不少英才，其特質如超常的記憶力、深入的

理解、好奇心、語言能力等，與一般非殘障資優生無異。在其個案研究中，發現適應良好或有卓越成就者，均有正向的特質，如對自我的接納與肯定、充分的自信心、以及對自己的缺陷發展出各自的彌補方法。李翠玲（民 79）訪談國內二十位傑出的肢體殘障人士，歸納出影響這些傑出肢體殘障人士生涯歷程的心理因素，包含：對自己的能力充滿信心，學業與職業成就動機強，但其動機來源主要為父母，少數來自教師，多數有內控傾向，極易有補償心理，且最重視「美滿的家庭」之價值。在筆者對國內有肢障、視障、聽障與學障之資優生的身心特質研究中（盧台華，民 84）亦有下列之相關發現：

㈠80％殘障資優生僅在普通班就讀，其餘學生則或有身心障礙類資源教室的教學，或在身心障礙學校就讀，均未有接受資優教育方案的機會。且有年齡越大，被發現的機率越低的趨勢，其中又以肢障者最多，其次依為聽障、視障，而以學障資優生較不易被教師發掘與推薦，其各項能力評量表現亦普遍較低。以整體殘障資優學生可能受到學校的關切與注意程度而言，北部地區比中、南部要高。

㈡研究中發現之殘障資優生的殘障程度多為中重度及全殘者，其成因以後天性居多。聽障資優生家庭成員亦有聽障者佔 21％，且除學障資優生外，其餘三類殘障資優生各約有 12％至 23％在生長過程中罹患過生理疾病。

㈢各類殘障資優生間的智力結構有個別間差異存在，聽障資優生的常識與類同能力較差，視障資優生的連環圖系能力較差，而學障資優生的算術能力最差。除男生的常識能力較女生佳外，其餘分量表與總智商均無性別差異存在。

㈣在資優特質方面，教師認為殘障資優生的學習精神較佳，而研究報告能力較差，然有個別差異存在。由訪談及觀察結果顯示，以「學科或藝能科表現優」、「主動學習」、與「理解力

強」三項較為普遍。

　　㈤在對自身殘障的接納態度上，除學障因無顯著生理或外觀障礙不宜施測外，其他三類殘障資優生對自身殘障均能接納，且能積極向上。

　　㈥學障比其他殘障資優生的社交技巧與情緒穩定能力差，其他三類則能力相當，其社交技巧與情緒穩定尚佳。

　　㈦國高中資優殘障生的人格特質有偏內向性格的傾向，亦即活動性較弱、服從性略高、較具內在思考傾向，在社會性與憂慮性上則接近中等；社會適應性均尚可，稍偏向於客觀、可協調、且攻擊性不高；在情緒穩定性皆有抑鬱性較高且變異性略高，而自卑感較低，神經質接近中等的情形。唯不論男女或不同殘障類別的學生均有個別內在差異存在。

　　由以上文獻與現況的探討可見，為殘障資優學生建立適當教育方案確為刻不容緩之議題。

二、因應策略

㈠調整殘障資優學生鑑定的標準和程序，發展適當的評量工具

　　現況與研究顯示，智力測驗對具不同障礙的學生確實有其限制，故採用全測驗智商來評量殘障資優生並不公平且其結果可信度不高。因此，未來鑑定此類殘障資優生時，應去除不利其障礙管道的分量表，或以其他分測驗代替，或以面談、現場實作，或以至少二週的時間直接觀察學生的實際表現，以多元評量的方式進行，才能真正發掘其潛能，而目前深受重視的情緒商數（EQ），亦應為甄選考量的參考。此外，為殘障資優學生發展適當的評量工具，以真正發掘其能力與成就亦為必要之工作。

㈡提供殘障資優生所需的資優教育方案及必要的身心障礙教育措施

根據現況與研究發現，殘障資優生皆未能進入國內資優方案中就讀。未來在轉介、推薦與甄選時似應注意此類學生的資優特質與需要，能就其資優部分提供適當的資優教育方案。且本研究發現之殘障資優生的殘障程度多為中重度及全殘者，未來在教育安置與輔導上，亦應針對其有關殘障影響的身心發展需求，提供必要的特殊教育服務措施。因此，可能需由立法的程序著手，對國小、國中、高中（職）、大學等學程的銜接與輔導作全盤考量，而在師資訓練方面，亦需要求教師具有資優與部分身心殘障方面基礎知能，才能真正發揮其潛能。

㈢提供適切的親職教育輔導

研究發現殘障成因中以後天性居多，唯有五分之一的聽障資優生有遺傳現象，且約有五分之一的殘障資優生在生長過程中罹患過生理疾病。是以未來在親職教育上，除應加強宣導殘障的形成原因與預防，以防患未然外，亦應對已有殘障資優子女的家庭提供身心障礙與資優二方面適切的輔導。

㈣正視學障與情障資優生的存在，提供適當的教育與輔導

現況與研究結果顯示，學障資優生較不易被教師發掘與推薦，其各項能力評量表現亦普遍較低，內在差異亦較大。而情障（包括自閉症）資優生的內在差異更大且更複雜。因此，此二類學生的鑑定與輔導亟為需要，然因國內對學障與情障的定義尚有爭議，而且鑑定工具缺乏，對單純學障或情障的學生尚無法提供適當的特殊教育服務，更無法顧及學障或情障兼資優的學生。但

如能針對這些有發展潛能的對象，進行適當的教育與輔導，當可
改善一般社會人士對學障與情障學生的錯誤認知與刻板印象，亦
能增加國家的人力資源。

㈤建立適當的學校輔導措施

　　由研究中發現，國高中資優殘障生的人格特質有偏內向性格
的傾向，在情緒穩定性上有抑鬱性較高且變異性略高的情形，且
有相當程度的個別內在差異存在。故而對這些學生的心理輔導相
當重要，未來宜提供各種人際社交活動，且學校輔導室宜針對個
別需要，安排各項小團體或個別輔導活動，讓其有發抒抑鬱的機
會，並可藉各項輔導活動穩定其情緒，拓展其社交人際關係。此
外，亦需加強校內一般學生對殘障資優生的認識與宣導，讓其了
解、進而接納這些學生。

㈥透過科技輔助方式，創造無障礙的學習環境

　　電腦科技的發達，可調整殘障學生的學習方式，增進了殘障
學生學習的管道。殘障資優學生可利用各種輔具，以增加潛能發
展的機會，諸如自閉症資優生可以上電腦網路方式與人溝通，腦
性麻痺與學障資優生可以電腦評量，代替紙筆等不利其等評量的
方式，診斷出其真實能力與成就。因此，政府應研發或引進各項
科技輔具，以能克服殘障資優生的學習障礙。

㈦鼓勵與支持有關殘障資優的系列研究

　　國內針對在學殘障資優學生所作的較大規模研究相當缺乏，
此一領域亟待開發與探究。筆者之研究（盧台華，民84）僅為
一全面性初探研究，在對殘障資優生的認定上與推薦過程中恐有
疏失與遺漏之處，故僅可視為現況之初探，未來尚可就各項變項
逐一進行更深入之探討，並可就殘障資優學生與資優生及一般學

生的比率，全面探討其出現率。此外，可就各類殘障資優生的學業成就與智力、自我概念與人格特質等因素進行相關分析，或進行個案研究。長期目標應提供適切的鑑定工具與教育與輔導方案，並實驗其可行性，方能對這些殘障資優生提供實質的助益。

(八)提供發展身心障礙資優生的經費

政府在提供資優教育的經費上，可限定將其中一定的比率，運用在殘障資優學生的教育方案發展方面，以能強制各級教育行政機構與學校，確實重視與實施這些殘障資優生的適當教育措施。

(九)設立各類殘障資優生的升學保送甄試辦法

目前雖分別有聽障、視障與資優生的升學保送甄試辦法，然此三種辦法對殘障資優生均有其限制，未來如能開放較多科系，並能對多重障礙（如腦性麻痺）學生提供升學的管道，應較能發揮其潛能。

貳、加強女性資優生的生涯輔導

一、問題背景與現況分析

女性資優者的教育問題一直是國內外文獻探討的課題。許多文獻結果顯示，資優女性在學業與社會成就表現均有低成就的現象，且有嚴重的生涯發展衝突存在，包括社會對性別角色的刻板印象及成就動機與成功恐懼間的衝突（李美枝，民 79；呂勝瑛，民 71；Callahan, 1979; Noble, 1987; Reis, 1987）。諸如

資優女性需面對社會對女性與資優兩種相互衝突的期望，一方面希望其扮演傳統女性的賢妻良母角色，另一方面又因資優，而被期望能充分發揮其潛能，做為社會的中堅與領導。許多學者（Arnold & Denny, 1985; Hollinger, 1991; Kerr, 1985; Reis, 1987）認為對部分資優女性而言，學術與生涯成就甚至是一種痛苦與孤立的經驗，而降低其對生涯發展的期望，或不願在專業領域中充分發揮其最大的能力。就家庭背景探討資優女性的人格與興趣發展的許多研究發現，數理資優、高創造性或高成就的女生，都較一般女性男性化，且父親在認同過程中，扮演相當重要的角色（呂勝瑛，民71；柯秋月，民82；Callahan, 1979; Fox, 1976）。亦有許多學者（Bem. 1975; Bem & Lenney, 1976; Spence et al., 1975）發現，與資優男生相比，資優女生較不易克服男性化與女性化特質間的矛盾，而使其自信心大為降低；唯有研究結果顯示（Mills, 1980; Orlofsky, & Stake, 1981），兩性化或男性化特質傾向較高的資優女性較能發揮其聰明才智與發展事業成就。學者們（Clark, 1983; Grau, 1985; Silverman, 1986）普遍認為，性別角色的刻板印象在資優女性的生涯抉擇過程中有舉足輕重的影響。而預期工作會受到婚姻與家庭的影響，或僅能從事教育與文學領域，或社會聲望較低的非專業性工作（Eccles, 1985; Fox & Zimmerman, 1985; Kammer & Perrone, 1983）。

以國內的現況而言，隨著社會變遷與女性主義的抬頭，目前女性雖在工作權與社會參與權上有顯著的增進，唯從事數理、醫學、建築、政治等一般認為是男性專利工作的女性仍不多，且在職位上，仍較男性普遍為低，而較難有機會擔任獨當一面的角色。根據行政院主計處的資料，近二十年來，女性薪資僅佔男性薪資比率的70%左右，而近十年來的女性勞動參與率更停留在45%，遠低於世界先進國家（中時晚報，民85，4,3），且在目

前國內的資優教育方案中，男生受教的比率亦遠多於女生。對這些資優女性而言，許多亦在傳統社會觀念的限制下，並未能充分發揮其能力，或從事與其性向與興趣符合的專業工作，對人力資源而言，誠然是一種浪費，且造成生涯選擇與價值之衝突，是以曾有國內數理資優班的女性選擇自殺或轉社會組就讀等現象。

國內針對資優班女生生涯發展所作的研究中（王文科，民81；林幸台，民82；歐陽萌君，民81）亦發現，資優女生對生涯的準備度較男生差，且認為女性僅可從事少數幾項行業，受社會環境限制的情形相當明顯，且資優女生大多選擇社會組為以後的就讀科系，而少部分選擇理組的女生，主要是因為討厭背書或認為史地較枯燥，僅有少數會考慮到個人的潛能或特質。其中選擇與自己意願不符合的影響因素，依序為「符合父母期望」、「當時不知道自己的興趣」及「未能考取符合自己興趣之志願」，顯示受現況的限制較多。上述現象是否會造成對資優女性自我概念發展的影響亦值得深思。有部分研究（王文科，民80；韓梅玉，民84）結果顯示，資優女生的自我概念較男性低，而社會的刻板印象與對兩性不同的職業角色期待，確實會影響資優女性的自信心，造成生涯發展困擾。在研討會中，資優女性的代表亦希望能破除社會的刻板印象、提升對女性資優生的期望水準、增加其發揮潛能的機會、加強對親職的輔導，以獲得家庭、學校與社會大眾的認同與支持。而女性本身對女性資優的認同感與自信心亦應提昇。

二、因應策略

㈠建立正確的生涯理念，擴充生涯發展的角色

由現況與研究結果顯示，資優女性的正確生涯理念極待建

立，因此加強生涯的課程或輔導甚為必要，而觀念的建立更需自小學或更早期即應開始，而課本或課外書籍中有關性別角色刻板的內容，似乎需要調整或修正。至於國高中階段的課程或輔導，宜加強職業類別的認知，多介紹與資優生才能與興趣相關的生涯與行業資訊，提供生涯覺知、生涯探索，甚至生涯準備的機會，以去除傳統生涯角色發展的心理限制，擴大發展的範圍。

(二)提供各行各業適當與成功之女性生涯發展角色，以利學習

可採邀請各行各業成功的女性以專題演講或面對面座談方式，提供自身的經驗與心得，尤其可強調在一些傳統僅有男性可從事的行業及將自身與家庭等角色調適良好的成功女性，以為參考學習之對象；或進一步採良師典範制（Mentor）的方式提供模仿的角色，以共同作習或研究方式，深入進行生涯探索的活動。在美國明尼蘇達州為資優生實施的一項「良師關聯」（Mentor Connection）方案的成效調查中（Beck, 1989）即指出，資優女生比男生更肯定方案的成效，她們認為良師制幫助她們了解如何統整家庭與事業的方法，能減除她們對婚姻與事業無法兼顧的疑慮與雙趨衝突，能協助資優女生學習獨立與冒險的精神，改變其對傳統性別角色不敢對抗與自卑的心理，能坦然在學業上競爭，在事業上作正確的抉擇，並可學得克服內心障礙的方法。

(三)加強女性資優生之人格輔導與培養決策能力，以增進其自信心與抉擇能力

由研究中發現，兩性在能力與成就動機等的差異會隨年齡的增長而漸趨明顯，而研究結果亦顯示，資優女生的自我概念會隨年級的增長而降低，因此提供各種有關社會性或情緒性之輔導活

動頗為必要。而由座談會中,女性資優代表亦認為普遍有自信心低、成就水準低與不被一般女性、家長、教師與社會大眾了解與接納的現象。因此,除需加強與一般女生間的互動,以減低孤立感,並培養群性外,加強自我與同儕的心理建設,以減低同儕排斥與嫉妒,學習壓力的調適方式亦為必要。而教師與輔導人員亦應注意自己對性別角色所持的態度,培養其較具彈性的兩性化特質,以減低心理壓力與調整性別衝突。此外,提供選擇機會與決策能力,對資優女性的生涯發展亦有相當助益。

四給予女性資優生公平的受教機會與環境,以培育女性資優科學人才

教師對性別角色的態度亦會影響資優女性的發展,Blaubergs(1980)發現教師對女生在解決問題時提出的獨特性表現,常給予較低的評價,而對男生有相同的行為則獲得較多的讚賞。而國內數理資優班中的女性亦有類似情況出現,教師並未給予女生足夠的思考回答時間或有較高的期待,顯見對資優女性在數理方面的能力期望較低,可能會造成資優女生的成就動機與抱負水準亦較低,因此調整教師的教學態度與期望水準,提供必要的訓練與充分的資訊,而能適時提供資優女性較多的支持與鼓勵,對發揮其潛能,應有極大助益。此外,社會、媒體等大眾傳播的影響力亦不容忽視,能站在中立與平衡的觀點上,報導事業成功女性奮鬥的心路歷程,避免一般大眾對「女強人」等類似之名詞有負面的看法,相信在開放、公平的社會環境下,對資優女性的生涯發展與成就動機的提昇定有助益。

五提供資優女性的親職輔導

家長態度對女性資優生的影響的確不容忽視,現況顯示家長對資優女性的期望水準較低,仍有中國人傳統重男輕女的觀念,

造成資優女性容易放棄，而不會主動積極爭取自身權益或發展潛能的機會。因此讓資優女性家庭了解資優的特質，建立正確的資優概念，而能給予其子女支持與鼓勵，並提供良好的學習環境與機會。

叁、提供文化社經殊異資優生適當的學習機會與環境

一、問題背景與現況分析

國內雖不像美國或其他國家，有明顯的多元種族與文化問題之存在，然以教育的全面發展性而言，的確對居住在偏遠地區的學生、原住民、家境清寒與其他較缺乏文化刺激的學生有所不公與不平。雖然近年來，教育行政當局已在逐步降低與拉近城市與鄉鎮間普通教育資源的差距，然對資優教育而言，似乎並未作全盤的考量。以目前現有設置資優班之學校與地區而言，均集中在較大的都會區。根據國立臺灣師範大學特殊教育中心的統計（張蓓莉、廖永堃，民84），八十三學年度各類資優班級的設置情形，在數量與類別兩方面，台北市均拔得頭籌，有一般能力、數理、語文、美術、音樂、舞蹈、體育等各類班級的設置，共計160班，比其他縣市多得多，而在國小、國中、高中階段方案設置的銜接與完整性，亦較其他縣市佳，其次為高雄市及台北縣等大都會區域。深入由學校所在的位置觀之，多集中在人口稠密的縣市中心區或所謂的明星學校，偏遠地區或山區幾沒有任何資優的方案存在。雖然資優生的出現率與地區或學生人數的多寡似乎有關連，然並不意謂沒有資優生的存在。這些居住在偏遠地區或

原住民的子女，雖有資優特質，唯可能因受教機會的不均等及教育資源的缺乏，而造成潛能的埋沒，因此提供適當的資優輔導方案甚為必要。

此外，對家境清寒與較缺乏文化刺激，然具有資優特質的學生，目前亦應教育成果的認定，過度著重在學業成績的高低，而因後天環境的不利，無法在早期即獲得適當的啟發或獲得系統組織的學習機會，使得在學業學習的起步較晚，因此早期在智能或學業成就的表現上未能顯現出來，而錯過了資優方案鑑定的期間，或無法達至目前國內設定的資優標準。筆者在任教國中期間，即曾遭遇教師將資優學生當成智障學生處理的例子，誠為可惜與可悲，此類學生的學習機會與環境亦是一值得重視的問題。國內許多研究（林潔儀，民 70；林義男，民 77；簡茂發，民 73；郭素蘭，民 73；楊憲明，民 77）均指出家庭的社經地位與子女的成就有密切的正相關存在，而家庭的教養方式亦為影響子女成就的重要因素（盧美貴，民 74；楊憲明，民 77；鍾瑞文，民 81；簡茂發等，民 81），因此對文化社經地位不利之資優學生亦應提供適切的輔導，才能達至提供適當教育的目標，以充分發揮其潛能。

二、因應策略

㈠增加實施資優教育方案的學校，且需注意地區與人口比率的平衡分布

目前設有資優班或資源教室的學校多半在大都市或較大的鄉鎮，對偏遠地區就讀的學生頗為不公與不便。未來宜在各地區皆至少設有一班資優班或提供資優的資源與輔導，以利原住民或偏遠地區就讀的資優學生有接受資優輔導的機會。而針對原住民文

化的多元與殊異亦應考量，尤其是其音樂才能更不宜埋沒，可考慮以設立音樂資優班或資源教室的方式實施。

㈡成立各縣市資優教育資源中心

以資優生的學習特質而言，有主動學習與自我指導的意願與能力，因此如因學生人數不足，在開設資優班或甚至在各校設置一資源教室均有困難時，各縣市應可成立一個資優教育資源中心，以提供家境清寒與較缺乏文化刺激然具有資優特質的學生，一個可自我充實的學習環境。且此資源中心亦應有專業人員的設置，以籌畫如假日進修、主題研討等各項活動，並提供必要的輔導。

㈢提供適當的親職教育與輔導

Cambell（1987）指出，影響美國亞裔資優生學業的因素中，學生自身的影響為 60％－70％左右，父母的影響有 20％-30％之間，而教師的影響僅佔 5-10％之間，顯示父母對資優子女的發展有相當的影響力，因此提供適當的親職教育與輔導極為必要。蔡典謨（民 83）的訪談研究發現，大部分高成就青年學生的家庭社經地位雖較高，然亦有少部分社經地位輕低的家庭仍能培養出高成就的青年，唯溫暖、和諧的家庭氣氛對能力的發揮有相當之助益，在教養方式上，則認為在幼年時，應採高權威、高關懷的方式，以奠定基礎，培養良好的習慣，而在年紀稍長後，則宜採低權威、高關懷的方式教養。以上之原則，或可提供為輔導之參考。

㈣調整鑑定的標準與程序，並提供適當的資優方案就讀比率給文化社經殊異然具資優特質的學生

以目前高智力與高學業成就為資優鑑定標準的方式，對文化

社經殊異的學生頗為不公，未來可在資優方案中提供部分的名額給與這些學生，而其鑑定的方式，亦宜調整，著重潛能而非目前之成就，尤其不宜採用著重語文能力的測量工具。

㈤以原住民師資進行原住民資優生的教學與輔導

在座談會上，有原住民的代表認為原住民的文化多元性與思考特質與模式是與一般人有所差異，建議部分師資中如能由原住民的教師或傑出人士擔任，對教育或輔導原住民的子女發揮的效果可能較大。

肆、落實低成就資優生的心理與學習輔導

一、問題背景與現況分析

根據特殊教育法施行細則第九條規定：一般能力優異指學業成績持續優良、校內外活動表現傑出、並符合團體與個別智力測驗之結果在平均數正二個標準差以上，及學業總成績在就讀學校同一年級居於全年級成績百分之二以上，或各科學業成就測驗之結果，在平均數正二個標準差以上者稱為資優學生（特殊教育法施行細則，民 76 ）。由此可知資優生的法定特質即為高智商及高學科成就。

然根據 Van Tassel 對芝加哥南部市郊學校所作的調查，發現有 45％智高在 130 以上的資優生，學業平均成績低於 C 等，在輟學的中學生中，14％是智商 130 以上者（引自盧雪梅，民 77 ）；Gowan（ 1955 ）研究發現資優兒童中有 42％是學業低成就者；Raph, Goldberg 和 Passow（ 1966 ）則指出 40％至 60％

的資優兒童屬學業低成就者；Perkins（1969）發現智商在130以上的美國九年級學生，有50％畢業學科成績未達期望水準，Pringle（1967）認為英國約有25％的資優兒童屬低成就者；Whitmore（1980）更指出全美有70％左右的資優兒童均可列入低成就的範圍（引自金樹人，民70）。顯示低成就是資優學生普遍存在的問題。

國內葛昌平（民72）的研究指出：資優生中，國語科出現低成就之比例為24.3％至38.7％，數學科為15.4％至21.6％，國語、數學兩科皆屬低成就者為5.3％至14.5％。韓梅玉（民85）發現台北市的國小資優生中，國語科T分數在平均數以下者佔了4.2％，在平均數與一個標準差間佔61％，在一個至二個標準差間佔34.5％，而在二個標準差以上者，僅佔0.3％；數學科T分數在平均數以下者佔了2％，在平均數與一個標準差間佔56％，在一個至二個標準差間佔42％，而在二個標準差以上者為0％；而國數二科的綜合表現方面，T分數在平均數以下者佔了2.5％，在平均數與一個標準差間佔62％，在一個至二個標準差間佔35.5％，而在二個標準差以上者亦為0％。由以上現況調查顯示，國小資優生的學業表現能達國內所謂的資優標準者幾乎沒有，可見國內資優低成就的現象亦普偏存在。

二、因應策略

㈠調整低成就資優學生的鑑定程序

以目前高智力與高學業成就為資優鑑定標準的方式，對低成就的資優學生亦較不利，未來在鑑定的方式上亦宜調整，亦應以潛能為重而非目前之成就，以多元評量方式，配合適當的觀察，可能較適合。

㈡提昇低成就資優生的學習動機與態度

Clack（1979）指出低成就資優生缺乏學業成就動機，且學習習慣不佳，家庭作業能完成的不多，當要嘗試唸書時，常會打瞌睡，而無法思考或計劃未來的發展目標。Maker（1977）提出低成就資優生的特徵為缺乏堅忍性、工作不持續、缺乏統整性的目標；不合宜的自控、衝動；成功與失敗的歸因，傾向外控，且有愛尋找刺激，緊張過度的傾向。因此，提昇學習動機與正確的學習習慣與態度甚為必要。可以著重努力而非學業成績，多用增強、少用責罰的方式，建立其信心；並以多增加學習時間與次數，採提供多元管道的方式進行教學，並應提供不同的教學法，採較民主的管教方式，提供學生選擇的機會。

㈢提供低成就資優生適當之學科輔導

Maker（1977）亦提出低成就資優生常無法經由聽覺而吸收訊息，且無法有效地集中精力，且由於視知覺的缺陷，造成學業低成就。因此，對低成就資優生教學之內涵應有彈性，否則在基礎學科皆無法勝任的情況下，又如何能對於數學、國語等充實性課程進行有效學習，或對應用學科從事深入的研究？因此，針對低成就資優生的個別能力、興趣與需要，設計適當的個別化教學計畫，並進行教學，應是較有效與可行的策略。此外，可以利用星期假日或寒暑假實施各項充實活動或進修計畫，針對學生的需要，選擇內容進行輔導。

㈣增進低成就資優生的人際關係與自我概念

Clack（1979）提出低成就資優生的自我觀念差，對自己的評價常是負向的，且對他人不信任、不感興趣或缺乏關心，甚且懷有敵意及有被排斥拒絕的感覺，因此具有反抗性。且個人適應

性較差，在團體情境中有退縮的傾向，而在同儕中的人緣與聲望不高，造成領導能力低落。由於不喜歡學校或老師，也常選擇對學校懷有負向態度的同儕作朋友，且缺乏任何正當的休閒嗜好、興趣或活動。Maker（1977）亦認為低成就資優生有公然表達敵意與攻擊行為，具自我中心的人格與負向的自我概念。Kanoy（1980）指出小學低成就資優生的自我概念較高成就之資優生為差；Saurenman 與 Michael（1980）及 whitmore（1980）分別於研究中得知低成就之資優生在各種自我概念評量結果中，分數均低於高成就者。由以上研究可知，人際關係與自我概念的提昇是低成就資優生心理輔導極為重要的部分。可依據學生的特質與需要，採各種班級活動、團體輔導活動、與個別輔導的方式進行，增進對自我的了解與接納，發展溝通與社會能力。

㈤提供適當的親職輔導與家庭環境

由研究中發現家長的管教態度與方式的不當、親子關係不佳，亦是造成資優低成就的影響因素。對有低成就資優子女的家長，提供必要的諮詢與輔導，協助建立溫暖和諧的家庭氣氛與適合學習的環境應是必要的，亦是治本之道，相信對其人格的健全發展與成就的提昇有極大助益。

伍、結語

由上述四類特殊族群的探討與建議中，發現這些學生在鑑定安置與就學輔導的措施上，均因其特殊需要，而或多或少需要作部分的調整。在鑑定部分或需將目前以 IQ（智力商數）為主要標準的方式，改變為以 EQ（情緒商數）為參考指標的方式，由完全客觀的標準，轉換為較具主觀色彩的多元評量與鑑定應較適

合，亦較公平，且能真正發掘出資優，而非僅績優的學生。在安置上，能考慮學生的個別需要，安排個別化的教育方案（如良師制），而非目前較以單一特質或族群（如學生數達 30，才能成班接受資優教育）為考量的資優安置方式。在就學輔導上，能針對其人際、社交、生涯與親職方面進行輔導；在師資安排與訓練上提供資源；在教育環境方面加以改善；在行政與立法上給予支援。上述之建議，相信對這些目前較受忽視的資優學生群會有絕對的幫助。

　　非常令人欣慰的是，在今年（民 85）舉辦的全國資優教育會議中已將此一議題納入探討，筆者期盼在不久的將來，資優工作者與社會大眾能重視這些目前較受忽視的資優學生群的存在與需求。讓殘障資優生能成為人力資源的一環，以免因潛能的無法發揮，反成社會的負擔；女性資優生能克服生涯發展的衝突與障礙，選擇其真正有興趣與能力從事的志業發展；文化社經殊異的學生能發揮其特有的文化特質、智慧與創造力，而不再受到歧視與不公平的待遇；低成就資優生能在放寬資優定義與鑑定標準與重視學習習慣與態度的養成中，逐漸恢復與發揮其能力；至少讓他們亦能享有接受適當教育的機會與權利，進而達到人盡其才，貢獻社會的理想。

參考文獻

中時晚報（民 85,4,3）：**生活熱線**（第五版）。

王文科（民 80）：**資優生成年後之社會成就水準、生活適應及其他相關因素之研究**。國立臺灣彰化大學。

吳武典（民 75）：重視資優的殘障者的教育。**特殊教育季刊，21，1**。

李美枝（民 79）：**性別角色面面觀（再版）**。台北：聯經。

李翠玲（民 79）：**傑出肢體障礙人士生涯歷程及其影響因素之探討**。國立台灣師範大學特殊教育研究所碩士論文。

林幸台（民 83）：**資優學生的生涯輔導**。載於開創資優教育的新世紀。國立臺灣師範大學特殊教育系。

林幸台（民 84）：**我國資優學生鑑定制度之研究**。國立臺灣師範大學特殊教育系。

柯秋月（民 82）：**資優班與普通班女生性別角色態度、成就動機及職業傾向之比較研究**。國立臺灣師範大學特殊教育研究所碩士論文。

黃瑞珍（民 76）：資優的聽覺障礙學生。**資優教育季刊，22，16-19**。

張蓓莉、廖永堃主編（民 84）：**台灣地區特殊教育暨殘障福利機構簡介**。國立臺灣師範大學特殊教育中心。

資優學生的鑑定與輔導（民 76）。台北：心理。

盧台華（民 75）：談資優兼學習障礙學生的教育。**特殊教育季刊，21，10-13**。

盧台華（民 78）：資優生的生涯發展。**資優教育季刊，33，1-7**。

盧台華（民 84）：**殘障資優學生身心特質研究**。國立臺灣師範大學特殊教育系。

蔡典謨（民 83）：高成就青年學生家庭影響之質的研究。載於**開創資優教育的新世紀**。國立臺灣師範大學特殊教育系。

韓梅玉（民 85）：**我國國小資優生智力、學業成就、自我概念與同儕關係之研究**。國立臺灣師範大學特殊教育研究所碩士論文。

Dunham, S. G., & Russo, T. (1983). Career education for the disadvantaged gifted: Some thoughts for educators. *Roeper Review, 5* (3), 26-28.

Gamble, H. W. (1985). A national survey of programs for intellectually and academically gifted hearing-impaired students. *American Annals of the Deaf, 130* (6), 508-518.

Karnes, M. B., & Johnson, L. J. (1991). *Gifted handicapped.* In N. Colangelo & G. A. Davis (Eds)., Handbook of the gifted education (pp.428-437）. Boston: Allyn & Bacon.

Maker, C. J. (1978). *Providing programs for the gifted handicapped.* Reston, Virginia: Council for Exceptional Children.

Minner, S., Prater, G., Bloodworth, H., & Walder, S. (1987). Referral and placement recommendations of teachers toward gifted handicapped children. *Roeper Review, 9* (4), 247-249.

Steeves, J.（民 81）：資優學障兒童的鑑定與教育方式。**資優教育季刊，45，** 26-33。

Thompson, L. J. (1971). Language diabilities in men of eminence. *Journal of Learning Disabilities, 4* (1), 34-45.

Witmore, J. R., & Maker C. J. (1985). *Intellectual gifted in disabled persons.* Rockville, MD: Aspen.

Yewchuk, C. & Lupart J. L. (1993). *Gifted handicapped: A desultory Duality.* In N. Colangelo & G. A. Davis (Eds)., Handbook of the gifted education (pp709-725). Boston: Allyn & Bacon.

41

殘障者潛能發展方案芻議

＊ 吳武典

壹、前言

　　傳統上，我們對資優兒童強調發揮其長處，實施充實性教育；對殘障兒童強調補救其缺點，實施補償性教育。事實上，資優兒童因情緒困擾、經驗不當或環境不利，亦可能產生學習障礙，需要實施補救教學；殘障兒童亦可能在普通智能或特殊才能方面，稟賦優良，而需要接受充實教學。特殊兒童之優點與短處並非是絕對的，優異與障礙並存是可能的事實；充實教學與補救教學並進，也是必要而可行的，只是在程度上容或有輕重之別而已。如果只見其長不見其短，或只見其短不見其長，便難免使特殊教育發生偏頗，無法使兒童獲得真正的適性發展（吳武典，民75）。

　　根據推測（Maker, 1978），殘障者中資優的出現率應與非殘障者接近（即3-5％），然而資優殘障者能有卓越成就的比率則遠低於非殘障的資優者。其原因一方面固然是殘障者的本身會影響潛能的發揮，一方面也由於環境設下了太多的限制。資優的殘障者能夠卓然有成，似乎是「奇蹟」，「奇蹟」有賴「奇遇」。「奇遇」多半是名門（家世）、貴人（良師、名師）和個

人無比毅力的結合，是可遇而不可求的。如果資優的殘障者之成長發展純賴奇蹟，則對個人而言，有抑鬱之恨；對社會而言，亦有遺珠之憾。特殊教育應致力於發掘此種隱藏的才華，並以人為的力量創造更多的奇蹟（吳武典，民 75 ）。

　　歷史上不乏資優與殘障集於一身的人物，如：又盲又聾的海倫凱勒（ Helen Keller ）是位傑出的教育家。她一生致力於社會福利事業，呼籲世人關懷盲人，強調盲人教育的重要，被稱為「 光明天使 」；肢障的羅斯福總統（ Franklin Roosevelt ）是位深得人心的領袖；愛迪生（ Thomas Edison ）、愛因斯坦（ Albert Einstein ）有書寫的困難，但在發明與科學研究上均有卓越的成就。國際青商會中華民國總會於民國五十二年至七十八年間，27 年來所選出的 270 位十大傑出青年中，亦有六位屬殘障人士（ 李翠玲，民 79 ）。民國八十二年十大傑出青年更有三位是殘障者，八十三年則有二位。李翠玲（ 民 79 ）以我國二十位傑出肢障人士為對象，探討其生涯歷程及其影響因素，發掘了許多可歌可泣的事實；他們的價值觀大致已達到己立立人、己達達人和自我實現的境界，即使一般人也不容易達到。因此，我們深深覺得：成功的人生，不是任何人的專利品，殘障人士一樣可以奮鬥成功。社會人士的關懷與愛心，是殘障者成功人生的滋養劑和催化劑。殘障者的潛能發展，是過去特殊教育的「 盲點 」，應成為今後特殊教育的「 重點 」。現今之道，除了規劃「 無障礙環境 」與充實「 支援系統 」（ 參見相關議題 ）外，具體的做法可從「 殘障者體能發展 」、「 殘障者才藝發展 」及「 殘障者職能發展 」等層面加以規劃。

貳、加強推展殘障體育運動

一、緣由

　　運動對於健康豐富的生活是不可或缺的，一般人要運動，殘障者更需要運動（朱敏進，民83）。其理由有二：①運動可以強身，對殘障者更可以作為機能復健或醫療的方法；②透過運動，可使殘障者享受人生，融入社會，增進自信。傳統以為殘障者是不能、不必、不可運動的觀念是錯誤的。殘障者的體能發展有多方面積極的意義和功能：「全民體育運動」不能缺少殘障體育運動這一環。

二、現況說明

　　今日身心障礙學生（尤其是生理殘障者）在體育運動上的典型困境是：他們是體育課裡的客人（只有旁觀的份），是運動競賽裡的缺席者（只有加油的份）。這種情況已逐漸有所改善，但距理想之境仍很遠。

　　國際間的殘障者運動從第一次世界大戰後便引起復健醫師們的注意。到了二次大戰結束，將運動導入醫療活動則愈加興盛，尤以德國與英國最具代表性，日本則是在 1964 年在東京舉行國際傷殘者運動會後，突飛猛進。殘障者的運動已發展成為國際性的運動觀念。我國則在民國六十六年於台南市舉行台灣區殘障自強運動會作為轉換點（朱敏進，民83）。最近一次的台灣區殘障國民運動會於八十三年三月間於高雄市舉行，總計有 2,184 名

選手及隊職員參加，運動種類男子有八項，女子計有五項。

　　民國七十三年一月廿八日，在一群熱心人士的倡導下，中華民國殘障體育運動協會正式成立。成立以來，舉辦游泳、輪椅馬拉松、輪椅籃球比賽等活動，獲得社會熱烈的迴響；同時組團赴國外作體育交流，是推展我國殘障體育運動的主要力量。此外，尚有以推展智障者體育為宗旨，並與國際特殊奧運會（Special Olympics）進行合作與交流的中華民國智障者體育運動協會，也積極的投入此一運動的推展。中華奧會也成立「特殊體育與殘障運動委員會」並曾召開多次委員會；惟其功能仍有待發揮。」

　　相對於民間團體的努力，教育部也成立了「特殊體育及殘障運動推動小組」，體育司研擬之「改進特殊體育教學實施計畫」也已經審議通過，即將付諸實行。

　　在學校的層次，目前大專院校體育教學，大多開設特殊教育班，以適應截肢、體態不良、聽障、病弱等學生之需求。至於普通中小學，除少數開設體育特別班及啟智班體育課程外，大多未特別設計。特殊學校之特殊體育，則較有規劃，也較能符合障礙學生的需要。

　　就體育運動的兩個目標—全民體育與培養選手而言，顯然地，目前我國殘障者的體育運動，才在起步階段，有待大力加強，以發展個人體能，促進全民體育，並儘快跟上世界潮流。

三、問題分析

㈠殘障體育運動政策不明

１.缺乏法源：「特殊教育法」、「殘障福利法」、「體育法」等均未明文規定殘障體育運動事宜。推展殘障體育，只能引用相關條文或透過行政命令，以致在人員編制、預算編列上，均

無法獨立作業，作大幅度之推展。

2.缺乏共識：殘障體育之定位為何？似乎缺乏共識。如：殘障體育教育尚未列入正式的教育體系中，而只是點綴性的措施；殘障體育組織應為綜合性運動協會，而目前卻定位為單項性協會；殘障運動競賽所得到的支援與一般運動競賽有天壤之別…。

3.缺乏制度：無論中央或地方政府，均缺乏專責機構或專人辦理殘障體育運動。中央雖有推動小組，但功能有限，都靠民間熱心人士奔走，終非良策。完整之制度與發展計畫，尚付諸闕如。

㈡殘障體育運動師資缺乏

1.兼差的教練：每次參加國內外體育運動活動的殘障選手之教練與裁判都是兼差性質，不夠專業化，難以做有效的指導與訓練。

2.外行的教師：無論普通學校或特殊學校，幾乎找不到真正懂得特殊體育教學的教師，難怪在學校中殘障體育運動無法全面推廣。

3.大學不培育：大學的體育科系，無一設立殘障體育組，甚至此類課程也缺乏。大學體育教師中也甚少有此類專業知識與熱忱，在培養殘障體育專業師資上形成了上游枯竭的根本缺陷。

㈢缺乏無障礙的體育運動環境

1.缺乏場所：無論學校或社區，普遍缺乏適宜殘障者運動的場所。

2.缺乏規則：無障礙的運動環境之規劃與投資一直未能積極進行。

3.設備落伍：殘障者之運動器材（具），如競賽輪椅，往往因陋就簡，未能趕上先進國家水準。

4.**態度障礙**：社會大眾多未能認識殘障體育運動的重要，影響公共體育設施的開設與改善。

㈣殘障體育運動人才缺乏鼓勵與輔導

1.**缺乏培育人才計畫**：殘障體育選手平時未發掘與培訓，臨時成軍的情形甚為普遍。

2.**訓練方案不夠確實**：不但訓練場地難覓，訓練時的待遇與生活照顧，也無法與正常選手相比，影響訓練效果。

3.**訓練教材缺乏**：目前雖有若干編譯的教材，但仍嚴重不足，尤以若干特殊運動項目，更感無教材可用。

4.**獎勵不足**：參與國際競賽獲得獎牌者，其獎金僅及正常選手十分之一，實在相差太大。

5.**缺乏事後輔導**：若干殘障選手參與國內外運動競賽，得不到雇主之諒解與支持，常冒失業危險；雖為國爭光，返國後卻常面臨失業的困境。

四、因應策略

㈠支持民間殘障體育運動

1.政府編列預算支援全國性殘障體育運動組織，並予以積極輔導。

2.協調有關單位把殘障體育運動協會定位為綜合性運動協會。

3.工商企業團體贊助殘障體育運動。

㈡加強特殊體育及殘障運動行政組織及功能

1.教育部體育司設科專責全國殘障體育運動之行政業務。

　　2. 教育部之「特殊體育及殘障運動推動小組」，應加強計畫、督導與評鑑。

　　3. 各縣市教育局應成立特殊體育及殘障運動推展小組，擬定發展計畫，並籌措經費予以配合。

　　4. 各縣市體育會下成立特殊體育及殘障運動委員會，以推展社會特殊體育及殘障運動。

　　5. 大專體總成立特殊體育及殘障運動委員會。

㈢培訓特殊體育師資及殘障運動教練

　　1. 成立課程研究發展小組，負責課程研訂，包括教材綱要、教學指引及有關教材教法之系統化規劃。

　　2. 廣開特殊體育進修課程，提供特殊教育教師及體育教師之進修機會。

　　3. 整體規劃特殊體育教師及殘障運動專任教練之培育制度及任用登記等事宜。

　　4. 選派教師、教練至國外進修專業學位。

㈣加強殘障體育運動教材之編製及研究

　　1. 蒐集並編纂各類殘障體育規則與設置設施標準。

　　2. 研發各類殘障體育運動器材。

　　3. 研發各類殘障體育教育教材。

　　4. 加強殘障體育運動醫學及殘障體育運動傷害防治之研究。

㈤改善無障礙運動環境

　　1. 改善現有學校之運動設施。

　　2. 加強殘障運動器材設施之購置、開發與使用。

　　3. 選擇特殊教育學校或縣市中，設特殊教育運動訓練站，並予經費補助。

　　4.編列經費籌建現代化之殘障人休閒、運動、訓練、競賽、復健與福利中心。

㈥舉辦各項殘障運動競賽活動

　　1.各特殊教育學校、機構應定期辦理殘障學生之運動會，並推展親子運動。
　　2.各級大、中、小學運動會應增設殘障運動組。
　　3.各縣、市、省及全國之運動會應增設殘障運動組。
　　4.建立殘障運動者之體位分級制度。
　　5.加強殘障運動規則之編輯與出版。
　　6.提供殘障運動器材與設備。
　　7.建立殘障運動教練之分級制度。
　　8.建立殘障運動裁判之分級制度。
　　9.擴大辦理全國殘障者運動大會。

㈦舉辦特殊體育及殘障運動研討會及國際交流活動

　　1.加強特殊體育及殘障運動訓練之科技整合。
　　2.搜集特殊體育及殘障運動之現代化科技與資訊。
　　3.舉辦國際特殊體育及殘障運動學術研討會。
　　4.積極參與特殊體育及殘障運動之國際會議、研討會。
　　5.組團考察國外特殊體育及殘障運動先進國家，並與國外著名學府或機構聯合辦理學術交流活動。
　　6.加強延聘國外特殊體育及殘障運動之專家學家，來華講授。

㈧培訓優秀之殘障運動員參與國際競賽

　　1.積極培訓及派隊參加國際性之殘障運動錦標賽。
　　2.積極爭取主辦國際性之殘障運動競賽。

3.工商企業團體認養優秀殘障選手，予以培訓。

㈨獎勵推展特殊體育及殘障運動有功人員

1.對表現優良、熱心之特殊體育教師及殘障運動教練，制定敘獎辦法，並提供其出國進修機會。

2.對優秀之殘障運動員，除建立敘獎制度外，並研究提供適當的升學機會與獎學金。

3.對優秀之殘障運動員，予以適當之職業安置；已就職者，加強與雇主之溝通，並予以加薪補助。

五、未來展望

㈠近程目標

1.強化殘障體育運動組織與功能。

2.重點改善學校體育運動環境。

3.定期舉辦各類殘障體育運動競賽。

4.培養優秀殘障選手參與國際競賽。

5.訓練合格殘障體育運動教練與裁判。

6.擬定短、中程殘障體育運動推展計畫，並予以充分經費支援。

㈡遠程目標

1.形成全民殘障體育運動：凡有大規模運動會，必有殘障者之體育活動互相配合；公共體育場所皆有殘障人士與常人在一起運動。

2.殘障體育教學成為正規教育活動：各級學校皆有殘障體育課程與師資，所有殘障兒童皆能參與適宜的體育活動。

3.我國成為殘障體育運動大國：我國殘障選手熱烈參與國際競賽，並能取得佳績，為國爭光；我國也主辦國際性殘障體育活動，增進國民外交，提昇我國國際地位。

叁、加強發展殘障者特殊才藝

一、緣由

　　孔子問樂於師襄，師襄是盲者。今日社會也有很多的師襄，身懷絕藝，他們也是國家的瑰寶。發掘與發展殘障者的特殊才藝具有下列的意義：①殘障者雖有所短，但也往往有所長，透過補償與昇華，在某種特殊領域，可能發展得比普通人更好；②殘障者的特殊才藝可作為謀生的工具；③殘障者的才藝發展可以滿足其自我實現的需求，也可以增益人類文明的內涵；④弱勢族群的休閒活動往往是最貧乏的，特殊才藝與弱勢族群的休閒活動可以作有意義的結合，從而提昇其生活品質。

二、現況說明

　　今日具有特殊才藝或其潛能的殘障者，到處可見，但能發展得像杏林子劉俠（文學，肢障）黃美廉（畫家，腦性麻痺）、阿吉仔（歌手，肢障）、張育豪（音樂工作者，盲）等傑出人物者，實不多見，也不容易。日常見到的殘障者，多為生活奔忙或為病痛所苦，那有心情學習才藝？即或擁有才藝，也缺乏表演的舞台。例如視障者，至少有八成是音樂愛好者，其中應該有一半是「可造之材」，惜國內的視障音樂演奏團體只有三、四個，有

心走這行的盲友根本沒有適當的管道入行。張育豪自己就多次被有音樂演奏的西餐廳拒於求職門外，更別說投考樂團，成為演奏者了（引自聯合晚報，八十四年一月五日報導）。

　　為了促進殘障者的才藝發展，國際特殊才藝協會（Very Special Arts International）於 1984 年在美國成立，該會的中華民國總會也於民國七十九年成立，積極推展殘障者才藝活動及進行國際交流。此外，還有「中華民國殘障才藝發展協會」、「視障音樂基金會」等的民間組織，共同關心殘障者的才藝發展。教育當局也開始注意這個問題，並有所回應，例如殘障者留學獎學金設置辦法中，便為「特殊才能者」保留了若干名額。

　　殘障者的才藝發展運動在我國只是處於萌芽階段，其需求日益殷切，其發展的空間應是極大的。

三、問題分析

㈠發掘不易

　　殘障者的才藝往往被其表面的殘障所掩蓋，不易被發掘；教師的鑑賞能力與可用的評量工具均有所不足，往往有「遺珠之憾」；在各類資優班中殘障學生的比率遠低於應有的出現率。

㈡培育無方

　　教盲人彈琴比教常人為難；教聾者舞蹈也要有特殊的技巧。儘管學校裡良師很多，但教導殘障兒童發展特殊才藝的名師卻不易尋。

㈢缺乏舞台

　　有些殘障者憑著興趣與苦學，有了一身絕藝，卻苦於缺乏表

演的舞台，甚至於有淪落為江湖賣藝者。社會提供給殘障者才藝發展的機會已經不多，提供給其表演的舞台更少。這一方面是社會結構問題（藝術工作者的普遍困境），一方面也是社會態度問題（對殘障者的不公平待遇）。

㈣缺乏鼓勵

　　在特殊教育與殘障福利逐漸成為政府施政重點的同時，大量的資源用於「補償性」的社會工程，關愛的眼神卻難得眷顧一下殘障者的才華；即使有之，也只是意思意思。有計畫的、適度的培訓與鼓勵，仍然缺乏。

四、因應策略

㈠改善資優鑑定方法

　　應發展適當的方法和工具（如盲生音樂性向測驗、聾生美術性向測驗），發掘具有特殊才華（文藝、語言、音樂、美術、戲劇、舞蹈、機械、發明等）的殘障學生。

㈡保障殘障學生的資優教育機會

　　各類資優班不得以殘障為理由拒收殘障資優生，並應對學習環境與教學方法作適當之調整，以便因材施教。

㈢保障殘障學生的社團參與機會

　　殘障學生參與才藝性社團，應予鼓勵並輔導，儘量使其與一般學生一同學習、一同表演。

㈣提供進修獎助學金

對有特殊才藝之殘障學生，設獎助學金助其在國內外升學或進修。

㈤成立專屬樂團、舞團、劇團或藝術團

由政府贊助，以財團法人或公立形式設置，成為專業表演團體，與正常藝術工作者共同組成，巡迴國內外進行藝術傳播工作。

㈥培育師資

在大學院校音樂、美術、舞蹈、戲劇等科系，開設殘障學生特殊才藝教學課程，並遴派專人出國進修。

㈦加強特殊才藝表演、展覽活動

定期舉辦各類才藝表演及展覽，以活動帶動風潮。

㈧參與國際活動

資助民間組織組團赴國外參加才藝比賽或交流活動。

五、未來展望

㈠短程目標

1. 各類資優班接受殘障資優學生的比例大為增加。
2. 有特殊才藝的殘障學生獲得特殊的指導與獎勵。
3. 大學相關科系開設殘障學生特殊才藝教學課程。
4. 我國特殊才藝學生參與國際活動，為國爭光。

5. 成立「國家盲人樂團」與「國家聾人劇舞團」。

(二)長程目標

1. 每位身心障礙學皆有「一藝之長」。

2. 以殘障者為主體的才藝表演團體紛紛成立，獲得社會的肯定。

3. 工商企業界投入培訓特殊才藝殘障者的行列，並以其特殊才華加以雇用。

4. 殘障者藉著特殊才藝而擁有充實而愉快的休閒生活。

肆、促進殘障者的職能發展

一、緣起

目前殘障者人力資源低度開發，殘障人士就業困難，反映出許多教育、復健、職訓與社會態度、法令規章的問題。殘障者的教育與復健，其目的不外在使之獲得獨立生活的能力，以促使其心理、社會及經濟等方面全人格的適性發展與生涯定位（吳武典，民 83）。

根據研究（吳武典等，民 83），工商企業機構雇用殘障員工之主要理由為職能足以勝任，甚至其工作態度較常人為佳；因此，多數企業機構表示願意比照常人雇用殘障者，甚至優先雇用。可見只要殘障者職能符合工作要求，其就業機會就大為增加。在企業界人力需求殷切，且雇主對殘障者的刻板印象逐漸消除之際，如何使殘障者有一技之長，是改善殘胞生活的主要關鍵。

對多數殘障者而言，特殊教育的具體目標是適應生活，發展生涯，職能的發展乃是教育的重點。其重要性在於：①奠定生涯發展的基礎；②符合其身心特質及需要；③因應未來社會生活。然而，今日特殊教育在身心障礙學生的職能鑑定與技藝訓練上，可說是相當脆弱的，有待加強與改進。

二、現況說明

「生活中心、職教取向」是我國目前身心障礙類特殊學校與特殊班課程與教學的重點。這也呼應了「特殊教育法」的規定：「特殊教育課程、教材及教法，應保持彈性，適合學生身心特性與需要」（第三條）。目前教育部正大力推展十年技藝教育，以為十年國教做準備。對身心障礙兒童，也有特別的規劃，希望他們能藉著延長一年的教育機會習得一技之長，以便將來踏入社會，獨立生活。

國際上推展殘障者職業技能發展最力的組織是「國際展能協會」（Ablympic International）。該協會成立於 1982 年，受聯合國教科文組織（UNESCO）及國際復健聯盟（Rehabilitation International）之大力支持，每四至五年舉辦一次國際展能節大會，以殘障者之障業技能競賽與觀摩為主。我國曾參與第二、三屆活動，尚有不錯之表現。今（1995）年九月一至五日，將在澳洲柏斯舉行第四屆國際展能節大會，我國亦將組團參加。

「職能評估─職業試探─職能訓練─就業安置─就業輔導」為職業輔導的五部曲。以啟智教育而言，Brolin & Kokaska（1979）所設計的「生活中心生涯教育」課程，乃是能力本位、強調歷程的訓練模式。其內容包括日常生活技能、個人─社會技能及職業輔導與準備三大領域，在國內相當受到重視。至於其他各類障礙學生的職業教育則多以市場取向，強調實用。究竟績效

如何，未有客觀之評估。惟感認為職能評估是其中最弱的一環。
以目前殘障者就業困難情形來看，似乎說明殘障者的職業教育與
輔導仍有諸多缺陷。

三、問題分析

㈠職訓遷就現實

目前殘障者的職業訓練，無論是在學校實施者或在職訓機構
實施者，均遷就所能提供的訓練職種，而鮮少針對當事人的能力
與興趣進行設計，故未必符合殘障者之需要。其提供的職種也很
有限，且未必能與就業市場需求結合。

㈡職能評估欠缺

絕大多數的職業輔導並未進行必要的職能評估。如實施通用
性向測驗（GATB），頂多只做紙筆的問卷或檢核，實在難以了
解殘障者的職業潛能，因此在職業訓練和生涯規劃上，就顯得武
斷而盲目。職能評估工具缺乏，人才缺乏是其主因。

㈢基本能力缺乏

許多身心障礙學生基本學科能力（如讀、寫、算）低落，影
響職業訓練的種類和品質。

㈣環境配合不足

1. 所需的職訓設施、設備欠缺。
2. 交通與建築的障礙。
3. 課程彈性不足。
4. 缺乏實習場所。

5. 行政支援不足。

6. 家長不能配合等。

㈤自我態度不當

1. 不了解自己而有不切實際的期待。

2. 缺乏自信，不敢嘗試。

3. 不能忍受辛苦與挫折等。

四、因應策略

㈠成立職能評估研究室

可委託大學特殊教育中心、職訓中心或其他適當機構團體設立之，以發展職能評估工具與模式，並提供資源服務，以使殘障者能接受適性的職訓。

㈡加強適性教學

強化個別化教學方案，增進殘障學生基本學力。

㈢加強身心復健與輔具配置

與醫學、社政單位合作，提供必要之健康檢查、語言治療、物理治療等，並配置輔具，增進獨立生活與學習的能力。

㈣開拓新職種

訓練職種要多樣化、現代化，並具實用價值，如自動化技術，企業管理、商業與秘書工作、電腦操作與程式設計等。

㈤加強無障礙環境規劃

1. 有形的物理環境，如交通、建築、休閒、教育場所等設施設備。

2. 無形的人文環境，如接納的、尊重的心理態度等。

㈥加強轉銜輔導服務

1. 設置職業諮商員與社會工作員作為學校與社會之媒介。

2. 加強建教合作。

3. 加強學生對工作世界之認識。

4. 舉辦教師、家長與企業雇主三邊座談會。

5. 建立職業資訊網路並提供諮詢服務。

6. 舉辦校友座談會。

㈦配合支持性就業措施

1. 安排支持性就業場所。

2. 協助雇主認識與接納殘障者。

3. 協助雇主解決有關雇用殘障者之困難問題。

4. 提供就業學生持續之輔導。

五、未來展望

㈠近程目標

1. 發展出有效之職能評估方案，並推廣應用。

2. 促進十年技藝教育計畫的績效。

3. 發展出有效的支持性就業訓練模式。

4. 提高殘障學生的就業率與就業滿足度。

㈡遠程目標

1. 職能評估列為特殊教育個別計畫中之一環。
2. 所有接受特教的身心障礙學生皆有一技之長。
3. 加速無障礙職訓與就業環境時代的到來。
4. 殘障者的人力資源獲得社會的肯定。

參考文獻

朱敏進（民 83）：殘障者運動國際間未來發展趨勢。**殘障體育運動會；創刊號**，10-12。

李翠玲（民 79）：**傑出肢體障礙人士生涯歷程及其影響因素之探討**。國立台灣師大特殊教育研究所碩士論文。

吳武典（民 75）：重視資優的殘障者之教育。**資優教育季刊，21，**1。

吳武典（民 83）：殘障朋友潛在人力資源開發與配合措施。**特殊教育季刊，51，**1-8。

吳武典、蔡崇建、黃淑芬、王華沛、廖永堃（民 83）：台北市民間工商企業機構雇用殘障者意願調查研究。**特殊教育學刊，10，**75-101。

Brolin, D. E., & Kokaska, J. C. (1979). *Career education for handicapped children and youth.* London: A Bell & Howell.

Maker, C. J. (1978). *Providing programs for the gifted handicapped.* Reston, VA: Council for Exceptional Children.

42

殘障者之創造力

＊ 李翠玲

壹、前言

　　創造是與資優的行為並存的，它是資優行為的一種特質，藝術家、作家、發明家、及那些走在時代尖端，時時求創新的工商企業人士，都算是創造力的表現者。

　　創造思考是人類所獨具的稟賦，也是促進社會進步的原動力。事實上，人類文化史就是一部創造史（郭有遹，民72）。因此在人類族群中，會有一定比例的人屬於高創造力者，來引領人類向文明之路邁進。同樣的，在殘障人口中會有相當比例的人口屬於高創造力者。雖然殘障者因外在殘障標記的影響，可能降低別人對殘障者創造力的期望，但事實上，創造力是上天所賦予人類的本能，殘障者自不能例外，且從另一方面來說，殘障更能激發殘障者的藝術創造力。梁丹丰（民75）即從繪畫的角度肯定殘障者的藝術創造力，她說：「常態的人，往往忽略自己才能的價值，有了缺陷，反而使他們更珍視和發揮其他器官的能力，使它們格外機敏、尖銳、發揮潛能，更招展許多意想不到的（繪畫）領域。」視障者可能方向感、距離感特別好，聽障者可能觀察力特別強，肢障者可能把多餘的精力專注於某一項較為靜態的

工作上，使他們的創造力在不受外界干擾的情況下充分發揮。

貳、歷史上之高創造殘障者

　　歷史上更不乏高創造力的殘障者，例如科學家愛因斯坦（Albert Einstein）、愛迪生（Thomas Edison）屬書寫困難者，但在科學上卻表現出高超的創造力，美國傑出演員 Phyllis Frelich 是位天生聾人，但仍獲得最佳女演員獎，作家 Pulitzer、Huxley 及音樂家 Feliciano 都是盲人，音樂家貝多芬（Beethoven）即使在失聰後，仍發表不少曠世名作。甚至智能不足者亦有高創造力者，如「日本的梵谷」山下清，智商只有 68，卻具有繪畫的才能，他的貼畫尤其聞名，成為日本名家之一（波多野完治等，1959；黃壽南譯，民 73）。李翠玲（民 79）曾對二十位傑出肢障者進行訪問，其中有六位屬藝術創造者及兩位發明家。其中一位一級肢體重殘者，不但曾獲得民國七十八年全國發展金牌，亦代表我國參加 1990 年瑞士國際發明展，獲得金牌一面，顯示出殘障者擁有高創造力的事實。

叁、高創造力殘障者之訓練方案

　　儘管如此，殘障者卻極易由於標記的影響，而使其創造力被低估（Ford & Ford, 1981）。但創造力並不一定就是智力，創造力是可以透過適當的訓練與教育而增進的，有許多的研究方案都是在訓練殘障兒童的創造力，而且也大致能達到顯著效果。Twila H. Jaben（1983）曾將四十九位學習殘障學生分為兩組，其中實驗組施以寫作表達能力訓練，十四週後，再以「陶倫

斯創造思考測驗」（The Torrance Test of Creative Think-ing）作後測，結果發現實驗組中之語文分測驗（寫作表達）之成績優於控制組，顯示出殘障者的創造力是可以透過教育的手段來激發的。另外有許多研究亦顯示出針對殘障學生的創造力訓練方案，的確有相當高的成功率（Ford & Renzulli, 1976; Olton, Wardrop, Covington, Goodwin, Crutchfield, Klausmeier, & Ronda, 1967; Penney & McCann, 1962; Rouse, 1965）。

　　從以上殘障者的創造力計劃方案中，發現一個非常有趣的現象，即這些方案的實施對象大多數屬智能不足，這顯示除了證明智能不足者可透過創造力訓練方案而增加其創造力外，亦可反駁創造力與智力有極大相關的理論。

　　並非所有殘障資優學生都具有創造力，但為數應該不少。這種情形可能是由於正常兒童很容易處理日常生活的問題，而殘障者必須以創新的方式才能解決，由於日常生活的需要，他們養成了創造的習慣（毛連塭譯，民78；Maker, 1982）。李翠玲（民79）曾訪問一位無手的足畫家——謝坤山先生，對於日常生活的飲食、穿衣、如廁等適應方式，他則是以自製工具來應付，絲毫不遜於常人，儼然成為一個發明家，其創造力的激發，實由於適應殘障的需要，亦可視為「時勢造英雄」、「化危機為轉機」的實證。

　　創造力的內涵主要指流暢性、變通性、獨創性、精密性。其中變通性尤為成功的日常生活之關鍵（Anderson, 1971; Beez, 1968; Carter, 1971）。因為創造思考、問題解決皆與「變通性」的關係最密切（Guildford, 1977; Torrance, 1966），而殘障者往往為適應環境，常需要將既定的東西加以改變，才可供自己使用，就在改變的過程中，殘障者發揮了創造力，其中「變通性更是改變的動機。從創造的過程中，殘障者不但能使自己在日常生活中更得心應手，得到實質的幫助，同時透過創造的成就

感，更能使殘障者加強其自我概念，在別人眼中亦能贏得肯定與尊敬。因此殘障者若想回歸於社會，他們應該儘量發揮自己的創造力，尤其要有變通的能力，才能減少依賴，而達到獨立。

肆、高創造力殘障者之鑑定

基於以上對高創造力殘障者的認識，有必要在提供殘障者創造力的計劃方案之前，盡量發現高創造力的殘障者。篩選、標準化測驗、診斷性教學及專業判斷是較可行性的方法（Maker, 1981）。以下簡略敘述此四種途徑：

一、篩選

教師與同學的推介是主要的篩選方式。其中教師可透過托倫斯（1973）所編製的創造才能的非測驗指標等項，列舉資優殘障兒童的特徵，供教師篩選之參考。其創造力之特徵計有（張蓓莉譯，民75）：

(1)表達情感與情緒的能力。

(2)利用相當的材料也能作出即興作品。

(3)在說故事及角色扮演中說話清晰。

(4)欣賞並有藝術能力。

(5)欣賞並有負責性活動、舞蹈、戲劇等的能力。

(6)欣賞並有音樂、韻律的能力。

(7)表達性語文能力。

(8)在非語文媒體中有流暢性及變通性。

(9)欣賞及參與小組活動及問題解決的能力。

(10)對具體事物的反應性。

(11)對肌膚的反應性。

(12)手勢、肢體語言的表達力。

(13)幽默感。

(14)在非正式語文中有豐富的想像力。

(15)在問題解決中，意見有創新性。

(16)問題中心導向。

(17)情緒的反應性。

(18)很快的進入情況。

Ford & Ford (1981) 亦設計出「創造力特質與層次檢核表」（Traits and Levels of Creativity）供教育人員篩選及過濾疑似具創造力者之用，希望能透過有系統的檢核程序，發掘殘障者的創造潛力，使殘障者的創造力能在最初階段即不致埋沒。

二、標準化測驗

當學生被推舉出來後，依舊需要接受標準化測驗，以作為客觀參考的依據。

三、診斷性教學

如果沒有長期的教學，教師們可能設計較短的診斷性教學活動，以利於發現富有創造力的殘障學生。

四、專業的判斷

收集學生所有資料，包括與父母晤談、與教師作深入的討論等等。專家們並作為鑑定及教育安置的考慮。

伍、結語

　　人的創造潛力是無窮的，創造的來源常是「置之死地而後生」，殘障者由於殘障的不便，其創造動機特別強。但不可否認殘障者由於外表的特徵，常令人與低能力聯想在一起，以致在求學及就業的路途中被設下重重的障礙。然而無充實的學問及安定的生活作後盾，殘障者的創造動機極易夭折，挫折不斷累積的結果，將導致殘障者本有的創造力消失殆盡，因此早期有系統的鑑定與補償教育和有關創造力教學方案的實施，對具有創造力的殘障學生就更形重要，如此一來不但可助其發展創造潛力，亦有助其心理建設，因為創造可帶來成就感，對殘障者的心理健康亦含有正面的效用。

參考文獻

毛連塭（民78）：**資優學生課程發展**。台北：心理。

郭有遹（民72）：**創造心理學**。台北：正中書局。

梁丹丰（民75）：繪畫世界無殘障。**特殊教育季刊，21 期**，2-4頁。

波多野完治（1959）：**特殊教育**。中山書局。

黃壽南譯（民73）：白痴天才——山下清。**國敎天地，56 期**，7-9頁。

李翠玲（民79）：**傑出肢體殘障人士生涯歷程及其影響因素之探討**。國立台灣師範大學特殊教育研究所碩士論文。

張蓓莉（民75）：資優殘障兒童教育。**特殊教育季刊，21 期**，5-9頁。

Anderson, P.S.(1971). Teacher expectations and pupil selfconceptions (Doctoral dissertation, University of California at Irvine), *Dissertation Abstracts International, 32* (3-A), 1619.

Beez, W. V.(1968). Influence of biased psychological reports on teacher behavior and pupi performannce. *Proceedings of the 16th Annuls Convention of the American Psychological Association, 3,* 605-606.

Carter, D.L.(1971). The effect of teacher expectations on the self-esteem and academic performance of seventh grade students (Doctoral dissertation, University of Tennessee). *Dissertation Abstracts International, 31* (9-A), 4539.

Ford, B.G. & Ford, R.D.(1981). Identifing creative potential in handicapped children, *Exceptional Children,48*(2), 115-122.

Pord. B.G., & Renzulli, J. S.(1976). Developing the creative potential of educable mentally retarded students. *Journal of Creative Behavior,* **10** (3), 210-218.

Guildford, J. P.(1977). **Way Beyond IQ.** Buffalo: Creative Education Foundation.

Jaben, T. H.(1983). The effects of creativity training on learning disabled students' creative written expression. *Journal of Learning Disabilities,* **16** (5), 264-265.

Ladner, J.L.(1971). Enhancement of productive thinking in institutionalized mental retardates. *Final repart,* **OEG-2-700017.**

Maker, C.J., (1981). The gifted hearing impaired students. *American Annals of the Deaf,* **126,** 631-645.

Maker, C.J.(1982). *Curriculum development for the gifted,* Rockville: Aspen Systems Co.

Olton, R.M., Wardrop, J. L., Covington, M.V., Goodwin, W.L., Crutchfield, R.S., Klausmeier, H.J., & Ronda, T.(1967). *The development of productive thinking skills in fifth grade children,* Madison WI: University of Wisconsin Press.

Penney, R. K., & McCann, B.(1962). Application of originality training to the mentally retarded. *Psychological Reports,* **11,** 347-351.

Rouse, S. T. (1965). Effects of a training program on the productive thinking of educable mental retards. *American Journal of Mental Deficiency,* **69,** 666-673.

Torrance, E.P.(1966). *The Torrance tests of creative think-*

ing: Technical norms manual, Lexington MA:Personnel Press.

43

資優學障兒童的面面觀

＊ 韓梅玉

壹、前言

　　提到「資優學障兒童」，也許會覺得這個名詞很陌生；但是，在資優生鑑定會議上，往往出現一些值得爭議的個案；雖然智商達到標準，但是普通班老師的評語，卻不如預期中的好；或者，進入資優班後，他的表現造成資優班老師的懷疑，以為不是當初鑑定時出了差錯，便是不夠努力的低成就者。雖然以上推測皆有可能，也許此時我們所面對的孩子，正是所謂的「資優學障兒童」。

貳、「資賦優異」、「學習障礙」、與「資優學障」之界定

一、資賦優異的定義與鑑定標準

依據我國特殊教育法第十條及施行細則第九條，對於資賦優異的定義及鑑定標準如下：（市立師院特教中心，民 76）

㈠一般能力優異

指學業成績持續優良，校內外活動表現傑出，並符合下列規定：

1.團體與個別智力測驗之結果在平均數正二個標準差以上。

2.學業成績在就讀學校同一年級居於全年級成績百分之二以上，或各科學業成就測驗之結果在平均數正二個標準差以上。

㈡學術性向優異

指學業成就測驗、團體與個別智力測驗性向或創造能力測驗之結果均在平均數正一個半標準差以上，並符合下列規定之一：

1.專長學科成績持續優異，在就讀學校同一年級居於全年級成績百分一以上。

2.參加國際性或全國性有關學科競賽展覽等活動表現特別優異。

3.參加學術研究單位長期輔導之有關學科研習活動，成就特別優異，經主辦單位推薦。

㈢特殊才能優異

　　指團體與個別智力測驗之結果在平均數以上，性向測驗之結果在平均數正二個標準以上，並符合下列規定之一：

　　1. 音樂、美術、舞蹈或體育等學、術科成績特別優異。

　　2. 參加國際性或全國性各該類科競賽表現特別優異。

二、學習障礙的定義與鑑定標準

　　黑模（Hammill, 1990）綜合了美國當前十一個學習障礙的定義，指出學習障礙九個重要的內涵：

　　㈠低成就或表現顯著的困難。

　　㈡中樞神經系統功能的失調。

　　㈢表現的困難和心理歷程有關。

　　㈣應是任何年紀都可能發生。

　　㈤在口語上表現特殊的困難，如聽或說。

　　㈥在學業上表現特殊的困難，如閱讀、書寫、數學等。

　　㈦在知覺上表現特殊的困難，如推理、思考。

　　㈧在其他方面表現特殊的困難，如空間推理、溝通技巧、或動作協調等。

　　㈨允許其他障礙和學習障礙並存。（洪儷瑜，民81）

　　國人對於學習障礙的鑑定方式，係根據「學習障礙學生鑑定及就學輔導原則」規定：（黃桂君，民80）

　　㈠智力接近正常或正常以上。（智力正常指負一個標準差以上）

　　㈡其能力與成就之間的嚴重差異，非直接由視覺、聽覺、動作障礙、智能不足、情緒障礙、文化環境不利等因素所產生。

　　㈢學習障礙係多種不同學習能力缺陷的總稱。鑑定學習障礙

時，應在口語表達、基本閱讀技巧、閱讀理解、數學運用等領域中，加以評量。

㈣學習障礙之鑑定，除智力測驗、標準化成就測驗及醫學檢查外，並根據教師的觀察結果，另擇上述有關領域的適用評量工具鑑定之（醫學檢查指視力及聽力檢查）。

三、資優學障兒童的界定

我國及美國對於資優學障學生並無法令上之界定，但 Fox（1983）說：「資優學障生的確存在。」且近來有逐漸增加的趨勢。Suter 和 Wolf（1987）曾在報導中說明：「資優學障學生的界定較困難，而且已有的相關研究又很少。所以這些學生往往成為被忽略的一群。」（Barton & Starnes, 1989）

然而就資優及學障的定義中，可以了解資優學障生為「具有高智力、創造力、特殊才能，但卻在某些方面有功能性的障礙。這些障礙包括表達性和接受性的語言、閱讀、書寫、數學、組織的困難等。」（陳昭儀，民 81）

叁、從資賦優異的角度看「資優學障兒童」

資優學障兒童具有資優學生的特質，但在以下各方面，卻與資優生有著顯著的差異：

一、智力上的不一致性

一般的資優學生，在魏氏智力測驗各分量表側面圖上，所呈現的曲線起伏不大，但是資優學障生卻在某方面特別優異，而某

些方面卻十分的低落；部分研究中指出，以類同測驗、理解測驗表現較好，算術測驗、記憶廣度、及符號替代表現較差。（Schiff, Kaufman and Kaufam, 1981; Fox, 1981; Maker & Udall, 1983）

二、較低的自我概念

依據 Nielsen 和 Mortorff-Albert（1989）研究中發現，資優學障生的自我概念，稍低於資優生；且由於兩極化的結果，產生較差的自我概念，常顯現出行為問題。（Boodo, et. al., 1989）

三、記憶、知覺能力較差

資優學障兒童記憶及知覺能力較差，導致較差的閱讀、寫作、或數學的表現，但也有些報導指出其有記憶的特長；除此，資優學障學生的動作技能也較差。（Boodoo, et. al., 1989）

四、常被誤以為低成就學生

資優學障學生除非伴有嚴重的行為異常，否則很容易被誤認為低成就者。（Senf, 1983）

肆、從學習障礙的角度看「資優學障兒童」

資優學障兒童與一般學障兒童，雖同樣有學習上的障礙；但因其另具有資優的特質，因此很容易忽略其障礙，而被看待成普通學生。究竟其在那些方面與學障學生有差異，經過研究發現有

以下數點：

一、良好的溝通能力及創造力

資優學障兒童具有良好的溝通技巧，較有能力處理抽象及創造思考方面的工作。（Baum, 1987; French, 1982; Klein, 1980; Suter and Wolf, 1987）

二、較好的解題能力

資優學障學生似乎在選擇解題的策略、活用這些策略、及評估他們的解題過程上，要比一般學障學生為佳。（Sternberg & Davidson, 1983; Davidson & Sternberg, 1984; Marr & Sternberg, 1986; Coleman & Shore, 1991; Scruggs & Mastropieri, 1984; Scruggs, Mastropieri, Monson, & Jorgensen, 1985）

三、挫折感較高

由於資優學障學生工作的持續力較高，但是學習能力卻呈現兩極化的情形，因此造成他們有較高的挫折感。（Coleman, 1992）

伍、資優學障兒童的輔導

由於資優學障兒童雖具有「資優」與「學障」雙重的特徵，但一加一不等於二，因此資優學障兒童需要有針對他們特殊需要

的教育安置與教學策略。

一、適性的教育安置

應提供資優學障學生，有助於其發展的教育安置方式：如回歸主流、資源教室、特殊學校、特殊班、及良師制（Gallagher, 1985）。除了就「資優」的特質上，給予其專長學科的加廣加深，並對其「學障」的弱點，實施補救教學。

二、個別化的教育原則

由於資優學障兒童與普通資優兒童之比較上，必須克服其在某方面的學習障礙；又比一般的學習障礙學生，有較高的發展潛能。因此，教學方式需針對其在學習上的雙重特殊需要，施以個別化的教學；如此方能就其不同的個別差異，提供最佳的教育內容。

三、具有專業素養的師資

盧台華（民75）認為必須受過特殊訓練，且有一、二年教學經驗的教師來教「資優兼學習障礙」學生，較為合適。因為資優兼學習障礙學生，不同於普通學生、資優學生、或學障學生，因此教師須有普通班的任教經驗，且對於特殊學生的發展，有相當的認識與了解，方能幫助資優學障學生以長補短，充分發揮潛能。

四、配合發展的程序

　　教學的指導應以學生適當的發展為重。例如一個有國中三年級數學程度，國小三年級閱讀程度的學生，要給他國中三年級的數學教材，並且幫助他閱讀，而不是給予國小三年級的教材（Joyce，民81）。由此可知，除要加強其優點學科，對於其障礙部分須較一般資優生多花時間予以補救。

五、次序性的教材編選原則

　　資優學生的推理思考能力很好，但資優學障學生卻無法組織知識，重整後表達出來（Joyce，民81）。因此，教材的編選，須針對其學障的特性，依據教材的難易順序、及智力發展的先後排列，以免造成其學習上的困擾，減低其學習的意願。

六、提供多重感官的教學方式

　　由於資優學障學生有記憶及知覺方面的障礙，因此為了提高其接收訊息的能力，應增進其輸入訊息的方式。傳統的講述式教學，較不能提供資優學障兒童有效的學習，而應加強教具的使用，促其動手做、親自參與的方式，由耳、眼、手、腦並用，加深其記憶及上課時的專注。

七、支持、鼓勵的教學氣氛

　　任何學習都能在支持與鼓勵的氣氛之下，發揮最大的功效；對於自我概念較低的資優學障兒童，尤其重要。因此，好的表現

要時時給予讚賞，不佳的表現，要鼓勵其有戰勝自我的勇氣；當學生有得意的發現時，教師應以孩子的眼光接受他的發現，並分享他的喜悅。

八、加強情意教學

　　幫助學生了解自己的困難及問題，覺知自己在智力與成就間的差異，同時讓其了解防禦性及攻擊性行為，可能造成的不良後果，以及自我控制的益處（盧台華，民75）。資優學障兒童可能會一方面得意於有過人的智慧，一方面卻對自己在學習上的障礙產生自卑與困擾，因此常為了自我防禦而有攻擊性的行為，造成其較差的人際關係；教師應時常與學生討論自己的優、缺點，及如何接納自己及他人的缺點，以加強學生心理的正常發展。

陸、結語

　　國內對於資優教育可說推廣不遺餘力，對於資優學障學生的認識，則仍屬陌生；然而不知道並不代表沒有，因此，對於這一批可能被忽視的少數者，必須運用我們的注意及關愛，將其發掘出來，以提供適切的教育服務，助其潛能的發揮。

參考文獻

特殊教育法規彙編（民 76）：台北市立師範學院特殊教育中心。

洪儷瑜（民 81）：從學習障礙定義，淺談學習障礙教育的方向。**中等教育，第 43 卷第六期**，17-22 頁。

黃桂君（民 80）：**「修訂考夫曼兒童智力測驗」對國民小學語文學習障礙兒童鑑定功能之分析**。國立臺灣師範大學，未出版。

陳昭儀（民 81）：矛盾的學習者——談談「有學習障礙的資優生」。**中等教育，第 43 卷期**，23-35 頁。

盧台華（民 75）：談資優兼學習障礙學生的教育。**特殊教育季刊，第 21 期**，10-13 頁。

Joyce Steeves（民 81）：資優學障兒童的鑑定與教育方式。**資優教育季刊，第 45 期**，26-33 頁。

Coleman, M.R. (1992). A comparison of how gifted/LD and average/LD boys cope with school frustration. *Journal for the education of the gifted, 15,* 229-265.

Barton, J. M. & Starnes, W.T. (1988). Identifying ddistinguishing characteristics of gifted and talented/*learning disabled studentsz gifted educational Quarlity, 12,* 23-28.

Nielson M.E. & Mortorff-Albert, S. (1989). The effects of special education service on the self-concept and school attitude of learning disabled/gifted students. *Gifted Educational Quarlity, 12,* 29-36.

永然法律事務所聲明啟事

　　本法律事務所受心理出版社之委任爲常年法律顧問，就其所出版之系列著作物，代表聲明均係受合法權益之保障，他人若未經該出版社之同意，逕以不法行爲侵害著作權者，本所當依法追究，俾維護其權益，特此聲明。

永然法律事務所

李永然律師

特殊教育系列 33

資優教育的革新與展望—
開發潛能培育人才

主 編 者：中華民國特殊教育學會
出版主任：郭暖卿
發 行 人：許麗玉
出 版 者：心理出版社有限公司
社　　　址：台北市和平東路二段 163 號 4 樓
總　　　機：(02) 7069505
傳　　　眞：(02) 3254014
郵　　　撥：0141866-3
 E-mail：psychoco@ms15.hinet.net
法律顧問：李永然
駐美代表：Lisa Wu
　　Tel：973 546-5845　　Fax：973 546-7651
登 記 證：局版台業字第 1963 號
印 刷 者：翔勝印刷有限公司
初版一刷：1997 年 11 月

定價：新台幣 550 元

ISBN 957-702-245-6

國家圖書館出版品預行編目資料

資優教育的革新與展望：開發潛能培育人才 /
中華民國特殊教育學會主編 .— 初版.— 臺
北市：心理, 1997[民 85]
　　面 ；　　公分.--　（特殊教育系列 ; 33）
含參考書目
ISBN 957-702-245-6 (平裝)

1.資賦優異教育 — 論文 . 講詞等

529.6107　　　　　　　　　　　　86014402

心理出版社有限公司

台北市106和平東路二段163號4樓

TEL/(02)7069505
FAX/(02)3254014

沿線對折訂好後寄回

● 您對本出版品（書名 ──────────── ）的意見
● 您認為本書優點：（可複選）
　　1.□ 內容紮實、新穎實用　2.□ 文筆流暢
　　3.□ 校對及內文編排得當　4.□ 其他──────────
● 您認為本書需再加強處：（可複選）
　　1.□ 內容之周延性　2.□ 內容之實用性　3.□ 文筆
　　4.□ 校對及內文編排　5.□ 其他 ──────────
● 您是否考慮採用本書做為教材？□ 是　　□ 否
　　不考慮採用的原因：──────────────────

──────────────────────────────
● 感謝您的指教！

好書出自專業的心理 · 心理需要專精的智慧

心理出版社

《任課老師/讀者回函卡》

很感謝您的提攜與愛護。為提昇我們的服務品質，
敬請惠填下列資料寄回本社（亦可傳真至 02-3254014 ）
我們將隨時提供最新相關資訊。謝謝您！

姓名：＿＿＿＿＿＿＿＿＿ 性別： 男□ 女□
地址：(O) ＿＿＿＿＿＿＿＿＿＿＿＿
　　　(H) ＿＿＿＿＿＿＿＿＿＿＿＿
電話：(O) ＿＿＿＿＿＿＿ (H) ＿＿＿＿＿＿
學校：＿＿＿＿＿＿ 科系：＿＿＿＿ 年級：＿＿

● 您教授/修習課程：
　上學期：＿＿＿＿＿＿＿＿＿＿＿＿＿
　下學期：＿＿＿＿＿＿＿＿＿＿＿＿＿
　進修班：＿＿＿＿＿＿＿＿＿＿＿＿＿
　暑　假：＿＿＿＿＿＿＿＿＿＿＿＿＿
　寒　假：＿＿＿＿＿＿＿＿＿＿＿＿＿

● 如果您是老師，有否撰寫教科書的計劃？□有□否
　書名/課程：＿＿＿＿＿＿＿＿＿＿＿＿
● 如果您是讀者，您希望我們出版何種類型書籍？
　＿＿＿＿＿＿＿＿＿＿＿＿＿＿＿＿＿